Xabier Gutiérrez

RECETAS SENCILLAS PARA NOVATOS Y COCINILLAS

Nueva edición
revisada y ampliada

PLANETA GASTRO

SUMARIO

INTRODUCCIÓN

—¿Queréis atender de una vez? —preguntó el profesor de cocina alzando la voz.

La intensidad de sus palabras hizo que más de uno de sus alumnos se despertara. El maestro insistió.

—Este libro que tengo en la mano es la base.

El profesor mantenía en alto el libro *Manual del cocinillas* y se paseaba entre las mesas con lentitud.

—Con él vais a poder desarrollar todos los platos que queráis. Hay más de mil recetas de todo tipo, explicadas con detalle pero, al mismo tiempo, breves. Todas ellas os van a hacer desarrollar la imaginación. Serán la base para que después podáis hacer una cocina más elaborada. Ya sabéis que el que sepa preparar todo lo que contiene este libro en su interior, ojo, elaborar bien, tiene asegurado no solo el aprobado final sino los cimientos para ser un chef de prestigio más adelante.

El maestro dejó que varios de sus alumnos lo ojearan.

—Nada de lo que hay en su interior es difícil. Solo laborioso. Se puede hacer con un poco de interés y mucho cariño. He dicho la palabra clave para cocinar. *Cariño*. Poned el alma en lo que hagáis. De eso seguro que saben mucho vuestros padres. Porque también es un libro que podéis regalárselo a ellos. Con él aprenderéis a preparar unas buenas lentejas o una brocheta de langostinos, una sencilla tarta o un postre muy fácil de frutas. En resumen, las bases para hacer cocina actual, ligera y divertida. Los cimientos para poder edificar en un futuro construcciones más complejas.

Uno de los alumnos miró con interés una de las recetas del libro mientras un compañero se lo requería alargando la mano.

—El que sepa hacer todas las recetas de este libro con habilidad no solo tendrá mi aprobado. Conseguirá algo aún más importante. Habrá aprendido a cocinar.

Recordad: no es un libro de texto sobre cocina. Es un manual divertido, que interesa a todo aquel que esté empezando en el mundo de la cocina pero también a los que, sabiendo un poco, quieren probar alguna cosa distinta. Pero nunca difícil. Recetas divertidas y muy fáciles de hacer.

El silencio posterior solo duró unos segundos.

—¿Podemos tenerlo en el examen final?

El profesor lo dudó un instante.

—Por supuesto. Lo que importa es el resultado final. Que la comida esté rica. Y este libro te ayudará mucho, pero no lo hará por ti.

DIFICULTAD DE LAS RECETAS

Fácil

Media

Laboriosa

ABREVIATURAS

cc: *cucharadita de café*
cs: *cucharada sopera*
AOVE: *aceite de oliva virgen extra*

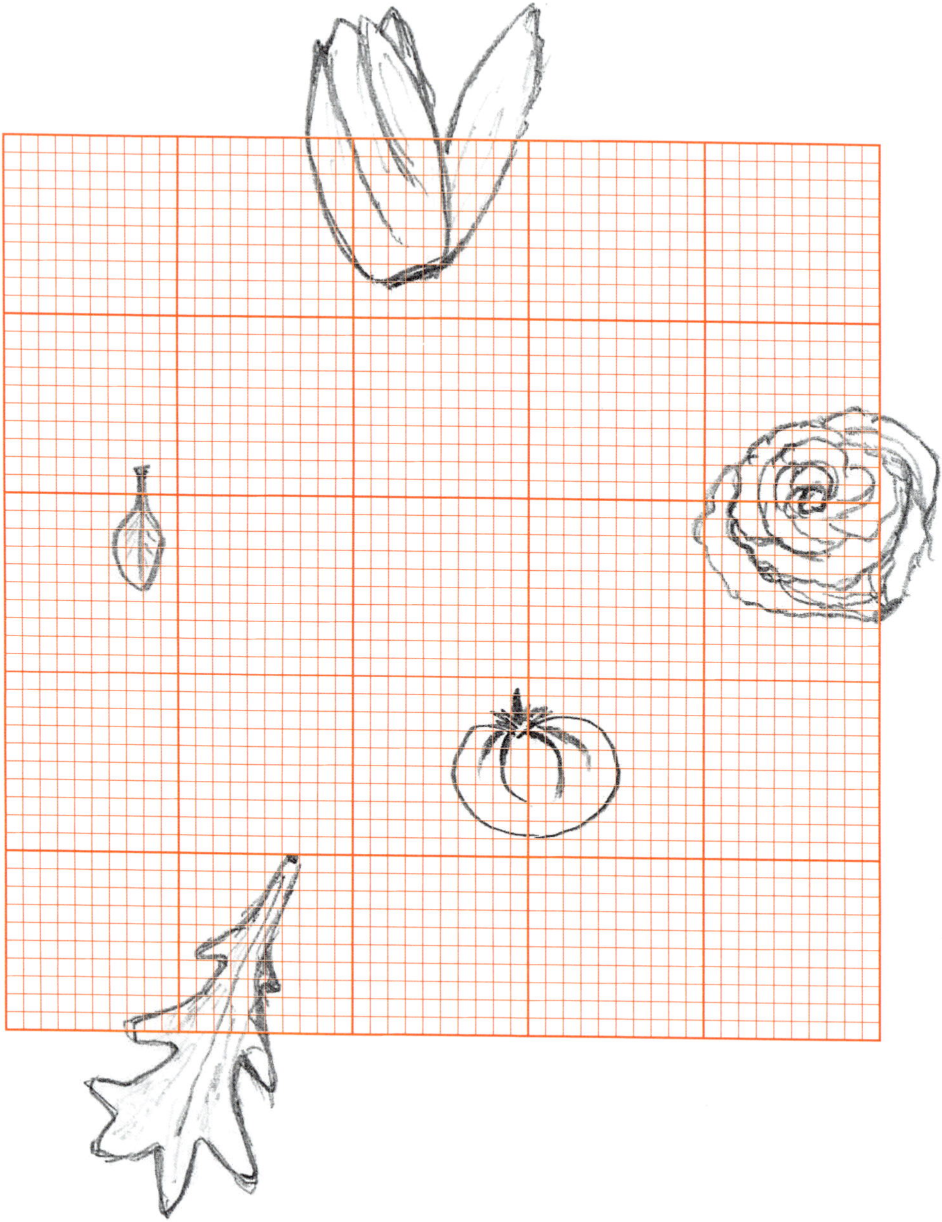

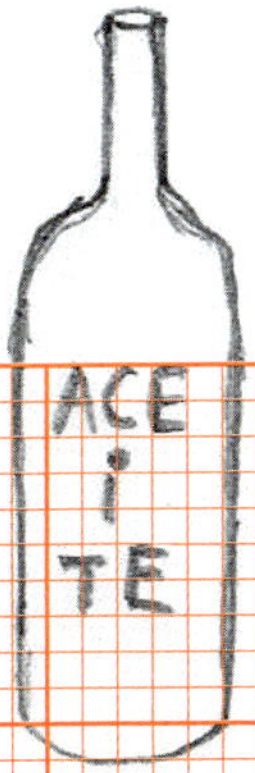

ENSALADAS

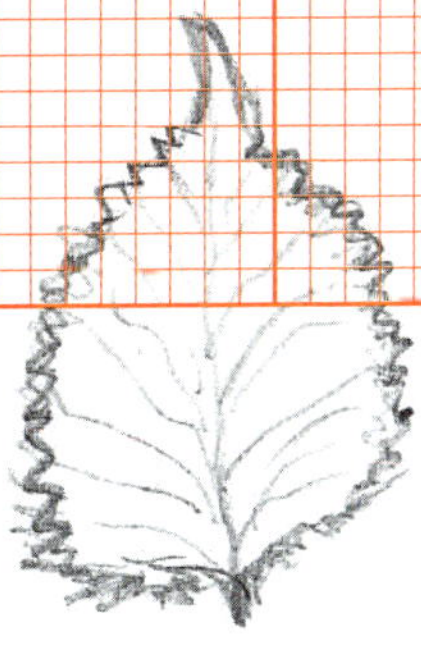

EL CÍRCULO DE LA LECHUGA

Ingredientes

Para los círculos:

1 pechuga de pollo
1 lechuga
50 g de queso cremoso
30 g de foie
2 cs de leche
1 cc de coñac
Sal y pimienta

Para la vinagreta:

Ralladura de ½ naranja
60 g de aceite de oliva
1 cc de vinagre de manzana
Además, pimentón picante

Con ayuda de un vaso, cortar círculos de lechuga y reservar.
Mezclar en frío los ingredientes de la vinagreta y reservar.
Dorar el pollo en un poco de aceite. Dejar enfriar y picar. Agregar el queso, el foie, la leche y el coñac hasta formar una pasta espesa.
Disponer una cucharada pequeña en cada círculo de lechuga y cerrarlo con un segundo círculo. En un plato poner dos de estas preparaciones de pie, espolvorear con pimentón y algo de la vinagreta de piel de naranja.

ENSALADA DE KUMATO SECO

Ingredientes

2 kumatos
1 l de agua
150 g de azúcar
50 g de rúcula
½ zanahoria
100 g de vinagre
1 sardina en lata
1 cs de mayonesa
Aceite de oliva

Pelar los kumatos, bien sumergiéndolos en agua hirviendo, bien con cuchillo. Dejar cocer en agua nueva con azúcar durante 45 min a fuego lento. Sacar a una rejilla y dejarlos al aire durante 1 día en la nevera. Reservar.
Hacer láminas de zanahoria y meterlas en vinagre durante ½ hora. Reservar en aceite de oliva.
Trocear la sardina y mezclarla con la mayonesa.
Disponer en un plato tres láminas de zanahoria. A un lado, un poco de la mezcla de la sardina. Encima, unas hojas de rúcula. Rematar con el kumato entero y unas gotas de aceite de oliva.

ENSALADA DE LECHUGA, TOMATE Y CEBOLLA

Ingredientes

1 lechuga
1 tomate rojo y duro
¼ de cebolla o cebolleta o cebolla roja
1 cs de vinagre
3 cs de AOVE
Sal y pimienta

Limpiar la lechuga con abundante agua. Escurrir bien: esto es fundamental. Trocear con la mano eliminando las partes feas o duras. Disponer la lechuga en una ensaladera; encima, poner la cebolla cortada en láminas finas y, sobre ella, el tomate cortado en rodajas. A continuación, añadir la sal, la pimienta, el vinagre y, por último, el aceite. Mezclar y servir.

Una ensalada mixta típica llevaría la misma base anterior añadiéndole dos huevos duros, espárragos y atún en conserva; aunque cada cual añade lo que más le gusta y la llama *mixta*. Entre lo que se le puede añadir: remolacha cocida, granos de maíz, anchoas en salazón..., en fin, lo que se quiera. Un plato muy fácil para empezar.

ENSALADA DE LECHUGA CON QUESO DE CABRA GRATINADO

Ingredientes

1 lechuga
4 rodajas de queso de cabra en rulo (o pequeños individuales)
3 cs de aceite de oliva
1 cs de vinagre

Limpiar muy bien la lechuga eliminando toda la arenilla y las hojas duras y feas.

Una vez limpias, extenderlas en una fuente y aliñarlas con la sal, el vinagre y el aceite.

Por otra parte, colocar el queso de cabra en una placa para gratinar: si es un rulo, cortarlo en trozos de dos dedos de grosor, una porción por persona, y si son quesitos pequeños, una porción por persona. Poner el queso cerca del gratinador, hasta que esté dorado por encima; colocarlo sobre la lechuga y servirlo antes de que se enfríe.

¡Buen provecho!

NOTA – *El queso de cabra también se puede dorar en la sartén. Calentar la sartén, echarle unas gotitas de aceite para que se pegue lo menos posible y, cuando esté dorado, sacarlo con una espátula. Y aquí podríamos dar un pequeño truco para que te salga aún mejor: embadurnado con una leve capa de harina, se dorará mejor y más rápido.*

ENSALADA DE LECHUGA CON NARANJA

Ingredientes

1 lechuga
1 naranja
Aceitunas negras
100 g de avellanas peladas (crudas o tostadas)
3 cs de aceite de oliva
1 cs de vinagre
Sal

En una ensaladera, extender la lechuga cortada. Pelar y cortar la naranja en rodajas y estas, a su vez, en dos mitades. Añadírselas a la lechuga junto con las aceitunas negras, deshuesadas y partidas por la mitad, y las avellanas. Salar y aliñar con la vinagreta que se ha hecho con el aceite y el vinagre.
La variedad con mandarina también va fenomenal. Y si te gustan los toques amargos, el pomelo resultará fantástico. O una combinación de los tres.

ENSALADA VERDE

Ingredientes

¼ de lechuga
150 g de rúcula
¼ de lollo rosso
¼ de escarola
1 cs de vinagre
3 cs de aceite

Limpiar todas las verduras por separado.
Poner la misma proporción de hojas en una ensaladera.
Añadirles la sal, el vinagre y el aceite y mezclarlo todo bien.

NOTA – *En las fruterías venden una mezcla de estas lechugas ya limpias; si nos gusta algún otro tipo de lechuga que no contenga la bolsa, solo tenemos que añadírsela.*

ENSALADA DE GULAS

Ingredientes

1 bolsa de mezcla de lechugas (lollo, rúcula, lechuga...)
1 bandejita de gulas
3 cs de aceite
1 cs de vinagre
Sal
Ajos

Colocar la mezcla de lechugas en el fondo del plato y aliñarlas con el aceite, el vinagre y la sal. Mientras, freír los dientes de ajo en una sartén, añadir las gulas y hacerlas un poco. Poner ¼ de estas gulas sobre las lechugas y... ¡ya tenéis el plato preparado!

ENSALADA DE TOMATE

Ingredientes

2 tomates rojos
Sal
Azúcar
Pimienta negra molida
50 g de mayonesa
2 cs de aceite
½ cs de vinagre

Utilizar ½ tomate por cada comensal. Intentar que sean grandes, rojos y duritos. Cortarlos en trozos de bocado; echarles por encima sal, azúcar (para quitar la acidez), pimienta molida, un poco de mayonesa, vinagre y aceite.
Algo tan sencillo de elaborar como rico de comer. ¡Ah!, y unas gotas de mostaza le darán un toque distinto.

CEBOLLAS Y AGUACATES EN ENSALADA

Ingredientes

1 cebolla
1 aguacate
Aceite de oliva
Sal y azúcar

Cortar la cebolla (si es joven, mejor) en tiras alargadas muy finas.
Pelar el aguacate y cortarlo en trozos.
Mezclar ambos ingredientes con aceite, sal y un poquito de azúcar.
Servir inmediatamente. Para evitar que el aguacate se oxide, lo cual suele ocurrir con mucha rapidez, rociarlo con unas gotas de limón.

ENSALADA DE TOMATE ENTERO

Ingredientes

4 tomates grandes
50 g de aceite de oliva
30 g de vinagre de Módena
Sal
Azúcar
Orégano picado
Romero picado
Pimienta negra
Pimienta blanca

Pelar los tomates.
Cortarlos por la mitad y agregarles los restantes ingredientes. Primero, las pimientas, luego las hierbas aromáticas y, por último, el vinagre y el aceite.
Es muy importante en esta ensalada el toque de azúcar, normal o glas.
Servir a temperatura ambiente.

ENSALADA DE TOMATE Y FRESAS

Ingredientes

4 tomates medianos
300 g de fresas
40 g de aceite de oliva
Sal
Azúcar
1 cebolleta fresca picada
Orégano picado
Vinagre de jerez (opcional)

Pelar los tomates con un cuchillo o escaldándolos en agua.
Trocearlos y disponerlos en un bol. Agregar las fresas troceadas y la cebolleta picada. Por último, los restantes ingredientes.
Revolverlo todo y servir a temperatura ambiente.
Esta combinación está guapa porque el dulzor de la fresa combina con el tomate.

ENSALADA DE TOMATE Y QUESO

Ingredientes

4 tomates medianos
½ cebolla
150 g de queso roquefort
10 g de sésamo blanco (opcional)
1 manzana reineta
30 g de aceite de oliva
10 g de vinagre de jerez
Sal y azúcar

Pelar los tomates (ver pág. 195).
Trocearlos en cuadrados. Agregar la manzana cortada en cuadraditos, la cebolla, el queso y el resto de los ingredientes.
Revolver con cuidado y servir templado.

ATÚN EN ENSALADA

Ingredientes

150 g de atún en dados (o una lata de atún grande)
70 g de lechuga
30 g de escarola
60 g de zanahoria rallada
35 g de nueces fritas

Para la vinagreta:

30 g de aceite de oliva
5 g de aceite de nuez
15 g de vinagre de Módena
Sal y azúcar

Freír los dados de atún levemente en una sartén y depositarlos en el fondo de los platos. Encima, colocar la mezcla de lechugas dispuestas en trozos y embadurnadas con la vinagreta.
En caso de que no tengamos atún fresco, utilizar de lata pero pasarlo por la plancha menos tiempo.

ENSALADA DE PATATA, TOMATE Y AGUACATE

Ingredientes

2 patatas
1 aguacate
1 tomate
2 huevos
1 cebolleta
Sal
3 cs de aceite
1 cs de vinagre

Cocer las patatas y los huevos.
Una vez que se hayan enfriado, pelar las patatas, cortarlas en rodajas y colocarlas de base en el plato.
Mezclar el tomate cortado en cuadraditos con la cebolleta y el aguacate; disponer esta mezcla sobre las rodajas de patatas.
Aliñarlo todo con la sal, el aceite y el vinagre y adornarlo con el huevo cocido partido en cuartos.
Clásico, lo sé. Pero muy rico.

ENSALADA DE TOMATE CON ATÚN EN CONSERVA

Ingredientes

1 lata de atún o 100 g de atún fresco
2 tomates rojos y duros
1 cebolleta
Sal
3 cs de aceite de oliva virgen
½ cs de vinagre de jerez

Sacar el atún de la lata o, si es fresco, cocerlo en agua con sal.
Cortar los tomates en rodajas de 2 cm de grosor y echarles sal; encima de ellos colocar el atún y la cebolleta picada.
Aliñarlo todo con el vinagre y el aceite virgen.

ENSALADA DE LECHUGA Y ENDIBIAS

Ingredientes

1 lechuga
2 endibias
2 huevos cocidos
50 g de salsa tártara

Lavar y secar la lechuga y las endibias; cortarlas en trozos y colocarlas en una ensaladera.
Aderezar con la salsa tártara y espolvorear con los huevos duros finamente picados.

ENSALADA DE ESCAROLA CON GRANADA

Ingredientes

1 escarola mediana
½ granada
3 cs de aceite de oliva
1 cs de vinagre de Módena
Sal
Azúcar

Limpiar la escarola en abundante agua.
Una vez limpia y escurrida, partir las hojas y ponerlas en un bol.
Quitarle la piel dura a la granada con un cuchillo; abrir y soltar con una mano todos los granos, intentando que salgan enteros (para esta operación es mejor ponerse unos guantes para que los dedos no queden negros).
En el bol colocar la escarola, los granos de granada, la sal, el vinagre y el aceite. Revolverlo todo y servir.

ENSALADA DE ESCAROLA CON AJO

Ingredientes

1 escarola
1 diente de ajo
3 cs de AOVE
Zumo de limón o vinagre
Sal

Una vez bien limpia y cortada la escarola, ponerla en una ensaladera.
A continuación, picar muy fino el ajo y ponerlo en un bol pequeño junto con el aceite, el zumo de limón o el vinagre, según lo que os guste más, y la sal.
Mezclarlo todo bien y echarlo sobre la escarola.

ENSALADA DE MANDARINAS

Ingredientes

4 mandarinas grandes y dulces
30 g de aceite de oliva
3 g de perejil
1 cebolleta muy joven y tierna

Cortar la cebolleta en aros.
Mezclar todos los ingredientes en frío.
Es una ensalada estupenda para iniciar una comida y... ¡fácil como pocas!

ENSALADA DE ESCAROLA CON MEJILLONES

Ingredientes

1 escarola
½ kg de mejillones
2 cs de AOVE
1 cs de zumo de limón
Sal

Cocer los mejillones al vapor o con muy poca agua, para que no pierdan sabor.
Sacarlos de la concha y extenderlos en un plato. Si no tenemos mejillones naturales, también valen los de lata; sean frescos o en escabeche, que estén bien escurridos.
A continuación, poner la escarola bien limpia y partida en una ensaladera; echarle por encima los mejillones y añadir el aceite, el zumo de limón y la sal bien mezclados, que tenemos en un bol.

ENSALADA DE ESCAROLA Y BEICON

Ingredientes

1 escarola
100 g de jamón de York (en una loncha gruesa)
4 lonchas de beicon
4 tomates cherry
1 ajo
Sal
Vinagre
Aceite

Freír el beicon, hasta que esté muy crujiente.
Cortar en tacos el jamón.
Frotar con ajo una ensaladera y meter la escarola limpia y partida.
Colocar encima el jamón de York y los tomates cherry.
Aliñar con la sal, el vinagre y el aceite. Finalmente, colocar el beicon frito de pie. Pero en el último momento, que si no se reblandece.

ENSALADA DE NARANJAS

Ingredientes

2 naranjas dulces
½ lechuga
100 g de atún en lata
Sal y pimienta

Cortar los gajos de las naranjas. Mezclar con las hojas de la lechuga limpias y troceadas. Por último, el atún en trozos (y el aceite de la lata también). Esto hace las veces del aceite de la vinagreta, y el ácido de la naranja, del correspondiente vinagre.
¡No olvidéis la sal ni la pimienta!
¿Con mandarinas? Ningún problema. Incluso con pomelos.

ENSALADA TEMPLADA CON CIRUELAS

Ingredientes

½ lechuga
1 granada
4 nueces
4 ciruelas pasas
1 diente de ajo
3 cs de aceite
Sal

Lavar y escurrir la lechuga.
Cortar en láminas finas el ajo y echarlo a una sartén con aceite a fuego lento. Mientras se dora el ajo, cascar y extraer las nueces, deshuesar las ciruelas y sacar los granos de la granada.
Echarle sal a la lechuga. Cuando el ajo esté dorado, volcarlo con su propio aceite sobre todos los ingredientes y, posteriormente, añadir la lechuga troceada.
Revolverla bien.

ENSALADA DE MANZANA

Ingredientes

2 manzanas
12 colas de langostinos cocidos
20 tomates muy pequeños
2 cogollos de Tudela

Para el aceite:

30 g de almendra en polvo
100 g de AOVE Dominus Cosecha Temprana

Pelar las manzanas, trocearlas y reservarlas.
Pelar las colas de langostinos y reservarlas también.
Saltear los tomatitos pelados o sin pelar (mejor pelados); agregarles la manzana y los langostinos y dejar 30 s más. Añadir los cogollos troceados y, pasados 10 s, retirar la sartén del fuego.
Añadir al final el preparado del aceite y servir templado-caliente.

ENSALADA DE MANZANA Y QUESO AHUMADO

Ingredientes

1 lechuga
2 manzanas
100 g de piña
100 g de queso manchego o Idiazábal ahumado

Para la vinagreta:

30 g de pepino rallado
35 g de aceite de oliva virgen
15 g de vinagre de sidra
2 g de perejil picado

Mezclar todos los ingredientes en frío cortados en tamaños similares.
Rociar con la vinagreta y servir en frío o a temperatura ambiente.

ENSALADA DE NARANJAS Y ESPINACAS

Ingredientes

2 naranjas dulces
30 g de hojas de espinacas
50 g de queso manchego
20 g de aceite de oliva
1 tomate
Sal

Pelar las naranjas y cortarlas en medios gajos.
Cortar el queso en dados.
Pelar el tomate y cortarlo también en dados.
Mezclar todos los ingredientes y servir a temperatura ambiente.
No es necesario echar vinagre: el ácido-dulce de la naranja será suficiente (pero sí hay que agregar sal).

ENSALADA DE NARANJAS Y CABEZA DE JABALÍ

Ingredientes

4 naranjas grandes y dulces
35 g de AOVE
2 g de perejil picado
Sal
Azúcar
50 g de cabeza de jabalí

Pelar las naranjas y cortarlas en trozos; agregarles el aceite, la cabeza de jabalí, el perejil y un toque de sal y de azúcar.
¡Ideal para empezar una comida!

¿QUÉ PODEMOS HACER CON LAS CORTEZAS DE NARANJA DE LA RECETA ANTERIOR?

Ingredientes

Cortezas de 4 naranjas
6 l de agua
300 g de azúcar

Os diré cómo reciclarlas.
Sumergir las cortezas en 2 l de agua. Darles un hervor y tirar el agua.
Volver a ponerlas en 2 l de agua y darles un segundo hervor. Desechar el agua de nuevo.
Por último, preparar ahora 2 l de agua con 300 g de azúcar y cocer las cáscaras durante 2 h a fuego suave (destapado).
Dejar enfriar y usarlo acompañado de nata montada o de yogur o de un flan.
Ideal para acompañar diferentes postres. Te aplaudirán por rescatar cosas que, en principio, irían a la basura (por lo menos, yo lo haría).

ENSALADA DE NARANJAS Y AGUACATES

Ingredientes

4 naranjas grandes
50 g de azúcar
2 aguacates medianos
½ cebolla
25 g de aceite de oliva
Sal gorda

Pelar y cortar las naranjas en círculos de 1 cm de grosor.
Pasarlas por el azúcar y echarlas con cuidado en una sartén antiadherente con un poco de aceite. Apenas 20 s por cada lado serán suficientes.
Disponer en el fondo de cada plato 2 o 3 rodajas de naranja caliente; encima, los trozos de aguacate cortado en dados grandes y la cebolla cortada en juliana.
Por último, un pelín de aceite y sal gorda.
Una ensalada tibia de naranjas sencilla y diferente.

ENSALADA DE FRESAS

Ingredientes

½ kg de fresas
30 g de espinacas
100 g de beicon en láminas
1 cebolleta fresca
6 cs de aceite de oliva
1 cc de zumo de limón
Menta picada
Sal

Limpiar las fresas y mezclarlas con las hojas de espinacas.
Dorar en una sartén antiadherente sin aceite las láminas de beicon y agregárselas a la mezcla anterior. Por último, la cebolleta fresca cortada muy fina, la menta, la sal, el aceite y el limón.
¡A disfrutar con algo tan sencillo como sabroso!

ENSALADA DE CEREZAS CON AGUACATE

Ingredientes

200 g de picotas
2 aguacates maduros
2 cebolletas
5 cs de aceite oliva
1 cs de licor de cerezas
Sal

Cortar los aguacates en trozos irregulares.
Juntar con las cebolletas cortadas en aros y las picotas deshuesadas.
Dar un toque de sal, aceite y licor.
No te dejará indiferente, ¡imposible!
Y si te apetece, unas gotas de zumo de limón.

ENSALADA DE CEREZAS

Ingredientes

300 g de cerezas (deshuesadas)
2 tomates medianos
1 cebolleta
100 g de mozzarella en tacos

Para la vinagreta:

5 cs de AOVE
1 cs de vinagre de cereza o normal
Sal

Pelar y cortar en dados el tomate y mezclarlos con la cebolleta cortada en aros finos. Después añadir los restantes ingredientes y la vinagreta.
Servir a temperatura ambiente.
Por cierto, lo mejor para deshuesar cerezas: un deshuesador de aceitunas. No lo dudes.

ENSALADA DE AGUACATE

Ingredientes

2 aguacates
½ cebolla
¼ de pimiento verde
Sal
Azúcar
10 g de vinagre de jerez
20 g de aceite de oliva y perejil picado

Cortar en trocitos los aguacates.
Cortar en juliana gruesa la cebolla y el pimiento verde.
Mezclar todos los ingredientes. Servir frío.

ENSALADA DE PIÑA

Ingredientes

300 g de piña
5 cs de aceite de oliva
1 cebolleta
50 g de nueces (peladas)
30 g de cacahuetes (tostados)
Sal

Cortar la piña en trozos medianos y mezclarlos con los demás ingredientes.
Servir fría.
En este caso, el toque ácido de esta ensalada lo da la piña, no necesita ninguno más.

ENSALADA DE SANDÍA

Ingredientes

½ kg de sandía
30 g de aceitunas deshuesadas
½ lechuga
50 g de jamón de York (en dados)
½ cebolla (cortada en juliana)

Para la vinagreta:

6 cs de aceite de oliva
1 cs de vinagre de jerez
Sal

Mezclar todos los ingredientes en frío; rociar con la vinagreta y distribuirlos en los platos.

TRUCO – *Pasar los trozos de sandía por la plancha ½ min: ¡Mmm!*

ENSALADA DE FRUTAS

Ingredientes

200 g de melón (cortado en trozos)
200 g de sandía (cortada en trozos)
100 g de melocotón
50 g de frambuesas
300 g de uvas (peladas)
5 cs de aceite de oliva
Romero picado
Sal gorda
Azúcar

Mezclar todos los ingredientes a temperatura ambiente y servirlos en platos soperos para empezar la comida: de primero, mucho mejor que de postre, ¡sin duda alguna!

ENSALADA DE HIGOS Y NARANJAS

Ingredientes

6 higos maduros
2 naranjas
½ limón
1 kiwi
Hojas de menta
2 cs de aceite de oliva

Cortar los higos en cuartos (pelados o sin pelar). Pelar los cítricos y cortarlos en medios gajos. Pelar el kiwi en rodajas.
Mezclar todas las frutas con los restantes ingredientes, con cuidado de no romperlas.
Colocarlo todo en los platos y decorarlos con las hojas de menta.
Todas ellas son frutas dulces y ácidas: una excelente combinación.

ENSALADA DE HIGOS SECOS CON ESCAROLA

Ingredientes

250 g de higos secos
½ escarola
2 tomates maduros y pelados
4 cs de AOVE
1 cs de vinagre de Módena

Cortar los higos en cuadrados pequeños; añadirles los tomates cortados en trozos grandes y la escarola. Agregar el aceite y el vinagre y distribuir en los platos equitativamente.
El dulzor del higo será un buen contraste con el ligero amargor de la escarola.

ENSALADA DE CIRUELAS Y DÁTILES

Ingredientes

6 dátiles grandes y deshuesados
6 ciruelas grandes
2 tomates grandes
Perejil picado
Sal
Pimienta
Azúcar
6 cs de aceite de oliva
2 cs de vinagre de Módena

Cocer las ciruelas 5 min en agua y deshuesarlas. Pelar y cortar por la mitad cada tomate y poner cada uno en un plato. Espolvorear con sal, pimienta y azúcar. Colocar también los dátiles y las ciruelas cortadas en trozos pequeños. Por último, la vinagreta y un poco de perejil picado.
¡Una ensalada que no te dejará indiferente!

ENSALADA DE CIRUELAS Y BACALAO

Ingredientes

10 ciruelas secas
2 patatas cocidas
400 g de bacalao desalado
Hojas de albahaca
5 cs de aceite de oliva
2 cs de vinagre de jerez
12 aceitunas negras deshuesadas

Cocer las ciruelas pasas durante 10 min a fuego suave. Sacar, secar y dejar enfriar. Cortarlas después en trozos pequeños.
Pelar las patatas.
Deshilachar el bacalao desalado y crudo sobre un plato.
Aderezar el conjunto con las hojas de albahaca, las ciruelas y las aceitunas y, por supuesto, con aceite y vinagre.
Un plato para repetir y repetir.
Combinación de dulces, salados, grasos..., todo aromatizado de albahaca... ¡Una locura para los sentidos!

ENSALADA DE MANGO Y TOMATE

Ingredientes

2 mangos maduros
1 pimiento morrón asado
2 tomates pelados
5 cs de AOVE
2 cs de vinagre de jerez

Pelar los mangos y trocearlos. Hacer lo mismo con el pimiento asado y el tomate crudo.
Aderezarlo todo con el aceite y el vinagre.
El toque del mango reforzará los demás ingredientes.
Servir a temperatura ambiente.

ENSALADA DE BERROS (*LEPIDIUM SATIVUM*)

Ingredientes

1 manojo de berros
2 cs de aceite de virgen extra
Sal

Limpiar muy bien los berros, colocarlos en la fuente, añadir la sal y el aceite, remover bien y... ¡ya está!
Un poco de zumo de limón le irá que ni pintado.
Pero sin él, también está bien.

ENSALADA DE FRAMBUESAS

Ingredientes

300 g de frambuesas
Hojas de albahaca
3 cs de AOVE
20 g de azúcar
30 g de jamón (cortado en dados muy pequeños y fritos)

Mezclar todos los ingredientes, con cuidado de no romper ninguna frambuesa: son muy delicadas.
Servir a temperatura ambiente para empezar una comida.
No penséis que me he olvidado del vinagre; la frambuesa es suficientemente ácida por sí sola, así que no será necesario.
Para empezar a comer es ideal.

ENSALADA DE GROSELLAS

Ingredientes

200 g de grosellas
50 g de queso de Burgos
50 g de queso Idiazábal
2 cogollos de Tudela
4 cs de aceite de oliva
Sal

Cortar en trozos los cogollos y los quesos. Mezclarlo todo y rociarlo con un poco de aceite.
Servir templado.
No necesita vinagre, ya que las grosellas se encargan del toque ácido.

NOTA – *Esta receta se puede hacer también con moras o con otro tipo de bayas silvestres.*

ENSALADA DE ZANAHORIA RALLADA

Ingredientes

2 zanahorias
3 cs de aceite virgen extra
Vinagre de Módena
Sal

Rallar la zanahoria al grosor que os guste con un rallador y añadirle la sal, el vinagre y el aceite de oliva virgen.
Mezclar bien y comerla a temperatura ambiente.

ENSALADA DE ESPINACAS Y PIÑONES

Ingredientes

150 g de espinacas (crudas y limpias)
1 tomate
30 g de piñones
1 naranja
30 g de pasas de Corinto
Perejil picado
30 g de aceite de oliva
¼ de limón en zumo

Pelar y cortar la naranja en dados. Agregarle el tomate (pelado y troceado) y las espinacas, y remover el conjunto. Por último, añadir el resto de los ingredientes.
Servir a temperatura ambiente.
La naranja y el limón le darán al plato un toque ácido, contrarrestado por el sabor de las pasas y de los piñones.

ENSALADA DE SALMÓN CON ESPINACAS

Ingredientes

100 g de espinacas (limpias y crudas)
200 g de salmón ahumado
½ lechuga
Pan tostado

Para la vinagreta:

70 g de aceite de oliva
30 g de mostaza
10 g de salsa de soja
Sal
Pimienta

Cortar en juliana fina las espinacas y la lechuga. Extender por encima las lonchas de salmón y rociarlo todo generosamente con la vinagreta. Acompañar con pan tostado.

ENSALADA DE RÚCULA

Ingredientes
400 g de rúcula
3 cs de aceite
Sal

Limpiar la rúcula en abundante agua, escurrirla y echarla a la ensaladera; echarle la sal y el aceite y removerla bien.
Esta ensalada no lleva vinagre porque la rúcula ya tiene suficiente «personalidad», así que no necesita más. De todas formas, si os gusta el vinagre, le podéis añadir una gotas. Ideal para acompañar carnes o pescados.

ENSALADA DE ZANAHORIA Y QUESO

Ingredientes
2 zanahorias
1 trozo de queso en trozo (feta o el que prefiráis)
1 cebolleta
Uvas pasas (sin pepitas)
3 cs de AOVE

Pelar las zanahorias y con un pelapatatas cortarlas en láminas finas.
Cortar el queso en cuadraditos; picar la cebolla finamente, agregar las pasas y mezclarlo todo aliñándolo con aceite de oliva.
Fenomenal con quesos con poderío: manchego, Peral, Zamora...

ENSALADA DE PIMIENTOS ROJOS

Ingredientes
3 pimientos rojos (asados)
1 ajo
70 g de aceite de oliva
Sal

Una vez asados los pimientos, quitarles la piel y las semillas; cortarlos en tiras y colocarlos en una ensaladera.
Picar finamente el ajo y añadírselo.
Finalmente, echar el aceite y la sal y mezclarlo todo.

ENSALADA DE BERZA CON TOMATE

Ingredientes

¼ de berza
2 tomates medianos
100 g de queso manchego
3 cs de aceite
2 ajos

Picar finamente la parte central de una berza (el resto se puede utilizar cocida para otro plato).
Cortar el tomate y el queso en cuadraditos.
Mezclarlo todo y echar la sal.
En una sartén aparte, freír en aceite los dos ajos laminados y, cuando el aceite haya perdido un poco de calor, añadirle la mezcla anterior.

ENSALADA DE ENDIBIAS CON TOMATE Y QUESO FRESCO

Ingredientes

2 endibias
1 tomate rojo y duro
1 lata de maíz
40 g de aceitunas sin hueso
1 yogur natural
Perejil picado
40 g de nueces peladas
50 g de queso fresco

Limpiar y sacar las hojas de las endibias.
Cortar en cuadraditos el tomate mezclado con el maíz y las aceitunas negras partidas por la mitad.
En un bol, mezclar el yogur natural, las nueces y el queso, y reservar.
En un plato, poner como base las hojas de la endibia, y encima, la mezcla del tomate, el maíz y las aceitunas negras.
Echar por encima la salsa de yogur con el queso y las nueces y espolvorear con el perejil picado.

ENSALADA DE ENDIBIAS CON SALSA ROQUEFORT

Ingredientes

2 endibias
Salsa roquefort
Nueces peladas

Limpiar y sacar las hojas de las endibias y colocarlas en una fuente plana.
Poner encima de cada hoja, de forma que la cubra entera, la salsa roquefort (ver pág. 217) y ½ nuez pelada.

ENSALADA DE ENDIBIAS CON SALMÓN AHUMADO

Ingredientes

2 endibias
100 g de lonchas de salmón ahumado
30 g de pepinillos en vinagre
2 cs de AOVE
1 limón

Limpiar y sacar las hojas de las endibias y colocarlas en una fuente llana.
Cortar en tiras el salmón y colocarlo sobre las endibias. Encima, poner los pepinillos cortados en rodajas.
Aliñar todo con limón y aceite de oliva virgen extra.

ENSALADA DE ENDIBIAS Y MANZANA

Ingredientes

1 manzana
4 endibias
10 nueces peladas
70 g de queso roquefort
3 cs de aceite
1 cs de vinagre
Sal

En una ensaladera, poner las endibias cortadas en láminas anchas, la manzana pelada y cortada en dados, el queso roquefort cortado en trocitos y las nueces.
Aparte, preparar la vinagreta con el aceite, el vinagre y la sal y añadírsela por encima.

ENSALADA DE APIO CON JAMÓN

Ingredientes

1 apio pequeño
100 g de jamón cocido
2 manzanas
2 cs de aceite de oliva virgen

Lavar el apio y cortarlo en trozos pequeños.
Trocear el jamón cocido. Pelar la manzana y cortarla en trocitos.
Mezclar todo y aliñarlo con aceite de oliva virgen.

ENSALADA DE COGOLLOS DE TUDELA CON ANCHOAS

Ingredientes

2 cogollos de Tudela
8 anchoas en aceite
3 cs de AOVE

Limpiar los cogollos y partirlos a lo largo, cada uno en 4 partes.
Colocarlos en una fuente llana poniendo encima de cada cuarto de cogollo una anchoa. Regarlo con aceite y... ¡listo!

NOTA – *No le añadimos sal porque la anchoa ya la aporta; aunque si los cogollos son grandes, podría ser que necesitaran un poquito. Prueba y decide tú mismo.*

COGOLLOS DE TUDELA CON PIMIENTOS DEL PIQUILLO

Ingredientes

2 cogollos
8 pimientos del piquillo
8 filetes de anchoas en salazón
2 huevos cocidos
3 cs de AOVE

Limpiar los cogollos y partirlos cada uno a lo largo en 4 partes; colocarlos en una fuente llana.
En una sartén con aceite, hacer los pimientos espolvoreados con sal y azúcar.
Encima de cada cuarto de cogollo, poner una anchoa y un pimiento del piquillo caliente.
Adornar con los huevos cocidos partidos en cuartos.

ENSALADA DE MAÍZ

Ingredientes

1 lata de maíz
2 tomates
1 lata de atún
1 lata de puntas de espárragos
1 manzana
3 cs de AOVE
1 cs de vinagre
Sal

Cortar los tomates en trozos no muy grandes y colocarlos en una ensaladera.
Después, añadir el maíz, el atún, las puntas de espárragos y, por último, la manzana pelada y troceada.
Salar y añadirle la vinagreta.

ENSALADA DE CALABACÍN

Ingredientes

1 calabacín
1 lata de atún en escabeche
2 pimientos morrones
100 g de queso fresco
3 cs de AOVE
1 cs de vinagre de Módena
Sal

Cortar el calabacín en bastoncillos; añadir el atún, los pimientos cortados en tiras, el queso en dados, la sal y la vinagreta.

ENSALADA DE CANÓNIGOS *(VALERIANELLA LOCUSTA)*

Ingredientes

300 g de canónigos
2 rabanitos
1 cebolleta
6 nueces peladas

Para la salsa:

3 cucharadas de queso parmesano
½ ajo
4 cs de aceite
2 cs de vinagre
Sal
Pimienta

Para la salsa: mezclar todos los ingredientes y triturarlos con una batidora.
En una ensaladera, poner los canónigos, los rabanitos y la cebolleta cortados en rodajas. Añadir las nueces encima y servir con la salsa aparte.

ENSALADA DE COL

Ingredientes

¼ de col
2 tomates
150 g de queso manchego curado
1 lata pequeña de aceitunas negras sin hueso
Ajos

Cortar la col en juliana fina (utilizar solo la parte blanca).
Colocarla en un bol y añadirle el tomate y el queso cortados en dados, las aceitunas partidas por la mitad y sal.
En una sartén, poner el aceite y dorar el ajo en láminas; cuando el aceite esté templado, echárselo junto con el ajo sobre la ensalada.

ENSALADA DE RÚCULA CON POMELO Y SALMÓN

Ingredientes

300 g de rúcula
1 pomelo
100 g de salmón ahumado
2 cs de aceite de oliva
Sal

Poner la rúcula limpia en una fuente.
Pelar el pomelo y separar los gajos, quitándoles la membrana que los recubre (reservamos el zumo que sueltan al pelarlos).
Añadir el pomelo a la rúcula.
Después, incorporar el salmón ahumado partido en trozos.
Hacer una vinagreta con el aceite, el zumo de pomelo y la sal.
El toque amargo del pomelo le irá bien al graso del salmón.

ENSALADA CON SETAS

Ingredientes

1 lechuga
1 tomate
300 g de setas
2 lonchas de jamón
3 cs de AOVE
2 cs de vinagre balsámico reducido

En una sartén con aceite, saltear las setas con el jamón partido en bastoncillos y reservar.
En un plato, colocar el tomate partido en medias rodajas; encima, la lechuga, y sobre ella, el salteado de setas y jamón.
Aliñarlo todo con el vinagre balsámico reducido (ver pág. 239).

ENSALADA DE CHAMPIÑONES Y TOMATE

Ingredientes

100 g de champiñones
2 tomates
3 cs de AOVE
Sal

Escoger champiñones blancos, duros y que no estén abiertos, ya que vamos a comerlos crudos.
Limpiarlos con un paño húmedo y después, filetearlos. Cuanto más grandes, mejor.
Partir el tomate en trozos no muy grandes.
Ponerlo todo en una fuente y añadir la sal y el aceite de oliva virgen extra.

ENSALADA TIBIA CON SETAS

Ingredientes
1 lechuga
1 escarola
200 g de setas
2 láminas de beicon
3 cs de AOVE
Vinagre balsámico reducido
Sal

Saltear las setas y el beicon, y reservar.
En una fuente, poner la lechuga y la escarola limpias y troceadas y añadirles la sal. Después, incorporar las setas con el beicon y, encima, el vinagre balsámico reducido (ver pág. 239).

ENSALADA TIBIA CON SALMÓN

Ingredientes
½ escarola
½ hoja de roble
100 g de salmón fresco
4 pepinillos en vinagre
1 limón
3 cs AOVE
Sal

Saltear con el aceite el salmón cortado en dados (apenas un instante porque, si no, se seca). Cuando esté hecho y ya fuera del fuego, añadirle los pepinillos en rodajitas y un chorrito de limón.
En una ensaladera, colocar las hojas de escarola y de roble (limpias y cortadas), añadirles sal y, encima, el salmón con los pepinillos que tenemos en la sartén.

ENSALADA DE CODORNICES

Ingredientes
4 codornices (al grill)
4 hojas de lechuga
4 hojas de escarola
4 láminas de beicon finas
Vinagreta de comino

Disponer en un lado de un plato las codornices asadas (ver pág. 384). Enfrente, las hojas de lechuga y escarola aliñadas con la vinagreta de comino (ver pág. 240) y el beicon frito en láminas finas.

ENSALADA DE BACALAO Y BERENJENAS

Ingredientes

1 lomo de bacalao desalado (de 200 g, aprox.)
1 berenjena
50 g de aceitunas verdes
1 tomate pelado
Sal
Azúcar
2 cogollos
AOVE
Vinagre de Jerez

Asar la berenjena entera envuelta en plástico durante 6 min al máximo de potencia en un microondas. Pelar y reservar la carne interior. Trocear los cogollos limpios, el tomate y las aceitunas, y mezclarlo todo con la carne de las berenjenas. Aderezar con el aceite, el vinagre, el azúcar y la sal.
Por último, añadir el bacalao troceado, cocinado exclusivamente por la acción de la sal.
Mezclar todo y disponer sobre un plato a temperatura ambiente.

ENSALADA DE BACALAO

Ingredientes

1 lomo de bacalao desalado (de 200 g, aprox.)
Leche
2 patatas medianas
12 tomates cherry
1 centollo
16 aceitunas negras

Para la vinagreta:

6 cs de aceite
3 cs de vinagre de Módena
Sal

Disponer en una cazuela la leche a fuego medio; cuando empiece a calentarse, introducir el bacalao y cocerlo durante un par de minutos. Sacar y hacer láminas.
Cocer las patatas (ver pág. 174), pelar y laminar.
Cocer el centollo y desmigar (ver receta pág. 274).
Disponer en cada plato unas rodajas de patata cocida, encima el bacalao en láminas y, sobre este, el centollo desmigado, el tomate cherry lavado y partido en cuartos y las aceitunas negras.
Emulsionar la vinagreta y rociar sobre la ensalada.
Existe el centollo desmigado o de lata. No es lo mismo, pero puede servir.

ENSALADA DE LENGUA

Ingredientes

200 g de lengua (cocida en trozos)
½ lechuga (en trozos)
1 tomate grande (pelado)
Orégano en polvo
100 g de garbanzos (cocidos)
50 g de queso emmental en dados
50 g de aceite de oliva virgen
30 g de vinagre de Módena
Sal
Azúcar

Mezclar en frío, todos los ingredientes, menos la lengua, y reservarlos.
Saltear la lengua en una sartén antiadherente con un pelín de aceite de oliva durante 2 min.
Colocarla en el fondo de cada plato; encima, la mezcla de las verduras y la legumbre.
El fondo caliente contrastará con los demás ingredientes a temperatura ambiente.
Si no disponemos de garbanzos en ese momento, se pueden utilizar los que vienen ya preparados en tarros de cristal, que no están nada mal.

ENSALADA DE MORROS

Ingredientes

200 g de morros (ya fritos)
150 g de rúcula (cortada en hojitas pequeñas)
20 g de piñones tostados
50 g de cerezas (deshuesadas)
4 cs de AOVE
2 cs de vinagre de jerez
Sal

Colocar en cada plato un par de filetes de morros fritos calientes (ver pág. 419); encima, la mezcla de rúcula, piñones y cerezas.
Mezclar en frío en un vaso los componentes de la vinagreta y echar en la ensalada.
Servir al momento.
En vez de freír los morros, puedes cortarlos finos y hacerlos en frío, como si fueran un embutido.

SOPAS, CREMAS, PURÉS Y LEGUMBRES

CALDO DE CARNE

Ingredientes
500 g de carne
1 hueso de caña
250 g de gallina
100 g de garbanzos
2 cebollas
2 zanahorias
3 puerros
3 l de agua
Sal

En un puchero con agua fría, introducir la carne, el hueso y la gallina a fuego vivo; con ayuda de una espumadera, retirar la espumilla que vaya asomando en la superficie, hasta que quede bien limpio. Añadir los garbanzos y las verduras (volver a retirar la espuma en caso de que sea necesario). Bajar el fuego para que siga cociendo lentamente durante 1 h.
Cuando se haya hecho, colarlo y estará listo para hacer sopas o cualquier otra preparación.

CONSEJO – *La carne empleada para el caldo se puede utilizar y servir con una salsa de tomate. Y los garbanzos, para una ensalada.*
También se pueden pasar las cebollas cortadas por la mitad por una sartén a fuego muy fuerte para que se quemen levemente y den aroma y color.

CALDO DE POLLO

Ingredientes
1 carcasa de pollo
1 puerro
1 zanahoria
1 diente de ajo
2 l de agua
1 cebolla
Sal

Cocer todos los ingredientes; cuando empiece a hervir, irá saliendo una espumilla en la superficie que, con ayuda de un cazo, debemos retirar tantas veces como sea necesario. Esto es muy importante. También se nos irá parte del líquido; así que convendría echar algo más de agua, para que no se reduzca demasiado.
Después de 1 h a fuego suave, colar y añadirle unos fideos y un huevo cocido para una sopa.

SOPA DE ARROZ

Ingredientes

1 ½ l de caldo de verduras o caldo de pollo
1 ajo
1 ramita de perejil
Azafrán en hebra
100 g de arroz vaporizado

Hervir en una cazuela el caldo (ver pág. 42). Puede ser caldo de cocido, pero también podéis utilizar agua con una pastilla especial para caldo (en este caso, os aconsejo emplear el doble de agua de lo que indique el fabricante, para que no nos quede demasiado fuerte).
En un mortero, machacar el ajo, el perejil y el azafrán, y cuando el caldo empiece a hervir, agregárselo junto con el arroz vaporizado (se utiliza este tipo de arroz porque en la sopa, el arroz normal es muy fácil que se pase). Dejar hervir a fuego suave durante 20 min y servir.

SOPA DE VERDURAS — CALDO DE VERDURAS

Ingredientes

2 zanahorias
2 puerros
1 patata
50 g de jamón
1 ½ l de agua o caldo
Sal

Limpiar las verduras y cortarlas muy picaditas (brunoise). Picar también el jamón.
Poner una cazuela al fuego con todos los ingredientes, menos la patata, durante ½ h a fuego suave. Añadir la patata; cuando esté cocida, ya tenemos la sopa hecha.
¡Ojo con la sal!: el jamón, al cocerse, ya le aportará su punto de sal.
Una vez filtrados los tropiezos, se obtiene el caldo de verduras.

SOPA DE CEBOLLA LIGERA

Ingredientes

3 cebollas grandes
30 g de aceite de oliva
1 ½ l de caldo de carne
Sal

Poner a pochar la cebolla a fuego lento y sin prisas. Cuando esté totalmente caramelizada, agregar el caldo.
Dejar hervir 20 min, destapado y a fuego suave.
Triturar el conjunto a fondo y colar.
La sal se la añadimos al final.

SOPA DEL AGUA DE COCER LAS VAINAS O JUDÍAS VERDES

Ingredientes

1 l del agua obtenida de cocer vainas
1 huevo cocido
40 g de pasta de sémola

Una vez cocidas las vainas (o judías verdes), sacarlas y reservarlas para otra preparación. Ni se te ocurra tirarlas.
En esta receta es el agua donde se han cocido lo que vamos a aprovechar.
Poner esa agua al fuego y, cuando hierva, añadirle la sémola para sopa y un huevo picadito. Corregir de sal.
Cuando la pasta esté cocida, ya está lista la sopa.
Es una sopa rica en sales minerales y vitaminas (de las vainas o judías verdes). Y algo también muy importante: tiene un sabor delicioso.

SOPA DE CEBOLLA GRATINADA

Ingredientes

1 l de sopa de cebolla
4 rebanadas de pan duro
125 g de queso emmental o mozzarella

Colocar en medio de un plato sopero la rebanada de pan, y sobre esta, un puñado de queso emmental. Después, verter la sopa de cebolla (ver receta anterior) y dejar que el pan se empape bien. Por último, gratinar durante 2 o 3 min en horno precalentado a 200 °C. Servir muy caliente y ¡a disfrutar!

SOPA DE CHAMPIÑONES

Ingredientes

1 kg de champiñones
45 g de aceite de oliva
2 cebollas medianas
2 l de caldo de carne o agua

Dorar la cebolla a fuego muy lento, hasta que esté caramelizada (sin quemarla), y reservar.
En otra cazuela aparte, dorar los champiñones troceados, hasta que estén bien tostados y reservar.
Juntarlos con las cebollas y mojar con el agua o el caldo. Dejar hervir 45 min a fuego suave.
Triturarlo todo y darle un hervor más (siempre que trituremos salsas, debemos darles un hervor después). Rectificar de sal.

PORRUSALDA — CALDO DE PUERROS

Ingredientes
300 g de puerros
300 g de patatas
1 ½ l de agua
Sal
AOVE

Picar finamente el puerro y rehogarlo en el aceite. Sin que llegue a tostarse, añadir las patatas mondadas y cascadas, y rehogar el conjunto.
Agregar el agua y dejar cocer a fuego suave ¾ de h.
Cuando empiece a estar ligado (por la acción de la fécula de la patata), retirar del fuego, dejar reposar 10 min y servir. Rectificar de sal.

NOTA – *Cortar una parte y hacer palanca con el cuchillo, hasta romper el trozo que queda por partir.*

PORRUSALDA CON BACALAO

Ingredientes
300 g de puerros
300 g de patatas
1 ½ l de agua
40 g de bacalao desalado
30 g de aceite de oliva

Quitar la sal al trozo de bacalao bajo el chorro de agua fría durante 15 s. ¡Ojo!, no se trata de desalarlo, sino, simplemente, de quitarle el exceso de sal que pueda tener por fuera.
Como será el propio bacalao el que va a salar el conjunto, no echaremos sal.
Añadir el bacalao junto con el agua en la cazuela donde se han rehogado el puerro y la patata (ver receta anterior). Dejar hervir, desmenuzar un poco el bacalao y rectificar de sal, solo en caso de que sea necesario.

SOPA DE ESPÁRRAGOS EN CONSERVA

Ingredientes
1 lata de espárragos de 1 kg
2 yemas

Abrir la lata. Trocear los espárragos en pedazos de 2 cm de largo y reservar.
Poner el agua de la lata en un cazo con las yemas y acercarla al fuego batiendo despacio, pero sin cesar.
Cuando esté a punto de hervir, colarla rápidamente y pasarla a los platos soperos.
Encima, disponer los trozos de espárrago.

NOTA – *Cuidado con que el caldo no hierva, pues nos cortaría la yema y quedaría un aspecto nada sugerente.*

SOPA DEL VERDE DEL PUERRO

Ingredientes

Lo verde de 2 puerros
100 g de beicon ahumado
1 ½ l de consomé (ver pág. 43) o agua
1 patata muy pequeña
30 g de mantequilla
Perejil picado
Aceite de oliva
Sal

Picar finamente el verde del puerro y saltearlo con un poco de aceite. Añadir la patata pelada y troceada y, por último, el consomé.

Hervir a fuego medio y tapado durante, por lo menos, 20 min.

Triturar todo a conciencia y agregar la mantequilla. Dar punto de sal y reservar.

Sobre un plato sopero, espolvoreado con perejil picado, extender el beicon (pasarlo antes por la plancha y dorarlo).

Cuando vayamos a presentarlo a nuestros invitados, verter con una jarrita el caldo del verde del puerro.

¡Ojo con la sal!: el beicon ya es de por sí salado, y hecho a la plancha aún se acentúa más.

Con el verde del puerro conseguimos más sabor y color.

Si prefieres la zona blanca, tú decides.

SOPA DE AJO

Ingredientes

3 dientes de ajo
30 g de pan muy tostado o pan de pistola en trocitos
1 huevo
1 l de agua o caldo
30 g de aceite de oliva

Se doran los ajos fileteados en una cazuela con el aceite bien caliente. Se añade el pan tostado y se deja rehogar un poco, con cuidado de que no se queme. Se vierte el agua y se deja cocer a fuego medio tapado durante ½ h.

Al final, se agrega un huevo, sin batirlo, para que cuando hierva y cuaje conserve sus dos colores: el blanco de la clara y el naranja de la yema. Corregir de sal y... ¡a zampar!

SOPA DE AJO ESPESA

Ingredientes

2 dientes de ajo
1 ½ l de agua o caldo
50 g de pan (del día anterior)
1 huevo
2 cs de aceite
Sal

En una olla poner el aceite y, cuando esté caliente, echar los ajos picaditos.
Cuando comiencen a dorarse, añadirles el pan para que se tueste un poco y, después, el agua o el caldo.
Dejar que hierva durante 15 min.
A continuación, cascar un huevo y romperlo agitándolo dentro de la sopa, antes de que cueza.
Rectificar de sal y hervir 5 min más.

SOPA DE AJO CON PIMENTÓN

Ingredientes

2 dientes de ajo
1 ½ l de agua o caldo
50 g de pan (del día anterior)
1 huevo
2 cs de aceite
1 cc de pimentón

Se elabora exactamente igual que la sopa anterior, pero ahora debéis añadir el pimentón, justo antes del caldo.

SOPA DE MAÍZ CON SALMÓN

Ingredientes

1 cebolla
20 g de aceite de oliva
1 bote de maíz (de 350 g aprox.)
½ l de caldo de verduras o agua
100 g de salmón ahumado
50 g de nata líquida

Dorar la cebolla con el aceite. Agregar el bote de maíz con el agua que lleva.
Añadir el caldo de verduras y dejar hervir 30 min a fuego suave.
Finalmente, incorporar la nata, y dejar hervir 5 min más.
Triturar y filtrar.
Servir en platos soperos con trocitos de salmón ahumado.
También se puede hacer con salmón fresco pasado por la plancha.

SOPA DE CALABAZA Y CIGALAS

Ingredientes

1 kg de calabaza naranja
100 g de aceite de oliva
Sal
Azúcar
12 colas de cigala
100 g de polvo de almendra
La ralladura de 1 naranja

Licuar la calabaza. Dar un hervor de 15 s al caldo resultante y retirarlo del fuego. Añadir el aceite, la sal y el azúcar y triturarlo todo bien.

Pelar las cigalas y embadurnarlas de ralladura de naranja y de polvo de almendra.

Dorarlas en una sartén a fuego suave para que justo se dore la almendra y se haga la ralladura.

Servir la sopa en un plato sopero acompañada de las colas de cigalas.

¡Y a disfrutar!

SOPA VIÑA AB

Ingredientes

¼ kg de guisantes
¼ kg de pimientos rojos
¼ kg de gambas
½ kg de rosada
300 g de mayonesa
Vino viña AB (fino)
Sal
Agua o caldo de pescado

Poner una olla con el agua al fuego. Cuando empiece a hervir, añadir los guisantes, el pimiento cortado en cuadraditos, las gambas peladas y la rosada, sin piel ni espinas, cortada en trocitos.

En vez de agua, se puede hacer en un caldo hecho con las espinas del pescado y las pieles de las gambas.

Dejar que hierva todo durante 25 min a fuego suave. Retirarla del fuego y dejarla enfriar.

Cuando esté templada, añadir la mayonesa, agitándola con una varilla para que se mezcle bien.

¡Ojo!: la sopa tiene que estar templada porque, si está muy caliente, se cortará.

A continuación, añadir un chorretón de vino Viña AB (o de otro fino) y la sal.

Cuando vayáis a servirla, calentar ligeramente, pero sin que llegue a hervir, para que no se corte.

NOTA – *Esta sopa es una versión un poco libre de un clásico malagueño inventado por el alma mater del restaurante del hotel Don Curro, Francisco Alarcón, en pleno centro de Málaga. La auténtica solo la siguen haciendo allí sus nietos: bonita herencia. Si podéis, no os la perdáis.*

SOPA DE PESCADO

Ingredientes
Para el caldo:
1 cabeza de rape pequeña
1 cebolla
1 puerro
1 tomate maduro
2 l ½ de agua

Para la base de la sopa:
1 cebolla
½ puerro
1 diente de ajo
Aceite de oliva
4 cs de salsa de tomate
3 cs de brandy
10 g de pan rallado
100 g de pescadilla limpia

Poner en una cazuela la cabeza de rape y las verduras troceadas. Sazonar, agregar el agua y poner al fuego a cocer. Cuando empiece a hervir, retirar la espuma que salga a la superficie y dejarlo cocer a fuego muy suave, hasta que reduzca a la mitad. Colar y reservar.
En otra cazuela, poner la cebolla muy picada, el ajo y el puerro y rehogarlo con aceite. Cuando se haya dorado, añadir el brandy, la salsa de tomate y el caldo dejando cocer todo durante unos 10 min.
Por último, agregar el pan, el pescado troceado y la carne de la cabeza de rape. Rectificar de sal y cocer 5 min más.

CONSEJO – *Se pueden añadir gambas y surimi como tropiezos. O también almejas o berberechos*

SOPA DE TXANGURRO

Ingredientes
1 kg de txangurro a la donostiarra
1 l de caldo de verduras
Sal

Se trata simplemente de aligerar este maravilloso guiso, hasta darle la consistencia de una sopa espesa. Mezclar los dos ingredientes (ver págs. 275 y 43), darles un par de hervores y... ¡a volverse loco dándole a la cuchara!
Aquí sería importante añadir unas gotas de mayonesa sobre el plato ya servido.

CREMA DE MARISCO

Ingredientes
1 puerro
2 cebollas
1 ajo
½ pimiento verde
70 g de aceite de oliva
2 cabezas de bogavante (o ½ kg de langostinos medianos)
600 g de gambas peladas
70 g de carabineros
250 g de salsa de tomate
50 g de brandy
2 l ½ de agua
3 hebras de azafrán
Sal
Azúcar
Pimienta

En una cazuela con aceite, pochar la cebolla, el pimiento, el puerro y el ajo. Cuando esté todo pochado, añadirle las cabezas de bogavante troceadas, los carabineros y las gambas; rehogarlo bien con la verdura y el azafrán. Flambear con brandy e incorporar la salsa de tomate. Añadir el agua y dejar que cueza el conjunto durante 25 min. Retirar de la cazuela el armazón de la cabeza de bogavante y triturar el resto en el Thermomix. Colar a fondo. Salpimentar y dar el punto de azúcar.

NOTA – *Si no tenemos la suerte de tener cabezas de bogavante, podemos usar langostinos enteros.*

GAZPACHO DE SANDÍA

Ingredientes
1 l de gazpacho
100 g de sandía

Elaborar el gazpacho (ver receta siguiente). Añadir la sandía y triturar. Servir frío.

CONSEJOS PARA SU PRESENTACIÓN – *Acompañarlo con trozos de queso de cabra o con trocitos de hígado de pollo, muy frito, o, simplemente, solo.*

GAZPACHO

Ingredientes

1 ½ kg de tomates rojos
60 g de pan duro
1 diente de ajo
1 pepino
½ pimiento verde
¼ de una cebolla mediana
90 g de aceite de oliva suave y poco amargo
40 g de vinagre
Sal
1 ½ l de agua, aprox.

Cortarlo todo en trozos y ponerlo a remojo; cuando el pan esté blando, pasarlo todo por la batidora y, después, por el colador para que nos quede más fino y sin pepitas.
Rectificar de sal y vinagre y enfriar.
Se puede servir con trocitos de pepino y tomate como guarnición.
Las proporciones de un gazpacho son en realidad un misterio: difícilmente saldrán dos gazpachos iguales. Lo mejor es ir probando día a día, experimentar con muchos y, al final, te saldrán exactos.
Esto, lógicamente, pasa con todas las recetas, pero con el gazpacho ocurre más a menudo. Este gazpacho es para beber. Si se quiere más espeso, reducir la cantidad de agua.

GAZPACHO DE MELOCOTÓN

Ingredientes

1 l de gazpacho
100 g de melocotón maduro

Elaborar el gazpacho (ver receta anterior). Añadir el melocotón y triturar.
Servir frío y acompañar con trocitos de pan tostado frotados con ajo.

GAZPACHO CON FRESAS

Ingredientes

1 l de gazpacho
100 g de fresas muy maduras

Elaborar el gazpacho (ver más arriba). Añadir las fresas, triturar y colar. Servir frío y para acompañar a pescados en vinagre (anchoas, sardinas, verdel...).
Si quisiéramos hacerlo con frambuesas, el procedimiento sería el mismo.

GAZPACHO VERDE

Ingredientes

1 ½ l de agua
100 g de lechuga
Sal
Azúcar
20 g de pan
½ kiwi
½ diente de ajo
40 g de aceite muy suave
20 g de vinagre de jerez

Triturar el conjunto y colar. Dar punto de sal, un pelín de azúcar y... ¡mucho cuidado con el vinagre, no vayamos a dejarlo ácido!

CONSEJO – *Se puede acompañar con láminas de bacalao ahumado.*

GAZPACHO ASADO

Ingredientes

1 kg de tomate
½ pimiento verde
2 dientes de ajo
1 pizca de orégano
20 g de pan tostado
1 ½ l de agua
35 g de aceite de oliva suave
25 g de vinagre de vino

Asar el tomate abierto por la mitad en el horno con un poco de sal, aceite y agua. Cuando esté bien asado (mínimo 1 h a 160 °C), meterlo en un vaso triturador con los demás ingredientes (tratar de aprovechar al máximo todos los jugos que el tomate haya soltado sobre la bandeja y se hayan quedado medio pegados a esta: con un poco de agua saldrán con facilidad).

Triturar a fondo y colar. Dar el punto de sal, de azúcar (muy importante) y de vinagre. Acompañar con trozos de queso Idiazábal ahumado o con trozos de pescado frito o rebozado.

GAZPACHO ASADO Y LIGADO

Ingredientes

1 kg de gazpacho asado
100 g de mayonesa

Mezclar el gazpacho asado (ver receta anterior) con la mayonesa (ver pág. 210).Triturar el conjunto, hasta conseguir un gazpacho levemente más espeso que el anterior, pero con más sabor.

Y si lo hacemos con mayonesa de bote, también fenomenal.

GAZPACHO TIPO BLOODY MARY

Ingredientes

1 l de gazpacho
100 g de fino La Ina

Elaborar un gazpacho (ver pág. 51).
Mezclarlo todo y servirlo muy frío.
Para empezar a comer, ideal.

GAZPACHO CON ANCHOAS

Ingredientes

1 l de gazpacho
12 filetes de anchoas en salazón

Elaborar un gazpacho (ver pág. 51).
Servirlo en tazas, muy frío, y colocar en la superficie trozos de las anchoas, en salazón o en vinagre: ambas opciones, muy ricas.

GAZPACHO CON POLLO

Ingredientes

1 l de gazpacho
1 pechuga de pollo

Elaborar un gazpacho (ver pág. 51).
Servirlo en tazas, muy frío, y colocar en la superficie trozos de pollo recién frito. Y caliente, claro. El contraste de temperaturas entre el gazpacho y el pollo es ideal.

SALMOREJO

Ingredientes

1 kg de tomates
125 g de pan duro
1 diente de ajo
40 g de AOVE
30 g de vinagre
Sal

Para la guarnición:

1 huevo cocido
100 g de jamón serrano

Poner el pan a remojo en una fuente. Cuando esté remojado, escurrirlo e introducirlo en una fuente honda junto con el tomate, limpio y troceado, el ajo, el aceite, el vinagre y la sal.
Pasarlo todo por la batidora, hasta obtener un puré ligero; después, colarlo por el chino, para que nos quede más fino.
Picar finamente el huevo cocido y el jamón.
Servir el salmorejo a cada comensal y, por encima, espolvorear el huevo y el jamón. Servir muy frío.

AJOBLANCO

Ingredientes

200 g de almendras crudas (repeladas y blancas)
90 g de pan
1 diente de ajo pequeño
Aceite de oliva
50 g de vinagre
Sal
1 l de agua

Para la guarnición:

Uva, melón, manzana... o cualquier otra fruta o un sencillo tomate

En una fuente honda, poner el agua, el pan, las almendras, el ajo, el aceite, el vinagre y la sal. Cuando el pan esté bien remojado, pasarlo todo por la batidora, hasta que nos quede muy bien triturado. Probar la mezcla, por si acaso hay que rectificar de vinagre o de sal, y meterla en el frigorífico.
Servir de la siguiente manera: poner en cada plato melón, o la fruta que hayáis elegido, pero solo un tipo de fruta, en cuadraditos y echar por encima el ajoblanco. Aunque también queda de cine con un buen trozo de salmón ahumado.

GAZPACHUELO, O SOPA MALAGUEÑA

Ingredientes

Patatas
Mayonesa
Sal

Para el caldo de pescado:

½ kg de pescado
1 tomate
1 cebolla
1 hoja de laurel

Preparar el caldo poniendo todos los ingredientes en una olla y dejando que hierva 20 min. El pescado se puede limpiar para añadírselo al final a la sopa. En este caldo de pescado, cocer las patatas cortadas en trozos no muy grandes y salar. Cuando estén cocidas, retirar la olla del fuego y dejarlo enfriar. Cuando el caldo esté templado, añadir la mayonesa removiendo con una varilla poco a poco. Añadir el pescado troceado y limpio y rectificar de sal. Mucho cuidado al calentarla: si hierve, se cortará.

SOPA DE MELÓN Y SARDINAS

Ingredientes

½ cebolla
½ diente de ajo
¼ l de agua
½ kg de melón pelado
Sal
5 cs de aceite de oliva
1 cs de vinagre de Módena
1 lata de sardinas en aceite

Triturar todos los ingredientes (menos las sardinas) y darles el punto de sal.
Disponer en un plato sopero la mezcla y, encima, un par de sardinas en aceite.
Más sano y más veraniego... ¡imposible!

SOPA DE MELÓN Y LOMO DE ORZA

Ingredientes

½ cebolla
½ diente de ajo
¼ l de agua
½ kg de melón pelado
Sal
5 cs de aceite de oliva
1 cs de vinagre de Módena
2 trozos de lomo de orza

Triturar todos los ingredientes (menos el lomo de orza) y darles el punto de sal.
Disponer en un plato sopero la mezcla y, encima, trozos de lomo de orza fileteados.

SOPA DE ZANAHORIA (APERITIVO)

Ingredientes

5 zanahorias grandes
100 g de terrina de foie
1 vainilla
30 g de aceite de oliva

Licuar las zanahorias ya peladas y hervirlas con la vainilla durante, por lo menos, 2 min.
Agregar, fuera del fuego, el aceite y emulsionar el conjunto.
Servir, muy fría, en vasitos, acompañada de trocitos de foie.

JUGO HELADO DE PUERROS

Ingredientes

4 puerros (solo lo verde)
1 l de consomé
70 g de nata
¼ de diente de ajo
30 g de pimiento verde
10 g de pan
30 g de aceite de oliva suave
20 g de vinagre blanco
Sal
Azúcar

Cocer los puerros en agua con sal durante 15 min a fuego medio.
Sacar, secar y agregar a los demás ingredientes.
Triturar a conciencia y colar.
Reservar en la nevera por lo menos 6 h.
Servir junto con trocitos de sardinas en lata, con trocitos de almendra frita con sal o solo.
También se puede acompañar con trocitos de queso.

CREMA DE ACELGAS

Ingredientes

1 cebolla
4 pencas de acelga (lo blanco)
1 patata
1 ½ l de agua
1 diente de ajo
30 g de aceite de oliva
40 g AOVE
Sal
Azúcar
30 g de piñones
30 g de nueces

Poner a dorar la cebolla y el ajo en juliana con un poco de aceite. Agregar la patata cortada en dados y dejar que se rehogue. Añadir el agua y las acelgas cortadas en tiras y dejar que hierva durante 30 min a fuego suave.
Después, triturarlo a conciencia y colarlo.
Poner a punto de sal y azúcar. Si nos ha quedado espesa, aligerarla con agua.
Servirla en el plato acompañada de piñones y nueces fritas, mojado todo con un poco de aceite de oliva virgen extra y sal.

CONSEJO – *Ideal como salsa para un pescado.*

CREMA DE ACELGAS AHUMADA

Ingredientes

3 pencas de acelga (lo blanco)
1 ½ l de agua
30 g de mantequilla
30 g de nata
1 diente ajo
20 g de aceite de oliva
Sal
Azúcar
Salmón ahumado

Sofreír el ajo con el aceite. Añadir lo blanco de la acelga cortado en tiras.
A continuación, agregar el agua y dejar cocer a fuego fuerte durante, por lo menos, 10 min.
Triturar a conciencia con la mantequilla y la nata.
Colar y dar el punto de sal y azúcar.
Servir caliente o fría.
Acompañar con trozos de salmón ahumado.
El sabor del humo le vendrá de maravilla.

CREMA DE ALUBIAS

Ingredientes

250 g de alubias (del día anterior)
200 g de agua
100 g de leche
50 g de nata
50 g de manzana

Se trata de aprovechar lo que nos haya sobrado del día anterior (ver pág. 67).
La elaboración es bien sencilla: hervir y triturar el conjunto, incluidos los pequeños trozos de chorizo y la carne del cocido de alubias, hasta que se forme una crema.
Si se prefiere más ligera, añadir un poco más de agua y de leche, hasta obtener la consistencia deseada.
Acompañar con trozos de manzana en dados dorados levemente en la sartén.

CREMA DE BRÓCOLI

Ingredientes
300 g de brócoli
½ l de agua
½ l de caldo de verduras
100 g de nata
Sal
Azúcar

Limpiar el brócoli y cortarlo en trozos pequeños. Cocerlo con los demás ingredientes a fuego suave, por lo menos 20 min. Triturarlo y colar.

CREMA DE CALABAZA Y PATATA

Ingredientes
400 g de calabaza
1 ½ l de agua o caldo de verduras
100 g de patata
½ puerro
1 diente de ajo

En un cazo, poner el aceite con el puerro picado y el ajo. Agregar las patatas peladas y cascadas y la calabaza pelada en trozos.
Rehogar el conjunto, ir agregando el agua y dejar cocer a fuego suave 45 min. Triturarlo todo después y salar.
Una crema riquísima acompañada con frutos secos o con trozos de aceitunas negras.

CREMA DE CALABAZA

Ingredientes
½ kg de calabaza
30 g de puerro
1 diente de ajo
30 g de aceite de oliva
1 ½ l de agua
Sal
Azúcar

Cortar en láminas la calabaza. Picar muy fino el puerro y el ajo y dorarlo todo. Cuando esté desecha la calabaza, añadir el agua y dejar reducir a fuego medio unos 20 min. Triturar el conjunto a fondo y colarlo.
Sugerencias para el acompañamiento: mejillones al vapor, trozos de salmón ahumado cortados en dados o trozos de pan tostado untados en ajo y tomate.
De consistencia más ligera que la anterior, ambas son estupendas.

CREMA DE CALABACÍN

Ingredientes

1 calabacín grande
100 g de patatas
½ cebolla
20 g de aceite de oliva
Perejil
Sal
1 ½ l de caldo de verdura o agua
50 g de nata líquida

Cortar el calabacín en láminas finas. Cortar la cebolla en juliana; pelar y cascar la patata. Poner en una cazuela el aceite con la cebolla. Dejar que se dore levemente y agregar la patata; dejar otro par de minutos y, por último, añadir el calabacín. Dejar que se haga 5 min más sin que tome excesivo color y agregar el caldo. Dejar hervir, por lo menos, 40 min a fuego suave. Triturar el conjunto y colarlo. Servir caliente para comer solo o con unas gotas de nata líquida en la superficie del plato o con tropiezos (por ejemplo, de chorizo frito, de mejillones al vapor, etc.).
Va mejor con pescado o con mariscos que con carne; pero todo es posible... ¡atrévete!

CREMA DE COLIFLOR

Ingredientes

300 g de coliflor
½ l de leche
30 g de patatas
½ l de caldo de verduras o agua
100 g de nata
Sal
Azúcar

Limpiar la coliflor y cortarla en trozos pequeños. Hacer lo mismo con la patata. Cocer ambos ingredientes (sin la nata) a fuego suave, por lo menos, 35 min. Triturarlo, añadir la nata y colar en el chino.
Servir como acompañamiento de un pescado o, aligerada un poco con agua, como crema con tropiezos tales como queso en dados, frutos secos fritos, pan tostado, lomo en dados muy frito, etc.
Puedes no echarle la nata, no pasa nada... Bueno, sí pasa: sale distinta, pero no peor.

CREMA FRÍA DE ESPÁRRAGOS BLANCOS

Ingredientes

1 lata de espárragos
20 cl de nata
Pimienta molida
Perejil

En el vaso de una batidora poner los espárragos con su agua, la nata y un pellizco de pimienta molida, y triturarlo todo.
Pasar la mezcla por un colador a una fuente honda.
Servir en boles individuales espolvoreados con perejil picado.

CREMA DE ESPINACAS

Ingredientes

½ kg de espinacas
1 kg de bechamel ligera
30 g de mantequilla
Nuez moscada
50 g de queso parmesano

Preparar una bechamel ligera (ver pág. 208).
Cuando esté hecha, agregarle las espinacas cocidas y picadas con un cuchillo. Dejar hervir 2 min y extenderla sobre una fuente del horno con dados de mantequilla y de queso por encima.
Introducir al horno a 230 °C durante el tiempo necesario para que se dore la superficie.
Servir muy caliente.
Nos quedará una crema espesa, pero a la vez ligera.
Para degustar sola (con pan tostado, por ejemplo) o acompañada (con pescado, principalmente).

CREMA DE GUISANTES CALIENTE

Ingredientes

1 ½ l de agua o caldo de verduras
600 g de guisantes congelados
40 g de mantequilla
30 g de nata líquida
Sal
Azúcar

Calentar el caldo o el agua; cuando hierva, verter los guisantes congelados. Dejar hervir 15 min a fuego medio y agregar la mantequilla (fuera del fuego); triturar a conciencia y colar. Dar el punto de sal y azúcar.
Degustar solas o acompañadas de trozos de anchoa en lata o de salmón ahumado, pipas peladas de girasol, nueces, etc. Servir muy caliente.

CONSEJO – *Si queda ligera, hervir un poco más; si queda espesa, aligerarla con agua o leche.*

CREMA DE GUISANTES FRÍA

Ingredientes

1 ½ l de agua o caldo de verduras
700 g de guisantes congelados
40 g de mantequilla
50 g de nata líquida
Sal
Azúcar

La misma elaboración que la receta anterior, pero servida en frío.
En este caso, los tropiezos que mejor le van son:
Trozos de gamba cocida.
Trozos de mejillón en escabeche.
Trozos de almendras fritas (recién fritas y calientes).
Trozos de perdiz escabechada.
Trozos de higaditos de pollo muy fritos.
Trozos de mollejas cocidas y luego fritas.
Trozos de beicon muy frito.
«Gotas» de aceite de oliva de buen tamaño.

CREMA DE LENTEJAS

Ingredientes
250 g de lentejas
200 g de agua
100 g de leche
50 g de nata

Para los tropiezos:
20 g de jamón
20 g de cacahuete
20 g de queso roquefort
20 g de AOVE

La idea es la misma que para la crema de alubias: aprovechar las sobras del cocido de lentejas (ver pág. 70).
Añadir los demás ingredientes (no los tropiezos), darle un hervor, triturarlo todo y colarlo.
Servir, muy caliente, con trozos de jamón, trozos de cacahuete, trozos de roquefort y gotas de aceite de oliva virgen extra.
Si la crema ha quedado muy espesa, tiene fácil solución: se añade un poco de agua y un poco de leche. Corregir de sal.

CREMA DE PEPINO

Ingredientes
1 pepino
1 diente de ajo
40 g de mayonesa
100 g de nata líquida
100 g de yogur
½ l de caldo de verduras
Sal
Azúcar
Un melocotón

Poner en sal el pepino troceado para que suelte un poco del agua y nos quede más suave.
Agregar en frío los demás ingredientes, excepto el melocotón, en frío, triturarlos bien y filtrarlos.
Servir frío, acompañado de trozos de melocotón recién cortados. Si los cortas con antelación, se pondrán negros y feos.

CREMA DE PUERROS

Ingredientes

300 g de puerros
300 g de patatas
30 g de aceite
1 ½ l de agua
Sal
150 g de nata líquida

Elaborar todo siguiendo los mismos pasos que para la porrusalda (ver pág. 45). La diferencia está en que, al final, trituraremos todo.

Añadir la nata líquida y servir la crema fría, templada o caliente, según el gusto de cada cual.

CONSEJO – *Esta crema queda muy bien acompañada con frutos secos en trocitos, que dispondremos en el plato donde va a ser servida; o también con trocitos de salmón ahumado, o de jamón de York en daditos y frito, trocitos de sardinas en lata, etcétera.*

CREMA DE REMOLACHA

Ingredientes

3 remolachas medianas
½ puerro
1 cebolla
1 ½ l de caldo de verduras
1 diente de ajo
150 g de nata líquida
30 g de aceite de oliva

Picar el puerro, la cebolla y el ajo y hacer un sofrito en la sartén.

Cuando esté levemente dorado, añadirle las remolachas. Sofreír el conjunto y agregarle el caldo. Dejar cocer tapado a fuego medio durante, por lo menos, 50 min.

Triturar el conjunto a fondo y colar; añadirle la nata líquida y servir fría o caliente.

Una buena opción para acompañar mariscos.

CREMA DE VAINAS (JUDÍAS VERDES)

Ingredientes

½ kg de vainas
1 l de agua
2 cs de AOVE
Sal

En una cazuela cocer las vainas cortadas de cualquier forma (no es necesario quitarles el hilo, porque las vamos a triturar). Una vez cocidas, triturarlas en una batidora junto con el aceite y la sal.
Pasar la crema resultante por un colador y... ¡ya está lista!
Se puede servir fría, templada o caliente.

LICUADO DE CALABAZA CON CARABINEROS

Ingredientes

550 g de calabaza
12 carabineros
50 g de aceite de oliva
30 g de mantequilla
60 g de nata
60 g de almendra granillo cruda
Sal
Azúcar

Pasar la calabaza por la licuadora. Hervir el licuado durante 2 min. Mezclar con el aceite y triturar a la máxima velocidad (o en el Thermomix, si tenemos la suerte de disponer de uno) durante un par de minutos. Agregar la mantequilla y la nata y volver a triturarlo todo a la máxima potencia.
Dar un toque de sal y azúcar. Servir enseguida muy caliente sin darle tiempo a que los ingredientes se separen.
Pelar los carabineros y reservar en el congelador las cabezas para una posible sopa. Embadurnar las colas en almendra granillo y pasarlas por la sartén vuelta y vuelta. Depositar en el fondo del plato los carabineros y alrededor el caldo licuado de color naranja brillante (precioso). Rematar con unas gotas de aceite de oliva y perejil picado. «Alta cocina» de andar por casa.

CREMA LIGERA DE PATATAS ENRIQUECIDA

Ingredientes

4 patatas medianas
1 l de leche
100 g de nata
30 g de mantequilla
Sal
Pimienta

Cocer a fuego lento (con la cazuela destapada) las patatas peladas y cascadas con la leche y la nata. Remover con cierta frecuencia, pues se suelen pegar al fondo.

Pasados 30-35 min aprox., triturar a conciencia, añadiendo la mantequilla (si se dispone de un Thermomix, mejor).

La crema quedará ligera, pero con un sabor profundo y genial.

La recomiendo para acompañar, sobre todo, carne, morcillas, etc.

PURÉ DE PATATAS

Ingredientes

4 patatas medianas
½ l de agua
½ l de leche
30 g de mantequilla
Sal

Poner a cocer las patatas peladas y cascadas con la leche y el agua.

Dejar que hierva suavemente durante, por lo menos, 35 min.

Pasar por un pasapurés, agregar la mantequilla y salar.

Otra textura de puré, más basta que la anterior, pero igual de sabrosa.

CREMA DE CALABAZA LIGERA

Ingredientes

500 g de calabaza
50 g de nata
30 g de aceite de oliva
1 diente de ajo
1 guindilla cayena

Dorar el ajo en el aceite; agregar la calabaza y la guindilla e ir cociendo y reduciendo todo a fuego suave: la calabaza se irá deshaciendo poco a poco, hasta formar una pasta espesa parecida a un puré gordo (esto tardará, por lo menos, 40 min, según la cantidad de agua que contenga la calabaza). Añadir la nata.

Degustar muy caliente.

Un plato sencillo, sabroso y a la vez barato. ¡Un placer!

CREMA LIGERA DE CALABAZA CON QUESO DE CABRA

Ingredientes

500 g de calabaza
1 diente de ajo
30 g de aceite de oliva
1 guindilla cayena
100 g de queso de cabra de rulo

La misma elaboración que la receta anterior. Cuando la calabaza ya esté cocinada y caliente en el plato sopero, añadir cortado en dados el queso, que, por acción del calor, en apenas un momento cambiará de textura, se volverá más blandito y potenciará el sabor de la crema.

CREMA LIGERA-GUISADO DE CALABAZA

Ingredientes

½ kg de calabaza
1 diente de ajo
1 cayena
35 g de AOVE
Trocitos de queso de cabra (opcional)

Limpiar la calabaza y cortarla en pequeños trozos. Cortar el ajo muy finamente; cuando esté dorado, añadir la calabaza y la cayena. Remover con cierta frecuencia a fuego lento, mientras la calabaza va soltando el agua de su interior. Al cabo de ½ h se habrá formado una calabaza guisada con sus propios restos. No es necesario triturar la mezcla, porque ya habremos obtenido una especie de crema muy rústica.
Servirlo muy caliente; aderezado, si se quiere, con trozos de queso de cabra.

ALUBIAS ROJAS CON BERZA

Ingredientes

½ kg de alubias rojas o negras
150 g de chorizo picante
1 diente de ajo
150 g de tocino fresco
150 g de costilla de cerdo
1 morcilla de cebolla
1 cebolla
½ pimiento verde
½ puerro
20 g de aceite
100 g de guindillas
½ berza
Sal
Agua para cubrir las alubias tres dedos por encima

Si la alubia es fresca (pochas), no es necesario ponerla a remojo; en caso contrario, ponerlas en la cazuela cubiertas de agua fría la noche anterior.
Al día siguiente, picar la verdura finamente, sofreírla levemente en una sartén con el aceite y echarla a la cazuela con las alubias y el agua.
Dar un hervor y agregarle ½ vaso de agua muy fría para cortar la cocción. Repetir la operación otra vez y dejarlas hirviendo a fuego muy bajo. Agregar la costilla, el chorizo cortado en trozos gruesos y el tocino y dejar hervir aprox. 90 min, dependiendo de la clase de alubia.
Debe hervir muy lentamente, apenas para que se vayan haciendo, sin que la alubia se rompa en exceso.
Durante la cocción de las alubias, estar atentos a que no les falte agua.
Si quedan espesas, añadir agua.
Si nos quedan ligeras, triturar 3 cs de alubias con la batidora y agregárselas al caldo para espesarlo.

Aparte, cocer la berza (ver pág. 142).
Asimismo, cocer a fuego suave en agua durante 10 min la morcilla de cebolla; previamente, hacer unas incisiones con la punta de un cuchillo a lo largo, para que no se reviente a la hora de hervirla.
Poner las guindillas en vinagre con un poco de sal gorda y un poco de aceite de oliva virgen extra.
Cuando las alubias estén blanditas, pero enteras, y el caldo levemente espeso, servirlas en platos soperos y acompañarlas de las guindillas, la morcilla y la berza.
¡Ideal!

FABADA ASTURIANA

Ingredientes

*1 ½ kg de alubias asturianas (*fabes*)*
3 morcillas asturianas
3 chorizos tiernos
1 kg de lacón (la pata delantera del cerdo)
6 hebras de azafrán
100 g de aceite
½ cebolla
Sal
Pimentón dulce
1 l de caldo de gallina
Agua

La víspera, poner las alubias a remojo con agua fría, y en otro recipiente, el lacón cortado en 3 trozos, también cubierto de agua.
A la mañana siguiente echar las fabes en una cazuela, cubiertas de agua fría, con la morcilla y el chorizo a fuego medio (como en otros cocidos, antes de que empiece a hervir, retirar la espuma que se forma en la superficie).
Tras el primer hervor, dejarlas cocer lentamente durante 90 min.
En otra cazuela, hervir el lacón durante 1 h para quitarle parte de su sabor salado. Pasado ese tiempo, añadírselo a la cazuela de las fabes, con cuidado de que no se rompan; procurar también que no queden al descubierto (pues se les desprendería el pellejo); para eso, ir añadiendo un poco de caldo (de pollo o de gallina). Asimismo, agregar al principio de la cocción un poco de caldo de gallina frío para cortar el hervor.
Hacia la mitad de la cocción de las fabes, agregar un sofrito de cebolla picada, pimentón dulce y azafrán.
Rectificar de sal en caso de que sea necesario: el chorizo y el lacón pueden aportar a las alubias el grado suficiente de sal.
Dejar reposar 1 h.
Si el caldo nos queda ligero, pasar unas pocas fabes por el pasapurés y agregárselas para que engorde.
Probarlas en la casa de Pedro Morán (Casa Gerardo, en Prendes, Asturias) es una experiencia inolvidable.

POCHAS

Ingredientes

500 g de alubia pocha (no seca)
1 ½ l de agua
1 tomate pequeño muy maduro
¼ de pimiento verde
1 trozo de tocino (70 g)
1 trozo de chorizo
AOVE

En una cazuela, poner todos los ingredientes juntos y hervir a fuego muy suave. Cuando rompa a hervir, eliminar la espuma de los bordes y dejar que se haga lentamente.

Como las pochas no están secas, no necesitan ponerse a remojo y tendrán un tiempo de cocción más breve; según su tamaño, apenas necesitarán 40 min para hacerse, o incluso menos, pero dependiendo mucho del tipo de pocha.

El caldo debe quedar levemente espeso; en caso de que no lo consigamos, hay un truco: poner 2 cs de pochas en un vaso triturador, triturar a tope y añadir ese «puré» al caldo; lo engordará un poco.

La textura de la pocha debe ser blanda y con poco pellejo.

Si se quiere darle un toque rojo, triturar también el tomate; se obtiene un color más alegre.

La operatividad para la alubia seca es la misma. Sea del color que sea, solo que esta necesitará 24 h de remojo en agua fría.

COCIDO DE GARBANZOS

Ingredientes

350 g de garbanzos
1 zanahoria
1 diente de ajo
1 puerro
1 patata mediana
1 trozo de tocino
1 pollo
3 l de agua (aprox.)

Poner a remojo en agua muy fría los garbanzos la noche anterior (12 h). Quitarle al pollo las pechugas y reservarlas para otro plato. Disponer en una cazuela todos los ingredientes menos los garbanzos. Cuando empiece a hervir, retirar la espuma que se forma en los bordes de la cazuela con la ayuda de una espumadera. Añadir los garbanzos, desechando previamente el agua del remojo.

Dejar cocer suavemente a fuego medio durante, por lo menos, 2 h, medio tapado. Rectificar de sal.

Pasado ese tiempo, dejar reposar y repartir en el plato el caldo, los garbanzos, los trozos de tocino y algún que otro trozo de verdura.

Servir muy caliente.

HUMUS DE GARBANZO

Ingredientes
Ver receta anterior

No es la receta original, pero sí un apaño con lo que nos ha sobrado de la receta anterior.
Triturar todos los ingredientes hasta formar una pasta muy espesa.
Si es necesario, ayudarse con algo de agua.
Añadir una cucharada de puré de sésamo (lo venden hecho).
Servir frío en plato sopero. Con unas cucharadas de aceite de oliva virgen extra y algo de pan para untar, ideal.

FALAFEL

Ingredientes
200 g de garbanzos
Dos ramas de perejil
1 diente de ajo
Media cebolla
Sal
Aceite de oliva para freír

Remojar un día entero los garbanzos y triturar con los demás ingredientes. Hacer pequeñas bolas tipo croquetas de un par de bocados. Freír en aceite de oliva hasta dorar. Servir con algo de tahine o también de puré de garbanzos cocidos o lo que prefieras. Sencillo y resultón. Recuerdo: los garbanzos no se cuecen, solo se remojan.

LENTEJAS GUISADAS

Ingredientes
300 g de lentejas
1 ½ l de agua
1 diente de ajo
½ pimiento verde
½ cebolla
1 hoja de laurel (opcional)
Sal
Aceite de oliva virgen
Guindillas levemente picantes

Pelar el ajo. Picar muy fino la cebolla y el pimiento.
Poner todos los ingredientes en agua y llevar a ebullición (con la hoja de laurel, si se quiere). Dejar cocer a fuego suave durante 40-45 min.
Cuando las lentejas estén hechas, retirar del fuego.
Debe quedar un guiso espeso, pero no demasiado.
Servir muy caliente, acompañado de unas gotas de aceite de oliva virgen y guindillas levemente picantes.

COCIDO DE GARBANZOS TIPO MADRILEÑO

Ingredientes

350 g de garbanzos
1 zanahoria
1 diente de ajo
100 g de calabaza
1 trozo de tocino
1 kg de zancarrón
5 l de agua (aprox.)
1 trozo de chorizo
Sal
Fideos
Salsa de tomate

Poner a remojo los garbanzos la noche anterior.
En una cazuela grande poner a cocer todos los ingredientes menos los garbanzos.
Cuando empiece a hervir, eliminar la espuma de las paredes de la cazuela con ayuda de un cucharón o una espumadera. Agregar los garbanzos y volver a espumar.
Dejar cociendo 2 h a fuego medio y casi tapado del todo (si queremos ahorrar tiempo, en la olla a presión solo son necesarios 20 min). Transcurrido ese tiempo, separar 2 l de caldo y cocer en él los fideos para hacer una sopa.
De segundo plato, servir los garbanzos con verduras y algo de caldo.
De tercero, trocear la carne y el chorizo y poner a hervir a fuego suave durante 10 min con un poco de salsa de tomate (ver pág. 216).
Del cocido obtenemos un menú completo: sopa de cocido, garbanzos en caldo, carne con tomate.

GARBANZOS CON BACALAO Y ACELGAS

Ingredientes

½ kg de garbanzos
100 g de bacalao sin piel y sin espinas
½ kg de acelgas
2 rebanadas de pan
1 cebolla
1 pimiento verde pequeño
1 hoja de laurel
Ajo
Perejil
4 cs de aceite de oliva
2 cc de carne de pimiento choricero

La noche anterior poner a remojo los garbanzos junto con el bacalao en una olla con agua fría y sal.
Al día siguiente, retirar el agua del remojo, añadir agua limpia y cocerlo todo (también se pueden cocer en una olla a presión).
Una vez cocidos, reservarlos con su caldo.
Limpiar las acelgas, picarlas, cocerlas en una olla aparte y escurrirlas. Desechar el agua (amarga un poco) y juntarlas con los garbanzos.
En una sartén poner el aceite; cuando esté caliente, dorar las 2 rebanadas de pan, que se pondrán en un mortero junto con el ajo y el perejil. Machacarlo todo y añadírselo a la cazuela de los garbanzos.
En el resto del aceite de la sartén, freír la cebolla, el pimiento verde finamente picado y la hoja de laurel. Cuando esté frito, añadir la carne del pimiento choricero, moverlo con la cuchara y echarlo todo sobre los garbanzos.
Cocer todo junto unos 10 min y rectificar de sal. Si queda espeso, añadir un poco de agua.
Una receta de mi novia que todos los años repetimos por marzo.
Los amigos se pegan por ella. Por la preparación...

ENTRANTES

JAMÓN DE PATO

Ingredientes

1 pechuga de pato
Pimienta rosa
Pimienta negra
Ralladura de limón
1 diente de ajo muy picado

Para la ensalada:

Un tallo de apio
1 naranja
½ tomate muy seco
Sésamo verde
Gotas de aceite y vinagre balsámico
500 g de sal gorda

Frotar bien la pechuga con las especias. Enterrar en sal durante 12 h con un peso encima. Retirar toda la sal y lavarlo en agua muy fría. Secarlo a conciencia y dejar asentar al aire, por lo menos, 48 h. Cortar en láminas finas. Reservar.
Laminar el apio y pelar la naranja en láminas finas. Aderezar ambos con el tomate seco picado y el aceite de oliva.
Presentar en plato acompañando a las lonchas de jamón de pato.
Las gotas de vinagre irán fenomenal.

ACEITUNAS ALIÑADAS

Ingredientes

250 g de aceitunas verdes (dulces y sin agua)
250 g de aceitunas negras (dulces y sin agua)
Guindillas verdes en vinagre
3 cs de aceite de oliva
Un chorrito de vermú

En una fuente honda echar los dos tipos de aceitunas, las guindillas cortadas en rodajas, el aceite y el vermú.
Servir.

ACEITUNAS NEGRAS ALIÑADAS

Ingredientes

½ kg de aceitunas negras (dulces y sin agua)
1 cebolla
3 cs de aceite de oliva virgen
1 cc de pimentón
½ cs de orégano

Colocar las aceitunas en una fuente honda; añadirles la cebolla cortada en trozos, el aceite, el orégano y el pimentón.
Dejar la mezcla, por lo menos, un día entero en el frigorífico, y pasado este tiempo, degustarlas. Aguantan bastante en frío.

PATÉ DE ACEITUNAS NEGRAS (TAPENADE)

Ingredientes

250 g de aceitunas negras deshuesadas
8 filetes de anchoas en salazón
1 diente de ajo
1 pizca de orégano
4 cs de aceite
150 g de agua

Poner todos los ingredientes en el vaso de la batidora y batirlos hasta formar una pasta espesa. Si os queda demasiado espesa, añadirle un poco de agua y de aceite.
Servirlo con pan tostado para untar, y encima, lo que se te ocurra: carne, pescado o marisco. Incluso fruta.

APERITIVO DE AGUACATE

Ingredientes

4 aguacates maduros
16 rodajas de pan tostado
Sal
Azúcar
½ limón

Pelar los aguacates y aplastar el contenido con la sal, el azúcar y el limón exprimido, hasta formar una pasta espesa. Ponerla en un bol acompañada por las rebanadas de pan.
Con ayuda de un cuchillo o cucharilla, los comensales untarán el aguacate con el pan.

APERITIVO DE AGUACATE CON BACALAO

Ingredientes

1 aguacate maduro
½ limón
Sal
Azúcar
100 g de bacalao ahumado
20 g de aceite de oliva virgen
10 g de almendras tostadas

Pelar el aguacate y machacarlo, hasta formar una pasta muy fina.
Meterlo en un bol pequeño y taparlo con un par de láminas de bacalao, unas gotas de aceite y las almendras.
Degustar en frío.

GUACAMOLE

Ingredientes

4 aguacates maduros
1 tomate pequeño
1 cebolla
Cilantro picado
Sal
Azúcar
Pimienta
½ pimiento verde o 2 chiles
Salsa tabasco
½ limón
6 tortillas fritas

Pelar y picar el tomate muy fino.
Picar la cebolla, el pimiento y el cilantro, también muy fino.
Exprimir el limón. Mezclar, sin romper demasiado, el aguacate, la cebolla y el tomate.
Añadir el resto de los ingredientes y mezclarlos, hasta formar una pasta espesa, pero con trocitos.
Servir rápidamente, pues, a pesar del limón, se oxida con relativa facilidad.
Servir acompañado de tortillas mexicanas fritas en aceite, ya sean de maíz o de trigo en triángulos, hasta que estén doradas y crujientes (o comprarlas ya hechas).
Y si te has pasado con el picante, un vaso de yogur líquido, no desnatado, para contrarrestar.

DOS PÁJAROS DE UN TIRO: QUICHE DE QUESO Y TARTA DE MANZANA

Ingredientes
4 huevos
2 cebollas
100 g de queso de cabra
200 g de nata líquida
Sal y pimienta
AOVE

Para la pasta quebrada:
200 g de harina
120 g de mantequilla pomada
1 huevo
Sal y pizca de azúcar

Para la tarta de manzana:
2 manzanas
1 cs de miel

Mezclar todos los ingredientes de la pasta quebrada hasta formar una masa espesa. Envolver en plástico y dejar enfriar 1 h.
Mientras tanto, picar la cebolla en juliana y pochar con algo de aceite hasta dorar. Enfriar y mezclar la cebolla con la nata, los huevos y el queso de cabra.
Estirar la pasta quebrada en un molde desmontable. Recoger los recortes y volver a estirar, esta vez en forma rectangular. Montar encima gajos de manzana pelados a lo largo. Espolvorear algo de azúcar por encima.
Verter la mezcla de la cebolla en el molde circular y meter ambos a 180 °C durante ½ h.
Pintar la tarta de manzana con miel caliente para dar brillo.
Cortar el quiche en porciones.
Dos pájaros de un tiro. Bien.

CASTAÑAS EN CHIP

Ingredientes
½ kg de castañas crudas
Aceite para freír

Pelar las castañas y, con mucho cuidado, pasarlas por una mandolina para conseguir láminas muy finas. Freírlas en aceite, hasta que queden doradas y crujientes.
Riquísimas como aperitivo; diferente, si se trata de acompañar carnes o pescados.

CALABACÍN CON QUESO Y JAMÓN

Ingredientes

1 calabacín
Sal
4 lonchas de jamón de York
4 lonchas de queso
1 huevo
Aceite para freír

Pelar el calabacín y cortarlo en rodajas finas. Disponerlo en un plato, espolvorear algo de sal encima para que sude y esperar ½ h.
Cortar el jamón de York y el queso en lonchas en cuadrados del tamaño de las rodajas. Hacer montados de calabacín, jamón de York, queso y calabacín. Pinchar por el medio con un palillo.
Batir el huevo, introducir los pinchos para rebozar y freírlos en aceite caliente a fuego medio.
Servir caliente como aperitivo.

APERITIVO DE CEBOLLAS CON ATÚN

Ingredientes

1 cebolla
200 g de atún
30 g de aceite de oliva
Sal
Perejil picado

Cortar la cebolla en juliana no muy fina (tiras alargadas).
Saltearlas con el aceite en una sartén a fuego fuerte durante ½ min. Agregar el atún cortado en dados y dejar 1 min más. Dar un punto de sal y espolvorear con perejil picado.
Servir muy caliente. La cebolla estará prácticamente cruda, pero esa textura irá muy bien con el atún.

APERITIVO DE CEBOLLETAS ACARAMELADAS

Ingredientes

30 cebolletas pequeñas
70 g de azúcar
20 g de aceite de oliva

Poner a saltear las cebolletas en un poco de aceite; cuando estén levemente doradas, añadir el azúcar y dejar que el conjunto se caramelice a fuego medio.
Sacarlas y dejar que se enfríen levemente, para que el azúcar, muy caliente, no nos queme.
Servir como acompañamiento de unas anchoas en sal o de unos mejillones al vapor.

CEREZAS SALTEADAS

Ingredientes

300 g de cerezas picotas
5 cs de aceite de oliva
1 cc de azúcar
Sal

Deshuesar las cerezas (ver pág. 448).
Disponerlas en una sartén con un poco de aceite y saltearlas durante 2 min a fuego medio.
Espolvorear con azúcar y sal.
Ideal para acompañar a carnes o solas para empezar una buena comida.

CEREZAS CON PATO

Ingredientes

1 magret de pato
200 g de cerezas (deshuesadas)
2 cs de aceite de oliva
100 g de cerveza
1 cs de azúcar
1 cs de vinagre de sidra
Sal gorda

Pasar por el fuego el magret en una sartén, hasta que esté dorado por fuera, y por dentro, rojo.
Filetear y espolvorear con sal gorda. Reservar 5 min tapado fuera del fuego.
A la hora de servirlo, darle un golpe rápido de calor en un horno muy caliente o en la misma sartén.
Saltear aparte las cerezas deshuesadas (ver pág. 448) con un poco de aceite; cuando se estén deshaciendo (5 min, aprox.), agregarles la cerveza, el azúcar y el vinagre.
Quedará una salsa con trozos de cerezas y con jugo, rústica pero muy sabrosa.
La combinación con la grasa de pato es, sencillamente, un matrimonio bien avenido.
Podrías acentuar el sabor de las cerezas con un poco de zumo de limón.

CIRUELAS CON ARENQUE

Ingredientes

6 ciruelas frescas
200 g de arenques en vinagre
AOVE

Disponer los filetes de arenque en un plato. Poner por encima trozos de ciruela fresca.
Un buen chorro de aceite de oliva y... ¡a disfrutar!
Degustarlo como entrante o aperitivo.

CÓMO HACER CROQUETAS

Ingredientes
Para la masa:
130 g de mantequilla
120 g de harina
700 g de leche
300 g de nata
Sal
Nuez moscada (opcional)
2 huevos
Pan rallado
Harina (opcional)
Aceite de oliva

Seguir los mismos pasos que se indican en la receta de «Bechamel de espesor para croquetas» (ver pág. 209). La textura de la masa dependerá del tiempo que la tengamos cociendo: cuanto más tiempo la dejemos hirviendo, más humedad se evaporará, y la masa se espesará y quedará más dura. Esto tiene ventajas e inconvenientes.

Ventajas: para moldear las croquetas con las manos, la masa está muy espesa y se manipula con facilidad.
Inconvenientes: la masa está demasiado recia y nada cremosa.
La solución está en buscar el equilibrio entre poder darle forma a la masa sin excesiva dificultad y que, a la vez, resulte cremosa.
Cuando se fríen, echar abundante aceite en la sartén —para que cubra por completo la croqueta y no se nos abra— y dejar que se caliente bastante. Una vez doradas, sacarlas sobre un papel absorbente.

NOTA – *El rebozado de huevo y pan rallado debe estar bien hecho; intentar que no queden partes sin rebozado, porque, si no, se abrirán al freírlas. Hay quien, en vez de huevo y pan rallado, las pasa antes por harina; es decir, harina, huevo y pan rallado. Pero yo creo que, si se hace con cuidado, no es necesario añadirle más harina de la que ya llevan las croquetas.*

Las porciones de las croquetas pueden variar: desde los 10 g en forma de bolitas pequeñas hasta los casi 50 g, croquetas de respetable tamaño. Estas últimas habrá que freírlas más tiempo para que se hagan bien por dentro; pero cuidando de que no se quemen.

CROQUETAS DE BACALAO

Ingredientes

1 kg de masa de croquetas
200 g de bacalao desmigado (ya desalado)
Perejil picado
2 huevos
Pan rallado
Aceite de oliva

Una vez hecha la masa base, añadir el bacalao desmigado bien seco (si está húmedo nos va a añadir agua a la mezcla y va a dejarla más ligera, lo que nos supondrá un problema a la hora de dar forma a la croqueta).
Tenemos dos opciones para solucionarlo: secar bien el bacalao o dejar hervir la masa un poco más tiempo para que engorde.
Añadir el perejil picado. Dar un par de hervores más y reservar.
Finalizar como en la receta anterior.

CROQUETAS DE JAMÓN

Ingredientes

1 kg de masa base
300 g de jamón cortado en daditos
2 huevos
Pan rallado
Aceite de oliva

Preparar la masa; cuando hayamos obtenido la textura correcta, añadirle el jamón, darle un par de hervores más y retirar del fuego.
Cuando la masa esté bien fría, darles forma a las croquetas, como se indica en la receta de «Cómo hacer croquetas» (ver pág. anterior).
Aquí no tendremos problemas de textura, porque el jamón no aporta nada de agua, como en el caso del bacalao.

CROQUETAS DE CHORIZO

Ingredientes

1 kg de masa de croquetas base
100 g de chorizo de cocer
2 huevos
Pan rallado
Aceite de oliva

Cortar el chorizo en daditos y dorar en una sartén antiadherente sin aceite.
Añadir a la masa de croquetas, cuando esta se esté terminando de hacer.
Dar un par de hervores, dejar enfriar y moldear como en la receta «Cómo hacer croquetas» (ver pág. anterior).

NOTA – *La grasilla que suelta el chorizo al hacerse, agregarla a la masa: se teñirá de un color anaranjado.*

CROQUETAS DE HUEVO

Ingredientes

1 kg de masa base
3 huevos
2 huevos
Pan rallado
Aceite de oliva

Cocer los huevos en agua salada durante 10 min.
Preparar la masa base, según las indicaciones de la receta «Cómo hacer croquetas» (ver pág. 82).
Antes de sacarla del fuego, añadir los huevos picados en trocitos pequeños y dar dos hervores más revolviendo sin parar.
Dejar enfriar y moldear (ver pág. 82).
Freírlas con cuidado de que no se abran.
Estas me encantan, por lo sencillas que son.

CROQUETAS DE GAMBAS

Ingredientes

1 kg de masa base de croquetas
150 g de gambas crudas muy troceadas (solo las colas)
1 diente de ajo picado
2 huevos
Pan rallado
Aceite de oliva

Elaborar una masa de croquetas siguiendo las indicaciones de la receta base («Cómo hacer croquetas»; ver pág. 82).
Aparte, dorar el ajo con el aceite y añadirle las gambas troceadas; dorarlo todo.
Añadir los ajos con las gambas fritas sobre la masa de croquetas que tenemos casi acabada, incluido el aceitillo. También podría utilizarse ese aceite al principio para hacer la bechamel.
Dar unas vueltas, dejar enfriar y darles forma a las croquetas, como en la receta base (ver pág. 82).

CROQUETAS DE QUESO

Ingredientes

1 kg de masa base de croquetas
100 g de queso Idiazabal (o manchego curado)
Harina (opcional)
2 huevos
Pan rallado
Aceite de oliva

Hacer la masa base de croquetas como en la receta base («Cómo hacer croquetas»; ver pág. 82).
Cuando esté cocinada la bechamel, retirarla del fuego y añadirle el queso cortado en daditos o rallado.
Mezclar bien con la masa y dejar enfriar.
Darles forma y freírlas empanándolas antes con harina, huevo y pan rallado (aunque ya os he dicho antes que, si podemos evitar la harina, mucho mejor).
El queso, si es de la variante ahumada, mejor.

CROQUETAS DE POLLO

Ingredientes

1 kg de masa de croquetas base
150 g de pollo (recortes que nos hayan sobrado de un pollo asado)
2 huevos
Pan rallado
Aceite de oliva

Cortar en daditos todos los recortes y sobras del pollo asado y añadírselos a la masa de croquetas; dar un par de vueltas y hervores y dejar enfriar. También se puede hacer con el pollo cocido, pero ¡no hay color!
Dejar enfriar y darle forma como en la receta base.

NOTA – *De todos los jugos y grasillas que haya soltado el pollo al asarse, se podrían incluir 2 o 3 cs en la masa para reforzar el conjunto.*

CROQUETAS DE GAMBAS INTENSAS

Ingredientes

400 g de leche
½ l de agua (para el caldo de cabeza de gamba)
100 g de nata
120 g de mantequilla
125 g de harina
500 g de gamba cruda entera
1 diente de ajo
2 huevos
Pan rallado
Aceite de oliva

Pelar las gambas; machacar bien las cabezas para que suelten su jugo y cocer tanto las cáscaras como las cabezas.
Dar un hervor, colar y reservar el caldo.
Aparte, derretir la mantequilla en una cazuela y añadirle la harina.
Juntar bien e ir añadiendo la leche y la nata sin dejar de remover.
Mejor si la leche y la nata están calientes, aunque no es necesario.
Agregar el «caldo de gamba» que hemos reservado anteriormente.
Remover a fuego lento. Por último, añadir las colas de gamba que hemos troceado y salteado aparte con ajo y aceite.
Hervir el conjunto 1 min más y dejar enfriar.
Moldear las croquetas como en la receta de croquetas («Cómo hacer croquetas»; ver pág. 82) y freírlas como en las recetas anteriores.

CROQUETAS DE PATATA

Ingredientes

1 kg de patatas
6 guindillas
3 pepinillos
Pimienta blanca
2 huevos
Pan rallado
Aceite de oliva

Opción 1
Cocer las patatas en abundante agua con sal durante 30 min.
Opción 2
Cocer las patatas envueltas en film en el microondas durante, por lo menos, 8 min a máxima potencia.

Pelar las patatas cocidas y machacarlas con ayuda de un tenedor. Dar un punto de sal. Agregar las guindillas muy picadas y los pepinillos, de igual manera.
Revolver y hacer porciones en forma de bola o rectángulo. Pasarlas por huevo y pan rallado.
Freírlas con abundante aceite caliente.
Sacarlas sobre un papel absorbente para que suelten el aceite sobrante.
Comer muy calientes.

LANGOSTINOS ACROQUETADOS

Ingredientes

1 kg de masa de croquetas base
20 colas de langostino
Harina (opcional)
2 huevos
Pan rallado
Aceite de oliva

Cocer levemente los langostinos en agua con sal (congelar las cabezas para otros posibles platos).
Con la masa de croquetas muy caliente —que hemos preparado según la receta base de croquetas («Cómo hacer croquetas»; ver pág. 82)—, untar la cola de langostino pelada, justo meter y sacar, pero que quede bien envuelta. Dejar que las colas se enfríen sobre una bandeja engrasada con mantequilla.
Después, harina (opcional), huevo y pan rallado, y al aceite bien caliente.
¡Que aproveche!

CROQUETAS CON ½ HUEVO

Ingredientes

8 huevos
1 kg de masa de croquetas base
Sal

Para empenar y freír:

Harina (opcional)
2 huevos
Pan rallado
Aceite de oliva

Cocer los huevos en agua con sal durante 10 min, desde que el agua comienza a hervir. Pelarlos y cortarlos por la mitad.

Proceder como en la receta anterior, solo que esta vez vamos a «bañar» los medios huevos cocidos con ayuda de una cuchara o dos, si nos resulta más cómodo.

Hacer bolas y dejarlas enfriar.

Freírlas, después de pasarlas por harina (opcional), huevo y pan rallado.

DUMPLING DE LANGOSTINOS

Ingredientes

Para la masa:

120 g de fécula de patata
120 g de fécula de maíz
240 g, aprox., de agua recién hervida

Para el relleno:

300 g de magro de cerdo un poco veteado de grasa
300 g de langostinos pelados
Unas gotas de aceite de sésamo
Sal y pimienta
Además, salsa de soja

Mezclar las féculas y agregar el agua casi hirviendo. Remover hasta formar una pasta. Dejar descansar unos minutos y amasar con las manos untadas en un poco de aceite. Reservar.

Triturar el cerdo hasta formar una pasta y agregar los langostinos troceados. Dar un punto de sal y de aceite de sésamo. Reservar.

Estirar la masa con un rodillo en pequeñas porciones. Rellenar con pequeñas porciones de la mezcla y cerrar con cuidado. Poner al vapor 7-8 min.

Servir a toda pastilla con salsa de soja.

FRAMBUESAS CON QUESO

Ingredientes

200 g de frambuesas
150 g de queso roquefort o Torta del Casar
Pan tostado

Sobre un pan tostado, disponer un buen trozo del queso que se prefiera. Encima, 1 o 2 frambuesas. El ácido de las frambuesas contrastará de una manera deliciosa con la grasa del queso.
Una buena manera de empezar una comida, o de terminarla.
¡Ácido y grasa se llevan fenomenal!

FRESAS CON QUESO

Ingredientes

½ kg de fresas
200 g de queso fresco (tipo Philadelphia)
50 g de azúcar
50 g de queso manchego

Para la vinagreta:

5 cs de aceite de oliva
2 cs de vinagre de Módena
1 cc de azúcar

Mezclar el azúcar con el queso fresco y con el manchego, hasta formar pequeñas bolitas. Depositarlas en un plato sopero y agregarles las fresas limpias y cortadas por la mitad.
Por último, 2 cc de la vinagreta.
Servir muy frío.

FRESAS CON RIÑONES DE CORDERO

Ingredientes

300 g de fresas
2 riñones de cordero
1 diente de ajo
40 g de aceite de oliva
Menta
Tomillo

Limpiar bien los riñones con agua y con vinagre. Retirar grasas y telillas diversas y cortarlos en trozos medianos; saltearlos en una sartén con un poco de aceite, hasta que estén dorados. Retirarlos y, en esa misma sartén, con un poco más de aceite y con lo que hayan soltado los riñones, saltear 30 s las fresas cortadas por la mitad. Añadir la menta y el tomillo. Incorporarlas a los riñones y... ¡a disfrutar!
Por lo general, a la grasa fuerte de productos como riñones, hígados, mollejas, etc., le va que ni pintado las frutas dulces-ácidas como la fresa, la cereza, el kiwi...

HIGOS RELLENOS

Ingredientes
12 higos
10 láminas finas de beicon

Cortar los higos como se indica: con ayuda de una cucharilla pequeña, vaciar su interior, con cuidado de no agujerear la piel; picarlo groseramente y reservar.
Dorar en una sartén el beicon en dados y, cuando esté hecho, añadirle la carne de los higos.
Rellenar los higos y ponerles la tapita.
Meter al horno 10 min a 180 °C.
Comer muy calientes.
Un entrante exquisito.

ZUMO DE MANDARINAS CON NARANJAS

Ingredientes
6 mandarinas
1 naranja

Es necesario recoger un buen montón de mandarinas para esta sencillísima receta. Cortar las mandarinas por la mitad y exprimirlas sin llegar demasiado a la piel.
Llenar una copa pequeña con el zumo de mandarina. Agregar trozos de naranja.
La diferencia de matices, en comparación con el zumo de naranja, es enorme.

MANDARINAS A LA PLANCHA

Ingredientes
4 mandarinas
30 g de aceite de oliva
Azúcar

Una vez peladas, extraerles con cuidado los gajos; agregarles un poco de azúcar y dorarlas levemente en una sartén antiadherente.
Ideales solas o como guarnición de una carne a la plancha.

MANDARINAS CON BEICON

Ingredientes

4 mandarinas grandes y dulces
150 g de beicon en lonchas
10 g de aceite de oliva

Cortar las mandarinas en gajos y embadurnarlas con el aceite.
Tostar el beicon en una sartén sin aceite.
Colocar los gajos sobre un plato; encima, las lonchas de beicon.
Buena combinación como entrante: la mandarina fría y el beicon caliente.

MANZANAS CON PIMIENTOS

Ingredientes

3 manzanas Granny Smith
30 g de aceite de oliva
2 pimientos morrones rojos
1 diente de ajo picado
Sal

Una vez peladas, cortar en trozos las manzanas.
Saltearlas con un poco de aceite y con ajo tostado previamente, 90 s en total.
Aparte, asar los pimientos morrones (ver pág. 186).
En un plato colocar un trozo grande y caliente de pimiento morrón; encima, las manzanas salteadas: una combinación excelente.

MANZANAS LICUADAS CON FOIE

Ingredientes

4 manzanas Granny Smith
20 g de aceite de oliva
50 g de terrina de foie

Pelar dos manzanas y trocearlas en un tamaño mediano. Reservar.
Trocear, sin pelar, las otras dos manzanas y licuarlas.
Depositar en el fondo del plato sopero el licuado de manzana y, encima, un buen montón de manzana troceada. Encima, los trocitos de foie.
Unas gotas de aceite rematarán un plato refrescante, fácil y con un sabor intenso a manzana.
Aconsejable como entrante; aunque, si se le añaden unos trozos de cuajada, puede convertirse en un buen postre. Ojo, que no es mal cambio.
Sin el foie, claro está.

MANZANAS CON SALMÓN AHUMADO

Ingredientes

2 manzanas
200 g de salmón ahumado
½ limón en zumo
30 g de AOVE
30 g de almendras fritas

Rallar la manzana en fideos y depositarlos en forma de montaña en cada plato.
Taparlos con las láminas de salmón ahumado y mojar con el limón y el aceite.
Encima, unas almendras fritas.
Servir a temperatura ambiente.
¡Se me hace la boca agua solo de pensarlo!

MANZANAS CON QUESO DE CABRALES

Ingredientes

4 manzanas
150 g de queso de cabrales o roquefort
50 g de azúcar
30 g de aceite de oliva

Pelar las manzanas y cortarlas en octavos.
Dorar los gajos de manzana embadurnados de azúcar, y depositarlos calientes en un plato.
Por encima y alrededor, extender los trozos de queso.
La combinación es, simplemente..., ¡maravillosa!

MANZANAS CON MORCILLA

Ingredientes

1 morcilla de arroz de Burgos
60 g de aceite para freír
200 g de puré de manzana

Cortar la morcilla en rodajas de 2 cm de grosor y freírla en un poco de aceite, apenas un par de minutos por cada lado (con que esté crujiente, servirá).
Depositar encima de cada rodaja una cucharadita de puré de manzana (ver pág. 233).
Ideal como aperitivo, sobre todo si estás en Burgos y hace un frío que pela.

MANZANAS CON REQUESÓN

Ingredientes
4 manzanas Granny Smith
200 g de requesón
50 g de miel
El zumo de 1 naranja
30 g de pipas peladas

Pelar y cortar en dados las manzanas.
Cortar el requesón en trozos medianos.
Mezclar las manzanas con el requesón con suavidad y depositar la mezcla en platos soperos. Rociar por encima con los demás ingredientes.
Servir frío.

PINCHO DE MEJILLONES CON CORTEZA DE CERDO

Ingredientes
1 kg de mejillones
100 g de cortezas de cerdo ya hechas (prepararlas en casa no es difícil, pero sí laborioso)

Para la vinagreta:
100 g de aceite de oliva
20 g de vinagre de manzana
Pimienta en polvo picante

Cocer los mejillones al vapor o freírlos (ver pág 296). Reservar los mejillones sin conchas e introducirlos en la vinagreta.
Presentarlos de la siguiente manera: pinchar en una brocheta un mejillón, una corteza de cerdo y otro mejillón. Untar con la vinagreta.

PINCHO DE MORROS DE TERNERA CON LANGOSTINOS

Ingredientes

16 langostinos
400 g de morros (ya cocidos)
16 rebanadas pequeñas de pan
Aceite de oliva

Pelar los langostinos y guardar las cabezas en el congelador para una futura sopa.
Freír los morros, como se indica en la receta de «Morros fritos» (ver pág. 419).
Saltear con un poco de aceite en una sartén antiadherente las colas de los langostinos peladas y reservarlas.
Disponer los morros sobre una rebanada de pan y, coronando esto, una cola de langostino salteado.
La combinación es realmente melosa y atrevida... Bueno, bueno..., quizás exagere.

MELOCOTONES ENCEBOLLADOS

Ingredientes

4 melocotones
1 cebolla
40 g de aceite de oliva
Perejil picado
Sal

Poner en una sartén la cebolla cortada en juliana con el aceite y dejar que se poche durante, por lo menos, 20 min a fuego suave.
Añadir el melocotón cortado en rodajas o en trozos irregulares y dejar pochar durante 10 min más.
Espolvorear con perejil picado y sal.
Para comer en caliente o en frío.
Ideal para acompañar carnes o, simplemente, para añadir a algún molusco, como calamares o mejillones.

MELOCOTONES A LA PLANCHA CON CECINA

Ingredientes

4 melocotones
200 g de cecina de León en láminas
30 g de aceite de oliva

Pelar y abrir los melocotones por la mitad.
Cortarlos en láminas de 1 cm de grosor. Dorarlas en una sartén con un poco de aceite; dejar que se enfríen ligeramente y depositar encima de cada una un trozo de cecina. Disponer cuatro láminas en cada plato o muchas en una bandeja como aperitivo (en este último caso, es mejor enrollar la cecina en el melocotón para que se pueda coger con un palillo o directamente con la mano).

MELOCOTONES CON LOMO DE CERDO

Ingredientes
8 filetes de lomo de cerdo adobado
2 melocotones pelados
Perejil picado
5 cs de aceite de oliva

Dorar en una sartén los filetes de lomo por los dos lados.
En ese mismo aceite saltear, 2 o 3 min, los melocotones cortados en trozos medianos. Servir en un plato de la siguiente manera: a un lado, los filetes de lomo, y a su vera, los melocotones calientes espolvoreados con perejil picado.
Una combinación que no te dejará indiferente, ¡seguro!

MELÓN A LA PLANCHA CON SALMÓN

Ingredientes
150 g de salmón ahumado
½ melón
Vinagre de Módena

Cortar el melón en rectángulos de 2 cm de grosor y pasarlos por la sartén con un poco de aceite, justo hasta que esté dorado, pero sin que quede «baboso» por dentro (mejor a fuego fuerte).
Sacarlo y poner encima un trozo de salmón, que dará un contraste muy agradable. Rematar con unas gotas de vinagre.

MELÓN CON CHORIZO

Ingredientes
½ melón
200 g de chorizo
Vinagre

Pelar y cortar el melón en láminas lo más finas posibles; si lo hacemos con una mandolina, mejor. Reservar.
Cortar el chorizo en láminas de 3 mm de grosor y reservar también.
Intercalar las láminas y cortar el conjunto en trozos de bocado.

MEMBRILLO CON CHORIZO

Ingredientes
300 g de membrillo
200 g de chorizo de Salamanca (cortado en rodajas finas)

Cortar el membrillo en tacos rectangulares y rodearlos con una rodaja de chorizo. Pincharlo en un palillo y... ¡al buche!
Ideal como aperitivo.

ZUMO DE NARANJA

Ingredientes

4 naranjas grandes y dulces
⅛ de limón
½ pomelo
1 cc de azúcar

La mejor proporción para un zumo de naranja.
Exprimir las frutas (con cuidado de no apurar la piel blanca de los cítricos, que nos daría un toque amargo) y... ¡a beber de un trago!
Pero sin colar, ¡por favor!
No se te ocurra colar un zumo de naranja, ¡por Dios!

PEPINO Y CUAJADA (COMO ENTRANTE)

Ingredientes

½ pepino
4 cuajadas
Hojas de menta
2 tomates
3 g de aceite de oliva
10 g de vinagre de Módena
Perejil picado
Sal
Azúcar

Cortar el pepino pelado en dados pequeños y reservar.
Pelar y cortar el tomate en dados grandes y reservar también.
Colocar sobre cada plato la cuajada en trozos grandes; encima, el pepino y el tomate. Dar punto de sal y de azúcar. Por último, agregar el aceite, el vinagre, el perejil y la menta.
También como guarnición de un plato de carne

PIÑA CON PIMIENTOS ASADOS

Ingredientes

½ piña
300 g de pimientos asados
Sal gorda
Sésamo blanco

Cortar en rectángulos la piña y pasarla en una sartén con un poquito de aceite, hasta dorarla.
Encima, depositar un pimiento morrón asado (ver pág. 186) de un tamaño parecido.
Por último, la sal y el sésamo.
¡Vaya combinación más potente! ¿Quién ganará?
Te contesto: empatarán, ambos ingredientes son muy potentes.

PIÑA CON SARDINAS

Ingredientes

½ piña
2 sardinas en aceite de lata
Sal gorda
Sésamo negro

Dorar la piña cortada en rectángulos en una sartén. Encima, poner las sardinas en aceite y, por último, la sal gorda y el sésamo.
La grasa y el ácido combinan perfectamente.

PIÑA CON SESOS

Ingredientes

½ piña cortada en cuadrados
2 sesos de cordero
50 g de harina
1 huevo
Aceite para freír
Vinagre

Cocer los sesos de cordero en agua con sal durante 10 min a fuego suave; una vez limpios en agua fría y en un poco de vinagre, secarlos con un paño y cortarlos en trozos medianos (pero de bocado). Pasarlos por harina y por el huevo batido. Freírlos a fuego medio, hasta que estén dorados.
Dorar levemente los trozos de piña en una plancha (o en una sartén antiadherente) y depositarlos encima de los sesos.
¡Un bocado magistral!, que no necesita nada más.

ENSALADA DE PLÁTANOS CON ANCHOAS (COMO PINCHO)

Ingredientes

2 plátanos
1 lata de anchoas en sal
Perejil en rama
Aceite de oliva

Dorar en una sartén antiadherente rodajas de plátano de 2 cm de grosor y dejarlas enfriar un poco; depositar, después, en la parte superior, una anchoa y perejil.

PLÁTANOS (COMO ENTRANTE)

Ingredientes

2 plátanos
30 g de pepinillos
30 g de guindillas
2 cs de salsa de soja
1 cc de azúcar
5 cs de aceite de oliva

Cortar los plátanos, los pepinillos y las guindillas en rodajas y juntarlo todo.
Agregar los restantes ingredientes.
Servir en tazas pequeñas para empezar la comida.
La combinación es ideal para iniciar un almuerzo.

PLÁTANOS CON POMELO

Ingredientes

400 g de zumo de pomelo
50 g de azúcar
2 plátanos
100 g de chocolate en un trozo

Cortar los plátanos en rodajas y distribuirlos en pequeñas tazas.
Cubrir con la mezcla del zumo de pomelo y azúcar.
Rallar el chocolate por encima.
Servir todo muy frío.
Ideal como entrante o postre.

PLÁTANOS MACHOS

Ingredientes

2 plátanos machos
Aceite para freír

Pelar y cortar el plátano en rodajas de ½ cm de grosor o en forma alargada de patata (cualquiera de las dos opciones está bien).
Freír en aceite medio-fuerte, hasta dorar la superficie y que el interior esté blandito.
Recomendable para acompañar filetes a la plancha o todo tipo de pescados fritos, por ejemplo.
Resumiendo: allí donde podemos poner una patata frita, va perfectamente un plátano macho.

NOTA – *El plátano macho es una variedad que, casi con total regularidad, se encuentra en nuestros mercados. Se utiliza (no exclusivamente) para cocinar; y su mejor opción (aunque no la única) es frito.*

YUCAS FRITAS CON VINAGRETA DE HUEVO FRITO

Ingredientes
1 yuca
Agua
Sal
Aceite para freír

Para la vinagreta de huevo frito:
1 huevo frito
60 g de aceite de oliva
2 medios tomates secos
Vinagre de manzana
Perejil picado
Sal
Tabasco

Pelar la yuca. Cocerla en trozos durante 20 min, dependiendo del grosor. Freír cuando se necesite en abundante aceite hasta dorar. Reservar.
Aparte, freír un huevo y trocearlo. Agregar el resto de ingredientes y salsear las yucas recién fritas.

SALMÓN AHUMADO

Ingredientes
400 g de salmón ahumado
16 rebanadas finas o gruesas de pan
El zumo de 1 limón grande
5 cs de AOVE Dominus Cosecha Temprana

Tostar el pan en el grill del horno o en una sartén antiadherente y reservar.
Hacer el zumo de limón y colarlo.
En una fuente disponer las láminas de salmón ordenadas «con cierto arte», vamos, que no parezca que se han caído de un sexto piso. Verter el zumo de limón y el aceite por encima esparciéndolo bien por todas las láminas.
Consumir inmediatamente acompañado por el pan recién tostado.

PINCHOS DE CABEZAS DE SALMONETES

Ingredientes

4 cabezas de salmonete
Aceite de oliva
Sal
2 patatas pequeñas
Vinagre de Jerez

Cocer las patatas, envueltas una por una en film de plástico en el microondas, a la máxima potencia durante 8 min. Pasado ese tiempo, retirar el plástico y la piel de las patatas y cortarlas en rodajas de 2 cm de grosor. Reservar.

Abrir las cabezas de salmonete a lo largo y freírlas en aceite de oliva durante, por lo menos, 10 min a fuego medio. Cuando estén crujientes, retirarlas.

Montar sobre cada rodaja de patata dos mitades de una cabeza de salmonete. Dar por encima un toque de vinagre y de aceite virgen.

Es un pincho divertido y práctico como entrante, y se aprovecha algo que no se suele utilizar.

LÁMINAS CRUJIENTES DE PLÁTANO

Ingredientes

2 plátanos macho
Aceite para freír

Con ayuda de una mandolina, cortar el plátano en rodajas lo más finas posible.

Dorarlas en aceite medio-fuerte, hasta que estén muy crujientes y se puedan degustar, como si fueran chips.

Os lo recomiendo para acompañar todo lo imaginable: carne, pescado, verduras...

Incluso, si le añadís azúcar glas, como postre. Por ejemplo, un helado.

SANDÍA Y JAMÓN DE PATO

Ingredientes

1 kg de sandía
150 g de jamón de pato
60 g de aceitunas negras deshuesadas
Sal
10 g de aceite de oliva

Pelar la sandía y triturarla a conciencia. Dar el punto de sal y depositarla sobre platos soperos; encima de la superficie (que será un poco espesa), unas lonchas de jamón de pato, colocadas artísticamente, si es posible.

Para finalizar, unas gotas de aceite de oliva y unos trocitos de aceitunas negras distribuidas por todo el plato.

¡Servir fría!

SANDÍA CONFITADA CON MELVA

Ingredientes

½ kg de sandía
1 lata mediana de melva canutera
200 g de aceite de oliva (para confitar)
2 cs de vinagre de jerez
15 g de pipas de girasol (peladas y saladas)

Poner una cazuela con aceite a fuego mínimo durante unos minutos.
Cortar en rectángulos de 2 cm de grosor la sandía.
Transcurrido ese tiempo, echar la sandía y dejar que se haga durante 30 min.
Sacarla y escurrir el aceite.
Depositar un par de trozos por persona en cada plato; encima, unos trozos de melva y, por encima, unas pipas de girasol.
Para rematar: unas gotas de vinagre.

SANDÍA CON MORCILLA

Ingredientes

1 kg de sandía
½ kg de morcilla (en caldera)

Pelar la sandía, quitarle las semillas y cortarla en cubos de 2 cm.
Calentar la morcilla en caldera y ponerla en el centro de la mesa.
A su lado, los trozos de sandía pinchados con un palillo.
Untar la sandía en la morcilla y... ¡a disfrutar con un pincho que no te dejará indiferente!

NOTA – *En caso de no disponer de morcilla en caldera (sin meter en la tripa), cocer un par de morcillas de cebolla en agua durante 10 min. Triturarla en caliente (sin piel) con ayuda de un poco de agua, para que nos quede un poco ligera (tipo puré medio espeso). Depositarla en un bol y, de esta manera, nos hará las veces de morcilla en caldera.*

SANDÍA CON PASTA FRESCA

Ingredientes

¼ kg de sandía
350 g de pasta fresca (tipo pappardelle)
100 g de salchichas de Frankfurt
30 g de jamón
Perejil picado
5 cs de aceite de oliva
2 cs de vinagre blanco
Sal

Cortar la sandía en trozos.
Dorar las salchichas en un poco de aceite; hacer lo mismo con el jamón cortado en dados y, por último, con la pasta, ya cocida con anterioridad.
Servir en los platos en caliente aderezado con el aceite, el vinagre, la sal y el perejil.

PINCHO DE TOMATITOS CON ANCHOAS

Ingredientes

40 tomatitos
40 anchoas
100 g de queso Philadelphia
Aceite de oliva
Sal gorda
Perejil picado

Cortar por la mitad el tomate.
Encima, media anchoa enrollada.
Después, un poco de queso.
Por último, un poco de sal gorda y aceite.
Magnífico bocado.
Muy espectacular en una bandeja grande.

UVAS CON POLLO

Ingredientes

2 pechugas de pollo
200 g de uvas negras
5 cs de aceite de oliva
Orégano picado
Sal

En una sartén antiadherente, dorar las pechugas de pollo cortadas en tiras y retirarlas a una bandeja.
Sobre ese mismo aceite, verter las uvas (peladas o sin pelar) y saltearlas durante 1 min a fuego fuerte.
Servirlas acompañadas de las pechugas con un toque de orégano.
La combinación es sencilla y muy agradable.

UVAS Y MEJILLONES

Ingredientes

300 g de uvas sin pepitas
1 tomate grande
½ diente de ajo
Aceite de oliva virgen
Sal
Pimienta
1 lata de mejillones en escabeche

Partir las uvas por la mitad y mezclarlas con el tomate en dados, el ajo picado y el aceite. Por último, un poco del jugo del escabeche de los mejillones y los mejillones puestos por encima (sin revolverlos, porque se rompen con facilidad). Salpimentar y servir a temperatura ambiente.

NOTA – *Existen algunas variedades de uvas alargadas (se pueden encontrar en el mercado) que no tienen pepitas. Para ser más exactos, sí las tienen, pero tan pequeñas que no se notan.*

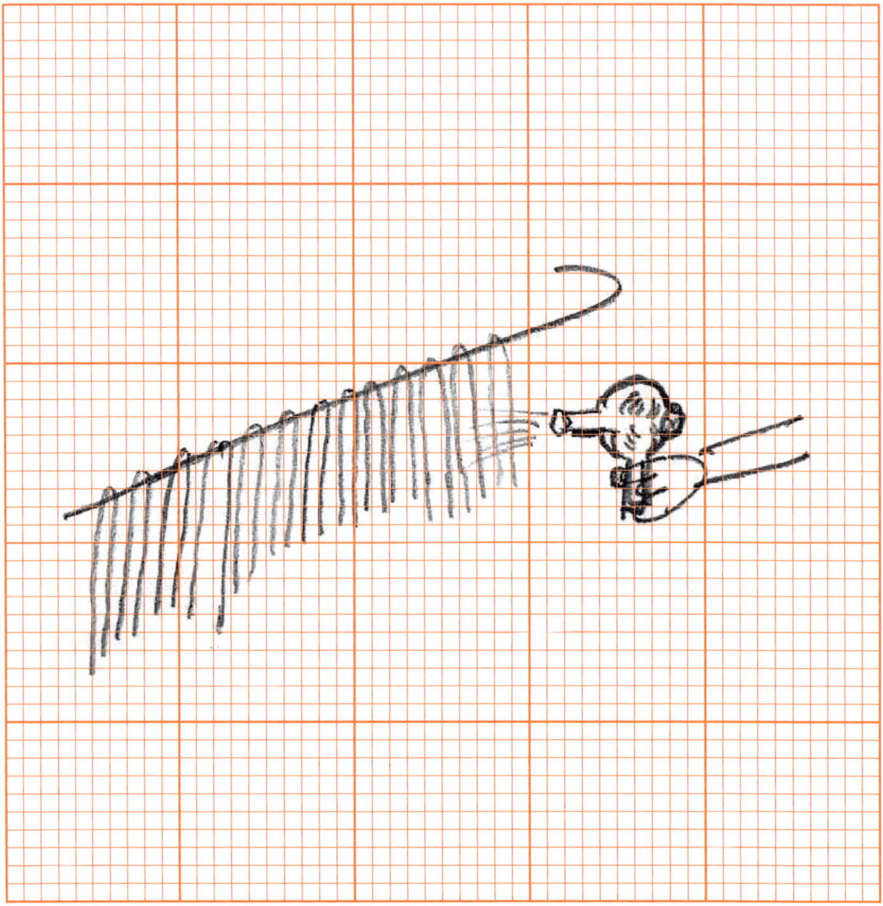

ARROZ Y PASTA

ARROZ BLANCO

Ingredientes (para 1 persona)

100 g de arroz
200 g de agua
½ diente de ajo picado
Sal
20 g de aceite de oliva

Poner en una cazuela el aceite con el ajo picado. Agregar, antes de que llegue a dorarse, el arroz. Revolver y cubrir con el agua. Dar el punto de sal. Dejar a fuego suave y destapado durante 20 min. Este plato sencillo de arroz es ideal como acompañante de unos chipirones en su tinta (ver pág. 280).

ARROZ CON VERDURAS

Ingredientes

2 cebollas
40 g de aceite de oliva
1 pimiento verde
1 pimiento rojo
½ puerro
1 diente de ajo
1 tomate pelado
100 g de vainas
300 g arroz
700 g de caldo de verduras o agua
Sal

Poner la verdura (cebolla, pimientos, puerro y ajo) a pochar con el aceite, hasta que esté bien dorada. Agregar el tomate y las vainas troceadas. Dejar pochar todo y añadir el arroz, dejando que se empape bien. Agregar el caldo de verduras (ver pág. 43) y dar el punto de sal.
Dejar cocer durante 17 min a fuego suave y 3 min más retirado del fuego y tapado.

ARROZ CON HUEVO (O A LA CUBANA)

Ingredientes

750 g de arroz con verduras (ver receta anterior)
4 huevos
30 g de aceite
1 plátano
20 g de mantequilla
Sal

Cortar el plátano en tiras o en trozos gruesos y dorarlo con la mantequilla. Reservar, tratando de que se conserve caliente.
Freír el huevo en una sartén antiadherente y reservar también para el final.
Disponer en un plato el arroz de verduras; encima, el huevo (al que romperemos la yema para que empape el arroz) y, por último, los trozos de plátano.
¡A disfrutar!

ARROZ CON ALMEJAS

Ingredientes

700 g de almejas
300 g de arroz
Perejil picado
1 diente de ajo picado
700 g de agua
Sal
Aceite de oliva

Limpiar bien las almejas y saltearlas con el aceite de oliva y el ajo, hasta que se abran. Retirarlas y reservarlas. Guardar el caldo o jugo que hayan soltado, porque en él rehogaremos el arroz.
Agregar el perejil picado y el agua. Dejar hacer durante 18 min aprox., y un par de minutos más de reposo.
Colocar las almejas calientes encima del arroz y... ¡a la mesa!

CONSEJO – *Esta misma receta se puede cocinar con chirlas: son más económicas y el plato mantiene el tipo.*

ARROZ CON BERBERECHOS

Ingredientes
1 kg de berberechos
300 g de arroz
Perejil picado
1 diente de ajo picado
700 g de agua
Sal
Aceite de oliva

Saltear los berberechos bien limpios con el aceite de oliva y el ajo; agregar el arroz y, por último, el agua. Dar el punto de sal. Dejar cocer durante 20 min aprox.
Servir sin demora, caliente (como todos los arroces).

CONSEJO – *Como ya os he dicho en la receta anterior, esta receta se puede preparar con chirlas: ganará la economía familiar y el sabor será parecido. O incluso con navajas.*

ARROZ CON BOLETUS

Ingredientes
300 g de boletus
30 g de aceite de oliva
1 diente de ajo
1 l de agua
100 g de setas de cardo
300 g de arroz
100 g de champiñones
Sal
10 g aceite de oliva (opcional)

Primero, preparar el caldo de champiñones de la siguiente manera: hacer un sofrito con ellos cortados en trozos y, cuando estén muy dorados, añadir el agua. Dejar hervir durante ½ h aprox., hasta que queden los 600 g que necesitamos; colar y reservar.
En una cazuela, dorar el ajo con el aceite y añadir todas las setas cortadas en trozos. Dejar que se haga durante 5 min y añadir el arroz, rehogándolo bien.
Añadir el caldo y dejar hervir en tres tiempos: 3 min a fuego fuerte, 15 min a fuego suave y 2 min más de reposo tapado ya fuera del fuego.
Servir inmediatamente muy caliente.

ARROZ DE LOS DOMINGOS

Ingredientes
400 g de gambas o langostinos pequeños
300 g de arroz
700 g de agua
1 cebolla
½ diente de ajo
40 g de aceite de oliva
Sal

Pelar las gambas. Apartar las colas y, en un mortero, machacar todo lo demás: las cabezas junto con las peladuras. Echar esto en una cazuela y añadir 8 dl de agua. Dar un hervor y colar. Quedarán, aproximadamente, 700 g de caldo; en caso de que no obtengamos esta cantidad, agregar un poquito de agua. Reservar.

Picar la cebolla muy fina y el ajo. Dorar a fuego suave en una paellera con el aceite, hasta que esté muy dorada; insisto una vez más: muy dorada, pero no quemada.

Agregar el arroz y las colas de las gambas troceadas al tamaño de un guisante. Revolver (1 min) y agregar el caldo de gamba reservado.

La cocción tendrá tres tiempos (como veréis en casi todas las recetas de arroz): primero, a fuego fuerte 3 min y corregir el punto de sal, segundo, a fuego suave 15 min más y, por último, a fuego mínimo 2 min.

Dejar reposar 2 min fuera del fuego y servir muy caliente.

¡Maravilloso!

NOTA – *Por regla (casi) general, todos los arroces llevan doble medida de agua que de arroz: por cada taza de arroz, 2 tazas de agua o caldo.*

ARROZ NEGRO

Ingredientes

300 g de arroz
200 g de chipirón grande cortado en dados
1 cebolla
40 g de aceite de oliva
700 g de caldo de verduras
1 diente de ajo
100 g de sepia
½ alcachofa
½ tomate
1 tinta de sepia y 2 sobres de tinta de chipirón
2 hebras de azafrán
Sal

Cortar la cebolla y el ajo en trozos pequeños; en una sartén con un poco de aceite, poner a pochar a fuego suave. Cuando esté todo muy dorado, añadir el tomate y dejar que se haga a fuego bajo. Agregar la alcachofa troceada que previamente habremos cocido durante 5 min. Después, el chipirón y la sepia en trozos; por último, el arroz. Dejar que se rehogue todo bien durante un par de minutos.
Diluir las tintas en el caldo de verduras (ver pág. 43) y colarlo (mejor, cuando esté muy caliente). Dar punto de sal y agregarlo al arroz. Añadir un par de hebras de azafrán y dejar cocer a fuego fuerte durante 3 min. Después, dejar cocer a fuego suave 15 min.
Un par de minutos más al mínimo y estará listo.
En el momento de servir, revolver el arroz con una cucharada
(o dos) de aceite de ajo (ver pág. 237).

NOTA – *Si sobra un poco de salsa de chipirón (ver pág. 213), añadirla al final, pues reforzará el conjunto.*

ARROZ CON CONEJO

Ingredientes

1 conejo (de 1 kg aprox.)
1 cebolla
150 g de champiñones
1 diente de ajo
1 tomate pelado
300 g de arroz SOS
700 g de agua
40 g de aceite de oliva
Sal

En una cazuela, dorar el conejo troceado con el ajo picado y el aceite a fuego fuerte. Cuando esté dorado, añadir el arroz. Retirar del fuego y reservar. Aparte, pochar la cebolla; cuando esté dorada, añadir el tomate y, al final, los champiñones. Cuando esté todo bien hecho, juntarlo con el arroz y el conejo que habíamos reservado.
Dejar que se cueza unos instantes y añadir el agua. Cocer 15 min a fuego suave, y 3 min más bajando el fuego. Por último, dejar reposar 2 min tapado.

ARROZ DE PESCADO

Ingredientes

1 kg de pescado (cabezas de rape, sabirón o pez araña, pescado de roca)
1 cebolla
½ pimiento verde
1 diente de ajo
100 g de salsa de tomate
300 g de arroz
50 g de vino blanco
1 l de caldo de pescado o agua
Pimentón
1 hoja de laurel
Sal
Aceite de oliva

Poner a cocer los trozos de pescado en agua, durante al menos 15 min, a fuego suave.
Retirar el pescado (sin espinas ni raspas), por un lado, y reservar el caldo colado, por otro.
Poner a pochar la verdura, hasta que esté dorada.
Añadir el tomate, el pimentón, el laurel y el vino blanco. Dejar reducir 1 min y agregar el arroz para que se empape bien (2 min). Dar el punto de sal.
Agregar el caldo y dejar cocer, por lo menos 18 min, a fuego suave.
Retirarlo del fuego y dejar que repose 2 min.
Servir el arroz con el pescado en una fuente aparte.

ARROZ CON CODORNICES

Ingredientes

4 codornices
1 cebolla
150 g de champiñones
1 diente de ajo
1 tomate pelado
300 g de arroz
700 g de agua
40 g de aceite de oliva
Sal

En una cazuela, dorar las codornices troceadas con el ajo picado y el aceite a fuego fuerte. Cuando estén doradas, añadir el arroz.
Retirar del fuego y reservar.
Aparte, pochar la cebolla; cuando se dore, añadir el tomate y después, los champiñones. Cuando esté todo bien hecho, juntarlo con la anterior preparación del arroz y las codornices.
Dejar que cueza unos pocos minutos y añadir el agua. Cocer 15 min a fuego suave y 3 min más a fuego más bajo. Por último, retirar del fuego y dejar reposar 2 min tapado.

ARROZ EN PAELLA

Ingredientes

300 g arroz
200 g langostinos (crudos)
100 g de chipirón
12 mejillones
1 muslo de pollo
1 diente de ajo
1 tomate
2 hebras de azafrán
30 g de guisantes
½ pimiento rojo
½ pimiento verde
Aceite de oliva (40 g)
800 g de caldo de pescado o agua
Sal

Picar toda la verdura (ajo y pimientos) y ponerla a pochar en una paellera (recipiente cuyo nombre original es exactamente «paella», una sartén de hierro, plana y de poco calado con dos asas a los extremos).

Agregar el tomate pelado y los guisantes; después, el chipirón en trozos, los mejillones y la carne del pollo troceada. Por último, echar el arroz y el azafrán.

Dejar rehogar unos 3 o 4 min y agregar el caldo. Dar punto de sal.

Cuando empiece a hervir, dejar 3 min a fuego fuerte. Después, añadir los langostinos (dispuestos con cierto arte) y dejar cocer 16 min más.

Dejar reposar 1 min fuera del fuego y servir en el mismo recipiente.

ARROZ CRUJIENTE

Ingredientes

200 g de arroz
300 g de aceite de oliva para freír
2 l de caldo de verduras o carne (salado)
Sal

Cocer el arroz, por lo menos 40 min a fuego suave y sin remover.

Colar el caldo y extender el arroz sobre una placa (con papel sulfurizado), separando los granos lo más posible. Si no se quiere tener el horno encendido y no se tiene prisa, se puede dejar secar a temperatura ambiente un par de días (encima de un armario, por ejemplo). Si no se dispone de tanto tiempo, en el horno a 50 °C se hace antes (8 h).

Cuando esté bien seco, freírlo en aceite muy caliente durante 15-20 s.

Con ayuda de un colador, para que no se escapen los granos de arroz, colocarlo sobre un papel absorbente. Se puede acompañar con sopa de cebolla (ver pág. 43).

ARROZ MELOSO TIPO RISOTTO

Ingredientes

200 g de arroz
500 g de caldo de verduras o agua
40 g de vino blanco
30 g de mantequilla
50 g de parmesano rallado
50 g de boletus (o champiñones)
1 cebolleta picada
Perejil picado
Sal

Poner en una cazuela a dorar la cebolleta con la mantequilla. Agregar el arroz y las setas troceadas. Después, el vino blanco. Verter el caldo de verduras (ver pág. 43) y reservar 100 g aparte, por si luego nos hace falta. Dejarlo cocer lentamente durante 15 min, removiendo de vez en cuando con suavidad. Agregar el caldo restante, si fuese necesario. En el último momento, añadir el queso, dar el punto de sal y, por último, incorporar el perejil picado. Remover con suavidad.
Servir de inmediato, muy caliente.
Debe quedar ligado y levemente espeso.

ARROZ CALDOSO

Ingredientes

200 g de arroz
150 g de gambas
200 g de almejas

Para el sofrito:

½ cebolla
1 tomate
½ pimiento verde
Ajo
Perejil
3 o 4 hebras de azafrán
Sal
Granos de pimienta
Aceite
Agua

En una olla, poner el aceite y sofreír la cebolla, el pimiento y el tomate, finamente picados. Cuando esté todo hecho, añadir los calamares cortados en rodajas; dejar que se haga todo junto, con cuidado de que no se queme.
A continuación, añadir el agua y, mientras hierve, poner en un mortero el ajo, el perejil, la pimienta, el azafrán y la sal; machacarlo todo muy bien y, cuando el agua que tenemos en la olla hierva, verter la mezcla del mortero.
Después, agregar el arroz; cuando lleve cociendo unos 10 min, echar las almejas y las gambas, hasta que termine de cocerse el arroz.
Si necesita más agua, añadir agua caliente.
Tiene que quedar un plato para ser saboreado con cuchara.

ARROZ CON SOJA

Ingredientes

400 g de arroz de grano largo
60 g de jamón de York
50 g de jamón serrano en daditos
100 g de gambas cocidas
60 g de brotes de soja
60 g de guisantes
1 huevo en tortilla en dados
Sal
30 g de aceite de oliva
30 g de mantequilla
1 diente de ajo picado
Pimienta negra
Pimienta blanca
40 g de salsa de soja
20 g de vinagre de jerez

Cocer el arroz en una cazuela con agua y un poco de sal durante 17 min. Escurrirlo, en cuanto esté cocido, y pasarlo por agua fría para cortar la cocción. Reservar.
Saltear con el aceite y la mantequilla, el ajo, los dos tipos de jamones, los guisantes, las gambas y los brotes de soja y añadir el arroz. Seguir salteando con la salsa de soja, el vinagre de jerez y la tortilla. Aderezar con las pimientas, esperar unos 2 min más y servir inmediatamente.

ARROZ CON BACALAO

Ingredientes

400 g de recortes de bacalao salado
300 g de arroz
Perejil picado
1 diente de ajo
Aceite de oliva
Sal
700 g de caldo de verduras

Desalar el bacalao; como tendremos recortes desmigados, se desalará más rápido que si fueran lomos gruesos (ver pág. 328). Desmigarlo aún más en trozos o en tiras pequeñas y reservarlo.
Dorar en una sartén el ajo picado con un poco de aceite. Añadir el arroz y rehogar bien para que absorba el aceite. Agregar el bacalao, después, el caldo de verduras (ver pág. 43) y, al final, el perejil picado.
Dejar durante 20 min a fuego suave.
Retirar y servir acompañado de un buen vaso de vino blanco frío.
Dar el punto de sal con cuidado.

ARROZ CON KOKOTXAS

Ingredientes

300 g de kokotxas al pilpil
300 g de arroz blanco

Elaborar unas kokotxas al pilpil, de merluza o de bacalao (ver pág. 334). Intentaremos que el pilpil esté más bien ligero (añadiendo caldo de verduras o agua, si fuese necesario). Agregar el arroz blanco (ver pág. 106). Dejar hervir el conjunto apenas 1 min. Mover en círculos para ligarlo de nuevo.
Espolvorear con perejil picado.
Mucho cuidado con las kokotxas; sobre todo si son de merluza, ya que, al moverlas, se pueden romper. Esto será más improbable si son de bacalao.
Si creéis que el conjunto está demasiado espeso, agregad un poco de caldo de verduras.

NOTA – *Os recomiendo este plato, cuando no tengáis demasiadas kokotxas. Lo mismo pasa con las setas: si hay pocas mejor revueltas; si hay muchas, mejor solo salteadas o al horno.*

ARROZ MELOSO CON PESTO

Ingredientes

40 g de mantequilla
150 g de pesto
½ diente de ajo
30 g de vino blanco
300 g de arroz
600 g de caldo de verduras
100 g de nata espesa
30 g de leche
1 chalota
1 cebolleta
Sal
100 g de parmesano rallado
Aceite de oliva

Dorar la chalota, la cebolleta y el ajo muy picados con la mantequilla. Cuando aún no se hayan hecho del todo, agregar el vino blanco. Dejar evaporar y añadir el arroz y, después, el caldo de verduras.
Dejar hervir, removiendo con suavidad 15 min.
Agregar la leche y la nata.
Hervirlo todo 2 min y añadir el pesto (ver pág. 220).
Dejarlo hervir 3 min más.
Servir en plato sopero y espolvorear con queso parmesano recién rallado.
¡Para chuparse los dedos!

PASTA CON AJO Y PEREJIL

Ingredientes

400 g de pasta fresca (o seca)
2 ajos
1 cc de perejil picado
2 cs de aceite de oliva

Cocer la pasta según las recomendaciones del fabricante y escurrirla.
En una sartén poner el aceite con los ajos muy picados y, cuando empiecen a dorarse, añadir el perejil picado.
Echar sobre la pasta el contenido de la sartén.

PASTA (ESPAGUETIS, TAGLIATELLE, MACARRONES, FETUCCINI, ETC.) A LA BOLOÑESA

Ingredientes

300 g de pasta
20 g de mantequilla
100 g de carne picada
600 g de salsa de tomate
½ cebolla
½ puerro
Aceite de oliva
Nuez moscada
Orégano picado
Queso parmesano
Sal

Cocer la pasta en abundante agua salada: si es fresca, 3 min aprox.; si es seca, 7-8 min, aprox. Escurrir y reservar.
Preparar la salsa de tomate (ver pág. 216) (si tenéis prisa, podéis comprar salsa de bote). Poner la cebolla y el puerro a pochar con un poco de aceite y mantequilla. Cuando esté dorado, añadir la carne picada y, por último, la salsa de tomate. Dejar hervir 5 min. Aderezar con sal y orégano. Añadir la pasta y dar un par de vueltas. Espolvorear por encima con nuez moscada y queso parmesano.
Servir inmediatamente.

PASTA CARBONARA

Ingredientes

300 g de pasta fresca
150 g de nata líquida
2 yemas
100 g de tocino o beicon
1 cebolleta
35 g de mantequilla
Sal
Nuez moscada
Orégano picado
35 g de queso parmesano

Cocer la pasta en abundante agua levemente salada. Escurrir y reservar.
Poner a dorar un poco la cebolleta muy picada. Agregar el tocino y la nata. Dejar hervir apenas 1 min. Espolvorear con nuez moscada. Fuera del fuego, añadir las yemas batidas y la pasta. Revolver todo a fuego muy bajo apenas unos instantes.
Añadir, al final, una pizca de orégano.
Servir inmediatamente (con el queso parmesano servido aparte).
Cuidado: si esto se enfría, no hay quien se lo coma.

ESPAGUETIS A LA MARINERA

Ingredientes

300 g de espaguetis
12 mejillones
200 g de almejas
200 g de langostinos
Vino blanco
Ajo
Aceite
Sal
Perejil (opcional)

Poner agua a hervir en una cazuela con sal; cuando comience a hervir, echar los espaguetis. Mientras, limpiar los mejillones y abrirlos al vapor en una sartén tapada con un poco de vino blanco. Una vez bien abiertos, quitar una de las conchas o las dos (según se prefiera) y reservarlos junto al caldo. Hacer la misma operación con las almejas, pero sin quitarles la concha. Pelar los langostinos, reservando las cabezas y colas para una sopa (las podéis conservar en el congelador). Saltear los langostinos en la sartén con un poco de ajo picado y sal. Una vez que los espaguetis estén cocidos al dente, cortar el hervor con un poco de agua fría, escurrirlos y calentarlos un poco junto con los mejillones, las almejas, los langostinos y los jugos para que se impregnen del sabor marinero.
Opcional: espolvorear con un poco de perejil, si gusta.

PASTA CON MEJILLONES

Ingredientes

700 g de mejillones frescos
10 g de harina
15 g de aceite
50 g de vino blanco
2 hebras de azafrán
Perejil picado
½ diente de ajo
300 g de pasta fresca
Sal

Cocer la pasta en abundante agua levemente salada y con unas gotas de aceite. Escurrir y reservar.
Poner a dorar el ajo con el aceite. Agregar la harina y diluir bien.
Agregar los mejillones, el vino blanco y el azafrán.
Dejar que se abran los moluscos y espolvorear con el perejil picado.
Agregar la pasta, dar un par de vueltas y servir enseguida.

PASTA CON ACEITUNAS

Ingredientes

300 g de pasta
100 g de mole de aceitunas (ver pág. 232)
Sal
Aceite de oliva

Hervir la pasta seca 8 min aprox., (3-4 min si es fresca), en abundante agua levemente salada con un pelín de aceite. Escurrir. Mientras tanto, elaborar un mole de aceitunas.
Mezclar el mole con la pasta.
Servir inmediatamente.

PASTA CON YEMAS

Ingredientes

300 g de pasta fresca
3 yemas de huevo
3 g de perejil picado
50 g de mojo-base
Sal
Aceite de oliva

Hervir la pasta en abundante agua levemente salada y escurrir.
Mezclar la pasta con las yemas, el perejil y, por último, el mojo base (ver pág. 228).
Servir inmediatamente.

PASTA CON GAMBAS

Ingredientes

200 g de pasta
300 g de gambas
Sal
Aceite de oliva

Realizar las mismas fases de la receta de gambas en su propio jugo (ver pág. 291).
Por un lado, tenemos el mojo, y por otro, las colas de gambas cocidas. Reservamos todo.
Cocer la pasta con abundante agua levemente salada y escurrir.
Mezclar la pasta con el mojo que hemos elaborado con las cabezas de las gambas.
Servir en el plato la pasta y, por encima, las colas de gamba cocidas.

CONSEJO – *En vez de cocer las colas de gamba, también podemos saltearlas en una sartén con un poco de aceite; es cuestión de gustos: quedarán muy ricas de las dos maneras.*

PASTA CON TOMATES

Ingredientes

300 g de pasta tipo pappardelle
2 tomates grandes
20 g de azúcar
10 anchoas de lata (en sal)
Orégano seco o fresco
Perejil picado
50 g de parmesano
Sal
Aceite de oliva

Cocer la pasta en abundante agua levemente salada.
Escurrir, agregar 30 g de aceite de oliva y reservar.
Escaldar los tomates y quitarles la piel.
Asar los tomates con sal y azúcar, cortados en 4 trozos, con el orégano, el perejil y los ajos pelados a fuego muy suave 160 °C durante aprox. 45 min.
Untar todo con un poco de aceite.
Disponer en cada plato una buena porción de pasta caliente y encima, unos trozos de tomate asado. Espolvorear el conjunto con un poco de perejil picado, trozos de anchoa y un poco de queso parmesano.

PASTA CON QUESOS

Ingredientes

300 g de pasta fresca
30 g de parmesano rallado
30 g de queso roquefort
30 g de emmental rallado
30 g de manchego curado rallado
Sal
Aceite de oliva

Cocer la pasta en agua levemente salada con algo de aceite. Escurrir tras 4 min, si es fresca, y 8 min si es seca.
Mezclar (en caliente) los quesos con la pasta y servir rápidamente.

PASTA AL HORNO TIPO LASAÑA

Ingredientes

Pasta de lasaña en forma de rectángulos o cuadrados
500 g de carne picada
Pimienta negra molida
Sal
1 cebolla
30 g de aceite de oliva
300 g de tomate frito
100 g de queso emmental rallado
1 l de bechamel ligera
Nuez moscada

Cocer la pasta en abundante agua salada durante, por lo menos, 6 min.
Sacar y dejar escurrir sobre una tela.
Poner en una cazuela a pochar la cebolla cortada muy fina; cuando esté dorada, añadir el tomate y, por último, la carne. Dejar hacer durante 15 min a fuego suave. Sazonar con sal y pimienta.
Tener la bechamel caliente (ver pág. 208) para poder incluirla.
En una tartera untada de mantequilla (para evitar que la pasta se pegue) ir poniéndola por capas.
Encima poner la carne, otra capa de lasaña y repetir la operación hasta llenar la tartera. La última capa será de bechamel. Encima de esta, el queso rallado.
Hornear a 200 °C durante 25 min.
Servir con cuidado y muy caliente.

PASTA CON FRUTOS SECOS Y FRUTAS

Ingredientes

300 g de pasta
30 g de nueces peladas
30 g de almendras peladas
20 g de ciruelas
20 g de uvas pasas
80 g de pechuga de pollo cocida y cortada en cuadraditos
20 g de aceite de oliva
Sal

Freír en aceite las nueces y las almendras, hasta que estén doradas. Espolvorear con sal y reservar.
Cortar las ciruelas en cuartos y cocer durante 10 min junto con las uvas enteras. Escurrir y reservar.
Cocer la pasta en abundante agua levemente salada. Escurrir y reservar.
Mezclar la pasta con todos los frutos y frutas secas y los trozos de pollo. Darle a todo un poco de brillo con los 20 g de aceite de oliva.
Servir inmediatamente.

PASTA FRESCA

Ingredientes

300 g de pasta fresca (forma de tagliatelle)
1 diente de ajo
½ guindilla
30 g de AOVE
Sal

Cocer apenas 3 min en agua, levemente salada, la pasta fresca; si es seca, necesitará, 8 min, aprox.
Retirar del fuego y escurrir el agua. Reservar.
En una sartén, dorar el ajo y añadir la pasta y la guindilla. Dar un par de vueltas y servir.
Es un plato ideal por lo sencillo; como si fueran, «angulas al ajillo».

NOTA – *Este plato se conoce como «angulas de pobre».*

LASAÑA DE TXANGURRO

Ingredientes

12 láminas de pasta de lasaña (rectangulares, de aprox. 12 × 4 cm y grandes) o comprarlas hechas
500 g de pasta de txangurro donostiarra
150 g de vinagreta de perejil
Sal

Cocer la pasta rectangular de lasaña en abundante agua levemente salada 8-10 min, si es seca, y la mitad de tiempo si nos hemos atrevido a hacerla nosotros (ver pág. 123). Escurrir en un trapo y reservarla.
Elaborar la pasta de txangurro (ver pág. 275).
Hacer la vinagreta de perejil (ver pág. 240).
Montar directamente todo en el plato, intercalando láminas de pasta y cucharadas del relleno de txangurro. Terminar con una lámina de pasta. Todo muy caliente.
Agregar la vinagreta y... ¡a zampar!, que estará riquísimo, os lo aseguro.

LASAÑA DE SETAS

Ingredientes

400 g de relleno de champiñones
150 g de boletus troceados
12 láminas de lasaña
1 diente de ajo picado
Sal
Aceite de oliva

Cocer la pasta durante 8 min en abundante agua levemente salada y con unas gotas de aceite, para evitar que las láminas se peguen entre ellas. Retirarlas y escurrirlas sobre un trapo. Reservar.
Saltear los boletus troceados, con el ajo, hasta que estén dorados. Reservar.
Montaje sobre el plato (ver receta anterior): 3 láminas de lasaña; 2 capas de relleno de champiñones como en la receta de raviolis con champiñones (ver pág. 126).
Encima del conjunto, ponemos los boletus salteados y una vinagreta (ver pág. 239).
Es un plato ideal y nada caro. Cuando los comensales ven los boletus troceados por fuera, pueden pensar que el relleno también es de boletus; a no ser que sean unos «listillos culinarios» (aprox. el 1 %), os aseguro que colará.

CANELONES

Ingredientes

1 caja de canelones (20 unidades)
500 g de carne picada
Pimienta negra molida
Sal
1 cebolla
30 g de aceite de oliva
300 g de tomate frito
100 g de queso emmental rallado
1 l de bechamel ligera
Nuez moscada

Cocer en abundante agua hirviendo con sal y un poco de aceite las placas de canelones, removiendo de vez en cuando para que no se peguen, durante 10-12 min. Una vez cocidas, sacar y extenderlas sobre un paño fino. Reservar.
Aparte, pochar la cebolla picada, añadir la carne y dejar sofreír 10 min.
Agregar la salsa de tomate y la pimienta y dejar que hierva 5 min.
Dejar enfriar.
Rellenar con la carne picada con tomate y dar forma de canelón o tubo grueso.
Depositar los canelones en una tartera para horno, untada previamente con mantequilla. Cubrirlos con la bechamel que ya teníamos preparada (ver pág. 208).
Espolvorear con queso rallado por encima y hornear aproximadamente 20 min a 200 °C.
Servir muy caliente.

CÓMO HACER PASTA FRESCA

Versión con huevos

Ingredientes

400 g de harina
4 huevos
Aceite

Amasar no mucho y estirar fino con ayuda de un rodillo. Después, cortar con un cuchillo afilado y dejar reposar.
Dejar secar o usar directamente.

Versión con yemas

Ingredientes

400 g de harina
10 yemas de huevo
Aceite de oliva

La misma operación que en la primera versión, solo que esta vez mezclamos la harina solamente con las yemas de huevo.

Versión con huevos enriquecida

Ingredientes

400 g de harina
10 g de perejil muy picado
2 huevos
2 yemas
Aceite de oliva
Sal

Cocer en agua levemente salada 2-3 min aprox., dependiendo del grosor.
Para hacer lasaña, cortar, sobre esta lámina fina, rectángulos de 12 × 4 cm. Reservar para otros usos.

CÓMO HACER RAVIOLIS

Ingredientes

Ver recetas anteriores

Estirar la pasta hasta que la masa quede muy fina (ver receta en pág. anterior).
Poner pequeños montoncitos del relleno usado en los canelones (ver receta de canelones en la pág. 123).
Pintar con huevo los bordes del relleno.
Poner otra capa encima de la pasta fresca.
Apretar con fuerza (el pintado de huevo ayudará a la unión).
Cortar en forma cuadrada (se aprovecha mejor) o redonda.
Cocer con mucho cuidado en agua levemente salada con algo de aceite, sacar despacio y servir acompañado de salsas o, simplemente, aceite de oliva virgen extra.

RAVIOLIS EN SOPA

Ingredientes

Caldo de verduras (ver pág. 43)
Raviolis (ver pág. 124)

Disponer en un cuenco los raviolis recién cocidos y verter encima el consomé. Todo muy caliente y con cuidado de que los raviolis no se rompan.
Espolvorear con perejil picado o menta fresca.

CANELONES RELLENOS DE ESPINACAS Y SETAS

Ingredientes

1 caja de canelones (20 unidades)
750 g de espinacas frescas (o congeladas)
150 g de setas
Aceite
Ajo
Bechamel
Mantequilla
200 g de tomate en salsa

Limpiar bien las espinacas y seleccionar las hojas, en caso de que sean frescas. Cocer en agua con sal durante 5 min en una cazuela. (Si son congeladas, seguir las instrucciones indicadas en el envase). Escurrir y reservar.

Cocer en mucha agua con sal y un poco de aceite las placas de canelones, removiendo de vez en cuando para que no se peguen durante unos 10-12 min. Una vez cocidas, sacar y extenderlas sobre un paño fino.

Saltear en una sartén con aceite las setas cortadas en trozos pequeños y un poco de ajo bien picado. Cuando lleven unos 7 min, añadir las espinacas, removerlo todo y, después de un par de minutos, escurrir el aceite y añadir la bechamel; reservar un poco (ver pág. 208). Remover el conjunto, hasta que esté bien ligado.

Rellenar los canelones y cerrarlos. Disponer en una fuente de horno untada con mantequilla los canelones e introducirla en el horno durante 10 min; mientras tanto, calentar la salsa de tomate a fuego suave mezclada con la bechamel que se ha reservado. Una vez que los canelones estén hechos, sacarlos del horno y verter encima la salsa de tomate con bechamel.

CONSEJO – *Al relleno se le pueden añadir unas uvas pasas sin pepitas o ciruelas pasas sin hueso y saltearlas junto con las espinacas. Si os gusta más el bonito que las setas, se puede hacer añadiendo a las espinacas 2 latas de bonito escurrido y salteado levemente en la sartén.*

RAVIOLIS DE QUESO

Ingredientes

Ver receta en pág. 124

Proceder como en la receta de la pág. 124. Con una diferencia: el relleno de los raviolis será de queso Philadelphia en pequeños montoncitos del tamaño de una aceituna.

Podemos añadir también a la mezcla trocitos de queso roquefort. Ideal.

El proceso de cocción en agua es importante hacerlo con cuidado para que los raviolis no se nos abran.

RAVIOLIS CON CHAMPIÑONES

Ingredientes

Para el relleno:

1 kg de champiñones

½ l de nata

1 diente de ajo

Aceite de oliva

Sal

Saltear el ajo picado en un poco de aceite. Cuando esté dorado, agregar los champiñones troceados y dejar hacer durante 15 min a fuego medio. Añadir la nata y dejar reducir otros 10 min destapado.

Cuando esté muy espeso, retirar del fuego y triturar.

Nos quedará una masa espesa que, cuando se enfríe, nos servirá para rellenar los raviolis, como en las recetas anteriores (ver pág. 124).

Servirlos solos, con una vinagreta o, simplemente, con un poco de aceite de oliva virgen.

Los champiñones tienen uno de los mejores aromas a setas, teniendo en cuenta su precio.

VERDURAS

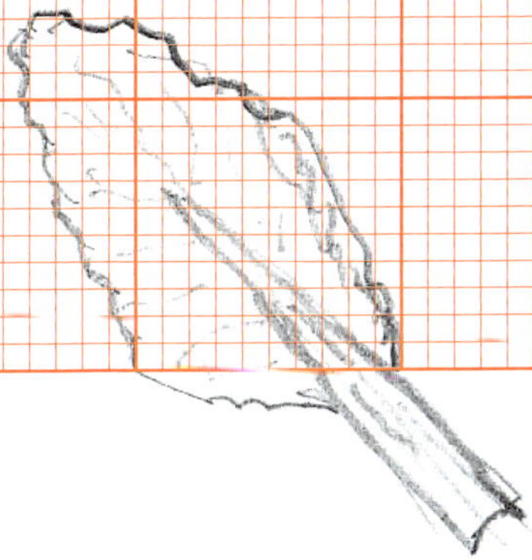

CÓMO LIMPIAR LAS ACELGAS

Dos partes muy claramente definidas; la verde y la blanca.
Con ayuda de un cuchillo, separar la parte blanca, la penca, de la parte hoja verde.
A la parte blanca quitarle, con ayuda de un cuchillo, los hilos que hay pegados a la superficie y utilizarla enseguida, porque oscurece rápido.
La parte verde, sencillamente, pasarla por agua y utilizarla entera o partida.

ACELGAS (LO VERDE)

Ingredientes

500 g de acelgas (lo verde)
1 diente de ajo fileteado
50 g de jamón cortado en daditos
Nuez moscada
Pimienta molida
Aceite de oliva

Limpiar bien la parte verde; separar las hojas de las pencas y cortar las hojas en tiras finas. Cocer durante 30 s. Escurrir bien y saltearlas en una sartén donde se hayan dorado los ajos y el jamón. En apenas 2 min, las tendremos listas.

PENCAS DE ACELGA (LO BLANCO)

Ingredientes

500 g de acelga (lo blanco: la penca)
1 diente de ajo
50 g de jamón en daditos
Aceite de oliva
Sal

Cortar lo blanco de la acelga en trozos pequeños y perpendicularmente a la penca. Con esta operación evitamos el trabajo de quitarles los hilos, ya que, al cortar, los estamos rompiendo.
Cocerlas en agua con sal durante 5 min. Secarlas.
Hay quien echa al agua limón para mantenerlas más blancas; si quieres hacerlo, adelante; pero en mi opinión, no es necesario.
Saltearlas con el ajo dorado y el jamón.

PENCAS DE ACELGA RELLENAS

Ingredientes

6 pencas (la parte blanca) de acelga
6 lonchas de jamón de York o serrano
6 lonchas de queso
2 huevos
100 g de harina
Aceite de oliva para freír

Limpiar las acelgas retirando los hilillos y cortarlas en trozos de su propia anchura y 6 cm de largo.
Cocerlas en abundante agua salada durante, por lo menos, 15 min.
Sacarlas y secarlas con un trapo.
Hacer un «bocadillo» con las pencas dejando en su interior un trozo de jamón y otro de queso.
Apretar bien, pasarlas por harina y después por huevo batido.
Freír con cuidado en una sartén, hasta que estén doradas y el queso del interior empiece a fundirse.
Degustar inmediatamente.

ACELGAS CON BACALAO

Ingredientes

2 acelgas enteras
400 g de bacalao desalado
100 g de aceite de oliva
40 g de vinagre de Jerez
1 diente de ajo
25 g de aceite de oliva
Sal

Cocer la parte verde de la acelga 1 min en agua hirviendo. Sacar, escurrir un poco y picarla finamente.
Saltearla con un ajo picado y un poco de aceite de oliva durante 1 min más. Dar el punto de sal y reservar.
Poner a hacer el bacalao con el aceite a fuego muy suave, apenas 70-80 °C durante 10 min, hasta que se separe en láminas, y reservar también.
Con el aceite (los 100 g) que se ha utilizado para hacer el bacalao, hacer una vinagreta añadiéndole el vinagre. Reservar.
Cortar la penca de acelga muy fina en juliana y meterla en agua con hielo. Reservar.
Montaje. En el fondo del plato, la hoja de la acelga caliente.
Las lascas de bacalao caliente.
La juliana de penca cruda.
Bañar todo levemente con la vinagreta.
Ideal como entrante.

PENCAS DE ACELGA REBOZADAS

Ingredientes

4 pencas de acelga (parte blanca)
Harina
2 huevos
Aceite para freír
Sal

Limpiar bien las pencas, retirando los hilos.
Cortarlas en trozos alargados. Tenéis dos opciones:

- Cocerlas en agua con sal durante 10 min. Después, rebozar en harina y huevo, y freírlas.
- Rebozar, sin cocer, en crudo, en harina y huevo y freírlas a fuego más suave para que se hagan bien por dentro.

Cualquiera de las dos es correcta. La primera, más suave; con la segunda se consigue más textura. Tú decides.
Ideal para aperitivo o como parte de una menestra. Y muy interesante como base de un pincho. Es decir, colocar encima unos trocitos de salmón ahumado y... ¡a triunfar!

CÓMO LIMPIAR EL AGUACATE

Hacer una incisión a lo largo de toda la pieza, y rotando sobre él mismo, acceder a sus dos mitades. Retirar el hueso clavándole el filo de un cuchillo y sacar con una cucharilla el interior de las dos mitades. Otra opción, si está maduro, es pelarlo con un cuchillo y, luego, trocearlo.
Se detiene su maduración metiéndolo en el frigorífico, pero no aguanta demasiado tiempo.
Se acelera su maduración (en caso de que esté verde y duro al tacto) envolviéndolo en papel de periódico y dejándolo unos días en la alacena de la cocina (pero no en el frigorífico). Aunque lo que de verdad acelera su maduración es encerrarlo en un papel y que sus propios gases ayuden.

AGUACATE CON GAMBAS

Ingredientes

2 aguacates
20 colas de gambas
¼ de naranja
40 g de salsa rosa
Perejil picado

Pelar los aguacates y cortarlos en trozos no muy pequeños. Agregarles las colas de gambas cocidas y peladas (ver pág. 291), la naranja cortada en trocitos y el perejil picado.
Por último, en forma de gotas, la salsa rosa.
Espolvorear por encima con perejil picado.

AGUACATE CON MANZANA

Ingredientes

2 aguacates maduros
1 manzana reineta
½ cebolla
20 g de aceite de oliva
½ limón
Sal

Cortar los aguacates, la manzana y la cebolla en pedazos de un tamaño similar.
Exprimir el limón. Agregar los demás ingredientes.
Servir muy frío.

AGUACATE CON SALMÓN

Ingredientes

2 aguacates maduros
8 lonchas de salmón ahumado
Sal

Para la vinagreta:

30 g de aceite
3 g de sésamo blanco
15 g de zumo de limón

Hacer una masa fina triturando a conciencia los aguacates maduros. Salar levemente, ya que el salmón aportará mucha sal.
Extender el salmón en lonchas. Rellenarlos con 1 cs de aguacate y enrollar la loncha para darle forma de canuto.
Servir en el plato dos rollos de salmón relleno de aguacate. Acompañar con 2 cc de la vinagreta.
Servir todo muy frío.

CÓMO LIMPIAR LOS AJOS

Con cuidado. Si se pelan uno, dos o tres, no hay problema, pero si hay que pelar un saco de ajos, la posibilidad de quemarse la mano que sostiene los ajos es alta.

Los componentes del ajo hacen que se produzca una reacción sulfurosa y, si la cantidad de ajos que hay que pelar es considerable, acabaremos con una ampolla muy parecida a la que se produce con un buen quemazo. De hecho, se utiliza para curar-quemar verrugas. Lo digo por experiencia propia.

La cantidad de propiedades que posee el ajo son una auténtica maravilla: desde para tratar enfermedades de la piel hasta como bactericida, diurético, digestivo, antihelmíntico (contra lombrices). La aliina y la alicina (unos de sus componentes) son responsables de dar fluidez a la sangre.

Muy efectivo también para ahuyentar a Drácula y demás vampiros.

Ideal, vamos...

CÓMO LIMPIAR ALCACHOFAS

Limpiar las hojas más exteriores arrancándolas hasta llegar al corazón.

Sin pasarse, o nos quedaremos sin alcachofa.

Cortar el tallo y las puntas.

El tallo pelado se puede aprovechar para cocer o freír.

Las hojas más exteriores se pueden mordisquear, pero solo su base más tierna.

Con el corazón las posibilidades son muchas, como podéis comprobar echando un vistazo a las siguientes recetas.

CÓMO COCER ALCACHOFAS

Ingredientes
16 alcachofas
2 l de agua, aprox.
Sal
Zumo de limón (opcional)

Limpiar las alcachofas (ver receta anterior).
Se pueden frotar con un limón para que no se ennegrezcan o bien echar el zumo de ½ limón al agua de cocción.
De todas formas, si no tenemos muchas alcachofas que limpiar, disponemos del agua ya preparada casi hirviendo y lo hacemos un poco deprisa, no es necesario. Es decir, basta con limpiar rapidito la alcachofa entera e introducirla en el agua hirviendo.
Dejar cocer durante, por lo menos, 15-20 min. Esto dependerá del tamaño y la frescura de la alcachofa. Puede que necesiten más tiempo, pero no mucho más.
Comprobar con la punta de un cuchillo si ya están cocidas y blandas.
Sacar y consumir como más nos guste.

CÓMO COCER ALCACHOFAS ENTERAS

Ingredientes
16 alcachofas
2 l de agua, aprox.
Sal
Zumo de limón (opcional)

Otra manera distinta de cocer las alcachofas es cocerlas sin limpiarlas y, una vez cocidas, limpiarlas.
Ventajas: se oscurecen mucho menos y así no se tiene que dar ese toque de limón.
Inconvenientes: si hay pocos comensales, no habrá problema; pero si son muchos, no se dispondrá de un puchero lo suficientemente grande para cocerlas sin pelar.

CÓMO FREÍR ALCACHOFAS

Ingredientes

16 alcachofas
50 g de aceite
Sal

Limpiar las alcachofas cortadas cada una en 8 pedazos (para freír es más fácil trocearlas en vez de dejarlas enteras, como hacemos en el caso de la cocción).
En una sartén con un poco del aceite, freírlas.
Ir añadiendo aceite, si hiciese falta, y a fuego medio o suave, dejar que se doren.
En apenas 10 min (si son frescas), se habrán hecho.
Dar el punto de sal.

ALCACHOFAS CON JAMÓN

Ingredientes

12 alcachofas cocidas
70 g de jamón en daditos
2 dientes de ajo picados
Perejil picado
10 g de harina
15 g de aceite de oliva
½ l de agua
Sal

En una sartén dorar con el aceite, los ajos y el jamón. Añadir la harina, dejar que se disuelva y agregar el agua y el perejil picado.
Por último, las alcachofas cocidas y cortadas en 4 trozos.
Dejar hervir el conjunto destapado a fuego suave, por lo menos, 10 min, hasta que la salsa esté espesa.
Volver a echar perejil picado. Dar punto de sal.
Servir muy caliente.

ALCACHOFAS FRITAS CON BEICON

Ingredientes

12 alcachofas
8 lonchas de beicon

Freír las alcachofas (ver más arriba) y reservar.
Dorar con cuidado, en una sartén antiadherente y sin aceite, las lonchas de beicon.
Servir las alcachofas muy calientes, con las lonchas de beicon encima.

ALCACHOFAS CON LANGOSTINOS

Ingredientes
8 alcachofas
12 langostinos grandes
1 diente de ajo picado
Perejil picado
30 g de aceite de oliva

Freír las alcachofas (ver pág. anterior) y reservar.
Saltear las colas de los langostinos pelados (con la cabeza haremos una crema de marisco y si no podemos hacerla en ese momento, muy sencillo: las congelamos para cuando podamos hacerla; no se tira nada).
Sobre el ajo dorado con el aceite, apenas ½ min, agregar las alcachofas y dar un par de vueltas (1 min).
Espolvorear con perejil picado y servir.

ALCACHOFAS CON BERBERECHOS

Ingredientes
8 alcachofas
500 g de berberechos
Perejil picado
½ diente de ajo
30 g de aceite de oliva

Freír las alcachofas (ver pág. anterior).
Dorar el ajo con el aceite y verter los berberechos. Esperar a que se abran y, apenas lo hayan hecho y hayan soltado sus jugos, añadir las alcachofas. Remover con suavidad el conjunto. Espolvorear con perejil picado.

ALCACHOFAS RELLENAS DE TXANGURRO

Ingredientes
8 alcachofas
500 g de txangurro donostiarra (ver pág. 275)
50 g de queso emmental

Cocer las alcachofas (ver pág. 135).
Con ayuda de un cuchillo, vaciar los corazones para poder rellenarlos hasta el borde con el txangurro. En frío será más fácil realizar esa operación.
Disponer en una bandeja de horno las alcachofas, espolvorear la superficie de cada una de ellas con queso y hornear a 200 °C durante 10-15 min (dependiendo del tamaño de la alcachofa y de si están muy frías; en este último caso, es mejor hornear a 170 °C durante 30 min).
Servir muy caliente.

ALCACHOFAS CON CHAMPIÑONES

Ingredientes
8 alcachofas
700 g de champiñones
200 g de nata
1 diente de ajo
30 g de aceite de oliva
Perejil picado
Sal

Cocer las alcachofas (ver pág. 135) y reservar.
Aparte, dorar el ajo y agregar los champiñones limpios y cortados en láminas. Dejar que se hagan (10 min, aprox.). Agregar la nata y dejar reducir a fuego medio destapado otros 10 min.
Con ayuda de un cuchillo, vaciar las alcachofas cocidas.
En caliente, triturar el conjunto y rellenar las alcachofas.
Disponer en una bandeja de horno y calentar el conjunto 10 min a 180 °C.
Servir muy caliente.

ALCACHOFAS REBOZADAS

Ingredientes
8 alcachofas
200 g de aceite de oliva para freír

Para rebozar:
2 huevos
150 g de harina

Cocer las alcachofas (ver pág. 135).
Cortarlas en cuartos. A continuación, pasarlas por harina y por huevo batido.
Freírlas a fuego medio en una sartén con aceite, hasta que estén doradas. Sacar a una bandeja con papel absorbente y servir rápidamente.

ALCACHOFAS CON ESPÁRRAGOS

Ingredientes
8 alcachofas fritas (ver pág. 136)
8 espárragos fritos (ver pág. 159)

Intercalar en un mismo plato trozos de espárragos y de alcachofas fritas e ir comiéndolo alternativamente.
Plato muy fácil y muy sabroso, con una única pega: no nos dejará degustar un buen vino, dado que sus respectivos sabores son de los que enmascaran las tonalidades de este.
Esto sin contar el olor que dejará en la orina.
¡Todo no puede ser!

ALCACHOFAS CON ALMEJAS

Ingredientes
8 alcachofas
700 g de almejas
30 g de aceite de oliva
½ diente de ajo picado
15 g de harina
Perejil picado
20 g de vino blanco

Cocer las alcachofas (ver pág. 135).
Cortarlas en cuartos y reservarlas.
En una sartén o cazuela de barro, echar el aceite y el ajo. Sin esperar a que se dore, verter la harina y disolverla. Después, añadir el vino blanco y dejarlo reducir un instante. Agregar las almejas y esperar a que se abran.
Por último, las alcachofas. Dar un hervor al conjunto.
¡Ojo con la sal!: la almeja ya lleva un montón.
Espolvorear con perejil picado.

ALCACHOFAS CON SALMÓN AHUMADO

Ingredientes
8 alcachofas
200 g de salmón ahumado

Para la vinagreta:
30 g de aceite de oliva
10 g de vinagre de Módena
½ zumo de limón
Tomillo muy picado

Cocer las alcachofas o freírlas (ver págs. 135-136), como se prefiera.
Dejar templar y depositar encima de cada cuarto de alcachofa una rodajita de salmón, justo para cubrir.
Una cucharada de la vinagreta al final y... ¡listas para comer!

CÓMO COCINAR BERENJENAS EN EL MICROONDAS

Partir por la mitad longitudinalmente las berenjenas y enrollar cada mitad en un film transparente de plástico.
Meterlas en el microondas a la máxima potencia durante 8 o 10 min, según su tamaño.
Una vez cocidas, sacarlas del plástico y retirarles la piel negra: ya están listas para cualquier plato que se quiera cocinar.

NOTA – *Se puede asar envuelta en aluminio durante 1 h a 160 °C en horno convencional. El resultado es distinto.*

BERENJENAS ASADAS CON ANCHOAS EN SALAZÓN

Ingredientes
2 berenjenas
1 lata de anchoas en salazón
2 cs de aceite de oliva virgen
Sal

Una vez asadas las berenjenas (ver receta siguiente), quitarles la piel y cortarlas en tiras; añadirles la sal, las anchoas y el aceite. Mezclarlo todo y servir.

BERENJENAS ASADAS

Ingredientes
2 berenjenas
30 g de aceite de oliva
Sal gorda

Envolver en papel de aluminio cada una de las berenjenas y asarlas al horno a 160 °C durante 1 h. Abrirlas y pelarlas. El interior, levemente salado, es mejor comerlo frío; también se puede tomar caliente, pero yo lo prefiero frío con un buen chorro de aceite de oliva virgen y sal. Muy aconsejable también acompañado por anchoas de lata en sal o con tomates asados o, incluso, con queso manchego, con bacalao...

BERENJENAS A LA PLANCHA

Ingredientes

2 berenjenas
Sal
Aceite

Cortar las berenjenas en rodajas y freírlas en una sartén antiadherente con muy poco aceite, pues suelen absorber el aceite como esponjas.
Salarlas y... ¡listas para comer!

BERENJENAS RELLENAS

Ingredientes

2 berenjenas
250 g de carne picada
200 g de salsa de tomate
200 g de bechamel muy ligera
100 g de queso emmental rallado

Abrir a lo largo las berenjenas, de manera que queden 4 partes que vaciaremos con ayuda de una cucharilla hasta dejar prácticamente la piel.
Picar la carne de la berenjena finamente y saltearla en una sartén con algo de aceite. Agregar la carne picada y, por último, la salsa de tomate (ver pág. 216). Dejar hervir 5 min a fuego suave.
Rellenar las berenjenas y naparlas levemente con la bechamel; encima, agregar un poco de queso rallado e introducir en el horno a 200 °C, hasta que se doren por encima.
Servir muy caliente.

BERENJENAS EN BUENA COMPAÑÍA

Ingredientes

1 berenjena
150 g de atún en lata
50 g de anchoas en lata
1 lata de pimientos del piquillo
1 lata de tomates secos
1 bote de guindillas
Sal gorda
AOVE

Asar la berenjena (ver pág. 140).
Retirar la carne ya hecha, disponerla en el fondo del plato y añadirle trozos gruesos de atún, de anchoa, de pimientos del piquillo, de tomates secos y de guindillas.
Un chorro de aceite de oliva junto con la sal gorda por encima del conjunto y... ¡listo! Servir a temperatura ambiente.
¿Se puede pedir más?

CÓMO LIMPIAR LA BERZA

Simplemente, pasándola por el chorro de agua fría. Hay que diferenciar las hojas más verdes y rugosas del exterior de la col de las más amarillentas del interior, más finas.
Por lo general, las primeras se suelen usar para hacerlas cocidas o salteadas (sobre todo, como acompañamiento de un potaje de garbanzos); pero en vez de rechazarlas, podemos cortarlas en cuadrados, hervirlas 3 min, darles después un leve toque en la sartén con aceite y sal y usarlas para acompañar un pescado a la plancha. Os aseguro que así están muy ricas y conseguimos nuestro objetivo más importante: ¡no tirar nada!

BERZA COCIDA

Ingredientes
½ berza
1 l de agua
Sal gorda
Aceite de oliva virgen

Picar la berza con un cuchillo en forma de juliana fina. Cocerla en agua salada 10-15 min, aprox. Escurrirla y servirla con sal gorda y aceite de oliva virgen.
Ideal para comer sola o para acompañar platos grasos, como chuletas de cordero, morcilla frita, carne guisada y, sobre todo, el cocido de garbanzos. Otra opción fantástica es usarla como acompañante de alubias negras.

CONSEJO – *Esta receta sirve también para la col o el repollo.*

BERZA SALTEADA

Ingredientes
1 berza
30 g de aceite de oliva
1 diente de ajo

Cortar la berza en juliana fina. Saltearla junto con el ajo picado y el aceite durante 5-7 min, hasta que empiece a dorarse.
Igualmente adecuada para acompañar alimentos grasos, como carnes, chorizos, etc.; pero tampoco le va nada mal a un buen pescado.

BERZA FERMENTADA (CHUCRUT)

Ingredientes

600 g de berza fermentada (chucrut)
4 salchichas de Frankfurt
4 trozos de beicon cocido
4 trozos de chorizo frito

Calentar el chucrut en una cazuela con un poco de agua. Cuando haya hervido, servirlo en el plato acompañado por las salchichas cocidas en agua 7 min, los trozos de beicon, dorados en la sartén unos 5 min y, por último, el chorizo frito, también dorado.
Todos estos bocados grasos van de fábula con el toque ácido del chucrut.
Ya sabéis, ácido y grasa: un matrimonio bien avenido.

BERZA CON PATATAS

Ingredientes

½ berza
4 patatas pequeñas
2 dientes de ajo
100 g de beicon ahumado
30 g de AOVE
Sal

Cocer la berza, como se ha explicado en la receta «Berza cocida» (ver pág. anterior) y reservar.
Cocer las patatas, como se explica en la receta correspondiente (ver pág. 174) y reservar también.
Laminar el ajo y dorarlo con el beicon cortado en tiras en una sartén con aceite; agregar la berza y las patatas. Saltear la berza y las patatas durante 3-4 min.
Servir muy caliente.

BERZA ENROLLADA

Ingredientes

½ berza
150 g de gambas peladas
75 g de queso Idiazábal
20 g de aceite de oliva
100 g de brotes de soja
½ zanahoria rallada
Salsa de soja

Separar de la berza las hojas verdes de las blancas.
Cortar las hojas verdes en juliana muy fina y cocerlas 3 min en agua hirviendo.
Saltearlas en una sartén con aceite y agregarles las gambas, los brotes de soja y la zanahoria. Ya fuera del fuego, el queso. Reservar.
Por otro lado, cortar en cuadrados (quitando los nervios) las hojas blancas y cocerlas 3 min en agua hirviendo. Secarlas, rellenarlas con el preparado anterior y cerrarlo en forma de paquete.
En el momento de servir, dorar en una sartén antiadherente.
Servir muy caliente, acompañada por la salsa de soja.

CÓMO LIMPIAR Y COCER EL BRÓCOLI

Cortar el tallo y el resto en arbolitos (en este caso, tendrán por sí solos esa forma). Limpiar a conciencia bajo el chorro de agua fría.
El tallo se puede aprovechar (igual que en el caso de la coliflor) cortándolo en láminas finas y haciéndolo cocido o salteado.
Las recetas de brócoli son muy parecidas a las de coliflor; se pueden utilizar las mismas, pero teniendo en cuenta que el brócoli necesita la mitad de tiempo de cocción: en agua hirviendo, 10 min, aprox., si está entero, y 5 min si está troceado en arbolitos.
Tanto la textura como el sabor son más suaves que los de la coliflor.
Su verde intenso alegra cualquier plato.

BRÓCOLI CON MEJILLONES

Ingredientes
1 brócoli
750 g de mejillones
1 diente de ajo
30 g de aceite de oliva
Vinagre (opcional)
Mayonesa (opcional)

Cocer el brócoli en agua con sal durante 10 min y reservar.
En una cazuela con aceite, dorar el ajo y verter los mejillones limpios, hasta que se abran.
Retirar la concha y extenderlos en una fuente junto con los trozos de brócoli.
Se pueden acompañar con una vinagreta o con una mayonesa, pero lo mejor es aprovechar un poco del caldo que han soltado los mejillones al hacerse (mezcla del mejillón con el aceite), agregarle un poco de vinagre (sal no, ya que el jugo será de por sí un poco salado) y punto.

BRÓCOLI CON CARABINEROS

Ingredientes

1 brócoli
12 carabineros
1 diente de ajo
30 g de aceite de oliva
Sal

Cocer el brócoli cortado en trozos en agua hirviendo con sal, 2 min solamente, y reservar.
A continuación, dorar en una sartén a fuego fuerte el ajo y añadir las colas de carabinero durante apenas 30 s; agregar, por último, el brócoli.
Remover durante otros 30 s y... ¡listo para comer!

BRÓCOLI CON SALMÓN AHUMADO

Ingredientes

1 brócoli
200 g de salmón ahumado

Para la vinagreta:

40 g de aceite de oliva virgen
½ limón en zumo
Perejil picado

Hacer el brócoli frito, como se indica en la receta de coliflor frita (ver pág. 155).
Disponer en un plato los trozos templados de brócoli e intercalarlos con tiras de salmón ahumado.
Darle un toque de brillo y acidez con la vinagreta.

CALABACINES SALTEADOS

Ingredientes

2 calabacines medianos
30 g de aceite de oliva
1 diente de ajo
Sal

Dorar el ajo picado con el aceite en una sartén.
Cortar los calabacines en láminas muy finas, con la piel y añadirlos a la sartén.
Rehogar durante 3 min a fuego fuerte, sin dejar de mover. Dar el punto de sal.
Ideal para comer solos o acompañando carnes.

CALABACINES RELLENOS DE TXANGURRO

Ingredientes
2 calabacines medianos
400 g de txangurro a la donostiarra
20 g de queso parmesano
15 de mantequilla

Para la vinagreta:
100 g de aceite de oliva
25 g de vinagre de Módena
Sal
Pimienta

Cortar los calabacines en trozos de 5 cm de altura. Asar en el horno a 180 °C durante 20 min con un poco de sal y aceite.
Cuando estén levemente dorados, retirar y, con ayuda de una cucharilla, vaciar su interior.
Picar el interior finamente y añadir aceite y vinagre de Módena para hacer la vinagreta.
Rellenar el interior con la masa de txangurro (ver pág. 275) caliente y disponerlos en una bandeja de horno. Dos trozos por persona serán suficientes.
Poner en la superficie de los calabacines un poco de mantequilla y queso. Dorar en horno muy fuerte o en gratinador, hasta que la superficie esté dorada.
Acompañar con la vinagreta.

CONSEJO – *Si se hacen para comer al momento, el relleno de los calabacines puede hacerse en caliente. Si se va a guardar para el día siguiente, se rellena obligatoriamente en frío.*

CALABACINES RELLENOS DE AJOARRIERO

Ingredientes
2 calabacines medianos
400 g de ajoarriero
20 g de queso parmesano
15 g de mantequilla

La misma operación que en la receta anterior, sustituyendo el txangurro por bacalao ajoarriero (ver pág. 336).
La melosidad del bacalao va muy bien con la textura del calabacín asado.
La vinagreta para acompañar puede ser la misma que la de la receta anterior.

CALABACINES CON QUESO

Ingredientes

2 calabacines medianos
200 g de mozzarella rallada
30 g de aceite de oliva
Sal

Cortar el calabacín a lo largo en trozos de 1 cm de grosor.
Dorarlos a la plancha con un poco de aceite durante apenas 1 min por cada lado. Dar punto de sal.
Disponerlos en una bandeja de horno. Encima de cada trozo, poner el queso y gratinar en el horno a 250 °C, hasta que el queso se funda.
Comer muy caliente.

CALABACINES CON VERDURAS

Ingredientes

2 calabacines medianos
1 tomate mediano
1 cebolla mediana
4 dientes de ajo sin pelar
1 berenjena
30 g de aceite de oliva
Sal
Azúcar

Cortar los calabacines y la berenjena en rodajas de 3 cm de grosor.
Pelar el tomate y la cebolla y cortarlo todo por la mitad.
Disponer en una placa de horno todas las verduras con el aceite.
Hornear a fuego suave (170 °C) durante, por lo menos, 40-50 min.
Dar punto de sal y azúcar.
Repartir equitativamente en los platos y servir muy caliente.

CALABAZA FRITA

Ingredientes

1 kg de calabaza
2 dientes de ajo
½ pimiento
½ cebolla
1 guindilla (cayena)
4 cs de aceite de oliva virgen
Sal

Después de quitarle la piel y las pepitas a la calabaza, cortarla en láminas finas.
En una cazuela poner el aceite y freír los ajos, el pimiento y la cebolla finamente picados. Cuando empiecen a dorarse, añadirles la calabaza y, a fuego medio, ir removiéndola para que no se pegue y se vaya deshaciendo (pronto veréis que la calabaza empieza a sacar su jugo). Estará hecha cuando se haya consumido todo su jugo. Nos quedará una especie de ralladura o puré de fantástica textura un poco espesa. Agregarle sal y cayena, si os gusta el picante.

CÓMO LIMPIAR LAS CEBOLLAS

Cortar por la mitad.
Pelar las capas que estén secas. Estas zonas luego son muy complicadas de pochar; quedan duras.
Después, dos cortes. Uno en la base y otro en el tallo. Este último hacerlo al final, dado que nos ayudará a mantener la cebolla unida mientras la cortamos.

CÓMO PICAR CEBOLLA SIN LLORAR

a) Picando mucha, acabas acostumbrándote.
b) Con gafas de bucear.
c) Con gafas de piscina, aunque por la nariz termina llegándote.
d) Dejando que la pique otro.
e) Delante de un ventilador: el viento se lleva la nube tóxica.
f) Sumergirla en agua caliente hace que la humedad retenga el líquido de la cebolla que «ataca» nuestros ojos. Este es un compuesto sulfuroso que, al cortar la cebolla, se libera en el aire en forma de moléculas volátiles. Estas, en contacto con los ojos, forman ácido sulfúrico, que los irrita sobremanera.

CEBOLLAS ASADAS

Ingredientes
4 cebollas
Aceite de oliva
Sal

Cortar por la mitad las cebollas y dorar la superficie cortada en una sartén con un poquito de aceite de oliva.
Terminar de cocinarlas en el horno a 180 °C durante 25-30 min.
Un aperitivo ideal.
Acompañar con una mayonesa (ver pág. 210).

CEBOLLAS CON JAMÓN

Ingredientes

4 cebollas
150 g de jamón (cortado en dados pequeños)
Aceite de oliva
Sal

Dorar y asar las cebollas, como en la receta anterior.
Vaciar la cebolla con una cuchara y con cuidado de no quemarse ni romperla.
Picarla finamente y agregar el jamón. Este será el relleno que reintroduciremos en la cebolla.
Servir inmediatamente.

CEBOLLAS FRESCAS (CEBOLLETAS)

Ingredientes

12 cebolletas
Aceite de oliva
Sal

Cortar longitudinalmente las cebollas y pasarlas por una sartén. Cuando estén doradas por el lado cortado, darles la vuelta y terminar de hacerlas por el otro.
Sal gorda y alguna salsa tipo mojo (ver pág. 228) serán un acompañamiento perfecto.

CEBOLLAS POCHADAS

Ingredientes

4 cebollas
1 diente de ajo
8 rebanadas de pan tostado
40 g de aceite de oliva
Sal

Pelar las cebollas y el ajo, y picarlo todo finamente.
Ponerlo a pochar en una sartén y dejar que se dore muy suavemente.
Cuando esté bien dorado, con un color tirando a oscuro, pasarlo por un colador y retirar el aceite (que aprovecharemos para otros platos; por ejemplo, para freír o pochar patatas). Reservar.
Tostar el pan en un grill o en una sartén.
Poner en cada una de las tostadas un par de cucharadas de esta cebolla y... ¡listo!
Contigo, pan y cebolla. Mejor, imposible.

CEBOLLAS EN VINAGRE

Ingredientes
30 cebolletas pequeñas
600 g de vinagre blanco
1 l de agua
Sal

Limpiamos bien las cebolletas y las dejamos enteras. Salamos el conjunto y lo metemos en frascos. Rellenamos con el vinagre y cerramos herméticamente.
Esterilizamos los botes al baño maría, por lo menos 20 min, cubiertos de agua 3 o 4 cm por encima de la tapa.
Pasado este tiempo, dejarlo enfriar en su propia agua.

CONSEJO – *Podemos degustar las cebolletas en vinagre sin necesidad de embotarlas. Calentar el vinagre en un cazo, añadir las cebolletas y dejar que hierva a fuego suave durante 5 min.*
Dejar enfriar y, pasadas 24 h, ya se pueden degustar. Conservar en el frigorífico durante una semana como máximo.

CEBOLLAS A LA PLANCHA

Ingredientes
3 cebollas grandes
150 g de mojo (elegir uno de la pág. 228)
Aceite de oliva
Sal

Cortar la cebolla en trozos de 1,5 cm de grosor. Ponerla a la plancha con un poco de aceite y sal, hasta que se dore (aprox., 3 min por cada lado).
Cuando esté hecha, disponer en cada plato dos o tres rodajas y, encima de cada una, una cucharada abundante del mojo que hayamos elegido.

CEBOLLETAS AGRIDULCES

Ingredientes
30 cebolletas
20 g de aceite de oliva
70 g de azúcar
30 g de vinagre blanco

Saltear las cebolletas peladas con un poco de aceite, hasta que estén levemente doradas. Añadir el azúcar y dejar dorar un rato más.
Agregar el vinagre blanco y dejar reducir apenas unos instantes.
Servir para acompañar cualquier alimento, sobre todo carnes.

CEBOLLAS FRITAS

Ingredientes

2 cebollas
50 g de harina

Para el rebozado:

330 g de cerveza
150 g de harina
Sal
Aceite para freír

Cortar la cebolla en rodajas de 1,5 cm de grosor, aprox.
Pasarlas por un poco de harina y reservarlas.
Aparte, mezclar suavemente la cerveza con la harina y la sal, hasta formar una mezcla espesa.
Untar en esa mezcla los aros de cebolla y freírlos en aceite caliente, hasta que estén dorados.
Ideal como aperitivo o guarnición.

CEBOLLETAS A LA BRASA (O CALÇOTS CON SALSA ROMESCO)

Ingredientes

30 cebollas blancas alargadas o brotes de cebolla blanca (en Cataluña, calçots)
300 g de mojo

Si tenemos la suerte de tener parrilla, las haremos a la brasa; si no, en el grill del horno puesto a tope, que tampoco va mal.
Las ponemos sobre las brasas hasta que estén negras y nos comemos su interior, que estará jugoso, acompañado por una salsa tipo romesco o por un mojo espeso (ver el apartado de mojos en la pág. 228) del aroma que queramos.

TARTA DE CEBOLLAS

Ingredientes
350 g de pasta quebrada
6 cebollas
5 yemas
80 g de nata
1 huevo
Aceite de oliva

Poner a pochar las cebollas cortadas en juliana con un poco de aceite, hasta que estén doradas en tres tiempos de cocción: primero, a fuego fuerte durante, por lo menos, 5 min; después, a fuego medio, unos 15 min, y por último, a fuego bajo otros 15 min.
Escurrir todo el aceite y mezclar las cebollas con las 5 yemas (en frío). Añadir la nata. Reservar.
Estirar la pasta quebrada (ver pág. 494 o comprarla ya hecha) con un rodillo, hasta dejarla fina.
Enfondar el molde (si es de fondo desmontable, mejor) con la pasta y pincharla con ayuda de un tenedor, para que no suba y no se hinche.
A continuación, taparla con una lámina de papel de aluminio.
Poner encima un peso cualquiera (por ejemplo, unos garbanzos).
Hornear a 180 °C durante, por lo menos, 10 min.
Retirar los garbanzos y el papel de aluminio.
Rellenar el hueco con la mezcla de cebollas y yemas. Meter al horno de nuevo durante 10-15 min a 170 °C.
Dejar templar y comer, caliente o fría. La primera opción, mejor.

CHAMPIÑONES RELLENOS

Ingredientes

½ kg de champiñones
100 g de jamón
3 cs de aceite de oliva
Sal
Perejil

Limpiar los champiñones (preferiblemente grandes) y separar el tallo del sombrero. Reservar los tallos en una fuente aparte.

Picar finamente los tallos que hemos reservado y el jamón.

En una sartén, poner el aceite y, cuando esté caliente, añadir los tallos picados y el jamón y dejar que se hagan.

Rellenar los sombreros de los champiñones con la mezcla anterior ya pochada y perejil picado por encima.

Poner en una fuente de horno untada con un poco de aceite y hornear 10 min a 180 °C.

CHAMPIÑONES CON VERDURITAS

Ingredientes

½ kg de champiñones
1 pimiento rojo
1 pimiento verde
1 cebolla
1 zanahoria
1 calabacín
Aceite de oliva
Sal
Pimienta

Limpiar los champiñones separando el tallo del sombrero.

Partir en tiras no muy anchas todas las verduras y también los tallos del champiñón.

En una fuente de horno, poner las verduras y los tallos; echarles un poquito de sal y, encima, colocar los sombreros de los champiñones; salpimentar y regar con el aceite.

Meter en el horno unos 12 min a 180 °C.

COLES DE BRUSELAS FRITAS

Ingredientes

½ kg de coles de Bruselas
50 g de aceite de oliva
Sal

Abrir por la mitad las coles de Bruselas y dorarlas en una sartén con un poco de aceite durante, por lo menos, 10 min a fuego suave.

BROCHETA DE COLES DE BRUSELAS

Ingredientes
12 coles de Bruselas
6 lonchas de jamón
50 g de almendra picada

Preparar las coles como en la receta anterior.
Una vez hechas, envolver las mitades con lonchas de jamón, ensartarlas en un palillo y espolvorear con almendra picada.

CÓMO LIMPIAR LA COLIFLOR

Cortar con ayuda de un cuchillo el tallo y retirar las hojas verdes que rodean a la coliflor.
Ir separando el núcleo blanco que ha quedado en forma de arbolitos, metiendo un cuchillo afilado hasta las bases.
Pasarlo por abundante agua fría y raspar las ramas que estén algo negras, si las hubiera (la coliflor suele venir bastante limpia y aguanta bien el transporte).
Ya la tenemos preparada para elaborar lo que queramos con ella.

CÓMO COCER LA COLIFLOR

Tenemos dos opciones.
Una vez limpia (ver «Cómo limpiar la coliflor») podemos cocerla en agua salada:
a) Entera. Tardará 30-40 min, aprox., según el tamaño.
b) En forma de arbolitos del tamaño de una pelota de ping-pong, aprox. En este caso, la cocción será de unos 15-20 min, aprox., o menos, si queremos que esté más al dente.
En ambos casos, cuando el agua hierva, agregar la coliflor.
Ventilar bien, que el olor durante la cocción suele ser intenso.

CÓMO FREÍR LA COLIFLOR

En este caso, partir de los «arbolitos» de coliflor ya limpios. Cortarlos en 4 trozos, de manera que nos facilite el sofrito.
Poner en una sartén un poco de aceite y echar los trozos de coliflor. Dejar que se doren a fuego medio. Añadir un par de cucharadas de agua a media «fritura». Dejar que se terminen de hacer. Dar el punto de sal. La operación tardará 15 min o menos. Yo prefiero esta versión a la cocida (mucho más insulsa).

COLIFLOR SALTEADA

Ingredientes
1 coliflor (de 800 g aprox.)
1 diente de ajo picado
40 g de aceite de oliva
Sal
Perejil picado

Limpiar la coliflor a conciencia (ver pág. anterior) y triturarla en un vaso triturador. Nos quedará una especie de polvo o de «pelotitas» del tamaño de un guisante.
Dorar el ajo con el aceite y añadirle la coliflor. Saltearla a fuego fuerte durante 3-4 min.
Agregar la sal y el perejil picado.
Ideal asimismo como acompañamiento de un pescado a la plancha.

COLIFLOR CON SALSA DE SOJA

Ingredientes
1 coliflor (de 800 g aprox.)
100 g de salsa de soja

Cocer la coliflor (ver pág. anterior).
Servirla caliente en una fuente con una taza de la salsa de soja.
Pinchar con el tenedor un trozo de coliflor y untar levemente en la salsa de soja.
Sencillo y resultón.

COLIFLOR COCIDA SALTEADA

Ingredientes

1 coliflor (de 800 g aprox.)
1 diente de ajo
50 g de jamón (cortado en daditos)
30 g de almendras fritas
35 g aceite de oliva
Sal

Cocer la coliflor (ver pág. 154, opción en forma de arbolito; pero reduciendo el tiempo de cocción a 6 min) y reservar.

Dorar los ajos en una sartén con el aceite y agregar el jamón y las almendras para que se doren; añadir la coliflor y saltear el conjunto durante 5 min (e incluso un poco más, en caso de que los trozos de coliflor sean grandes).

Revolver con cuidado los trozos para que no se rompan.

Para mí, esta es la mejor manera de degustar la coliflor.

COLIFLOR CON PIÑONES

Ingredientes

1 coliflor (de 800 g aprox.)
1 diente de ajo
150 g de piñones
35 g aceite de oliva
Sal

La misma operación que la receta anterior, pero sustituyendo el jamón y las almendras por los piñones.

Igual de sabroso, aunque algo más caro.

COLIFLOR REBOZADA

Ingredientes

1 coliflor (de 800 g aprox.)
2 huevos
Harina
150 g de aceite para freír

Cocer la coliflor como en la receta en trozos (ver pág. 154) y escurrirla bien.

Pasar los trozos por harina, primero, y por los huevos batidos, después.

Seguidamente, freírlos en abundante aceite caliente a fuego medio.

Dejar que se dore el conjunto y sacarlo a un papel absorbente.

Degustar al momento.

COLIFLOR GRATINADA

Ingredientes

1 coliflor (de 800 g aprox.)
500 g de bechamel muy ligera
150 g de queso parmesano o emmental

Cocer la coliflor entera o en trozos (ver pág. 154).
Disponerla en una bandeja de horno o en una fuente y naparla con la bechamel recién elaborada (ver pág. 208).
Espolvorear con el queso rallado toda la superficie.
Hornear a 210 °C durante 10 min, hasta que se dore la parte superior.
Comer muy caliente.

COLIFLOR CON GAMBAS

Ingredientes

½ coliflor (de 400 g aprox.)
250 g de gambas
1 diente de ajo
30 g de aceite de oliva
30 g de jamón serrano en daditos
Perejil picado

Saltear las gambas peladas con el ajo y el jamón.
Agregar la coliflor cocida (ver pág. 154) y cortada en arbolitos. Dejar que el conjunto se haga durante 2 min. Espolvorear perejil y... ¡a zampar!

CONSEJO – *Nunca nos cansaremos de decir que las cabezas de las gambas se pueden aprovechar para hacer sopa o crema y que, si en ese momento no va bien prepararla, podemos congelarlas y utilizarlas más adelante. Cualquier cosa antes que tirarlas.*

ENDIBIAS CON QUESO EN FRÍO

Ingredientes

4 endibias deshojadas
50 g de queso roquefort
50 g de nata líquida
25 g de leche
30 g de nueces tostadas

Triturar la leche, la nata y el queso y colocar la mezcla sobre las hojas de endibias. Decorar con las nueces troceadas.

ENDIBIAS CON QUESO CALIENTE

Ingredientes

4 endibias deshojadas
50 g de queso roquefort
150 g de bechamel
30 g de nueces o almendras

Preparar la bechamel (ver pág. 208) y añadirle el queso, hasta que se deshaga. Servir la salsa aparte, con las endibias espolvoreadas con las nueces.

ENDIBIAS A LA PLANCHA

Ingredientes

4 endibias abiertas por la mitad

Para la vinagreta:

100 g de aceite de oliva
20 g de vinagre de Módena
25 g de azúcar

Abrir las endibias en dos mitades y dorarlas por ambos lados (apenas 5 min a fuego suave por cada lado) en una sartén con una pizca de aceite.
Servir acompañadas con la vinagreta levemente dulce.
Si os gusta el sabor amargo, con las endibias lo disfrutaréis.

ENDIBIAS AGRIDULCES

Ingredientes

4 endibias deshojadas
200 g de trozos de pollo
30 g de aceite de oliva

Para la salsa agridulce:

100 g aceite de oliva
30 g de vinagre de Módena
30 g de azúcar
30 g de salsa de soja

Cortar el pollo en trozos muy menudos y saltearlos en una sartén con un poco de aceite. Rellenar con ellos las hojas de endibias y napar con la vinagreta, que se ha elaborado, simplemente, mezclando los ingredientes indicados en frío.

CÓMO PELAR ESPÁRRAGOS

Con un cuchillo, o mejor con un pelapatatas, quitarle la piel al espárrago desde la punta hacia el tallo. Nos quedará una viruta fibrosa: apartarla, teniendo cuidado de no romper la punta.
Hay que quitar generosamente capas porque no hay cosa más desagradable que encontrar un espárrago con fibra. Pero, ojo, tampoco te pases pelando y de un grosor tipo tubo vayas a uno tipo lápiz y te quedes sin espárrago.
El mejor sistema es con el pelador de patatas.

ESPÁRRAGOS COCIDOS (BLANCOS)

Ingredientes

1 kg de espárragos blancos
2 l de agua
Sal
Azúcar

Para cocerlos: emplear una cazuela donde quepan los espárragos holgados; echar agua con sal y un poco de azúcar. Cuando comience a hervir, introducir los espárragos; mantener el fuego vivo hasta que vuelva a hervir y luego bajarlo (tardarán unos 15 min, en función del grosor).
Una vez cocidos, servirlos aderezados con aceite de oliva virgen, con aceites aromatizados, con una vinagreta, con mayonesa o con la salsa que más nos apetezca en ese momento.

VENTE A FREÍR ESPÁRRAGOS

Ingredientes

1 kg de espárragos blancos
1 diente de ajo
Perejil picado
3 cs de aceite de oliva

Pelar los espárragos (ver más arriba).
Cortarlos a la juliana (en forma de cerilla).
Pasar por la sartén con el ajo ya dorado y el aceite; apenas 6 min a fuego medio, hasta que estén levemente blanditos. Agregar perejil picado.
Servir caliente, como primer plato principal o como acompañamiento (principalmente de pescados).

ESPÁRRAGOS BLANCOS CRUDOS

Ingredientes

500 g de espárragos blancos
50 g de aceite de oliva
30 g de vinagre de Módena
30 g de nueces fritas en trocitos pequeños
Perejil picado

Pelar los espárragos y retirar las peladuras. Seguir pelando, hasta que nos quedemos sin espárrago; es decir, una vez retirada la primera capa, continuar pelándolos y sacando barritas finas de espárrago. Disponer en un bol, agregar los demás ingredientes y degustar a temperatura ambiente.
Ideal como plato en sí, pero también como un ingrediente más de una ensalada de lechuga y tomate, o como más apetezca.
Los primeros 4-5 cm del espárrago (la yema) no se pelan. Se empieza un poco más abajo y se retiran (reciclándolo, como hacemos siempre) los 2-3 cm de la base de textura bastante leñosa.

VENTE A FREÍR ESPÁRRAGOS (VERSIÓN FÁCIL)

Ingredientes

1 kg de espárragos blancos
1 diente de ajo
Perejil picado
3 cs de aceite de oliva

(Ver receta en pág. anterior, pero cambiando la forma del corte; este es bastante más fácil de realizar).
Cortar los espárragos en rodajas finas, como si se tratase de chorizo.
Saltearlos con ajo y perejil apenas un par de minutos y servirlos acompañando algún pescado o como plato principal.
La forma despistará a más de un comensal, os lo aseguro.

VENTE A FREÍR ESPÁRRAGOS ENTEROS

Ingredientes

1 kg de espárragos blancos
4 cs de aceite de oliva

Pelar los espárragos (ver pág. anterior)
Cortarlos en 3 trozos. Y a su vez, cada uno, en 4.
Ponerlos a freír en una sartén antiadherente a fuego suave (importante), hasta que estén levemente dorados. Tardarán por lo menos 15 min.
Un poco de sal y... ¡a saborearlos muy calientes!

ESPÁRRAGOS BLANCOS COCIDOS Y FRITOS

Ingredientes
1 kg de espárragos blancos
30 g de aceite de oliva

Pelar los espárragos y cocerlos (como en la pág. 159, pero reduciendo la cocción a 15 min). A continuación, pasarlos por una sartén con un poco de aceite, hasta que estén dorados.
Comerlos bien calientes acompañados con una mayonesa (siempre más recomendable la casera). Una de las mejores y más sencillas maneras de consumir espárragos frescos.

ESPÁRRAGOS BLANCOS REBOZADOS

Ingredientes
1 lata de espárragos
Harina
1 huevo
Aceite

Escurrir el agua de la lata de espárragos (recuerda que con esa agua se puede hacer un consomé muy majo: no la tires nunca).
Rebozar los espárragos con la harina, después, pasarlos por el huevo batido y, a continuación, echarlos a la sartén con abundante aceite caliente para freírlos.
Dorar apenas unos instantes y sacarlos sobre un papel absorbente.

ESPÁRRAGOS VERDES FRITOS

Ingredientes
1 manojo de espárragos verdes
Aceite de oliva virgen
Sal

Cortar los espárragos en trozos utilizando solo las partes blandas.
Calentar el aceite en una sartén, echar los espárragos y freírlos; si son finos, apenas un par de minutos serán suficientes. Sacarlos y corregir de sal.

ESPÁRRAGOS VERDES COCIDOS

Ingredientes

800 g de espárragos verdes
1 ½ l de agua
Sal

Pelar los espárragos (ver pág. 159). Si son muy frescos, no es necesario pelarlos.
Hervirlos en agua con sal durante 5 min, si son pelados, u 8 min, si son sin pelar.
Retirar, escurrir y servir con aceite de oliva o con mayonesa.
El sabor es muy distinto al del blanco, más herbáceo, pero no por eso peor.

ESPÁRRAGOS VERDES COCIDOS Y FRITOS

Ingredientes

800 g de espárragos verdes
1 ½ l de agua
Sal
Aceite de oliva

Cocer los espárragos (ver receta anterior), pelados o no, pero con un tiempo de cocción aún menor: apenas un escaldado de 2 min.
Después, secarlos y pasarlos por la sartén con un poco de aceite, hasta que estén levemente dorados (2-3 min).
¡Estupendos!

NOTA – *Los espárragos verdes se pueden pelar o no, pero en ambos casos se desecharán (para cocinar otros platos) los 3 cm finales, por su textura leñosa y difícil de digerir.*
Los espárragos blancos, por lo general, se suelen pelar; pero, a veces, muy pocas, si se sacan directamente de la tierra a la cazuela, no es necesario pelarlos. Esto, por desgracia, no está al alcance de la mayoría.

ESPÁRRAGOS GRATINADOS (VERDES O BLANCOS)

Ingredientes

500 g de espárragos (blancos o verdes)
6 láminas de queso emmental

Cocer los espárragos (ver pág. 159 y más arriba en esta misma pág.).
Extenderlos en una bandeja de horno cubiertos por las lonchas de queso.
Hornear en el grill o en el horno normal muy caliente, hasta que la superficie del queso esté dorada.
Servir muy caliente.

ESPÁRRAGOS VERDES CRUDOS

Ingredientes

500 g de espárragos verdes
40 g de aceite de oliva
30 g de vinagre de Módena
30 g de pipas de girasol peladas
Perejil picado

No cambia nada con respecto a la receta «Espárragos blancos crudos» (ver pág. 160), solo que en esta tenemos espárragos verdes, en vez de blancos, y pipas de girasol, en vez de nueces.

NOTA – *El corte para esta «ensalada» de espárrago crudo a lo largo es bueno, pero puede variar de forma, siempre que se mantenga un corte fino para que no resulte molesto a la hora de masticar.*

ESPÁRRAGOS TRIGUEROS EN SALSA

Ingredientes

2 manojos de espárragos verdes
60 g de almendras peladas
3 dientes de ajo
2 rebanadas de pan seco
3 cs de aceite de oliva

Cortar los espárragos en trozos. Utilizar solo las partes blandas; las partes duras reservarlas para el caldo. El caldo de las partes duras se elaborará de la siguiente manera: meter esas partes duras en una cazuela pequeña con agua y un poco de sal y dejar que hierva unos pocos minutos. Triturar y colar. En una sartén verter el aceite y, cuando esté templado, echar la parte blanda de los espárragos. Una vez fritos, sacarlos y ponerlos en una cazuela. En ese mismo aceite freír también los ajos, las almendras y el pan. Machacarlo todo después en el mortero o pasarlo por la batidora. La mezcla se la echamos por encima a los espárragos junto con el caldo de las partes duras que hemos reservado antes. Dejar cocer un par de minutos.

CÓMO COCER LAS ESPINACAS

Muy fácil: lavar bien las espinacas y sumergirlas enteras en agua hirviendo durante 2 min.
Sacarlas del agua y escurrirlas a conciencia.
Se pueden utilizar para lo que se quiera.
En algunas ocasiones se saltean con algo de aceite durante 3-4 min, sin necesidad de cocerlas.

ESPINACAS SALTEADAS

Ingredientes

1 kg de espinacas
100 g de jamón serrano
35 g de piñones
1 diente de ajo
50 g de beicon
30 g de aceite de oliva
Sal

Dorar el ajo picado en una sartén con el aceite.
Agregar el jamón y el beicon, cortado todo en daditos.
Cocer las espinacas como en la receta anterior y picarlas, no demasiado finas, o saltearlas directamente, como comentamos antes.
Añadir a la primera sartén los piñones y las espinacas, saltearlo todo durante 2-3 min y sazonarlo con tiento.
¡A zamparlas solas!, aunque acompañadas también van muy bien, sobre todo con unos buenos percebes (¡mira qué listo...!). Pero mejor primero los percebes y después las espinacas.

ESPINACAS CON QUESO

Ingredientes

150 g de espinacas crudas
100 g de queso manchego
100 g de queso roquefort
100 g de queso Idiazábal ahumado
40 g de aceite de oliva
Perejil
Orégano
100 g de tomate seco en aceite

Lavar bien las espinacas, secarlas y mezclarlas con los quesos y el tomate en trozos. Picar bien el orégano y el perejil, mezclarlo con el aceite y echarlo sobre el conjunto anterior.
Servir a temperatura ambiente.

ESPINACAS FRITAS

Ingredientes

300 g de espinacas
Aceite para freír

Lavar, secar bien y freír las espinacas enteras en aceite caliente a fuego medio-fuerte. Cuando estén transparentes, bonitas y crujientes, sacarlas sobre un papel absorbente.

Una buena opción para acompañar cualquier pescado o incluso carnes o postres.

CÓMO LIMPIAR LOS GUISANTES

Si tenemos la suerte de tener guisantes frescos, no tendremos más que quitarles la cáscara abriéndola a lo largo y sacar los pequeños guisantes por un lado y, por el otro, la vaina; operación fácil y sencilla en la que no se desecha ni la vaina, ni, lógicamente, el guisante.

En marzo y abril podemos disponer de los guisantes lágrima, que son una pasada de ricos. Aunque solo sea durante dos meses y a precios astronómicos, merece la pena aprovecharlos.

GUISANTES CON VAINA (TIRABEQUES O BISALTOS)

Ingredientes

1 kg de guisantes con vaina (tirabeques o bisaltos) muy frescos
1 ½ l de agua
Sal
30 g de mantequilla

Cocer en agua con poca sal los tirabeques durante 2 min. Sacar del agua y dar un hervor en una sartén con mantequilla durante apenas 1 min a fuego muy suave.

Degustar solos o para acompañar pescados, preferentemente.

GUISANTES CON JAMÓN

Ingredientes

500 g de guisantes pelados
1 l de agua con sal
60 g de jamón (cortado en dados)
½ cebolla muy picada
20 g de aceite de oliva

Cocer los guisantes en agua salada. Si son pequeños, en 1 min estarán hechos; si son grandes, necesitaremos de 10 a 15 min.
Escurrir y reservar.
Pochar en una sartén la cebolla con el aceite; agregar el jamón y, por último, los guisantes; en 2 min estarán listos.

CONSEJO – *Si quisiéramos hacer más espesa la salsa, antes de agregar los guisantes, echaríamos ½ cc de harina disolviéndola bien y, después, añadiríamos los guisantes con ½ vaso de agua de cocerlos.*

GUISANTES FRESCOS DULCES

Ingredientes

2 kg de guisantes frescos con vaina
50 g de tocino blanco muy picado
1 cebolla
Sal
Azúcar
20 g de aceite
1 ½ l de agua

Pelar con paciencia los guisantes. Reservar las cáscaras, por un lado, y los guisantes, por otro.
Poner a cocer la mitad de las cáscaras del guisante con el agua durante 20 min. Triturar el conjunto y colar por un colador fino.
Reservar.
En este caldo que hemos obtenido, cocer los guisantes durante apenas 5 min.
Mientras, picar la cebolla y el tocino finamente; saltearlo todo en una sartén junto con los guisantes (con un poco del caldo de la cocción de las cáscaras) sin que el tocino y la cebolla tomen color. Hervir suavemente entre 5 y 10 min. El conjunto debe quedar caldoso y levemente ligado.
Dar un toque de sal y azúcar; esto último, muy importante.

GUISANTES FRESCOS

Ingredientes

2 kg de guisantes frescos con vaina
50 g de tocino blanco
10 g de harina
Sal
Azúcar
15 g de aceite
1 ½ l de agua

La misma que para la receta anterior.
Una vez que los guisantes se han cocido en el caldo de las cáscaras (como se ha explicado antes), echarlos en una sartén, donde se ha fundido por completo el tocino.
Es decir, poner en una sartén el aceite y el tocino y disolver la harina bien. Añadir los guisantes con una buena dosis de su caldo. Corregir de sal y azúcar. Dejar que hierva el conjunto 2 min como máximo.
Debe quedar jugoso y caldoso. Guisante en estado puro.

NOTA – *El guisante fresco apenas dura dos meses al año. Fuera de temporada, usaremos los de lata o los congelados. Y bien buenos que están, ¡no lo dudes!, aunque no tanto como los frescos...*

GUISANTES EN CONSERVA

Ingredientes

500 g de guisantes en conserva
30 g de aceite de oliva
15 g de harina
600 g de caldo de verduras (o agua)
Sal
Azúcar
2 hojas de menta
1 diente de ajo picado
100 g de jamón en dados.

En una sartén dorar el ajo con el jamón y el aceite. Agregar la harina y, después, los guisantes y la menta. Dejar que se hagan durante 3 min. Agregar el caldo y dejar 10 min a fuego suave.
Nos quedará un plato más caldoso y profundo que el de los guisantes salteados.

GUISANTES CONGELADOS

Ingredientes

500 g de guisantes congelados
100 g de jamón en daditos
1 diente de ajo
Sal
Azúcar
30 g de aceite de oliva
2 hojas de menta

Dorar en una sartén el ajo con el aceite. Agregar el jamón, dorar levemente y, por último, los guisantes, sin descongelar, con la menta picada. Dejar pochar suavemente entre 7 y 10 min. Dar el punto de sal y azúcar.
Ideal para comer solos o acompañando un pescado. La menta aporta una sensación refrescante.

GUISANTES CON HUEVO

Ingredientes

500 g de guisantes congelados
50 g de jamón picado
1 diente de ajo picado
30 g de aceite de oliva
20 g de harina
Sal
Azúcar
1 l de caldo de verduras
40 g de vino blanco
4 huevos

Dorar en una sartén con aceite el ajo y el jamón. Agregar la harina. Por último, los guisantes y el vino blanco. Dejar hervir 3 min y agregar el caldo; dejar 10 min más a fuego suave (destapado).
Escalfar los cuatro huevos, como explicamos en la receta correspondiente (ver pág. 249). En el fondo de cada plato sopero, servir los guisantes caldosos y, en medio, un huevo recién escalfado.
Una buena mezcla la de la yema sin cocer, sobre los guisantes, ¡de verdad!

GUISANTES SALTEADOS CON MORCILLA

Ingredientes

1 morcilla de Burgos (de arroz)
300 g de guisantes frescos o de lata
Aceite para freír
40 g de jamón picado
1 diente de ajo picado
30 g de aceite de oliva
100 g de agua

Dorar el ajo y el jamón en una sartén con aceite.
Agregar los guisantes y dejar que se haga todo.
Agregar el agua y hervir 10 min a fuego suave.
Aparte, freír las rodajas de morcilla, de 2-3 cm de grosor, en una sartén con un dedo de aceite apenas 2 min por cada lado, hasta que se doren (¡cuidado!: el arroz, al freírse con la humedad que todavía tiene, saltará).
Servir los guisantes en un plato con tres buenas rodajas de morcilla recién fritas.
Buena combinación la de la morcilla con los guisantes, ¡ni lo dudes!

GUISANTES DULCES CON HUEVO

Ingredientes

½ kg de guisantes desgranados (frescos o congelados)
4 huevos
1 cebolla
3 cs de aceite
80 g de jamón
Sal
Agua

Poner en una cazuela el aceite y la cebolla finamente picada; cuando esté dorada, añadirle el jamón cortado en trocitos y sofreírlo todo junto unos segundos. A continuación, añadir los guisantes, darles unas vueltecitas con la cuchara y añadir el agua justo hasta que los cubra. Dejar que se cuezan a fuego lento durante 20 min y, casi al final, corregir de sal.
Cuando vayamos a servirlos, poner por encima los huevos cascados y mantenerlos al fuego hasta que se haya cuajado la clara pero no la yema.
Servir inmediatamente.

CÓMO COCINAR LAS HABAS

La elaboración es muy sencilla: en agua hirviendo con algo de sal, apenas 2 o 3 min.
Se pueden consumir así o fritas directamente sobre un poco de aceite de oliva. También con una combinación de las dos anteriores: un leve hervor (1 min) y, después, saltearlas con un poco de aceite.

CÓMO LIMPIAR LAS HABAS

Abrir las vainas y desgranar las habas. (Hay recetas que se sirven con las vainas, pero solo si son muy tiernas y recién cogidas).
Ya estarán listas para cocinar, pero vamos a separar las grandes de las pequeñas: las pequeñas las dejamos como están; las grandes es mejor repelarlas, si tenemos paciencia.
Meterlas en agua hirviendo durante 15 s. Sacarlas en agua con hielo y, con cariño, ir pelándolas.
Ganaremos en color (de un verde intenso frente al gris de las habas sin pelar), en textura (mucho más suaves) y, por supuesto, en sabor (totalmente diferente al de las habas con piel).
Basta una pequeña incisión con un cuchillo o con la mano para que abandonen esa piel gruesa que en las grandes es considerablemente áspera y nada agradable. Insisto, con las pequeñas esta operación no es necesaria.
Merece la pena este trabajo. Los comensales te lo agradecerán.

HABAS CON BUTIFARRA

Ingredientes
1 kg de habas limpias
1 butifarra negra
1 cebolla
1 tomate pequeño
1 diente de ajo
100 g de panceta en tiras
250 g de caldo de carne
Sal
Azúcar
Pimentón dulce
30 g de aceite de oliva
20 g de piñones

Sofreír la panceta en el aceite y ahí mismo echar la cebolla y el ajo.
Dejar dorar levemente e incorporar el tomate; dejar hacer 10 min.
Agregar las habas y el caldo y dejar hervir 1 min; añadir la butifarra en trozos y dejar cocer 10 min.
Agregar los piñones ligeramente tostados en el horno. Dar el punto de sal, azúcar y pimentón.
Servir muy caliente.

HABAS CON JAMÓN

Ingredientes

500 g de habas
100 g de jamón en lonchas muy finas
30 g de jamón en dados pequeños
40 g de aceite de oliva

Freír en el aceite el jamón en daditos. Agregar las habas peladas y sofreírlas durante 2 min. Servirlas en un plato sopero sin apenas aceite y tapadas con un par de lonchas de jamón que, al ser depositadas sobre las habas calientes, se volverán casi transparentes.

HABAS CON CORAZONES DE POLLO

Ingredientes

400 g de habas
20 corazones de pollo
30 g de aceite de oliva
Sal
40 g de aceite de oliva
2 hojas de menta
1 cebolla mediana

Dorar la cebolla en el aceite, hasta que esté muy oscura. Agregar las habas y la menta y dejar hacer 5 min.

Limpiar los corazones de pollo y cortarlos en 4 trozos; después, tostarlos en una sartén, hasta que estén crujientes. Agregárselos a la preparación anterior.

Servir muy caliente. En algunos sitios tiran los corazones a la basura. ¡Qué crimen!

HABAS CON QUESO

Ingredientes

400 g de habas grandes repeladas
200 g de queso manchego en dados
½ cebolla (o cebolleta)
20 g de AOVE
15 g de vinagre de Módena
20 g de avellanas tostadas
Sal
Azúcar
2 hojas de menta

Cocer las habas durante 3 min en agua hirviendo. Pasarlas por agua fría y repelarlas (recordad que, si son pequeñas, no vale la pena pelarlas). Reservar.

En un bol mezclar los ingredientes restantes y, por último, añadir las habas.

Servir frío-templado.

CÓMO PREPARAR BOLETUS (Y TODO TIPO DE SETAS)

Si tenemos la suerte de conseguirlos, hay dos maneras fundamentales de prepararlos que sirven para casi todas las setas.

a) Asados
Extender los sombreros de los boletus en una bandeja de horno con abundante aceite de oliva y un poco de sal; introducir en el horno a 160 °C durante 40 min.
Escurrirlos del aceite (que nos servirá para los siguientes boletus y acentuará su sabor) y pasarlos por una sartén antiadherente sin nada de aceite durante 1 min por cada lado.
Finalmente, colocarlos sobre un plato con un pelín de sal gorda por encima.
De esta manera, podréis apreciar verdaderamente el aroma de los hongos.

b) En sartén
Dorar en una sartén con un poco de aceite de oliva un diente de ajo muy picado. Agregar los boletus fileteados: primero los tallos y, al cabo de 5 min, los sombreros. Dejar hacer a fuego suave durante 10 min más.
Servir sobre un plato con un poco de perejil picado y espolvoreado sobre la superficie.

CONSEJO – *Si hubiese pocas setas, podríamos añadir un par de huevos batidos y «aumentaremos» el volumen del plato.*

MAÍZ TOSTADO

Ingredientes
2 mazorcas de maíz
20 g de aceite de oliva
100 g de mayonesa
Sal

Cortar las mazorcas en troncos de 3 cm de grosor. Dorarlas en una sartén con un poco de aceite de oliva, dándoles la vuelta con ayuda de un tenedor para que se doren por todos los lados.
Servirlas acompañadas de una mayonesa casera (ver pág. 210) y un poco de sal.

MAÍZ CON MANZANA Y TOMATES

Ingredientes
1 bote de maíz
1 manzana reineta
20 tomates cherry
30 g de aceite de oliva
15 g de vinagre de Módena
Sal
Azúcar

Retirar el agua del bote de maíz.
Mezclar el maíz con la manzana cortada en dados y los tomates abiertos por la mitad. Aderezarlo todo con aceite, vinagre, sal y un pelín de azúcar.
Un plato muy resultón, ¡os lo aseguro!

CÓMO CONSERVAR LAS PATATAS

a) Con piel
Por ejemplo, en un cesto (necesitan respirar), al abrigo de la luz y de la humedad. Las que tengan partes verdes (como diría mi buen amigo químico Yanko Iruin), rechazarlas por su componente tóxico (la solanina).
No es mal sitio el cajón de abajo del frigorífico destinado a la fruta y verdura.

b) Peladas
Deben mantenerse en agua fría. Luego, no hay más que secarlas un poco con un trapo y utilizarlas para lo que se haya decidido.

CÓMO ASAR LAS PATATAS

a) En el horno
Envolver cada patata en papel de aluminio. Colocarlas en la bandeja del horno precalentado: estarán listas entre 1 h 15 min y 1 h 30 min a 180 °C (dependiendo de su grosor). En ese tiempo, darles vueltas para que se asen uniformemente.

b) En el microondas
Envolver cada patata en film transparente y mantenerlas a la máxima potencia durante 10 min aprox., dependiendo del tamaño. El resultado te sorprenderá. Y cuidado al abrir el film: el vapor condensado en su interior quemará.

PATATAS COCIDAS

Ingredientes
4 patatas medianas
2 l de agua
Sal

Introducir las patatas sin pelar en el agua a fuego suave durante, por lo menos, 45 min (si son grandes, necesitarán algo más de tiempo).
Sacarlas, pelarlas y cortarlas en rodajas.
Utilizarlas para acompañar, principalmente, a pescados (también a cualquier otro plato).

PATATAS AL MICROONDAS

Ingredientes
4 patatas medianas

Envolver bien cada patata en film transparente.
Colocarlas a la máxima potencia durante 10 min, aprox., en el microondas (según el tipo y el tamaño, pueden necesitar más o menos tiempo).
Sacarlas con cuidado de su envoltorio (estarán muy calientes), pelarlas y disponerlas en un plato con sal.
Ideal para acompañar con algún mojo, mayonesa, etcétera.
Esta forma de cocinar patatas tiene todas las ventajas: no ensuciamos vajilla; mantenemos el sabor de patata pleno; se preparan muy rápido.

BRÓCOLI AL MICROONDAS

Ingredientes

1 brócoli

Esta receta se relaciona con la anterior.
Meter en forma de arbolitos pequeños en un bol y cerrarlo con film agujereado. Cocer a la máxima potencia durante 5 min.
La mejor manera de hacerlo. Cocido, se llena de agua. Al vapor también va bien. Pero esta manera es la más rápida.

PATATAS FRITAS

Ingredientes

2 patatas grandes (mejor viejas)
300 g de aceite de oliva

Pelar las patatas y cortarlas en bastones de 1 cm de grosor, más o menos.
Echarlas al aceite, que no debe estar demasiado caliente (si lo estuviera, se nos quemarían por fuera y quedarían crudas por dentro).
Dejar que se vayan haciendo durante 8-10 min dándoles vueltas de vez en cuando.
Subir un poco el fuego para que se terminen de dorar por fuera.
Sacar a un papel absorbente.
Comer calientes con mayonesa, alioli, etc. Para acompañar todo lo que apetezca.

PATATUCAS

Ingredientes

Ver receta anterior

Las patatucas son como las patatas fritas, pero en vez de tener forma de bastón fino tienen forma de bastón grueso.
La preparación, como con las patatas fritas: sumergir en aceite no muy caliente; dejar que se hagan por dentro más tiempo; al final, subir el fuego para que terminen de hacerse y dorarse por fuera.
Son distintas, y una delicia para acompañar cualquier cosa.
(Le encantaban a mi padre, y eso es ya una garantía de calidad.)

CUCURUCHO DE PATATAS

Ingredientes
2 patatas
300 g de aceite de oliva
Sal

Con ayuda de una mandolina, cortar la patata ya pelada en rodajas muy finas y echarlas directamente sobre el aceite a fuego medio (no echar muchas para que no se peguen y no baje la temperatura del aceite drásticamente).
Dejar que se hagan, hasta que estén doradas y crujientes.
Sacar a un papel absorbente y echarles sal.
Servir rápidamente en un... cucurucho de papel; fundamental que lo hagáis en cucurucho, ¡os lo aseguro!
Mi madre me las preparaba recién hechas en un cucurucho de papel que, con mucha destreza y cariño, hacía delante de mis atónitos ojos. Me gustaba más verla hacer el cucurucho que comerme las patatas.
Ahora, eso sí: las patatas estaban para ¡chuparse los dedos!

PATATAS ASADAS AL HORNO

Ingredientes
4 patatas medianas
Sal
10 g de aceite de oliva

Disponer las patatas sin pelar envueltas por completo en papel de aluminio (que previamente habremos untado con algo de aceite de oliva).
Meter en el horno durante 1 h a 180 °C. Si la patata es muy grande, quizás necesite más tiempo.
Retirar el papel de aluminio, abrirlas por la mitad y salar.
Acompañar con una mayonesa o con una vinagreta.

PATATAS AL HORNO ILUSTRADAS

Ingredientes

4 patatas medianas
400 g de nata
150 g de leche
Sal
50 g de mantequilla
100 g de queso rallado
Perejil picado

Pelar las patatas, cortarlas en rodajas finas y salarlas.
Colocarlas en una bandeja de horno y cubrirlas con la nata, la leche y la mantequilla derretida.
Tapar con papel de aluminio y meter en el horno durante 40 min a 180 °C.
Destapar, cubrir la superficie con queso rallado y gratinar, hasta que se doren por encima (en la parte de gratinar o subiendo el horno a 230 °C).
Espolvorear con perejil picado.
Servir, muy calientes, solas o para acompañar cualquier cosa.

PATATAS A LO POBRE (PERO MUY RICAS)

Ingredientes

4 patatas grandes
1 pimiento verde
1 cebolla
4 dientes de ajo enteros
Sal
200 g de aceite de oliva

Pelar y cortar las patatas en rodajas de ½ cm de grosor.
Cortar en juliana el pimiento y la cebolla.
Disponer todos los ingredientes ya salados en una sartén cubiertos por el aceite a fuego suave durante 35 min.
En vez de una sartén, se puede utilizar el horno; en este caso serán 40 min a 170 °C.
Escurrir las verduras y disponerlas en cada plato para comerlas solas o como acompañante de todo lo que queráis: ¡una auténtica delicia!

PATATAS BRAVAS

Ingredientes

2 patatas grandes
150 g de mayonesa
30 g de tabasco
30 g de puré de pimientos picantes
300 g de aceite de oliva

Pelar y cortar las patatas en forma irregular, como si se estuviesen cascando para un guiso.
Freírlas como las patatas fritas (ver pág. 175).
Escurrirlas sobre un papel absorbente y acompañarlas con la mayonesa salpicada de tabasco y salsa de pimientos picantes.
Muy demandadas como aperitivo.

PATATAS A LA MARINERA

Ingredientes

3 patatas medianas
½ kg de mejillones
100 g de almejas
Perejil picado
100 g de vino blanco
1 ajo
20 g de aceite de oliva
Sal

Disponer en una sartén el ajo picado con el aceite. Cuando se dore, añadir las patatas peladas, cortadas en rodajas finas y levemente saladas.
Agregar el vino blanco y dejar hervir, por lo menos, 5 min a fuego suave. Añadir, después, las almejas y los mejillones. Dejar que se haga el conjunto tapado durante 5 min más (las almejas y los mejillones se abrirán).
Dar el punto de sal (¡con ojo!: almejas y mejillones la tienen en cantidad) y de perejil picado.

PATATAS CON BACALAO

Ingredientes

2 patatas grandes
50 g de bacalao (seco y sin desalar)
1 l de agua
½ cebolla
Perejil
1 diente de ajo
½ pimiento verde
20 g de aceite

Picar muy finamente la cebolla, el pimiento, el ajo y el perejil.
En una cazuela con aceite, echar las verduras; rehogar el conjunto y añadirle las patatas peladas y cascadas.
Agregar el bacalao desmigado en trozos irregulares (no lo hemos desalado, simplemente lo hemos pasado por el chorro de agua fría 5 s para quitarle la sal sobrante).
Por último, añadir el agua.
Dejar cocer a fuego medio 45 min, aprox.
Nos quedará un guiso sencillo, pero el bacalao salado nos aportará mucho sabor y un punto de sal exacto. En caso de que no fuera así, tenéis dos opciones:
a) Si está soso, muy fácil: añadir sal.
b) Si está salado, entonces no es tan fácil: añadir otra patata cocida en agua sin sal y un poco más de agua.

PATATAS A LA RIOJANA

Ingredientes

4 patatas medianas
150 g de chorizo en trozos gruesos
5 g de pimentón picante o dulce
1 cebolla
2 dientes de ajo
1 pimiento choricero
1 l de agua
½ pimiento verde
20 g de aceite de oliva

Picar finamente la cebolla, el pimiento verde y el ajo y sofreírlo todo en el aceite. Cuando esté levemente dorado, agregarle el chorizo, a continuación, las patatas y, por último, el agua con el pimentón y el pimiento choricero.

Dejar hervir a fuego medio 15 min. Rescatar el pimiento choricero y pelarlo; extraer su carne y devolverla al guiso.

Dejar hervir otros 15 min largos. Nos quedará un guiso caldoso.

En caso de que se nos seque, echarle un poco de agua. Si nos queda ligero, remover un poco con una cuchara de palo para romper algo la patata, que soltará la fécula necesaria para ligar el conjunto.

La carne de pimiento choricero se comercializa en pulpa: nos evita la operación de limpiarlo y el resultado es similar.

GUISADO DE PATATAS CON BACALAO

Ingredientes

800 g de patatas
150 g de bacalao desalado
1 cebolla
1 pimiento
1 ajo
3 cs de aceite
Sal
Agua

Picar finamente la cebolla, el pimiento y el ajo y disponerlos en una cazuela con el aceite. Cuando esté pochado, añadir el bacalao desmigado y, a continuación, agregar agua. Cuando empiece a hervir, añadir las patatas peladas y troceadas. Una vez cocidas, rectificar de sal.

GUISADO DE PATATAS CON CHORIZO

Ingredientes
800 g de patatas
4 chorizos
1 cebolla
2 pimientos choriceros
1 ajo
1 cs de aceite
Sal
Agua

En una cazuela, poner el aceite y la cebolla finamente picada, sofreír levemente y añadir los chorizos a trozos; después, agregar el agua y los pimientos choriceros, que se habrán limpiado bien, abierto con una tijera y despepitado.
Cuando el agua empiece a hervir, añadir las patatas en trozos. Pasados 5 min, sacar los pimientos y, con ayuda de un cuchillo, extraerles la carne y tirar la piel. Agregar esta carne a las patatas. También venden la carne de los choriceros ya preparada en bote: en este caso, añadir 1 cc de pimientos choriceros.

PAPAS ARRUGADAS

Ingredientes
1 kg de patatas arrugadas
300 g de mojo picón

Para esta receta necesitamos las papas arrugadas típicas de Canarias (pequeñas y arrugadas después de la cocción). Su elaboración es sencilla, pero conseguirlas, no tanto.
Cocer en abundante agua las patatas enteras con sal; dejar hervir 35-40 min, según el tamaño.
Retirar el agua y dejarlas en la misma cazuela a fuego mínimo, para que se sequen y se arruguen (lo que ocurre en apenas 5 min); por supuesto, moverlas con suavidad, para que no se peguen.
Servir calientes con el mojo preferido (ver pág. 228).

PATATAS CON BEICON

Ingredientes
4 patatas medianas
6 lonchas de beicon
3 dientes de ajo
20 g de aceite de oliva
Sal

Cocer las patatas como en la receta de «Patatas cocidas» (ver pág. 174).
Pelarlas y cortarlas en rodajas de 1 cm de grosor.
Salarlas levemente y colocarlas en una fuente.
Aparte, dorar los ajos con el aceite y verterlo sobre las patatas.
En esa misma sartén, dorar las lonchas de beicon y disponerlas sobre las patatas.
Servir todo muy caliente.

PATATAS PANADERA

Ingredientes

2 patatas hermosas
Medio pimiento verde en juliana
1 cebolla cortada en juliana
2 dientes de ajo en láminas
Sal y pimienta
Orégano
Tomillo
Perejil picado
AOVE

Pelar las patatas en láminas finas. Sobre una fuente disponer todos los ingredientes. Cubrir de aceite y meter al horno durante 45 min a 180ºC. Si no tenemos horno, con una sartén a fuego medio bastará.
Escurrir bien y servir caliente espolvoreado con más perejil picado.
Ideal para acompañar pescados o carnes. Incluso mariscos y verduras a la plancha. El aceite que sobra nos sirve para repetir la operación un par de veces más.
Si te sobran patatas, no lo dudes: añade un par de huevos y haz una exquisita tortilla de patata.

PATATAS RELLENAS

Ingredientes

4 patatas pequeñas
150 g de mousse de foie
40 g de champiñones
50 g de nata líquida
200 g de leche
Sal
Perejil
1 diente de ajo
20 g de aceite

Pelar las patatas y darles forma de cilindro. A continuación, y con ayuda de un descorazonador de manzanas, hacerles un agujero de lado a lado.
Cocer las patatas en agua levemente salada durante 20-25 min a fuego suave y con cuidado de que no se rompan (al vapor también es una buena opción). Sacar, secar con un trapo y rellenar con la mousse de foie.
Servir con una salsa de champiñones: dorar en una sartén el ajo bien picado con los champiñones troceados; añadir la nata y dejar reducir. Por último, la leche y el perejil. Dejar hervir 2 min y triturar a conciencia. Dar un punto de sal.

PATATAS CON TRUFA

Ingredientes

4 patatas asadas
4 cs de trufa rallada
4 cs de aceite de oliva
Sal
Pimienta

Una vez asadas las patatas (ver pág. 176), pelarlas y cortarlas en rodajas de 2 cm de grosor.
Dorarlas en el aceite, salpimentar y añadirles abundante ralladura de la trufa.

PATATAS RELLENAS DE TRUFAS

Ingredientes

4 patatas grandes asadas
2 cs de trufa rallada fresca (si es de bote, aprovechar también el caldito)
200 ml de nata líquida
Sal

Partir por la mitad las patatas asadas (ver pág. 176); con ayuda de una cucharilla, vaciar el interior, triturarlo y reservar.
En una cazuela poner a hervir la nata con la trufa (junto con su caldito, si es de bote); cuando esté cremosa, retirarla del fuego.
Añadirle sal y mezclarla con el interior de la patata triturada. Rellenarlas con esta mezcla.
Servir muy caliente.

PATATAS RELLENAS DE BOLETUS O SETAS

Ingredientes

4 patatas grandes
250 g de boletus
Perejil picado
200 ml de nata líquida
Aceite
Sal

Asar las patatas en el horno envueltas en papel de aluminio a 200 °C durante 1 h 20 min (dependiendo de cómo sea su tamaño).
Si queréis asarlas en el microondas, envolverlas en film transparente e introducirlas a la máxima potencia durante 10 min, aprox.
Cortar las patatas por la mitad; con una cucharilla, vaciar su interior y reservar para otro menester.
En una sartén con aceite saltear las setas cortadas en trozos pequeños (guardar unos pocos que emplearemos al final como adorno); añadir la nata y dejar reducir, hasta que estén cremosas. Corregir de sal.
Rellenar las patatas con esta mezcla y adornar con los hongos reservados y el perejil picado.

PEPINO A LA PLANCHA

Ingredientes

2 pepinos
Sal
Azúcar
Aceite de oliva

Cortar en rodajas de 1 cm los pepinos y espolvorearlos con sal. Esperar ½ h, secarlos y pasarlos por la plancha, hasta que se doren.
Cuando ya los hayamos sacado, espolvorearlos con un poco de azúcar.
El sabor será especial; pero aconsejable como acompañante de carnes.

CÓMO QUITARLES EL AMARGOR A LOS PEPINOS

Es muy sencillo.

Cortar en la forma que se quiera y espolvorear con un poco de sal.

Dejarlos así ½ h para que suelten el agua.

Lavarlos con un poco de agua fría, secarlos y emplearlos en los platos que queramos (ensalada, por ejemplo).

Esta operación también se puede aplicar con las berenjenas.

Aunque a mí, personalmente, no me molesta nada su sabor amargo. Sin embargo, la realidad es que las especias más amargas se han ido retirando del mercado.

PIMIENTOS DEL PIQUILLO

Ingredientes

1 lata de pimientos del piquillo
50 g de aceite de oliva
70 g de agua
Sal
Azúcar

Poner en una bandeja de horno todos los pimientos bien extendidos y cubrirlos con el aceite, el agua y los jugos de la propia lata, además de la sal y el azúcar. Hornear a 190 °C durante 10 min.

Darles la vuelta y asarlos otros 10 min por el otro lado.

Servirlos en una bandeja muy calientes, como aperitivo o como guarnición de carnes.

PIMIENTOS DEL PIQUILLO RELLENOS DE ATÚN

Ingredientes

1 lata de pimientos
1 lata de atún

Hacer los pimientos (ver receta anterior).

Una vez hechos, dejarlos enfriar y rellenarlos con trozos grandes de atún.

Servirlos a temperatura ambiente.

Acompañar de una vinagreta o tomarlos solos.

PIMIENTOS DEL PIQUILLO FRITOS O A LA PLANCHA

Ingredientes

1 lata de pimientos de piquillo
100 g de aceite de oliva
Sal
Azúcar

En una sartén con poco aceite, apenas tres o cuatro cucharadas, freír-planchar los pimientos a fuego medio durante 4-5 min por cada lado, hasta que estén dorados por ambas partes. Dar el punto de sal y de azúcar. Este último, muy importante.
Ideal para acompañar carnes o para tomarlos solos.

NOTA – *Se dice freír-planchar cuando el producto se dora como a la plancha y, además, se fríe. Es decir, planchar con un poco más de aceite.*

PIMIENTOS DEL PIQUILLO RELLENOS EN SU PROPIA SALSA

Ingredientes

1 lata de pimientos del piquillo
400 g de bacalao desalado
100 g de aceite de oliva

Para la salsa de piquillos:

½ lata de pimientos del piquillo
1 l de consomé
1 cebolla
1 manzana reineta pequeña
Aceite de oliva
Sal
Azúcar

Hacer los pimientos (ver pág. 183).
Dejar enfriar y reservar.
Dar un toque de calor al aceite para hacer muy suavemente el bacalao. Apenas haya cogido temperatura, retirar y deshojar los lomos de bacalao (con los que rellenaremos los pimientos).
Nos sobrará aceite, que reciclaremos para preparar otros platos.
Extender los pimientos en una bandeja del horno y calentarlos a 180 °C durante apenas 10 min.

Salsa de piquillos:
Pochar la cebolla, hasta que esté dorada (con un poco de aceite).
Agregar los pimientos, la manzana (en trozos, descorazonada y sin pelar) y, por último, el consomé. Dejar pochar todo a fuego medio durante 15 min. Triturar, colar y añadir sal y azúcar.
Napar los pimientos con esta salsa e introducirlos en el horno 5 min, aprox., a 160 °C.
Estupendo como primer plato.

PIMIENTOS DEL PIQUILLO RELLENOS DE BACALAO

Ingredientes

1 lata de pimientos del piquillo
400 g de masa de croquetas de bacalao (ver pág. 83)
500 g de salsa de cebolla (ver pág. 217)

Cocinar los pimientos según la receta de la pág. 183).
Una vez fríos, con la cucharilla o con una manga pastelera, los rellenamos con la masa de croquetas tibia.
Distribuir en una bandeja de horno los pimientos rellenos. Taparlos con papel de aluminio y hornearlos a 180 °C durante 15 min.
Servirlos acompañados de la salsa de cebolla.

PIMIENTOS DEL PIQUILLO RELLENOS DE QUESO

Ingredientes

1 lata de pimientos del piquillo
200 g de roquefort
100 g de queso Philadelphia
50 g de nata
Vinagre de Módena
Aceite de oliva

Hacer los pimientos (ver pág. 183).
Dejar enfriar y reservar.
Mezclar los dos quesos con la nata, hasta que quede una masa espesa. Rellenar con ella los pimientos.
Servir templados o fríos, acompañados de un buen aceite de oliva virgen extra y unas gotas de vinagre de Módena.

PIMIENTOS DEL PIQUILLO Y ESPÁRRAGOS

Ingredientes

1 lata de pimientos del piquillo
1 lata de espárragos grandes

Hacer los pimientos del piquillo (ver pág. 183). Dejar enfriar y cortar en tiras rectangulares. Envolver los espárragos con los trozos de pimiento. Sujetarlo con un palillo y tomar templado.
El sabor del piquillo y el del espárrago competirán, pero no se anularán entre ellos.

PIMIENTOS ROJOS MORRONES ASADOS

Ingredientes

4 pimientos rojos morrones
Sal
Azúcar
Aceite de oliva

Sobre una placa de horno, disponer las 4 piezas de pimientos enteros y asarlos en el grill (a tope), dándoles vueltas, según vayan poniéndose negros.
Cuando esto ocurra, retirar las pieles negras, el interior y su base leñosa. Recoger también el jugo que han soltado al asarse: verdadera esencia, de textura aceitosa, del pimiento. ¡Una maravilla!
Eso sí, apenas saldrá, de 4 pimientos, ½ vasito de esa esencia.
Pasarlos por la sartén con un poco de aceite y freírlos o hacerlos a la plancha, hasta que estén dorados; con un par de minutos a fuego medio será suficiente. Dar toque de azúcar y sal.
Servirlos muy calientes acompañados del vasito de su propio jugo, que, aunque apenas dará para un sorbo por comensal, será suficiente.

PIMIENTOS MORRONES CON ATÚN

Ingredientes

4 pimientos rojos morrones
1 lomo de atún fresco o de lata
100 g de aceite de oliva
30 g de vinagre de jerez
3 g de sésamo (optativo)
3 g de perejil picado

Elaborar los pimientos como en la receta anterior. Cortarlos en tiras anchas y extenderlas en un plato cubriendo todo el fondo. Encima, los trozos de atún fresco o de lata, previamente salteado y cortado en daditos.

Rematar el plato templado con la vinagreta en la cual el sésamo dará un contrapunto único.

PIMIENTOS VERDES FRITOS

Ingredientes

8 pimientos verdes frescos
Aceite de oliva
Sal
Azúcar

Poner en una sartén un poco de aceite; cuando no esté muy caliente, introducir los pimientos y dejar que se vayan haciendo dándoles vueltas con regularidad.

La piel se irá tornando de color grisáceo, a la vez que se irán formando pequeñas bolsas donde la temperatura ha sido más fuerte.

En apenas 5-10 min, dependiendo del tamaño, los tendremos listos.

Cuando los sacamos de la sartén, se suelen deshinchar un poco.

Es entonces cuando comenzamos a quitarles la piel, en caso de que los queramos rellenos, así como su base, donde se encuentran las pepitas. Estarían listos para rellenar.

Si no, simplemente, darles toques de sal gorda y algo, muy poco, de azúcar y... ¡a comer bien calientes!

PIMIENTOS MORRONES RELLENOS

Ingredientes

4 pimientos rojos morrones
8 lonchas de queso Idiazábal ahumado
AOVE
Sal gorda

Preparar los pimientos (ver pág. 186).
Disponer en un plato las tiras anchas de pimiento, recién pasado por la sartén (ver pág. 184).
Encima, las láminas de queso finas o gruesas, como queramos.
Por último, un buen chorro de aceite de oliva y unos granos de sal gorda.
Comer templado.

PIMIENTOS DE PADRÓN FRITOS

Ingredientes

60 pimientos de Padrón
Aceite de oliva
Sal gorda

Ver pág. 187, pero teniendo en cuenta que, al ser más pequeños, se nos harán en menos de la mitad de tiempo.
Justo cuando veamos que su piel se vuelve grisácea, estarán ya hechos.
Un toque de sal y... ¡a zampar!
Tener preparado un vaso de agua o, mejor, dos, por si acaso nos toca el pimiento picante: suele haber pocos, pero muy potentes.
Ese es parte del encanto del Padrón. En realidad, lo que tendríamos que tener preparado sería un vaso de yogur entero líquido. La grasa es más eficaz que el agua para aliviar el picante.

PIMIENTOS VERDES RELLENOS DE MANITAS DE CORDERO

Ingredientes

12 pimientos verdes grandes (asados y pelados)
2 huevos duros
4 hongos grandes
2 dientes de ajo
1 cebolla
Sal
Aceite de oliva
1 paletilla de cordero pequeña
16 manitas de cordero

Para la bechamel:

½ l de leche
50 g de mantequilla
40 g de harina

Para la salsa:

1 cebolla
2 zanahorias
1 pimiento verde
1 tomate
1 cuello de cordero
250 g de vino tinto
4 tallos de boletus
Caldo (extraído de la cocción de la paletilla de cordero)

La mejor receta de pimientos verdes la da mi amigo Karlos Arguiñano. Los rellena de manitas de cordero y están para chuparse los dedos. Ahí va.

Cocer por separado la paletilla y las manitas, añadiéndoles algunas verduras y un poco de tomillo. Una vez cocidas, desmigarlas y reservar la carne y el caldo de la cocción.
En una cazuela, pochar dos ajos y una cebolla, todo picado muy finamente. Cuando esté pochado, añadir los sombreros de los boletus picados; los huevos duros, también picados; las carnes desmigadas, y la bechamel. Si queda muy espeso, agregar un poco de caldo de cocción de la paletilla. Hervir el conjunto unos minutos y dejar enfriar.
Para hacer la salsa, picar la verdura y pocharla con un poco de aceite y con los tallos de los boletus. Después, añadir el cuello de cordero troceado y el vino, y dejarlo reducir 5 min, agregando un poco de caldo de la paletilla.
Dejar hervir 30 min a fuego suave y retirar el cuello. Triturar, colar y reservar.
Rellenar los pimientos con la mezcla de la bechamel y el cordero, con ayuda de una cucharilla. Colocarlos sobre una fuente de horno, agregarles la salsa y hornear 10 min a 180 °C.
Servir muy caliente.
Un plato probado en el restaurante de Karlos Arguiñano que difícilmente olvidaré. Pero para mí que la receta es de su hermana Eva...

PIMIENTOS DE GERNIKA FRITOS

Ingredientes

40 pimientos de Gernika
Aceite de oliva
Sal gorda

Estos pimientos tienen un tamaño intermedio entre los de Padrón (más pequeños) y los pimientos verdes normales o italianos (más grandes).
Freír en una sartén con aceite, justo hasta que la piel cambie de color por toda su superficie.
Lo demás, como siempre: sal y... ¡a ponerse las botas!
En este caso es muy difícil encontrar alguno picante, o sea, que el vaso de agua o el yogur sobra.

PIMIENTOS ENTREVERADOS

Ingredientes

1 lata de pimientos entreverados (rojos y verdes)
Aceite de oliva
Sal
Azúcar

Si tenemos la suerte de conseguir una lata de pimientos entreverados (rojos y verdes), podemos prepararlos a la plancha con un poco de aceite, hasta que estén dorados. Dar un toque de sal y azúcar y acompañarlos, por ejemplo, con higaditos de pollo fritos en trocitos en la sartén.
¡Exquisitos!

CÓMO LIMPIAR LOS PIMIENTOS CHORICEROS SECOS

Lavar bien bajo el grifo los pimientos, abrirlos y quitarles las pepitas. A continuación, introducirlos en una cazuela con agua caliente; ahora hay dos opciones: dejarlos a remojo durante unas 4 h o ponerlos a hervir durante unos 5 min. Una vez hidratados, sacarlos y, con un cuchillito, rasparles la carne separándola de la piel. Ya tenemos su carne preparada para poder utilizarla.
La carne de los pimientos choriceros también se puede comprar en bote, preparada para emplearla en cualquier plato.

LOS PALOS DEL PUERRO

Verano no es época de puerros, aunque ahora casi está desapareciendo, por desgracia, el asunto de la estacionalidad de los productos frescos.
En esta época suele aparecer lo que llamamos el «palo del puerro»: un interior a lo largo de la planta que puede llegar a ocupar casi todos los círculos interiores con una consistencia leñosa y que, en principio, habrá que desechar. Digo en principio porque si, por ejemplo, queremos hacer una sopa que va triturada, nos importa un bledo; pero si lo cocemos, el palo interior quedará duro, cuando el exterior ya esté blandito.
O sea que al loro, no vayan a darnos el palo.

CÓMO LIMPIAR UN PUERRO

Dar dos cortes en la zona verde para que se abran y podamos acceder al interior y limpiarlos bajo el chorro del agua. Esta parte verde es donde se acumula tierra.
Quedará un poco despeinado, pero limpio, que es lo importante.

APERITIVO DE PUERROS A LA PLANCHA

Ingredientes
4 puerros
150 g de mayonesa
Aceite de oliva
Sal

Limpiar y cortar los puerros en cilindros de 3 cm de altura.
Pasarlos por la plancha, hasta que estén dorados por los dos lados, a fuego suave y con un poco de aceite: 5 min mínimo por cada lado. Dar el punto de sal.
Nos quedarán con una textura muy agradable.
Acompañar con mayonesa o con cualquiera de los mojos que describimos en el apartado correspondiente (págs. 228-232).

APERITIVO DE PUERROS RELLENOS

Ingredientes

4 puerros
1 lata de migas de atún en aceite
50 g de mayonesa

Cortar los puerros y cocinarlos a la plancha (ver pág. anterior). Vaciar las capas interiores.
Rellenar con la mezcla del atún (escurrido del aceite) y la mayonesa. Una vez formada una especie de pasta, será más fácil rellenarlos.
Servirlos sobre una cuchara, como aperitivo.

CONSEJO – *El interior de los puerros, que desechamos, se puede utilizar, picado, para hacer una vinagreta de puerros.*

PUERROS FRITOS

Ingredientes

2 puerros
30 g de harina
Aceite para freír

Cortar los puerros (muy finos) en juliana, del tamaño de una cerilla.
Secarlos levemente con un paño. Enharinarlos y freírlos en aceite caliente, hasta que estén dorados.
Nos quedará una montaña de verdura fina y crujiente que será ideal para servir, simplemente, en una fuente grande de aperitivo.

TARTA DE PUERROS

Ingredientes

350 g de pasta quebrada
6 puerros
5 yemas
80 g de nata
1 huevo
Aceite de oliva

Se prepara exactamente igual que la tarta de cebollas (ver pág. 152), pero sustituyendo aquellas por puerros. En este caso, no es necesario hacer el puerro tanto tiempo; con que lo salteemos durante 10 min, será suficiente. Todo lo demás es idéntico; el sabor es distinto, claro, pero igual de sabroso.

PUERROS EN VINAGRETA (CON LA PARTE BLANCA)

Ingredientes

4 puerros (solo lo blanco; lo verde, para la guarnición de puerros crudos)

Para la vinagreta:

100 g de aceite de oliva
50 g de vinagre blanco
1 huevo duro
Perejil picado
¼ de cebolla muy picada
Sal

Poner a cocer los puerros enteros en agua con algo de sal, durante 15 min a fuego medio.
Escurrir bien y reservar.
Aparte, preparar la vinagreta, picando el huevo cocido y añadiendo los restantes ingredientes.
Verterla sobre los puerros y dejarlos así 6 h en el frigorífico.
Degustar en frío, aunque también se puede hacer en caliente.

PUERROS GRATINADOS

Ingredientes

4 puerros (solo lo blanco)
250 g de bechamel
100 g de queso parmesano
Sal

Cocer los puerros durante 15 min en agua con sal a fuego medio. Después, secarlos a conciencia, colocarlos en una tartera y cubrirlos con la bechamel ligera y caliente (ver pág. 208).
Espolvorear con queso rallado y gratinar en el grill o en un horno muy fuerte a 230 °C, hasta que la superficie esté dorada y el interior muy caliente.

GUARNICIÓN DE PUERROS CRUDOS

Ingredientes

1 puerro
Aceite de oliva
Sal

Cortar el puerro en juliana muy fina, con ayuda de un cuchillo afilado.
Espolvorear con sal y aceite de oliva.
Muy apropiado para acompañar un plato de pescado o verdura a la plancha.
La misma receta anterior se puede rematar con unas hebras de puerro crudo. Aunque, eso sí, el corte tiene que ser muy fino. Al principio saldrán un poco gruesos; pero con el tiempo, muy finos, seguro.

CÓMO COCER LA REMOLACHA

Es muy sencillo.
Cocerla entera, sin pelar, en abundante agua hirviendo con sal.
Cuando esté blanda (45 min, aprox., según el tamaño; esto se comprueba con la punta de un cuchillo), retirarla del fuego y dejar que se enfríe.
Pelarla y utilizarla como queramos (aguantará en el frigo unos días).

REMOLACHA ROJA CON PATATA

Ingredientes
2 remolachas cocidas
2 patatas
2 tomates

Para la vinagreta:
30 g de aceite de oliva
15 g de vinagre de sidra
Sal
Azúcar

Asar las patatas (ver pág. 176).
Pelar los tomates.
Cortar en rodajas de 1 cm los tres ingredientes principales.
Montar pequeñas «torres» en cada plato: primero, la remolacha; encima, las patatas, y por último, el tomate.
Aderezar con la vinagreta.

REMOLACHA FRITA

Ingredientes
2 remolachas crudas
Aceite para freír
Sal

Cortar las remolachas ya peladas en rodajas finas con la ayuda de una mandolina.
Freírlas en el aceite medio caliente, hasta que estén crujientes, pero sin que pierdan en exceso su color, y salarlas.
«Chips» ideales para acompañar carnes o pescados.

SETAS GUISADAS

Ingredientes
500 g de setas
1 cebolla
1 ajo
150 g de nata
50 g de piñones
3 cs de aceite de oliva
Sal

En una sartén o en una cazuela, poner el aceite junto con la cebolla y el ajo muy picados. Cuando empiecen a dorarse, añadirles las setas limpias; saltearlo todo y, a continuación, añadir la nata líquida. Dejar que cueza, hasta que esté cremoso. Cuando esté casi hecho, añadir la sal y los piñones.

CÓMO PELAR UN TOMATE

a) Hacer una incisión pequeña en la base del tomate de 1 cm de largo.
Echarlo en agua hirviendo.
En apenas 1 min, la incisión se habrá agrandado y rodeará por completo el tomate. Retirarlo a un recipiente con agua muy fría o con hielos. Dejarlo 2 min y pelarlo: la piel saldrá con suma facilidad.
b) Pelarlo con ayuda de un pelador muy afilado, aunque es un poco más difícil, debido a la consistencia de la piel del tomate.

CÓMO VACIAR LOS TOMATES PARA RELLENARLOS

Con la punta de un cuchillo hacer una circunferencia en la parte superior del tomate. Levantar la corona donde estaba el pedúnculo y, con una cucharilla, vaciarlos.
Echarles dentro un poco de sal y colocarlos boca abajo para que escurran; ya están listos para ser rellenados.

TOMATES ASADOS

Ingredientes
4 tomates grandes
50 g de aceite de oliva
30 g de vinagre de Módena
Sal
Azúcar
Orégano picado
Romero picado
Pimienta negra
Pimienta blanca

Pelar los tomates (ver pág. 195).
Cortarlos por la mitad y dejarlos en 2 trozos grandes; añadirles los restantes ingredientes. Primero las pimientas y, por último, el vinagre y el aceite.
Ponerlos en la bandeja del horno y hornear durante 25 min a fuego fuerte (180 °C).
Servir muy calientes.

TOMATES ASADOS CON QUESO

Ingredientes
4 tomates medianos (pelados o sin pelar)
200 g de mozzarella
Orégano picado
50 g de aceite de oliva
Sal
Azúcar

Cortar los tomates en rodajas de 1 cm de grosor.
Colocarlas en una bandeja de horno; encima, echar la sal, el azúcar, el aceite, el orégano y, por último, el queso.
Hornear 10 min a 200 °C.
Degustar inmediatamente.
La mejor pizza del mundo sin masa: ¡el secreto no está en la masa!

TOMATES SECOS CON QUESO

Ingredientes
8 tomates secos
200 g de manchego curado

Cortar el queso en bastones. Hacer un pincho con el tomate seco y sujetarlo con un palillo.
Pasarlo por una sartén antiadherente durante 1 min; pero sin que se derrita el queso.
Servirlo solo sobre una rebanada de pan, acompañado por el aceite de los tomates.

CÓMO HACER TOMATES SECOS

Primero, dejar secar los tomates al sol durante 4-5 días. Para ello, abrirlos por la mitad, salarlos y dejarlos al sol. Pero ¿y si el sol no brilla en 4 días? Pues muy sencillo: meterlos en un horno a 60 °C durante 12 h y, en caso de que todavía no estén secos, al día siguiente, volver a meterlos al horno otras 12 h más (a esa temperatura, el horno consume muy poca electricidad).
Pasado ese tiempo, introducirlos en aceite de oliva con orégano, ajo y tomillo. Dejarlos 24 h y ya estarán listos para consumirlos: sobre una rebanada de pan y unos trozos de atún en conserva..., ¡estupendos!

CONSEJO – *Esto podemos hacerlo con el tomate con piel o pelado. En ambos casos, genial; pero prefiero la segunda opción. Hay una tercera opción: comprarlos ya secos (qué listo); ideales también. Si se quiere, se hidratan en apenas unas horas para una vinagreta, por ejemplo.*

TOMATES SECOS CON CODORNICES

Ingredientes

4 tomates secos
4 pechugas de codorniz
Ajos
4 rebanadas de pan
Aceite de oliva
Perejil picado

Poner a tostar el pan por los dos lados y reservar. Encima, extender unos trozos de tomate seco. Por último, la pechuga de codorniz, que habremos dorado en una sartén con un poco de aceite y con el ajo picado y tostado. Espolvorear con perejil picado.
Un pincho sencillísimo.
Por supuesto, ni se te ocurra tirar los muslos: al día siguiente, fritos para empezar la comida o la cena.

TOMATES RELLENOS DE ATÚN

Ingredientes

4 tomates grandes
300 g de atún fresco o de lata
90 g de mayonesa
10 g de tomate kétchup
2 g de tabasco

Para la vinagreta:

30 g de aceite de oliva
20 g de vinagre blanco
30 g de perejil muy picado
Sal

Pelar los tomates según el método de la inmersión en agua hirviendo (ver pág. 195).
Cortarlos por la mitad y vaciarlos con una cuchara (podéis reservar el contenido, por ejemplo, para un gazpacho). Reservar.
Limpiar el atún y retirarle la piel y las espinas; después, freírlo, cortado en rodajas y dejarlo enfriar por completo.
Mezclar en un bol aparte el atún desmenuzado con la mayonesa, el kétchup y el tabasco. Hacer una masa densa y rellenar los medios tomates.
Servirlos en el plato boca abajo, ocultando el relleno. Por encima, no nos queda más que verter la vinagreta de perejil, que nos hará un bonito contraste con el rojo del tomate (lo que no ocurriría si el tomate estuviera del otro lado).

TOMATES RELLENOS DE LANGOSTINOS

Ingredientes

4 tomates grandes-medianos
6 ajos tiernos muy picados
Aceite de oliva
3 cebolletas muy picadas
12 langostinos
150 g de nata
Orégano
Sal
Azúcar

Pelar los tomates (ver pág. 195).
Con ayuda de un cuchillo afilado y una cucharilla haremos una incisión en la parte superior y, con mucho cuidado, iremos vaciándolos. Esta es una operación un poco delicada, pero enseguida le cogeremos el tranquillo. Reservar.
En una sartén con muy poco aceite, pochar las cebolletas picadas y los ajos. Agregar las colas de los langostinos troceadas y las cabezas; cuando estén hechas, apretarlas de una en una (con cuidado de no quemarse) para que suelten todo el jugo a la mezcla y desecharlas.
Agregar la nata y dejar reducir a fuego suave 7 min.
Dejar enfriar y rellenar los tomates por la abertura.
Disponerlos en una fuente y echarles sal, azúcar, un poco de orégano y aceite de oliva. Hornear 10 min a 180 °C. Servir muy caliente.

TOMATES CONFITADOS

Ingredientes

4 tomates
80 g de aceite de oliva
2 dientes de ajo
50 g de azúcar
Sal
Orégano

Escaldar los tomates y pelarlos (ver pág. 195). Trocearlos en cuatro y quitarles las pepitas. Ponerlos en una sartén con dos dientes de ajo y dejar que se hagan a fuego lento durante 30 min. Añadir la sal, el azúcar y el orégano y dejar que se hagan a fuego muy suave durante 1 h (tapados). Sacar, escurrir del aceite y consumirlos solos o como acompañamiento de una carne.

TOMATES AL PESTO

Ingredientes

4 tomates medianos
Sal
Azúcar
200 g de pesto

Pelar los tomates (ver pág. 195) y cortarlos por la mitad de manera que alcance a dos trozos por comensal, con la superficie plana hacia arriba. Espolvorear con sal y azúcar cada mitad y agregar una buena cucharada de pesto (ver pág. 220) por encima.
Comerlos templados.

TOMATES AROMÁTICOS ASADOS

Ingredientes

4 tomates medianos
25 g de aceite de oliva de virgen extra
Perejil
1 rama de tomillo fresco
Albahaca (abundante)
Romero
Sal
Azúcar

Picar todas las hierbas.
Pelar los tomates enteros (ver pág. 195) y rociarlos generosamente con la mezcla anterior.
Un poco de sal y de azúcar después y, por último, el aceite de oliva.
Envolver los tomates individualmente en papel de aluminio y cerrar bien.
Hornear en una placa 40 min a 180 °C.
Retirar el papel de aluminio y servir nada más sacar del horno.
Ideal para degustar solos o como acompañamiento de carnes.

TOMATES CON PAN

Ingredientes
4 tomates medianos
Albahaca muy picada
8 rodajas de pan (de buen tamaño)
8 lonchas de jamón serrano (optativo)
1 diente de ajo
30-40 g de aceite de oliva
Sal

Tostar los panes en el gratinador o en una sartén sin aceite y reservar. Frotar cada tostada con el ajo crudo. Estrujar (contra estas rebanadas) medio tomate por cada rebanada, de manera que quede todo su jugo y tropiezos; desechar la piel al final. Agregar la sal, el aceite y en medio (si hay suerte y dinero) la loncha de jamón.
Os sonará la receta, seguro.

TOMATES CEREZA SALTEADOS

Ingredientes
60 tomates cereza, o cherry
1 diente de ajo
30 g de aceite de oliva
Sal
Azúcar
Perejil picado
80 g de mozzarella

Pelar los tomatitos (ver pág. 195; será un poco más laborioso, pero quedan mejor).
En una sartén, dorar el ajo picado con el aceite. Agregar los tomates y saltearlos a fuego medio durante 10 min; agregar sal, azúcar y perejil picado. Se formará una salsita maravillosa, mezcla del aceite con el jugo de los tomates.
Agregar la mozzarella, justo para que se funda, y servir muy caliente.
Sencillo y espectacularmente bueno.

CONSEJO – *Se puede servir también sobre una tosta de pan recién horneado que dará más base al plato, o incluso una rueda de hojaldre ya horneado.*

TOMATES CEREZA EN ENSALADA

Ingredientes

40 tomates cereza, o cherry
12 aceitunas rellenas
1 plátano
1 naranja en zumo
100 g de queso de La Peral
30 g de aceite de oliva
Sal
Azúcar

Cortar los tomates y las aceitunas por la mitad.
Agregar el plátano cortado en trozos pequeños, el queso, el zumo y el aceite.
Servir templado.

TOMATE RALLADO

Ingredientes

4 tomates medianos
½ diente de ajo muy picado
Perejil picado
40 g de AOVE Dominus Cosecha Temprana
20 g de vinagre de Módena
Sal gorda
Azúcar

Rallar cada tomate en su respectivo plato, hasta que no quede nada del tomate (con cuidado de no rallarse los dedos, que no suelen dar buen sabor).
Nos quedarán trozos irregulares muy pequeños, como si fuese una sopa espesa.
No queda nada más que añadirle los restantes ingredientes.
Revolver y... ¡a comérselo! Fácil y rápido.

VAINAS O JUDÍAS VERDES CON PATATAS

Ingredientes

1 kg de vainas
2 patatas medianas
5 cs de aceite de oliva
2 ajos laminados
Agua
Sal

Limpiar las vainas quitándoles los hilos y partiéndolas en trozos.
Pelar las patatas y trocearlas.
Poner a hervir abundante agua en una cazuela; cuando empiece a hervir, echar las vainas y las patatas. Dejar que cueza todo durante 15 min; después escurrirlas y ponerlas en una fuente.
Mientras las patatas y las vainas hierven, dorar los ajos.
Verterlos doraditos encima de las vainas y de las patatas.

VAINAS O JUDÍAS VERDES CON JAMÓN

Ingredientes

1 kg de vainas
2 dientes de ajo
100 g de jamón (cortado en dados)
4 cs de aceite de oliva
Sal

Limpiar las vainas quitándoles los hilos y cortarlas por la mitad.
En una cazuela con agua, cocerlas durante 10 min.
En una sartén amplia o en una cazuela, poner el aceite con los ajos, añadir el jamón para que se fría un poco todo y, a continuación, añadir las vainas escurridas. Saltear todo junto durante 5 min.

CONSEJO – *Podéis utilizar el agua de cocción de las vainas para una sopa.*

VAINAS O JUDÍAS VERDES SALTEADAS

Ingredientes

1 kg de vainas
4 cs de aceite de oliva
1 diente de ajo
Sal

Limpiar las vainas, quitarles los hilos y partirlas en trozos.
En una cazuela poner agua con sal a hervir; cuando empiece a hervir, echar las vainas y dejar que cuezan 5 min.
En una sartén poner el aceite con el ajo laminado; cuando empiece a dorarse, añadir las vainas, que tendremos escurridas, y saltear de 10 a 15 min (si alguna queda doradita, mejor).

VAINAS O JUDÍAS VERDES FRITAS

Ingredientes
1 kg de vainas
2 dientes de ajo
4 cs de aceite
Sal

Limpiar las vainas quitándoles los hilos y partirlas por la mitad.
En una sartén amplia poner el aceite con los ajos; cuando empiecen a dorarse, añadir las vainas e ir dándoles vueltas, hasta que se doren.

ZANAHORIA RALLADA

Ingredientes
2 zanahorias grandes
30 g de aceite de oliva
15 de vinagre de jerez
Perejil picado
Sal
Pimienta

Rallar la zanahoria pelada con ayuda de un rallador. Se obtendrá una especie de hilos, como si fuesen espaguetis finos.
Agregar el resto de los ingredientes.
Servir muy frío.

ZANAHORIA CON COCO

Ingredientes
3 zanahorias
20 g de coco rallado
30 g de nata líquida
30 g de aceite de oliva
Sal
Pimienta

Rallar las zanahorias ya peladas con ayuda de un rallador. Se obtendrán unos hilos finos. Agregarles el coco y la nata.
Revolver el conjunto y dar punto de sal y pimienta.
Degustar en crudo... y... ¡a disfrutar!

ZANAHORIAS CON NARANJAS

Ingredientes

3 zanahorias
1 naranja
30 g de aceite de oliva
25 g de cacahuetes fritos
Sal
Pimienta

Rallar las zanahorias, ya peladas, con un rallador. Cortar la naranja, una vez pelada, en trozos no muy pequeños, de unos 2 cm.
Agregar los demás ingredientes. Servir inmediatamente.

ZANAHORIAS CON MANZANA Y NARANJA

Ingredientes

2 zanahorias
1 naranja
1 manzana
25 g de nueces
100 g de fresas (cortadas en dados)
30 g de aceite de oliva
Sal
Pimienta

Rallar las zanahorias ya peladas con rallador.
Pelar y cortar en dados las naranjas y las manzanas.
Mezclar con los demás ingredientes. Servir en frío.
La combinación de la fruta con la zanahoria da mucho juego.

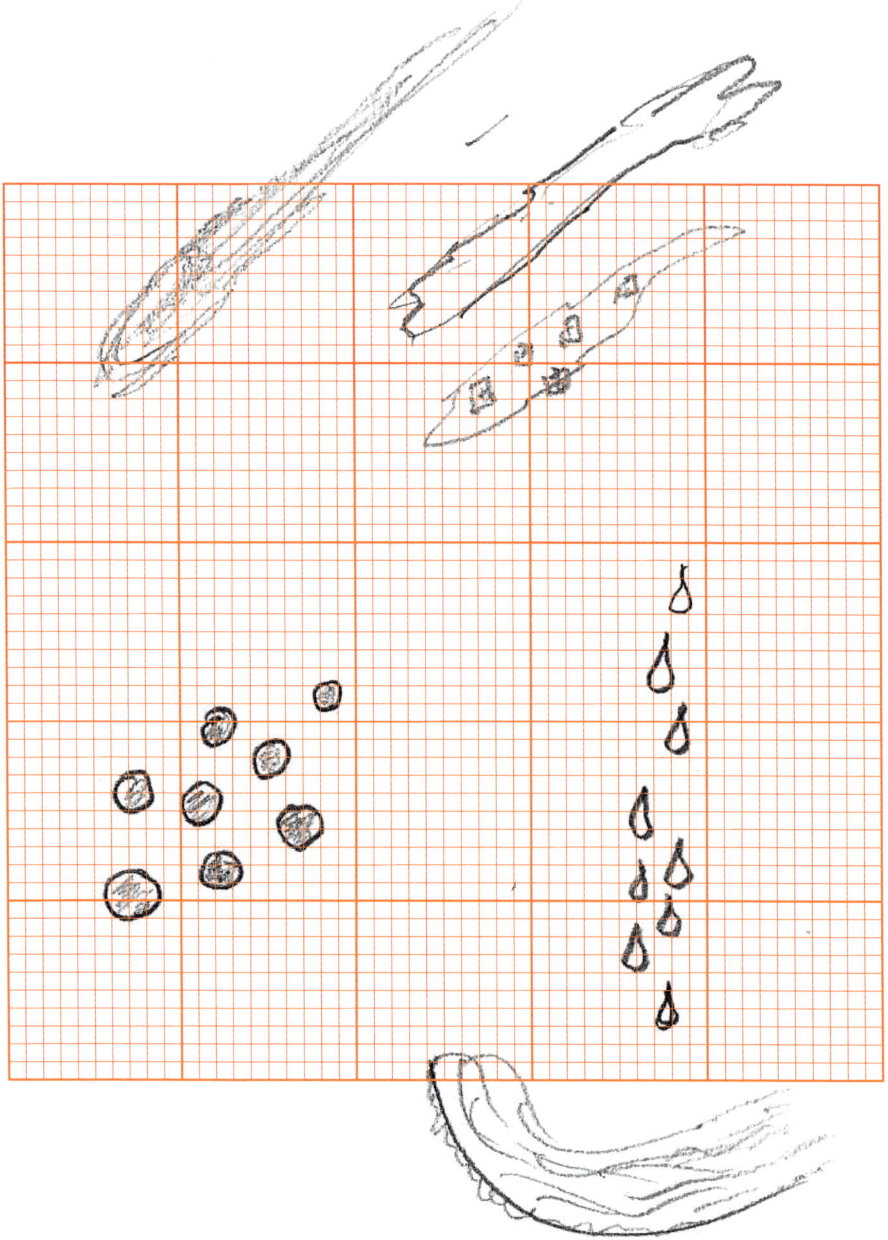

SALSAS, ACOMPAÑAMIENTOS, ACEITES Y VINAGRETAS

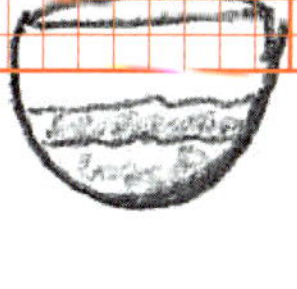

SALSA BECHAMEL LIGERA (ESPECIAL PARA CREMAS O SOPAS)

Ingredientes
60 g de mantequilla
50 g de harina
1 l de leche a temperatura ambiente
Sal
Nuez moscada (opcional)
Pimienta blanca molida (opcional)

Fundir la mantequilla con la harina a fuego bajo en una perola; después de un par de minutos hirviendo a fuego suave, añadir, poco a poco, la leche y remover con energía y constancia.
Al principio, se compactará y habrá que remover con fuerza; pero paulatinamente se irá diluyendo hasta formar una fina crema.
No dejar de remover en ningún momento (aquí radica la importancia de una buena bechamel), pues, si no, se pega al fondo con facilidad. En caso de quererla más espesa, dejar que hierva algo más de tiempo, sin parar de remover, para que no se nos agarre.
Es la más líquida de todas las que os ofrecemos y se puede utilizar para dar cuerpo a una sopa o para hacer cremas.
Sazonar con lo que se quiera: nuez moscada, pimienta blanca, etc.

SALSA BECHAMEL DE ESPESOR MEDIO

(Para cubrir o napar canelones, lasaña, etc.)

Ingredientes
80 g de mantequilla o aceite
70 g de harina
1 l de leche
Sal
Nuez moscada (opcional)
Pimienta blanca molida (opcional)

Se elabora de la misma forma que la receta anterior.

SALSA BECHAMEL DE ESPESOR PARA CROQUETAS

(Para fritos, croquetas ligeras, cubrir un huevo cocido antes de freírlo...)

Ingredientes

100 g de mantequilla
90 g de harina
1 l de leche
Sal
Nuez moscada (opcional)
Pimienta blanca molida (opcional)

Se elabora de la misma forma que la receta anterior. Si se deja reposar y hervir un poco más, nos servirá también para croquetas.

SALSA BECHAMEL ESPESA

(Ideal para croquetas)

Ingredientes

120 g de mantequilla
120 g de harina
1 l de leche
Sal
Nuez moscada (opcional)
Pimienta blanca molida (opcional)

Se elabora de la misma forma que la receta anterior. Según la textura que se quiera conseguir, se puede aumentar la proporción de harina y de mantequilla: Si se quiere más densa, hay que hervirla más tiempo, para que se reduzca y espese (cuidando siempre de que no se pegue). Si se quiere más líquida, se añade un poco más de leche.
Si la bechamel tiene grumos, la solución es fácil: la pasamos por la batidora o por el Thermomix, hasta que esté fina y... ¡asunto resuelto!

SALSA MAYONESA PARA HACER CON MÁQUINA

Ingredientes

1 huevo (que no esté frío)
200 g de aceite de girasol
El zumo de ½ limón
Sal

Mezclarlo todo, menos el limón, en un vaso especial para batir salsas.
Poner en marcha la minipímer y la mayonesa se hará en cuestión de segundos.
Amalgamar la mezcla con leves movimientos de brazo hacia arriba; añadir el zumo de limón y listo.
Si os gusta espesa, añadir más aceite; si la preferís más ligera, añadir agua o echar menos aceite al principio del proceso.

SALSA MAYONESA PARA HACER A MANO

Ingredientes

1 yema (a temperatura ambiente)
100 g de aceite de girasol
Gotas de vinagre
Sal
El zumo de ½ limón (o vinagre)

Batir la yema a temperatura ambiente con una varilla y añadir, poco a poco, un hilito de aceite, hasta que el conjunto vaya quedando ligado. Al final: la sal y el vinagre (o zumo de limón).
En este caso, se necesita más paciencia, pues la ligazón se produce después de batir durante unos minutos.
La textura es un poco más ligera y distinta a la que hemos preparado con la minipímer.
Si la mezcla se cortara, guardarla y, con la ayuda de otra yema, se podría solucionar: poner la nueva yema en un bol a temperatura ambiente, batirla y añadirle un hilo de la mezcla cortada (en vez de aceite). Por último, agregar unas gotas de agua fría y la mezcla podrá estabilizarse de nuevo.

SALSA MAYONESA CON MOSTAZA

Ingredientes

1 huevo (que no esté frío)
15 g de mostaza
130 g de aceite de oliva
Vinagre
Sal

Elaborar la salsa mayonesa como en la primera receta de esta página.
El toque que da la mostaza combina muy bien con un sabor picante y más ácido.

SALSA MAYONESA CON ACEITE DE OLIVA

Ingredientes

1 huevo (que no esté frío)
150 g de aceite de girasol
50 g de aceite de oliva refinado
El zumo de ½ limón
Sal

Elaborar la salsa mayonesa como en la receta de «Mayonesa para hacer con máquina» (ver pág. anterior).
Con esta notaréis un cambio de sabor significativo y curioso, al agregar la potencia del aceite de oliva. Una opción intermedia es hacer la salsa con mitad oliva y mitad girasol. No queda mal.

SALSA ROSA

Ingredientes

200 g de mayonesa
60 g de tomate kétchup
5 g de salsa tabasco
20 g de salsa perrins
15 g de coñac
15 g de zumo de naranja
Sal
Pimienta blanca

Elaborar la salsa mayonesa como cualquiera de las recetas de mayonesa anteriores y mezclar con el resto de los ingredientes, hasta conseguir una mezcla homogénea.
Ideal para muchos platos, en particular, pescados y mariscos.

SALSA ROSA CON NATA

Ingredientes

200 g de mayonesa
60 g de tomate kétchup
5 g de salsa perrins
30 g de nata líquida
15 g de coñac
Gotas de tabasco (si se quiere picante)

Elaborar la salsa mayonesa como en recetas anteriores (ver págs. 210-211) y mezclar con el resto de los ingredientes hasta conseguir una salsa homogénea.
La nata le dará una textura y un matiz distintos al de la receta anterior.

SALSA TÁRTARA

Ingredientes
200 g de mayonesa
20 g de cebolla cruda
10 g de perejil
10 g de pepinillo
10 g de alcaparras

Picar todos los ingredientes muy finos.
Elaborar la salsa mayonesa —la que más guste (ver págs. 210-211)— y mezclar con el resto de los ingredientes en frío.
Ideal para acompañar pescados y mariscos.
Recordatorio: los encurtidos, bien secos.

SALSA AMARILLA CON CANELA

Ingredientes
200 g de mayonesa
40 g de mostaza
1 yema cocida
Una pizca de canela

Cocer un huevo, separar la yema del resto y picarla muy fina.
Elaborar la salsa mayonesa (ver pág. 210) y mezclar con el resto de los ingredientes en frío.
Ideal para combinar con todo tipo de productos, especialmente con verduras salteadas.

SALSA VERDE CON PEREJIL

Ingredientes
200 g de mayonesa
20 g de perejil
20 g de espinacas

Cocer las espinacas en agua con sal durante 2 min.
Una vez cocidas, escurrirlas a conciencia y cortarlas muy picaditas junto con el perejil.
Elaborar la salsa mayonesa (ver pág. 210) y mezclar con el resto de los ingredientes en frío.

SALSA BLANCA

Ingredientes
75 g de leche
200 g de aceite de girasol
Sal
Zumo de limón

Poner a batir la leche en una batidora e ir agregando con suavidad un hilo de aceite, hasta montar la salsa. Al final dar un punto de sal y de vinagre.
Mejor si se dispone de un Thermomix, ¡todo hay que decirlo!
Resulta una salsa de color muy blanco y de sabor distinto.

SALSA MÁS QUE ROSA

Ingredientes
150 g de mayonesa
100 g de salsa de tomate
10 de salsa de pimiento choricero
30 g de salsa kétchup
4 hebras de azafrán picadas

Elaborar la salsa mayonesa (ver pág. 210).
Debe quedar bien espesa, pues al añadir los demás ingredientes, suele aligerarse.
Mezclar el resto de los ingredientes en frío.

SALSA GRIS OSCURA

Ingredientes
130 g de mayonesa
70 g de salsa de chipirón (las sobras de salsa de chipirón congeladas que hemos tenido la «previsión» de congelar en vez de tirar)

Elaborar la salsa mayonesa (ver pág. 210) y mezclarla con la salsa de chipirón.

CONSEJO – *Se trata de una salsa muy recomendable para unos chipirones a la plancha (ver pág. 279).*

SALSA ANARANJADA ROJIZA

Ingredientes
130 g de mayonesa
130 g de puré de piquillos

Dorar los pimientos en una sartén, hasta que estén bien hechos.
Triturar a fondo, con un Thermomix o con una batidora; añadir un poco de agua, hasta formar un puré espeso, y dejar enfriar.
Elaborar la salsa mayonesa (ver pág. 210) y mezclar con el puré de piquillos.
Le va fenomenal a unas verduras a la plancha.

SALSA HOLANDESA

Ingredientes
2 yemas
150 g de mantequilla
El zumo de ½ limón
Sal

Fundir la mantequilla suavemente para que se separe el suero de la grasa. Esto lo hacemos dejándolo en un sitio caliente pero sin remover. Al cabo de un rato se habrá separado dejando la grasa arriba (el 90 %, aprox.) y el suero abajo (10 %, aprox.). Por otro lado, poner a calentar levemente las yemas en un baño maría suave (por supuesto, sin hervir). Batir al calor y añadir la grasa de la mantequilla poco a poco, hasta emulsionar la mezcla, que debe conservarse al calor para que esté estable. Agregar la sal y el zumo de limón.
En caso de que se corte por exceso de calor, preparar aparte un cazo con otra yema, batirla e ir añadiendo suavemente la mezcla cortada hasta ligarla. Ayudarse con unas gotas de agua fría. Su sabor es ideal para gratinar ostras, acompañar pescados y mariscos..., igual que la siguiente salsa, la bearnesa.
Servir caliente, a 65 °C, aprox.

SALSA MAYONESA CON AJO (PARECIDO A UN ALIOLI)

Ingredientes
200 g de mayonesa
1 diente de ajo

Elaborar la salsa mayonesa (ver pág. 210), pero esta vez triturar el ajo crudo.
En caso de no tener ajo fresco, también se podría usar ajo en polvo que se vende deshidratado como especia.

SALSA ALIOLI

Ingredientes
2 dientes de ajo
Sal gorda
200 g de aceite de oliva

Machacar en un mortero a conciencia los ajos con la sal. Esto es fundamental para que el ajo suelte todos sus componentes, que ayudarán a la ligazón de la salsa.
Agregar un hilo de aceite muy fino y seguir removiendo con paciencia, hasta que el conjunto ligue.
No os desesperéis si no os sale a la primera, calma: hasta que consigáis elaborar la salsa y podáis presentarla como alioli, siempre podréis presentarla como salsa «ajo-aceite» (desligado) para acompañar, por ejemplo, algún pescado.
Al final lograréis el auténtico alioli, estad seguros. Se necesita paciencia, pero el resultado es fantástico.

SALSA BEARNESA

Ingredientes
2 yemas
200 g de mantequilla
40 g de vinagre
3 g de estragón picado fresco
1 chalota
Sal

Poner a reducir el vinagre con la chalota muy picada y el estragón.
Reservar.
Elaborar de la misma forma que la «Salsa holandesa» (ver receta anterior). Al final, añadirle la reducción.
Mucho cuidado con el calor: si se corta, volver a levantarla de igual manera que en la receta anterior.
Servir caliente, a 65 °C, aprox.

SALSA CON ESPECIAS

Ingredientes

150 g de mayonesa
20 g de mostaza
Pimienta recién molida
1 pepinillo en vinagre
20 g de alcaparras en vinagre
Perejil
3 g de estragón
3 g de romero
1 clavo
1 chalota

Cortar muy finos los siguientes ingredientes: pepinillo, alcaparras, perejil, estragón, romero, clavo y chalota. Mezclarlos con todos los demás ingredientes en frío.

SALSA DE TOMATE

Ingredientes

1 cebolla grande
50 g de aceite de oliva
5 tomates medianos
Sal
Azúcar

Pochar suavemente la cebolla picada, hasta que esté bien dorada, sin prisa: se tiene que caramelizar bien.

Trocear y pelar el tomate de la siguiente manera: hacer una incisión en la base del tomate y sumergirlo en agua hirviendo durante 30 s. Después poner con agua y hielo y la piel se resquebrajará. Con delicadeza, la piel se separará sin problemas.

Mezclarlo con la cebolla y dejar que se poche.

Triturar a fondo el conjunto y rectificar de sal y azúcar. Es importante que no quede soso.

Volver a hervirlo y utilizarlo, cuando se necesite, para acompañar un pescado, una pasta, etc. Salsa base para una vizcaína, unos caracoles, unos callos, etcétera.

Lo que nos sobre, congelarlo o embotarlo, pero ¡no tirarlo jamás!

PIPERRADA

Ingredientes

1 cebolla
1 ajo
2 pimientos morrones
2 pimientos del piquillo
1 pimiento verde
1 tomate muy maduro
3 cs de AOVE
Sal
Azúcar
100 g de caldo de verduras (o agua)

En una cazuela con aceite dorar el ajo y agregar la cebolla picada. Dejar que se dore a fuego suave.
Asar los pimientos sin piel ni pepitas y añadírselos a la cazuela anterior (esto podría hacerse en crudo: añadir los pimientos troceados, sin pepitas, pero en crudo; no es lo mismo, pero puede servir).
Dejar que se haga a fuego muy lento y agregar el tomate pelado y muy troceado. Hervir 15 min más; añadir el caldo o el agua y rectificar de sal y azúcar. Se sirven así, sin pasar.
Una mezcla deliciosa para acompañar verduras, carnes o pescados.

SALSA DE CEBOLLA

Ingredientes

3 cebollas grandes
30 g de aceite de oliva
1 ½ l de caldo de carne o agua
Sal

Poner a pochar la cebolla a conciencia, a fuego suave y sin prisas.
Cuando esté muy caramelizada, agregar el caldo y dejar hervir 20 min a fuego suave.
Triturar todo a fondo y colarlo. Finalmente, hervirlo un poco más y, en el último momento, corregir de sal.

SALSA DE ROQUEFORT FRÍA

Ingredientes

150 g de nata líquida
100 g de roquefort
40 g de leche

Machacar el queso en frío con la leche, hasta formar una pasta espesa que iremos aligerando con la nata. Servir frío del tiempo.
Ideal para verduras, tomates, etc.
Dependiendo del tipo de queso, probablemente no necesitará sal; en caso contrario, añadirle un poco.

SALSA VIZCAÍNA

Ingredientes

2 cebollas
8 pimientos choriceros
2 dientes de ajo
2 galletas maría
50 g de manteca de cerdo
4 cs de aceite de oliva
½ l de caldo de verduras (o agua)

Antes de comenzar a cocinar, debemos hidratar los pimientos en agua durante 1 h; después, quitarles las pepitas y las pieles (ya sabéis que, si no hay tiempo para esto, se vende la carne en tarritos pequeños ya preparada).
Dorar el ajo picado con el aceite y la manteca de cerdo en una cazuela y agregar la cebolla muy picada. Dejar que se haga a fuego suave, hasta que esté muy oscura. Después, agregar los pimientos choriceros.
Agregar el caldo de verduras y las galletas maría (de Gullón: no pueden ser de otra marca, ja, ja, ja). Dejar hervir a fuego suave y destapado, ½ h como mínimo.
Triturar por un pasapurés varias veces o en una trituradora (en este caso, la salsa perderá color; pero volviéndola a hervir lo recuperará).
Una salsa muy recomendable para acompañar a un bacalao hecho en la propia salsa. También para otro montón de platos, como, por ejemplo, albóndigas, carne a la plancha, verduras asadas y un sinfín de cosas.

Opcional. Hay quien le echa un tomate a la mezcla; pero los puristas no lo admiten. Mi opinión es que hagas lo que te dé la gana: a fin de cuentas, las reglas están para saltárselas.

SALSA DE ROQUEFORT CALIENTE

Ingredientes

150 g de salsa bechamel
65 g de roquefort

Elaborar una bechamel (ver pág. 208).
Triturar a fondo la bechamel con el queso y servir caliente.

SALSA DE PIMIENTA BLANCA

Ingredientes

200 g de nata líquida
10 g de pimienta blanca picada
10 g de pimienta negra partida por la mitad
Sal

Dejar hervir todos los ingredientes, hasta que cojan cuerpo: aprox., 5 min a fuego medio. Dar el punto de sal y servir sin necesidad de colar.
Se emplea principalmente para acompañar platos de pescado.

SALSA DE CHAMPIÑONES

Ingredientes

1 kg de champiñones
10 g de aceite de oliva
2 cebollas medianas
35 g de aceite de oliva
2 l de caldo de carne o agua

Dorar a conciencia la cebolla con aceite, es decir, caramelizarla a fuego suave, hasta que esté muy dorada (pero no negra) y reservar.
Aparte, en otra cazuela, dorar los champiñones troceados con el aceite, hasta que estén bien tostados. Reservar.
Juntar ambas preparaciones y mojar con el caldo o el agua. Dejar hervir algo más de tiempo si queremos una salsa: triturar y colar.
Rectificar de sal.

EL PESTO DE MI INFANCIA

Ingredientes

100 g de aceite de oliva
½ diente de ajo
70 g de parmesano rallado
50 g de piñones
20 g de albahaca fresca (hojas)
Sal
Azúcar

En un mortero y con mucha tranquilidad (en un Thermomix, si tenemos más prisa, aunque ya sabéis que las prisas no son buenas para cocinar...), majar los ingredientes, hasta formar una pasta homogénea, pero no ligada.
Ideal, sobre todo, para pasta. Es algo maravilloso, con un sabor intenso... ¡Solo de pensarlo se me hace la boca agua!
Uno de los pocos recuerdos gastronómicos de mi infancia no ligado a la ama. Lo estaba a mi cuñado italiano, Carlo Spozio. Recuerdo la primera vez que lo probé. Y todavía asocio su sabor a esa época.

KÉTCHUP CASERO

Ingredientes

6 tomates maduros
100 g azúcar moreno
50 ml de vinagre balsámico
1 cucharada de mostaza de Dijon
Sal

Elaborar un caramelo en una cazuela con el azúcar moreno y el vinagre balsámico. Cuando esté dorado, retirarlo del fuego, incorporarle la mostaza y los tomates sin piel y cortados en dados.
Dejar reducir a fuego negro, perdón, a fuego lento, durante, por lo menos, ¾ de h y triturar; pero sin pasarse, para que se encuentren trozos pequeños de tomate. Dar el punto de sal.

SALSA DE PIQUILLOS

Ingredientes

1 lata de pimientos del piquillo Lodosa (300 g aprox.)
½ ajo fileteado
25 g de aceite de oliva
150 g de agua
20 g de azúcar
Sal

Poner a dorar los ajos y añadir los pimientos (poco a poco, ya que si se echan todos a la vez, se cocerán), hasta que se doren.
Acabada la operación, echar los pimientos en un vaso triturador y triturarlos con los demás ingredientes, hasta formar una masa espesa.
Corregir de sal y azúcar. Riquísima mezclada con unas patatas fritas.

SALSA DE MAÍZ

Ingredientes

½ cebolla muy picada
1 bote de maíz (de 350 g, aprox.)
250 g de caldo de verduras o agua
20 g de aceite de oliva
Sal

Dorar la cebolla con el aceite.
Añadir el maíz con el agua del mismo bote y dejar cocer 5 min. Añadir el caldo de verduras y dejar cocer 10 min más a fuego suave.
Triturar a conciencia y filtrar (esto último, muy importante). Dar punto de sal.
Muy recomendable como acompañante de una carne a la plancha o incluso como salsa para algún tipo de marisco.

SALSA DE NARANJAS

Ingredientes

4 naranjas grandes y dulces
100 g de azúcar

Exprimir las naranjas y mezclar el zumo con el azúcar.
Ponerlo a hervir a fuego muy suave, hasta que adquiera una consistencia ligeramente espesa.
Recomendable para acompañar cualquier postre, por ejemplo, alguno elaborado a base de chocolate, una mousse, etc.
Incluso, por qué no, una carne en adobo de cerdo o de pollo.

SALSA DE MANGO Y CEBOLLA

Ingredientes

2 cebollas
3 mangos
5 cs de aceite de oliva
400 g de agua
Sal

Dorar en una sartén la cebolla picada a fuego muy suave con un poco de aceite.
Cuando esté bien pochada, añadirle el mango pelado y troceado.
Dejar hacer 15 min. Agregar el agua y dejar cocer otros 15 min.
Triturar el conjunto y filtrar.
Ideal para acompañar una carne.

CHUTNEY DE MANGO

Ingredientes

1 cebolla (cortada en trozos medianos)
3 mangos grandes
40 uvas pasas
1 clavo de olor
½ palo de canela
2 cs de vinagre de vino blanco
1 o 2 pimientas cayenas
1 cc de mostaza a la antigua
1 trozo pequeño de jengibre
40 g de azúcar
4 cs de aceite de oliva
Comino en polvo
2 dientes de ajo
Sal

Dorar suavemente la cebolla y el ajo con el aceite. Agregar los mangos troceados y pelados y dejar que se hagan. Añadir los restantes ingredientes y dejar hacer a fuego muy suave durante, por lo menos, 1 h. Remover para «aplastar» un poco el conjunto. Retirar el palo de canela o dejarlo, pero avisando a los comensales de que solo se puede chupar, no masticar.

Nos quedará una especie de guiso muy espeso que lo tomaremos frío para acompañar a carnes, sobre todo, a la brasa.

¡Una preparación riquísima!

SALSA DE PIMIENTOS VERDES

Ingredientes

1 cebolla
3 pimientos verdes
1 l de caldo de verduras (o agua)
Aceite de oliva
Sal
Azúcar

Cortar en juliana la cebolla y los pimientos.

Dejar que se pochen bien con el aceite. Agregar el caldo de verduras y dejar reducir a fuego medio durante 30 min. Triturar, colar y dar punto de sal y azúcar.

Ideal como base para una sopa con tropezones de almendras fritas o como salsa para un pescado al horno.

SALSA DE PIMIENTOS VERDES LICUADOS

Ingredientes

4 pimientos verdes muy frescos
30 g de aceite de oliva suave
Sal
Azúcar

Licuar los pimientos con una licuadora; obtendremos un jugo de textura muy líquida y de un color intenso. Mezclarlo con el aceite crudo y añadirle un poco de sal y de azúcar. Pasarlo por la trituradora.

Servir frío o templado en pequeñas cantidades.

Como sopa irá muy bien con trozos de pan frito untados en ajo y trozos de salmón ahumado o de cecina de León.

Como salsa, calentar y ligarla levemente con algo de harina diluida en un poco de agua.

SALSA DE PICHÓN SIN TRITURAR

Ingredientes

1 kg de huesos de pichón
20 g de aceite de oliva
2 cebollas
1 pimiento verde
2 dientes de ajo
200 g de vino tinto
30 g de jerez
1 ½ l de agua
Sal
Azúcar

Para ligar la salsa:

15 g de maicena
60 g de agua fría

Dorar en una cazuela las carcasas de pichón troceadas con un poco de aceite. Cuando estén totalmente doradas, retirarlas de la cazuela y añadir la verdura troceada. Dejar que se dore todo y que, simultáneamente, se vaya soltando lo que está agarrado al fondo de la cazuela.

Agregar el vino tinto y el jerez y dejar que, prácticamente, se evaporen. Añadir el agua y, de nuevo, las carcasas de pichón.

Dejar que se reduzca a fuego lento, por lo menos, 1 h. Colar el conjunto y ligar con maicena disuelta en agua. Hervir durante 5 min a fuego suave y rectificar de sal y azúcar.

Otra manera de realizar una salsa sin utilizar el horno.

Esta salsa sirve como acompañamiento de las pechugas de pichón asadas vuelta y vuelta.

Lo que nos sobre, se congela para otra ocasión.

NOTA – *Esta receta se puede hacer con carcasas de tórtolas, becadas..., y se obtienen las correspondientes salsas de tórtola, de becada...*

SALSA DE BERZA

Ingredientes

½ berza
1 diente de ajo
1 l de caldo de verduras
30 g de nata líquida
20 g de aceite de oliva

Dorar el ajo picado en una cazuela con el aceite. Añadirle la berza picada en juliana, dar un par de vueltas y agregar el agua o el caldo de verduras. Dejar hervir a fuego suave 30 min. Triturar a conciencia y, por último, añadir la nata.
Dar punto de sal.
Receta sencilla que saldrá más verde o más amarilla, dependiendo del tipo de hojas que hayamos utilizado. Un buen ejemplo para aprovechar esas hojas verdes de la col (que algunos, con muy mal criterio, tiran). Es una salsa ideal como guarnición de un pescado a la plancha.

SALSA DE CORDERO SIN TRITURAR

Ingredientes

½ kg de huesos de cordero
100 g de vino tinto
1 cebolla
1 zanahoria
1 puerro
1 pimiento verde
1 ajo
1 l de agua
30 g de aceite de oliva
Sal
Azúcar

Para ligar:

15 g de maicena
60 g de agua fría

Tostar los huesos del cordero en un horno, hasta que estén dorados y reservar.
Aparte, pochar la verdura en una cazuela; cuando esté muy oscura, agregarle el vino tinto y dejar reducir prácticamente hasta que desaparezca.
Agregar los huesos de cordero y rehogar bien.
Cuando saquemos los huesos de la bandeja, agregaremos un poco de agua para recuperar todos los jugos que suelte el cordero al asarse; añadimos ese jugo a la mezcla anterior.
Soltar lo pegado-tostado del fondo de la bandeja.
Dejar reducir.
Rectificar de sal y azúcar. Colar. Ligar para dar espesor con un poco de maicena disuelta en agua fría.
Dejar que hierva a fuego suave. Utilizar para un guiso de carne, para acompañar un asado, una vinagreta...

NOTA – *Esta salsa de cordero se puede hacer también con huesos de buey, ternera y cerdo, y se obtienen las respectivas salsas de buey, de ternera y de cerdo.*

SALSA TRITURADA DE CODORNICES

Ingredientes

½ kg de huesos de codornices (si tenemos más huesos o carcasas de codorniz, mejor)
30 g de aceite de oliva
2 cebollas
1 pimiento verde
½ puerro
1 chalota
2 dientes de ajo
100 g de vino tinto
1 ½ l de agua

Sofreír los huesos en una cazuela, hasta que estén bien dorados; agregar la verdura troceada y dejar que se vaya dorando.
Añadir el vino tinto y dejar reducir, hasta que casi desaparezca.
Mojar con el agua y dejar reducir ½ h más. Sacar solo los huesos y desecharlos.
Triturar todo el jugo restante muy a fondo y colar.
No necesitará que sea ligada, porque el triturado ya nos dará una buena textura.
Nada más triturar, el color habrá clareado; pero hirviendo a fuego suave 5 min, recuperaremos parte de ese color.
El color es muy distinto al de las salsas sin triturar y después ligadas con maicena.
Estas son de colores más definidos; las trituradas tienen tonos más apagados, más lácteos, pero, a su vez, son más melosas, al llevar triturada la verdura en su interior.

SALSA O JUGO DE ASADOS

Ingredientes

1 conejo de 1 ½ kg
2 dientes de ajo
Sal
Orégano picado
300 g de agua
Azúcar
Aceite de oliva

Asar el conejo entero en una bandeja de horno con sal, un poco de aceite y un par de ajos, durante 1 h, aprox., a 200 °C. Dejar que se dore.
Pasados 45 min, echar la mitad del agua por encima del conejo; así se soltarán parte de los jugos adheridos a la bandeja.
Se sigue asando un poco más, y se termina agregando la otra mitad del agua para que acabe de soltar esa especie de jugo-salsa que se nos habrá formado al fondo, con muchísimo sabor.
Rectificar de sal y de azúcar.
Servir acompañando el conejo troceado y recién asado.

SALSA DE OPORTO

Ingredientes

Los mismos que las tres recetas mencionadas aquí.
Con una diferencia: en lugar de vino tinto, emplearemos oporto.

Se elabora de la misma forma que las salsas de pichon sin triturar, de cordero sin triturar y triturada de codornices (ver págs. 223-225).

SALSA DE ARMAÑAC

Ingredientes

Los mismos que lleva la «Salsa de pichón sin triturar» (ver pág. 223)
3 cs de armañac

Se elabora de la misma manera que la receta mencionada.
Al final, justo antes de presentarla en la mesa, añadirle 2 cs de armañac. Revolver rápidamente y servir. Es la única manera de mantener el aroma de este tipo de salsas; pues si añadimos el armañac desde el principio, en la cocción desaparece o se atenúa demasiado su aroma.

SALSA DE FRAMBUESAS

Ingredientes

Los mismos que lleva la «Salsa de pichón sin triturar» (ver pág. 223)
8 frambuesas.

Misma elaboración que la receta mencionada.
En el momento de degustarla, añadirle a la salsa un par de frambuesas machacadas y servir rápidamente.

SALSA DE CHOCOLATE

Ingredientes

300 g de agua
15 g de cacao
50 g de chocolate (muy picado)
30 g de azúcar

Hervir el conjunto a fuego suave durante 5 min.
Colar y dejar reposar.
El color brillante oscuro de esta salsa y su sabor son estupendos para acompañar cualquier postre.

SALSA DE CHOCOLATE Y NATA

Ingredientes

300 g de leche
50 g de nata
15 g de cacao en polvo
30 g de azúcar
50 g de chocolate (muy picado)

Hervir el conjunto a fuego suave durante, por lo menos, 5 min.
Colar y dejar enfriar.
Obtendremos un color más tenue y menos brillante que el de la salsa anterior, pero muy meloso de sabor.

SALSA DE CAZA CON CHOCOLATE

Ingredientes

Los mismos que lleva la salsa de codornices (ver pág. 225)
15 g de chocolate de hacer (con fécula) o chocolate normal

La misma que la receta de la salsa de codornices.
Durante la elaboración, añadir 15 g de chocolate.
Nos dará una melosidad especial, un toque de dulzura y una dimensión distinta.
Un truco, este del chocolate, que utilizaba con relativa frecuencia mi madre, que de cocinar sabía un rato largo.

SALSA HARISSA

Ingredientes

300 g de pimientos rojos picantes (en su defecto, piquillos)
Cilantro en polvo
8 cayenas
100 g de aceite de oliva
2 cs de tabasco
Menta picada

Dorar en la sartén los pimientos con un pelín de aceite y añadir los demás ingredientes, menos el aceite. Dejar pochar 15 min.
Dejar enfriar, añadir el aceite y triturar a fondo.
Mucho cuidado: ¡el picante de esta salsa es cosa seria!

SALSA MOJO-BASE ROJA

Ingredientes

100 g de aceite de oliva
30 g de pan tostado
50 g de almendra frita
100 g de tomate
1 diente de ajo fileteado
Sal
Azúcar
20 g de vinagre de vino

Asar el tomate en el horno durante 45 min.
Freír el diente de ajo. Triturar todos los ingredientes, hasta formar una masa espesa.
Servir la salsa templada para acompañar carnes a la brasa, verduras asadas, langostinos a la plancha, etc.

SALSA MOJO-BASE DORADA

Ingredientes

100 g de aceite de oliva
30 g de pan tostado
50 g de almendra frita
1 cebolla
1 puerro
15 g de vinagre de vino

Dorar con unas gotas de aceite la cebolla abierta por la mitad y el puerro cortado en rodajas durante 2 min; después asarlo en el horno durante 45 min a 180 °C. Triturar todos los ingredientes, hasta formar una masa espesa.
Servir templada para acompañar pescados, carnes, verduras...

SALSA MOJO-BASE NARANJA

Ingredientes

200 g de cebolla
50 g de anchoas fritas
100 g de piñones tostados
50 g de aceite de oliva
50 g de zumo de naranja
Sal
Azúcar

Pochar la cebolla, hasta que esté bien dorada.
Tostar los piñones.
Triturar todos los ingredientes, hasta formar una masa espesa.
Ideal como acompañante de pescados a la plancha.

SALSA MOJO-BASE LÁCTEA

Ingredientes
200 g de leche
100 g de piñones
50 g de aceite de oliva
1 diente de ajo en láminas
5 g de alcaparras
Sal
Azúcar
Un poco de vinagre

Hervir la leche; tostar los piñones y freír el diente de ajo. Triturar todos los ingredientes mezclados, hasta formar una masa espesa.
Servir templada para acompañar a verduras a la plancha.

SALSA MOJO-BASE AGRIDULCE

Ingredientes
100 g de manzana
1 ajo
50 g de almendra
25 g de miel
35 de mostaza
60 g de aceite de oliva

Descorazonar la manzana y cocerla durante 5 min en el microondas a máxima potencia.
Freír el ajo y tostar la almendra. Triturar todos los ingredientes, hasta formar una masa espesa.
Ideal para acompañar caza o carnes.

SALSA MOJO-BASE FRUTAL

Ingredientes
1 tomate
100 g de almendra
50 g de melocotón
Enebro en polvo
Sal
Azúcar

Asar el tomate (ver pág. 196) junto con el melocotón.
Freír la almendra. Triturar lo anterior con el resto de los ingredientes en templado. Aconsejable para untarla en trozos de chuleta a la plancha o a la brasa.

SALSA MOJO-BASE VERDE

Ingredientes

1 cebolleta
100 g de pistachos
10 g de perejil en rama
10 g de hojas de menta
20 g de pan frito
1 diente de ajo
100 g de aceite de oliva
40 g de agua
40 g de zumo de limón
20 g de vinagre de vino
La ralladura de ½ limón
40 g de azúcar
100 g de nata
Sal

Pochar la cebolleta, hasta que esté bien dorada.
Hervir la nata, juntarla con la cebolleta dorada y triturarlo con los demás ingredientes, hasta obtener una pasta consistente.
Los langostinos a la plancha quedan fenomenal untados con esta pasta «salsa-mole-mojo».

MOJOS MOLES BLANCOS

Ingredientes

100 g de almendras crudas
15 g de aceite de oliva
50 g de coco rallado seco
50 g de chocolate blanco
30 g de guindillas dulces
200 g de nata
200 g de leche
30 g de sésamo blanco
Sal

Hervir la leche con la nata.
Añadírselo al chocolate blanco, fundirlo y añadirle todos los demás ingredientes. Triturar a fondo.
Verdaderamente ideal para acompañar unos espárragos frescos a la plancha.

SALSA MOJO-BASE PROFUNDA

Ingredientes

500 g de foie fresco
150 g de queso de Philadelphia
Sal
Pimienta blanca
Pimienta negra
Orégano
Perejil

Dorar el foie-gras fresco en trozos; cuando esté levemente dorado, retirar de la sartén. Picar finamente el orégano y el perejil y triturarlos con el queso y los demás ingredientes.

Hay varias opciones:

a) Recién hecho y, una vez templado, ideal para untar con verduras hechas a la plancha, acompañar carnes a la plancha; como si fuera la salsa de una fondue.

b) Rellenar con esta mezcla ½ kg de limones abiertos por la mitad y vaciados a conciencia. Con la pulpa, hacer una vinagreta (ver pág. 239). Reservar. Meter en el horno muy fuerte o gratinar con un poco de azúcar en la superficie durante apenas 2 min para que se temple el conjunto.

Rematar en la superficie con unas pequeñas hebras o ramilletes de brócoli crudo o salteado previamente un momento.

Acompañar con la vinagreta.

c) Hacer bolas y dejar enfriar. Reservar. En el momento de servir como aperitivo, rebozar en almendra granillo tostada. Pinchar en un palillo y ofrecer como aperitivo frío.

MOLE-MOJO DE MAÍZ

Ingredientes

100 g de maíz de bote
1 melocotón
1 pimiento verde
100 g de almendras fritas
20 g de aceite de oliva
20 g de vinagre de jerez
Sal
Azúcar

Asar el melocotón durante 30 min a 190 °C.

Freír el pimiento.

Triturar el conjunto, incluido el líquido de la lata, hasta conseguir una pasta espesa.

Lo recomiendo para acompañar carnes, frutas y mariscos a la plancha.

MOJO-MOLE DE ACEITUNAS

Ingredientes

200 g de aceituna verde
200 g de aceituna negra deshuesada
100 g de aceite de oliva
Orégano en polvo
15 g de azúcar

Triturar todos los ingredientes mezclados, hasta formar una pasta más o menos espesa. Ideal para todo tipo de pescados, en vinagre, crudos o a la plancha.
Se trata de un mole muy potente; deberéis dosificarlo.

MOJO-MOLE DE CHAMPIÑONES

Ingredientes

1 kg de champiñones
1 cebolla
1 ajo
50 g de vino blanco
30 g de pan tostado
Sal
Pimienta blanca

Pasar por la plancha los champiñones.
Tostar el ajo y la cebolla. Triturar todos los ingredientes, hasta obtener una pasta.
Ideal para carnes, aunque tampoco estaría de más utilizarlo con pescados.

MOJO-MOLE DE ANCHOAS

Ingredientes

150 g de anchoas en sal
30 g de aceite de oliva
30 g de pan tostado
15 de mantequilla
50 g de caldo de carne
Sal
Azúcar

Fundir la mantequilla y añadirla al resto de los ingredientes, que debemos triturar en frío. Formar una pasta espesa, que puede acompañar a algún pescado o si no, mejor aún: servirla sobre tostadas calientes.
Untado en pan tostado, ya es un aperitivo.

RALLADURA DE NARANJA

Ingredientes
1 naranja grande

Rallar la corteza de una naranja con la parte más fina del rallador, sin llegar a la zona blanca de la piel, pues le daría un sabor muy amargo.
Dejar secar sobre un papel al aire libre durante un par de días.
Una vez seca, se puede espolvorear con ella una mousse o una carne a la plancha, por ejemplo.
Si está bien seca, se puede guardar en un tarro cerrado: aguantará mucho tiempo.

PURÉ DE MANZANA

Ingredientes
4 manzanas reinetas
125 g de azúcar
150 g de sidra

Asar las manzanas al horno o al microondas (ver pág. 460). Triturar el conjunto y colarlo.
Al horno, se obtendrá un puré más oscuro, pero con un sabor más tostado.
En el microondas, el puré será más claro y con un sabor más homogéneo.
Ambos casos son muy sabrosos para hacer postres o acompañar carnes.

PURÉ DE TXISTORRA Y DÁTIL

Ingredientes
200 g de txistorra fresca
150 g de dátiles frescos deshuesados

Dorar en una sartén antiadherente y sin aceite los trozos de txistorra. Retirarlos. Desechar la grasa que queda en la sartén.
Escaldar los dátiles durante 5 min en agua con un poco de azúcar.
Triturarlo todo (dátiles y txistorra), hasta que quede un puré espeso. Para conseguirlo y, según la textura de los dátiles, necesitará un poco o bastante agua.
Una vez conseguida la textura, podemos utilizarlo de puré para rellenar un dátil, acompañar un huevo frito o una carne a la plancha...

GUARNICIÓN DE DÁTILES

Ingredientes

6 dátiles grandes deshuesados
½ cebolla troceada
Hojas de albahaca
Aceite de oliva

Trocear la cebolla en trozos medianos y saltearla a fuego fuerte durante 3 min. Agregarle los dátiles abiertos por la mitad y mantenerlo todo 1 min más. Fuera del fuego, agregarle las hojas de albahaca. Ideal para acompañar carnes a la plancha. Más atrevido, como acompañante de una bola de helado de vainilla... Eso sí que es algo distinto. ¡No te cortes, atrévete!

PURÉ DE DÁTILES

Ingredientes

500 g de dátiles deshuesados
1 l de agua
100 g de vino blanco
40 g de azúcar

Cocer los dátiles en el agua con el azúcar y el vino durante, por lo menos, 30 min a fuego suave.
Rescatarlos del agua y triturarlos, hasta formar un puré espeso.
Puede que sea necesario, para triturarlos mejor, añadir algo de caldo de cocción, no mucho, pero sí algo.
Exquisito para mezclarlo con carnes.
También se puede echar 1 cs de este preparado a un yogur natural.

PURÉ DE CASTAÑAS

Ingredientes

1 kg de castañas
700 g de leche
300 g de nata líquida
200 g de azúcar

Asar las castañas (ver pág. 449).
Pelarlas en caliente, con cuidado, y depositarlas en un cazo con los demás ingredientes.
Cocer el conjunto, por lo menos, 45 min a fuego suave y destapado (tener cuidado de que no se agarren al fondo).
Pasado este tiempo, se formará un puré de textura espesa. Si lo queremos más espeso, aumentar la proporción de castañas; si lo queremos más ligero, añadir algo más de leche.
Igual de recomendable como acompañante de carnes que de postres.

CEBOLLAS EN ESENCIA

Ingredientes

6 cebollas grandes
Sal
AOVE Dominus Cosecha Temprana
Azúcar

Envolver las cebollas, untadas levemente en aceite y sin pelar, en papel de aluminio. Cerrar bien y hornearlas durante 1 h y 10 min a 170 °C. Pasado ese tiempo, pelarlas con cuidado e introducirlas en un bol con todos los jugos que hayan soltado al asarse. Triturar el conjunto, hasta formar un puré exquisito de cebolla. Dar el punto de sal y de azúcar (según el tipo de cebolla que hayamos utilizado, esto último no suele ser necesario).
Ideal para acompañar un pescado o una carne.

BRÓCOLI EN ESENCIA

Ingredientes

1 brócoli troceado
40 g de mantequilla
750 l de agua
Sal

Poner a hervir el agua con un pelín de sal. Agregar el brócoli troceado y dejarlo hervir 10 min destapado. Triturar el conjunto con la mantequilla.
Si queremos que nos quede más intenso o espeso, retirar parte del agua de cocción: cuanta más agua se quite, más espeso quedará.
Si se mantiene toda el agua, quedará más claro, como una crema o una salsa. En ambos casos, riquísimo.
Ideal para acompañar pescados, verduras asadas o mariscos.

CONSEJO – *Esta receta sirve también para la coliflor, pero el tiempo de cocción será de 15 min.*

COCO RALLADO PARA REBOZAR SALADO

Ideal para dar un toque distinto a una croqueta. Rebozar con huevo, pan rallado y coco rallado. Ver la receta de croquetas (pág. 82).

FRAMBUESAS CALIENTES

Ingredientes

300 g de frambuesas
2 cs de AOVE Dominus Cosecha Temprana

Poner al fuego la sartén y calentar el aceite. Retirar del fuego y añadir las frambuesas. Dar un par de vueltas (máximo 10 s) y rematar con un toque de pimienta negra. A las carnes les va fenomenal.

NOTA – *Receta dada con el permiso de mi amigo Paco Torreblanca.*

ACEITE DE ALMENDRAS

Ingredientes

200 g de aceite de oliva
100 g de almendras tostadas
Sal

Triturar todos los ingredientes a fondo y pasar por una tela o colador muy fino.
Ideal para un pescado o carne. ¡Más sencillo no puede ser!

ACEITE DE PEREJIL

Ingredientes

200 g de AOVE Dominus Cosecha Temprana
30 g de rama de perejil
Sal

Triturar todos los ingredientes a fondo; pasar por una tela y apretar bastante para exprimirlo todo. Estupenda para mezclar con cualquier producto o como base para una vinagreta.

ACEITE DE PEREJIL DULCE

Ingredientes

200 g de aceite de oliva
35 g de rama de perejil
Sal
15 g de azúcar

Triturar todos los ingredientes muy a fondo. Ideal como base para una vinagreta.
Al no estar colado, tendrá una apariencia diferente.

ACEITE DE AJO

Ingredientes

200 g de AOVE Dominus Cosecha Temprana
3 dientes de ajo
Sal
Azúcar

Machacar los ajos. Triturar todos los ingredientes a fondo. Pasar por una tela y apretar bastante.
Estupendo para untar con pan tostado, con unos langostinos a la plancha y para darle un toque especial a alguna carne.

ACEITE DE AJO FRITO

Ingredientes

150 g de AOVE Dominus Cosecha Temprana
3 dientes de ajo
10 g de aceite
Sal
Azúcar

Freír los ajos, hasta dorarlos levemente en los 10 g de aceite.
Triturar todos los ingredientes a fondo y pasar por una tela, apretando bastante para que no se pierda nada.
El resultado es distinto y más acentuado: sabor a aceite crudo mezclado con ajo frito.

ACEITE DE REMOLACHA

Ingredientes

130 g de AOVE Dominus Cosecha Temprana
60 g de remolacha cocida

Triturar ambos ingredientes a fondo. Escurrir con ayuda de un colador.
Precioso aceite de color rojizo intenso, ideal para cualquier marisco o preparación de pescado y con un fuerte sabor a remolacha.

ACEITE DE FRAMBUESAS

Ingredientes

50 g de frambuesas
150 g de aceite de oliva
10 g de azúcar

Triturar todos los ingredientes; pero no colarlos.
Ideal para una carne e incluso un postre... bastante «atrevido».

ACEITE DE ESPECIAS

Ingredientes

80 g de AOVE Dominus Cosecha Temprana
5 g de orégano fresco
5 g de perejil
2 g de pimienta negra
2 g de pimienta blanca
1 g de romero fresco
1 clavo de olor

Triturar todos los ingredientes en crudo; pero no filtrarlos.
Lo recomiendo para cualquier cosa que necesite un toque especiado: desde un arroz a una pasta, pasando por mil pescados o carnes.

ACEITE DE PIMENTÓN

Ingredientes

150 g de aceite de oliva
30 g de pimentón dulce o picante

Triturar los ingredientes y no filtrarlos.
Ideal para un pulpo, unas navajas…

ACEITE DE ATÚN

Ingredientes

1 lata de atún

Abrir la lata de atún y guardar su aceite.
Ideal para pescados a la plancha, aperitivos…

ACEITE DE CHORIZO

Ingredientes

120 g de chorizo para guisar
150 g de aceite de oliva

Tostar el chorizo en un horno a 170 °C cortado en lonchas finas.
Cuando esté hecho, mezclarlo con el aceite y triturarlo a fondo.
Servir tal cual, sin filtrar, como acompañamiento, en forma de gotas, de unas lentejas, verduras o carnes a la brasa.

VINAGRE BALSÁMICO REDUCIDO

Ingredientes

150 g de vinagre balsámico
2 cs de azúcar

Poner a fuego suave un cazo con el vinagre y el azúcar; dejar que se reduzca, hasta que espese y tenga consistencia de salsa.

Este vinagre reducido se puede utilizar en ensaladas, en platos de carne (entrecot, solomillo...) y con pescados.

En el mercado hay distintas marcas que ya lo venden preparado.

VINAGRETA BASE

Ingredientes

100 g de AOVE Dominus Cosecha Temprana
30 g de vinagre de vino (o de otro tipo)
Sal
Azúcar

Mezclar todos los ingredientes en frío.

En realidad, se puede emplear un vinagre de vino, de manzana, de Módena, balsámico, de jerez, de frambuesa... o de lo que queramos: esto es indiferente a la hora de preparar una vinagreta. Variará el aroma y el color; es cuestión de gustos: unos serán más dulces, otros más claros; pero en esencia, el resultado es parecido.

VINAGRETA BASE DE PEREJIL POLVO

Ingredientes

100 g de aceite de oliva
30 g de vinagre de Módena
10 g de azúcar
Sal
1 cs de perejil polvo

Mezclar los ingredientes en frío.

VINAGRETA BASE LEVEMENTE AMARGA

Ingredientes
100 g de aceite de oliva
25 g de zumo de limón
10 g de zumo de pomelo
5 g de azúcar

Mezclar los ingredientes en frío.

VINAGRETA DE COMINO

Ingredientes
130 g de vinagreta base *(ver pág. anterior)*
4-6 g de comino polvo

Aplastar y picar con un cuchillo casi todo el comino; dejar un poco sin aplastar para que se encuentren trozos enteros y mezclar todos los ingredientes.

VINAGRETA DE PEREJIL

Ingredientes
130 g de vinagreta base *(ver pág. anterior)*
30 g de perejil en rama
5 g de azúcar
Sal

Pasar el perejil por una licuadora con rama y todo. En caso de no tener licuadora, agregar más perejil picado. Mezclar el conjunto que quedará verde y haciendo aguas... ¡Precioso!

VINAGRETA DE SOJA

Ingredientes
130 g de vinagreta base *(ver pág. anterior)*
20 g de salsa de soja
5 g de azúcar

Mezclar todos los ingredientes en frío.

VINAGRETA DE FRUTOS SECOS

Ingredientes

130 g de vinagreta base (ver pág. 239)
40 g de nueces
10 g de piñones
10 g de almendra Marcona
5 pistachos
1 g de perejil

Pasar por una sartén sin aceite todos los frutos secos, hasta que queden levemente tostados y dejar que se enfríen.
Picar el perejil y los frutos secos tostados y mezclarlo todo.

VINAGRETA DE CÍTRICOS

Ingredientes

130 g de vinagreta base (ver pág. 239)
10 g de azúcar
3 hojas de menta fresca
¼ de naranja
⅛ de limón

Picar la menta.
Pelar la naranja y el limón y dejarlos sin nada de blanco; cortarlos en trozos pequeños y añadírselos a la vinagreta base. Al final, agregar el azúcar y la menta.

VINAGRETA DE FRUTAS SECAS

Ingredientes

130 g de vinagreta base (ver pág. 239)
10 g de orejón de albaricoque
10 g de uvas pasas
10 g de dátiles

Cortar la fruta en trozos irregulares y mezclarla con la vinagreta base.

VINAGRETA ESPECIADA

Ingredientes

130 g de vinagreta base (ver pág. 239)
5 g de cebollino fresco
Media cc de canela en polvo
Media cc de pimienta negra
Media cc de tomillo
Media cc de romero

Picar el cebollino, el tomillo y el romero y mezclarlos con todos los demás ingredientes. Con medidas tan pequeñas como las que se piden en esta receta, os aconsejo que uséis como referencia la punta de una cucharilla de café.

VINAGRETA DE YEMA

Ingredientes

140 g de vinagreta base (ver pág. 239)
1 yema

Mezclar los dos ingredientes, justo en el momento de servir, y utilizarla inmediatamente. No remover mucho para que queden bonitos los tonos naranjas de la yema con el brillo del aceite.

VINAGRETA DE REMOLACHA

Ingredientes

1 remolacha cocida
150 g de aceite de oliva
30 g de vinagre de jerez
Sal
Azúcar

Licuar la remolacha pelada.
Hervir durante 1 min el caldo resultante, dejar enfriar y añadirle los demás ingredientes.
Estupenda para acompañar mariscos y, además, muy vistosa.

VINAGRETA AGRIDULCE

Ingredientes

130 g de vinagreta base (ver pág. 239)
10 g de miel
15 g de yogur natural

Mezclar todos los ingredientes en frío.

VINAGRETA DE REMOLACHA EN TROCITOS

Ingredientes

1 remolacha cocida y pelada
120 g de aceite de oliva
40 g de vinagre de jerez
Sal
Azúcar
Perejil picado

Cortar en daditos la remolacha y añadirle los restantes ingredientes en frío.
Para acompañar, sobre todo, mariscos.

VINAGRETA DE GROSELLAS

Ingredientes

100 g de aceite de oliva
50 g de grosellas
Sal
Azúcar
Perejil picado

Mezclar los ingredientes y machacar con un tenedor las grosellas.
Ideal para carnes. No necesita vinagre, ya que las grosellas ya aportan suficiente acidez.

VINAGRETA DE PUERROS

Ingredientes

100 g de AOVE Dominus Cosecha Temprana
100 g de recortes de puerros a la plancha (picados)
30 g de vinagre de jerez

Mezclar los ingredientes en frío. Ideal para acompañar pescados.

VINAGRETA DE TRUFA

Ingredientes

500 g de aceite de girasol
100 g de jugo de trufa
Sal
50 g de vinagre de jerez
Una pizca de azúcar

Mezclar los ingredientes.
Ideal para todo lo que te puedas imaginar. Pescados y mariscos, sobre todo.

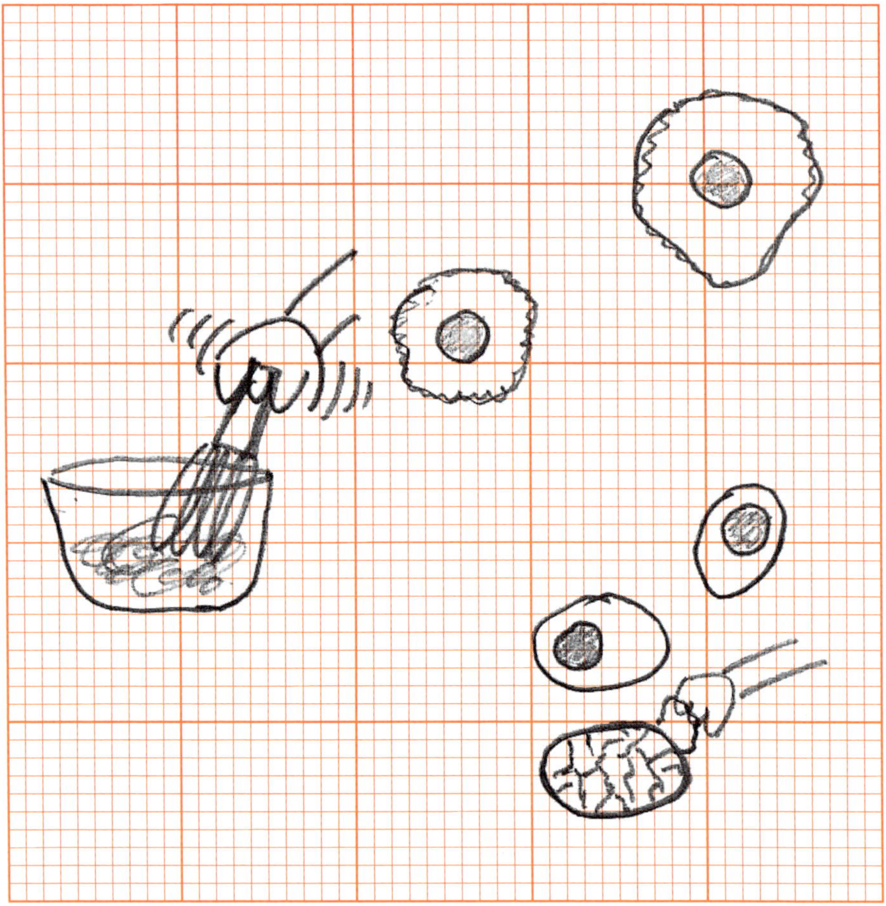

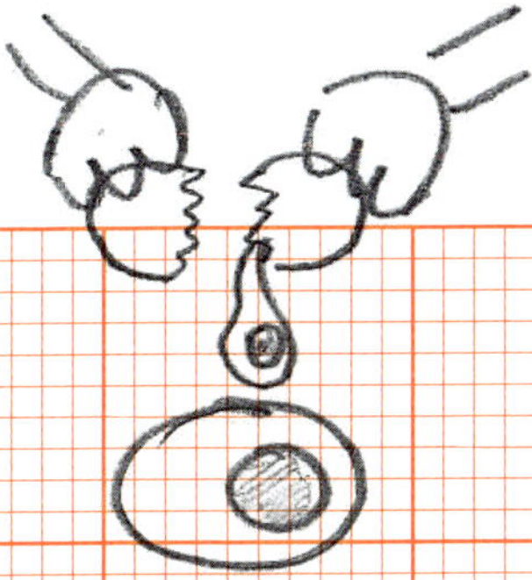

HUEVOS, PIZZAS Y BOCADILLOS

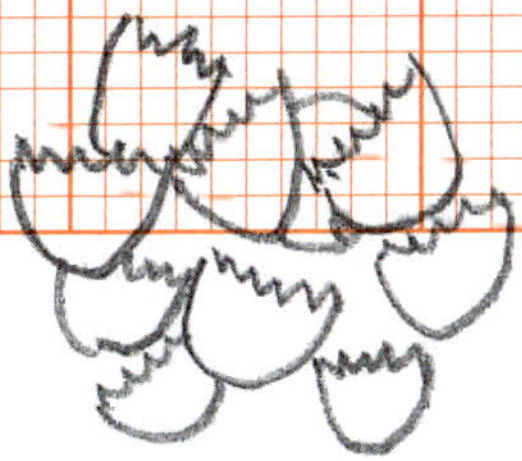

HUEVO FRITO

Ingredientes (para 1 persona)

¼ de diente de ajo
1 huevo
100 g de AOVE Dominus Cosecha Temprana

En una sartén, dorar el ajo; cuando se haya dorado levemente, añadir el huevo que hemos abierto con cuidado. Dejar que se vaya haciendo y se forme una puntilla alrededor de la clara exterior; con una espumadera, ir echando un poco de aceite de la misma sartén sobre la yema, para que esta cuaje. Servir muy caliente.
El aceite no debe estar demasiado caliente; pero tampoco flojo, porque, si no, no se haría la puntilla.
Si el huevo es recién puesto (salvo excepciones), quedaría con la clara recogida.
Si, por el contrario, ya lleva varios días puesto, quedará con la clara expandida.
Consejos para acompañarlo: pan tostado y, a la vez, blandito por dentro; pimientos hechos a la plancha, nunca sacados directamente de la lata; trozos de chorizo hecho a la plancha o, por supuesto, patatas fritas.

HUEVOS ROTOS CON PATATAS

Ingredientes

8 huevos
4 patatas medianas
4 dientes de ajo
½ cebolla
¼ de pimiento verde
½ l de aceite
Sal gorda
Pan tostado

Pelar y cortar las patatas en rodajas de 2-3 cm.
Cortar en juliana la cebolla y el pimiento verde.
Pochar a fuego medio-suave en una sartén antiadherente todos los ingredientes (salvo los huevos), hasta que las patatas estén hechas. Retirar casi todo el aceite y reciclarlo (siempre se podrá utilizar para otros menesteres).
Volver a poner a fuego fuerte en la sartén las patatas y las verduras. Romper sobre estas los ocho huevos con tres o cuatro movimientos; de esta manera, estarán jugosos, pero con las partes blancas de clara y amarillas de yema a la vista.
Servir con un poco de sal gorda y unos trozos de pan tostado.
¡Para chuparse los dedos!

HUEVOS COCIDOS

Ingredientes

4 huevos
Agua
Sal

Poner a hervir en un cazo el agua con la sal. Introducir los huevos y mantenerlos hirviendo durante 10 min. Sacarlos y pelarlos.
Abrirlos en cuartos y acompañarlos de una buena mayonesa (ver pág. 210); también se pueden cortar en láminas finas y echar por encima una bechamel ligera (ver pág. 208).
¡Un manjar, uno de mis preferidos!: el huevo cocido con un pelín de mayonesa.

HUEVOS A LA PLANCHA

Ingredientes

4 huevos
40 g de mantequilla
Sal

Disponer en una sartén antiadherente un poco de mantequilla; cuando esté bien derretida, echar los huevos, uno por uno, y dejar que se doren. Darles la vuelta con la ayuda de una espumadera para que se hagan por la otra cara.
Servir sobre una buena rodaja de pan tostado.

HUEVOS ESCALFADOS

Ingredientes

4 huevos
1 ½ l de agua
50 g de vinagre

Poner a hervir el agua con el vinagre (o, si se prefiere, el zumo de ½ limón); cuando hierva, retirar la cazuela del fuego y agregar los 4 huevos, echándolos con suma delicadeza.
Volver a poner la cazuela a fuego bajo, sin dejar que hierva: en apenas 5 o 6 min, los huevos estarán listos, con la clara levemente cuajada y el interior, líquido y jugoso.

NOTA – *El vinagre hace recoger el huevo. La sal, si la echáramos, haría el efecto contrario: imposibilitaría su ejecución.*

CONSEJO – *Fenomenal para acompañar unos guisantes guisados o una pasta fresca recién salteada.*

TORTILLA FRANCESA

Ingredientes (para 1 persona)

2 huevos
AOVE Dominus Cosecha Temprana
Sal

Dejar calentar el aceite lentamente; cuando esté ya caliente, echar los dos huevos batidos con sal y dejar que se doren, mientras vamos enrollando la tortilla hacia una esquina de la sartén.

ANCHOAS EN TORTILLA

Ingredientes

300 g de anchoas sin espinas (tamaño mediano)
6 huevos muy frescos
Perejil picado
Aceite de oliva

Cortar los lomos de anchoa cruda a lo largo, como si fueran espaguetis gruesos; nos saldrán de cada lomo unas tres tiras más o menos (dependiendo del tamaño de la anchoa).
Batir los huevos enérgicamente y juntarlos con los fideos gruesos de anchoa. Espolvorear con perejil.
Hacer la tortilla en una sartén caliente con un poco de aceite de oliva (ver la receta anterior).
Dorar un poquito, de manera que queden jugosas por dentro. ¡Se me está haciendo la boca agua!

TORTILLA DE ALCACHOFAS

Ingredientes

4 alcachofas
4 huevos
Sal
30 g de aceite de oliva

Limpiar las alcachofas (ver pág. 134), hasta que nos quede el corazón.
Cortarlas en cuadraditos pequeños.
Saltearlas con el aceite a fuego suave, hasta que estén hechas, 10 min, aprox. Poner a punto de sal.
Escurrir y mezclar con el huevo.
En una sartén antiadherente con muy poco aceite, hacer la tortilla y recogerla.
Servir inmediatamente.

TORTILLA BAJA EN CALORÍAS

Ingredientes (para 1 persona)

2 claras
Sal
Aceite de oliva

Verter un poco de aceite en la sartén y dejar que se caliente lentamente; cuando esté ya caliente, echar las dos claras batidas y dejar que se doren, mientras vamos recogiendo suavemente la tortilla hacia una esquina de la sartén.

TORTILLA DE CAMARONES O GAMBAS

Ingredientes (para 1 persona)

60 g de gambas peladas (colas partidas en tres)
½ diente de ajo
30 g de nata
AOVE Dominus Cosecha Temprana
Sal

Saltear el ajo muy picado en una sartén antiadherente con un poco de aceite; cuando esté dorado, añadir las gambas y dorarlas apenas ½ min. Añadir el huevo batido mezclado con la nata y la sal; ir recogiendo suavemente hacia una esquina de la sartén.
Servir caliente, en plato o en bocadillo.

TORTILLA DE CHAMPIÑONES

Ingredientes (para 1 persona)

2 huevos
50 g de champiñones
30 g de nata
½ diente de ajo picado
Aceite de oliva
Perejil picado
Sal

Dorar en la sartén el ajo y añadir los champiñones cortados en láminas finas. Dejar hacer a fuego fuerte y añadir la nata. Dejar reducir 2 min y reservar. Mezclar este preparado con los huevos batidos y dar punto de sal. Verter sobre una sartén antiadherente con un poquito de aceite caliente. Dejar hacer por un lado (se hace rápido) y darle la vuelta en el aire para dorarla por el otro (si esto os parece muy complicado, podéis hacerlo con la ayuda de un plato, como con la tortilla de patata).

TORTILLA DE CHORIZO

Ingredientes (para 1 persona)
2 huevos
30 g de chorizo de guisar
Aceite de oliva
Sal

Saltear levemente en una sartén antiadherente, con muy poco aceite, el chorizo cortado en cuadraditos pequeños; cuando estén levemente dorados, echar los dos huevos batidos y dejar que se doren, mientras vamos enrollando la tortilla hacia una esquina de la sartén. ¡Ojo con el punto de sal!: el mismo chorizo nos lo puede dar; de no ser así, le añadiremos nosotros un poquito.
Servir caliente en plato o en bocadillo.

TORTILLA ENRIQUECIDA DE JAMÓN

Ingredientes (para 1 persona)
1 huevo
1 yema (sin tirar la clara)
20 g de jamón en daditos
AOVE
Sal

Dorar el jamón levemente en una sartén con aceite. Batir el huevo, añadirle el jamón. Echar la mezcla en la sartén y formar la tortilla, recogiéndola suavemente hacia una esquina de la sartén. El jamón ya le aporta sal; pero, si fuera necesario, añadimos un poquito.
Ideal para bocadillos.

TORTILLA DE ESPÁRRAGOS

Ingredientes
8 huevos
300 g de espárragos blancos o verdes fritos (ver pág. 161)
Aceite de oliva

Mezclar los huevos batidos con los espárragos y verter la mezcla en una sartén antiadherente con aceite muy caliente.
Recoger la tortilla (ver pág. 250).
Se puede hacer también con espárragos de lata, pero, en este caso, habría que escurrirlos a conciencia para que no nos «agüen la fiesta», perdón, la tortilla.

TORTILLA DE ESPINACAS

Ingredientes (para 1 persona)

2 huevos
30 g de espinacas cocidas en agua con sal (3 min de cocción), escurridas y picadas
30 g de leche
30 g de nata
10 g de jamón en cuadraditos
½ diente de ajo
Aceite de oliva
Sal

Dorar el ajo picado y el jamón en una sartén con un poco de aceite de oliva; añadir las espinacas y saltearlas levemente. Agregar los huevos batidos con la leche y la nata. Dejar cuajar e ir recogiendo suavemente hacia una esquina de la sartén.

TORTILLA DE MORCILLA

Ingredientes (para 1 persona)

2 huevos
60 g de morcilla de cebolla o de arroz (lo dejo a vuestra elección)
Aceite de oliva
Sal

a) Cocer la morcilla de cebolla en agua durante, por lo menos, 10 min a fuego suave (previamente pinchada para que no se reviente). Separar la cantidad indicada y romperla con un tenedor.
b) Freír rodajas de morcilla de arroz hasta que estén doradas.
Separar la cantidad indicada y romperla con un tenedor.
Mezclar con los huevos batidos y dorar sobre una sartén antiadherente muy caliente con un poco de aceite, bien en la forma redonda y plana o bien en la forma alargada y un poco más gruesa, recogiéndola suavemente hacia una esquina de la sartén.
¡Mucho cuidado con el punto de sal!: la morcilla nos lo puede haber aportado ya. En caso contrario, echar un poquito.
En ambos casos estará deliciosa.

TORTILLA DE PATATA

Ingredientes

2 patatas medianas
4 huevos
½ cebolla
130 g de AOVE
Sal

Pelar y cortar las patatas en láminas finas. Cortar la cebolla en juliana fina. Dejar que se pochen en el aceite a fuego suave durante 15 min. Escurrir el aceite (dejando un poco en la base de la sartén para más tarde); verter las patatas en un bol y añadir por encima los huevos batidos y un poco de sal, removiendo para que se mezcle todo.
Verter la mezcla en la sartén caliente con el aceite que hemos dejado antes y dorarla sin remover para que quede una costra dorada.
Darle la vuelta con ayuda de un plato llano; dorar por el otro lado y colocarla en un plato.
El punto de cocción de la tortilla dependerá de que nos guste más o menos jugoso su interior.
Si se deja poco tiempo a fuego medio, se dorará el exterior y el interior quedará más jugoso (en este caso, deberá comerse caliente). Por el contrario, si se deja más tiempo a fuego suave, se dorará el exterior también, pero el interior quedará más sólido al cuajarse el huevo por efecto del calor (en este caso, se puede comer fría o caliente).

TORTILLA DE QUESO

Ingredientes (para 1 persona)

2 huevos
50 g de emmental, mozzarella, parmesano, roquefort o Idiazábal rallado
1 cs de aceite de oliva
Sal

En una sartén antiadherente, calentar el aceite. Batir los huevos con los demás ingredientes y extenderlos sobre la base de la sartén. Enrollar todo suavemente hacia una esquina de la sartén hasta formar la tortilla.
Se podría hacer con un solo queso.

REVUELTO DE CALABACINES

Ingredientes

2 calabacines medianos
30 g de aceite de oliva
1 diente de ajo
Sal
Pimienta
4 huevos
40 g de nata líquida

Saltear los calabacines a fuego fuerte. Añadir los huevos batidos y la nata. Recoger como si fuese un revuelto, es decir, sin darle forma.
Cuando empiece a cuajar la mezcla, retirar del fuego y servir.

REVUELTO DE ESPÁRRAGOS TRIGUEROS

Ingredientes

1 manojo de espárragos verdes (o un bote de espárragos)
4 huevos
1 ajo
Sal
2 cs de aceite de oliva virgen

Freír en una sartén las partes blandas de los espárragos cortadas en trozos junto con el ajo picadito. Cuando estén fritas, se le añaden los 4 huevos batidos y la sal; remover con una espátula, hasta que cuajen los huevos y queden cremosos. Servir inmediatamente.

NOTA – *Si los espárragos son de bote, escurrirlos muy bien y echarlos en la sartén cuando el ajo ya esté un poquito dorado; saltearlo todo junto y añadirle el huevo.*

REVUELTO DE ESPÁRRAGOS Y GAMBAS

Ingredientes

1 manojo de espárragos verdes (o un bote de espárragos)
100 g de gambas peladas (frescas o congeladas)
4 huevos
1 ajo
Sal
Aceite

En una sartén freír los espárragos cortados en trozos junto con el ajo picado; cuando esté fritos, añadirles las gambas peladas (si son congeladas, debéis descongelarlas previamente). Remover el conjunto un poco (las gambas se hacen muy rápido) y añadirle los huevos batidos con la sal. Mover con una espátula, hasta que cuajen pero no demasiado, para que queden jugosos y cremosos.

MASA PARA LAS PIZZAS

Ingredientes

500 g de harina
250 g de agua
15 g de levadura fresca (la podemos mantener congelada en pequeñas porciones envueltas en plástico para poder usarla según necesitemos)
10 g de sal
15 g de aceite de oliva

Diluir la levadura (directamente sacada del congelador) en el agua: apenas tardará 5 min en disolverse por completo. Mezclar todos los ingredientes juntos y formar una pasta con ellos. Amasarla sobre una superficie de mármol (u otro tipo de superficie limpia y lisa) untada con un poco de aceite, con decisión, durante 5-10 min. Si se dispone de un robot que haga la operación, mejor. Dejarla reposar 1 h en un lugar caliente y tapada con un trapo húmedo.

Si no se dispone de tiempo, se puede pasar por alto el paso anterior. También se puede hacer un día antes y sustituir esa hora al calor por 24 h en el frigo (viene a ser prácticamente lo mismo).

Estirar la masa con un rodillo y un poco de harina para que no se pegue a la mesa, dándole forma redonda (o rectangular, si queremos aprovechar la placa del horno).

Poner encima los ingredientes elegidos y meter en el horno precalentado a 230 °C durante 10-12 min.

PIZZA DE PIMIENTOS

Ingredientes

500 g de masa de pizza
4 pimientos morrones
150 g de salsa de tomate
50 g de queso roquefort
Aceite de oliva
Orégano
Albahaca

Estirar, como en el caso anterior, la pasta muy fina en forma redonda o rectangular. Reservar.
Asar los pimientos en el grill del horno para quitarles la piel, cuando esta esté casi negra. Abrirlos, quitarles las pepitas y dejarlos en lomos. Pasarlos 1 min por una sartén con aceite caliente, vuelta y vuelta, y reservar.
Untar la masa con una capa de salsa de tomate; encima poner los pimientos ya fríos, unos trocitos de queso y las hierbas aromáticas de remate.
Horno a 220 °C durante 10-15 min.
Al retirar la pizza del horno, «pintarla» con aceite de oliva crudo.

PIZZA DE QUESOS

Ingredientes

500 g de masa de pizza
50 g de emmental
50 g de roquefort
50 g de mozzarella
50 g de Idiazábal
150 g de salsa de tomate
Aceite de oliva

Preparar la masa (ver receta pág. anterior) y estirarla con un rodillo dándole la forma que queramos.
Cubrirla con la salsa de tomate (ver pág. 216) y echar por encima los cuatro quesos en cuatro montoncitos, sin mezclarlos.
Un poco de orégano picado y al horno aprox. 10 min a 230 °C.
Al sacar la pizza del horno, añadirle un buen chorretón de aceite de oliva.

PIZZA DE TOMATE

Ingredientes

6 tomates grandes
500 g de masa de pizza
150 g de mozzarella
Orégano
Azúcar
Aceite de oliva
Sal

Escaldar y pelar los tomates (ver pág. 195); luego asarlos en cuartos con un poco de azúcar, sal y aceite de oliva, apenas 15 min a 200 °C.
Estirar la pasta muy fina y poner encima todos los cuartos de tomate, hasta cubrir casi toda la superficie de la masa. Espolvorear con queso y orégano y hornear a 230 °C durante, por lo menos, 10 min.
Un chorretón de aceite de oliva remata esta «tarta salada» tan rica y sencilla.

PIZZA DE SARDINAS

Ingredientes

500 g de masa de pizza
12 sardinas frescas
3 tomates asados
Albahaca muy picada
2 dientes de ajo
AOVE

Estirar muy muy fina la pasta para que se nos haga muy rápido y no nos estropee las sardinas con una cocción excesiva. Reservar.
Limpiar las sardinas frescas en lomos.
Asar los tomates (ver pág. 196).

Sobre la pasta estirada, colocamos el tomate en trozos; encima, las sardinas, la albahaca y los ajos. Hornear a 230 °C durante 10 min.
Al sacarla del horno, darle una pincelada muy generosa de aceite de oliva.
Otra opción nada despreciable —incluso, mejor— es hornear todo menos las sardinas; cuando la masa ya esté hecha, añadirle por encima las sardinas en lomos y sin espinas. Con el calor de la masa, casi se harán y estarán muy jugosas.

PIZZA DE VERDURAS

Ingredientes

500 g de pasta para pizza
2 cebollas
2 puerros
1 pimiento verde
200 g de queso mozzarella
150 g de tomate asado
30 g de aceite de oliva
Orégano fresco o seco

Estirar la pasta en forma rectangular con ayuda de un rodillo y un poco de harina para que no se pegue a la superficie de trabajo. Reservar.
Saltear (apenas 3 min) con un poco de aceite las verduras cortadas en trozos no muy pequeños.
Cubrir la masa con una capa fina de tomate y encima, extender la verdura; por último, añadir el queso y el orégano. Hornear a 230 °C durante 15 min, aprox.
Después de sacar la pizza del horno, añadir el aceite de oliva.

PIZZA ENVUELTA

Ingredientes

500 g de masa de pizza
50 g de emmental
50 g de roquefort
50 g de mozzarella
50 g de Idiazábal
150 g de salsa de tomate
Aceite de oliva

Elaborar la masa (ver pág. 256). Estirarla con un rodillo dándole la forma que se quiera y dejándola fina. Untarla con la salsa de tomate (ver pág. 216); por encima, poner los cuatro quesos en montoncitos separados y un poco de orégano picado.

Envolver la pasta formando una especie de bocadillo que, después de horneado (aprox. 10 min a 230 °C), quedará crujiente por fuera y muy jugoso por dentro.

Una vez dorada, servir muy caliente y sin demora.

TORTILLAS MEXICANAS

Ingredientes

500 g de piperada
200 g de pechuga de pollo
½ calabacín
100 g de caldo de verduras (o agua)
40 g de mojo mexicano (en caso de no encontrarlo, agregar tres pimientas cayenas picadas con pepitas y todo)
Trozos de lechuga
Dos tortillas mexicanas por comensal

Saltear en una cazuela con un poco de aceite el calabacín cortado en daditos pequeños y agregar el pollo cortado de la misma manera. Dejar hacer un par de minutos y añadir la cayena; por último, la piperrada. Dejar hervir 5 min y añadir el caldo y el mojo (o las cayenas). Es posible que no necesite todo el caldo: debe quedar espesito, para que no escurra luego por la tortilla.

Calentar las tortillas en el microondas durante 1 min.

Servir a la mesa tres cosas: la mezcla o relleno del pollo muy caliente, las tortillas calentitas envueltas en un trapo (limpio) y un plato con trozos de lechuga frescos.

Cada comensal debe rellenar su tortilla con un par de cucharadas de la mezcla y un trozo de lechuga; cerrarla haciendo un paquetito y... ¡a chuparse los dedos!

PAN CON TOMATE

Ingredientes
1 rebanada de pan recién tostado
1 tomate
Aceite de oliva virgen

Partir los tomates por la mitad; frotar con ellos la rebanada de pan, hasta que se impregne bien del tomate; después, rociarla con el aceite de oliva.

CONSEJO – *Encima se pueden colocar unas lonchas finas de jamón serrano u otro embutido que os guste.*

PAN CON ACEITE

Ingredientes
1 rebanada de pan
Aceite de oliva virgen
Sal gorda

Sobre una rebanada de pan tostado extender aceite de oliva virgen y un pelín de sal gorda.

NOTA – *Sola o para acompañar con cualquier tipo de embutido.*

PAN CON ACEITE Y AZÚCAR

Ingredientes
1 rebanada de pan
Aceite de oliva virgen
Azúcar

Sobre una rebanada de pan tostado extender aceite y azúcar.
Para merendar... ¡una maravilla! Mi madre me lo daba... ¡Qué recuerdos! Aunque no era así exactamente. Vamos a ser más exactos: era un currusco de pan. La ama le quitaba la miga y en el hueco echaba el aceite y un poco de azúcar. Eso, sí.

PAN CON ACEITE Y AJO

Ingredientes
1 rebanada de pan
1 diente de ajo
Aceite de oliva virgen

Sobre una rebanada de pan tostado, frotar un ajo y regar con aceite.

MIGAS

Ingredientes

Pan del día anterior
2 dientes de ajo
60 g de jamón o tocineta
60 g de chorizo
4 cs de aceite de oliva virgen

Desmigar todo el pan y ponerlo en una fuente honda. Ir echando poco a poco agua, o pulverizarla, hasta que todo el pan quede húmedo. Tapar la fuente con un paño y dejarlo reposar entre 2 o 3 h.
Cortar en cuadraditos el jamón (o la tocineta) y el chorizo.
En una cazuela o sartén honda poner el aceite, freír los ajos picados y añadir el chorizo y el jamón.
Cuando se hayan frito un poco, añadirles el pan y removerlo todo continuamente para que no se peguen.
Estarán cocinadas cuando tengan un color dorado y queden sueltas.
Generalmente las migas se acompañan aparte con aceitunas, uvas, ensalada de naranja o de tomate, para darle contraste.

MIGAS CON HUEVO FRITO

La misma preparación que la receta anterior, añadiendo sobre el plato de cada comensal un huevo frito.

10 BOCADILLOS PARA EL AVIÓN

(Con la bendición de su santidad Juan Mari Arzak III)

Compartí muchos vuelos con él. Muchos y muy largos. Los preparábamos casi siempre. Y lo más divertido era que ofrecíamos a los compañeros de asiento. Y no veáis cómo aceptaban.

BOCADILLO DE MERLUZA FRITA

Ingredientes

Un trozo de pan
3 trozos pequeños de merluza (sin espinas)
1 huevo
Harina (muy poca)
Aceite para freír
Sal

Aplastar suavemente los trozos de merluza con sal, enharinarlos un poco y pasarlos por huevo batido. Freírlos en aceite no muy caliente; cuando estén dorados por un lado, darles la vuelta, con ayuda de un tenedor, y dejar que se terminen de hacer prácticamente con el fuego casi apagado.
Retirarlos sobre un papel absorbente y, después, depositarlos sobre el pan.
Cerrar el bocata y envolverlo en papel de aluminio.
¡Una delicia!

BOCADILLO DE SOLOMILLO CON FOIE

Ingredientes

Un trozo de pan
2 rodajas finas de solomillo
1 diente de ajo en láminas
1 cs de aceite
2 láminas de foie fresco
Sal

Dorar el ajo con el aceite en una sartén. Agregar las rodajas de solomillo: vuelta y vuelta. Depositar en la mitad del pan los trozos de carne.
En la misma sartén en la que hemos frito el solomillo, sin limpiarla, dorar el foie y depositarlo encima de los trozos del solomillo que le esperan dentro del pan.
Cerrar el bocadillo y envolver en aluminio.
¡Este es la caraba!

BOCADILLO DE TORTILLA CON TOMATE

Ingredientes

2 huevos
Sal
Perejil picado
1 tomate pequeño (partido por la mitad)
1 trozo de pan
1 cc de aceite

Batir los huevos, añadirles el perejil y la sal. Dorar la mezcla en un sartén y recogerla en forma alargada para que entre en el pan.
Partir el pan a lo largo y untar el tomate frotando en las superficies interiores. Depositar la tortilla y cerrar el bocadillo.
Envolverlo en aluminio y… a esperar ansiosamente a que el avión despegue para devorarlo.

BOCADILLO DE ATÚN CON GUINDILLAS

Ingredientes

1 trozo de pan
60 g de atún en aceite (de lata)
6 guindillas en vinagre (que no piquen)
4 anchoas en aceite (de lata)

Abrir el pan por la mitad y extender en una de las caras primero el atún, después, las guindillas, y por último, las anchoas.

Cerrar y envolver en aluminio.

Ni las turbulencias más violentas evitarán que puedas disfrutar de este bocata. Bueno, si de verdad son fuertes, no sé, no sé...

BOCADILLO DE PECHUGAS DE POLLO

Ingredientes

1 trozo de pan
1 pechuga de pollo (cortada en filetes)
1 cs de mayonesa
1 cc de mostaza
Gotas de tabasco (optativo)
Sal
1 huevo batido
Pan rallado
Aceite para freír

Sumergir los filetes de pollo en el huevo batido.

Escurrirlos y pasarlos por el pan rallado.

Aplastarlos enérgicamente y freírlos, hasta que estén dorados, en una sartén con aceite.

Meterlos en el pan abierto; encima, extender la mayonesa y la mostaza.

Cerrar con el otro trozo de pan y... ¡a esperar a que el vuelo se te haga más corto, disfrutando de la comida en un avión! Increíble, pero cierto.

BOCADILLO DE LOMO CON PIMIENTOS

Ingredientes
1 trozo de pan
2 lonchas de lomo adobado
3 pimientos del piquillo
3 cs de aceite de oliva

Hacer en una sartén los pimientos con el aceite, hasta que estén dorados y reservarlos.
Sobre ese mismo aceite, freír el lomo.
Abrir el pan por la mitad y meter los pimientos dentro; encima, el lomo de cerdo.
Cerrar y a confiar en que en el control de acceso al aeropuerto no nos lo confisquen alegando exceso de peso.

BOCADILLO DE ANCHOAS Y PIMIENTOS VERDES

Ingredientes
1 trozo de pan
6 anchoas de lata
6 pimientos verdes de Gernika
1 cs de AOVE Dominus Cosecha Temprana
Aceite de oliva para freír
Vinagre de jerez

Freír los pimientos, hasta que estén dorados.
Abrirlos, quitarles las pepitas y el rabo y extenderlos en una de las mitades del pan; encima, las anchoas, un poco de aceite virgen y un poco de vinagre.
Cerrar el pan y a esperar ese momento mágico: a muchos metros de altura, con la noche negra filtrándose por las ventanillas, el ruido monótono del avión ronroneando en los oídos, las azafatas tomándose un respiro, la mayoría del pasaje durmiendo, pero no tú; tú dando cuenta de este bocata que te hará volar de placer, sin necesidad de avión.

BOCADILLO DE HIGADITOS DE POLLO

Ingredientes
1 trozo de pan
2 higaditos de pollo (con su corazón)
1 cebolla
2 cs de aceite de oliva
Sal

Pochar con suavidad la cebolla cortada en juliana. Cuando esté bien dorada, escurrirla del aceite a conciencia sobre un papel absorbente.
Con un poquito de ese mismo aceite, saltear los higaditos y los corazones cortados en trocitos pequeños, hasta que estén dorados.
Depositarlos en uno de los trozos de pan y cubrirlos con la cebolla escurrida.
Cerrar el pan y hacer una excursión desde la clase turista hasta la *business* para darles envidia. En caso de tener la suerte (por el butacón espacioso, no por la comida) de viajar en primera, sencillamente, abrir el bocata y empezar a comerlo: serás el centro de todas las miradas, te lo aseguro.

BOCADILLO DE BACALAO CON TOMATE

Ingredientes
1 trozo de pan
1 lomo de bacalao (de 100 g, aprox.)
4 cs de salsa de tomate
AOVE

Calentar en una sartén la salsa de tomate (si es comprada, que sea de buena calidad; si no, casera, como explicamos en la pág. 216). Agregar el bacalao y dejarlo hasta que esté hecho.
Desmigar en trozos el lomo de bacalao y depositarlos sobre el pan; por encima, extender bien la salsa de tomate. Cerrar con el otro trozo de pan y... a esperar a que el avión no salga con retraso para poder disfrutar, cuanto antes, de esta maravilla.

BOCADILLO DE VERDURAS ASADAS

Ingredientes
1 trozo de pan
1 tomate mediano (pelado)
70 g de queso de Idiazábal ahumado
Orégano picado
AOVE
¼ de berenjena pequeña

Asar con un poco de aceite, envuelta en papel de aluminio, la berenjena y el tomate con un poco de sal, orégano y aceite. En apenas 1 h a 180 °C, lo tendremos listo. Pelar la berenjena y el tomate y cortarlo todo en trozos medianos.
Depositarlos encima de uno de los trozos de pan; encima, las lonchas de queso.
De colofón, unas gotas de aceite de oliva virgen extra.
Cerrar el bocata con la otra mitad de pan, envolverlo y... a esperar la hora de zamparlo, entre nubes y balanceos melodiosos.
Es un bocadillo ideal para sobornar al capitán de la aeronave para que te deje entrar en la cabina a la hora de aterrizar.

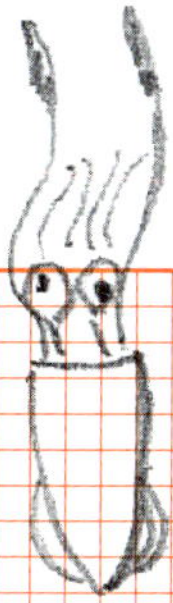

MARISCOS

ALMEJAS EN SALSA VERDE

Ingredientes
1 kg de almejas
Perejil
1 diente de ajo
2 cs de aceite de oliva
10 g de harina
5 cucharadas de agua

Picar el ajo y echarlo en una sartén con el aceite. Sin dejar que se dore, añadir la harina y dejar que cueza un instante.
Añadir el agua. Agregar las almejas, tapar y dejar que hierva, justo hasta que se abran.
Al final, añadir el perejil picado.
Servir este plato acompañado por la salsa. Ojo con la sal. Las almejas no suelen necesitarla.

NOTA – *Esta receta sirve también para mejillones, berberechos, navajas...*

BOGAVANTE CON MANTEQUILLA DE CEBOLLINO

Ingredientes
2 bogavantes (de 700 g cada uno)
50 g de mantequilla
30 g de cebollino
Sal
Pimienta

Abrir por la mitad los dos bogavantes a lo largo con ayuda de un cuchillo grande.
Poner al grill del horno a su máxima potencia con la puerta abierta e introducir en la parte superior los bogavantes y sus pinzas levemente golpeadas (justo para romper el caparazón y luego poder pelarlas mejor).
Pasados 5 min, agregar la mantequilla y el cebollino y dejar 10 min más.
Sacar los bogavantes, cuando estén dorados, y servirlos en una bandeja con todos los jugos de la cocción.
La cola se suele comer con cuchillo y tenedor; después, abalanzarse con las manos sobre la cabeza y chupar con fruición.
Esto parece una escena de película gore...

BOGAVANTE COCIDO

Ingredientes

2 bogavantes (de 700 g cada uno)
3 l de agua
80 g de sal
Mayonesa (opcional)

Poner el agua en ebullición con la sal; añadir los bogavantes y dejar cocer 15 min.
Sacarlos del agua, dejar que se enfríen y abrir por la mitad.
Repartir medio bogavante por persona.
Si se acompañan de una mayonesa casera, mucho mejor.

BOGAVANTE CON CEBOLLETAS

Ingredientes

2 bogavantes (de 700 g cada uno)
6 cebolletas frescas
80 g de mantequilla
Sal
Pimienta
Una pizca de pimentón

Separar la cola y partirla por los anillos. Abrir la cabeza a lo largo.
Golpear levemente la pinza para romperla, pero sin pelarla.
Cada comensal comerá 3 anillos enteros, 1 pata y ½ cabeza cortada a lo largo.
Cocer en agua hirviendo las cebolletas unos 30 s; después, pasarlas por la plancha o por la sartén abiertas por la mitad, hasta que queden doradas; añadirles sal y reservarlas.
Saltear en la sartén, con parte de la mantequilla, los anillos junto con las patas y reservar.
Dorar las mitades de la cabeza en una sartén con la mantequilla restante y reservar.
En un plato llano colocar las cebolletas; encima y alrededor, los anillos del bogavante junto con las tenazas y la media cabeza.
Mojar con el jugo que haya quedado en la sartén al dorar el bogavante.
Con un poco de pimentón al final, le daremos un toque de color.

NOTA – *Puede que se necesite un poco más de mantequilla. En tal caso, se funde un poco y se echa por encima.*

BOGAVANTE A LA AMERICANA

Ingredientes

2 bogavantes (de 700 g cada uno)
200 g de cebolla picada
100 g de tomate muy maduro y pelado
100 g de mantequilla
1 chalota picada
50 g de pimiento verde picado
50 g de nata líquida
30 g de coñac
Sal
Pimienta
1 ½ l de agua

Pochar la verdura con parte de la mantequilla, hasta que esté dorada. Añadir el tomate muy troceado y dejar pochar; por último, añadir el coñac flambeado.

Extraer el armazón principal del bicho en cuestión, que desecharemos por su dureza, y machacar el interior de las cabezas en un mortero y añadir a la sartén.

Dejar cocer todo 10 min, añadir el agua, y volver a cocer otros 90 min más a fuego suave.

Triturar concienzudamente y colar.

Rectificar de sal y pimienta. Añadir la nata y dejar hervir 10 min a fuego muy suave. Reservar (como en casi todos los guisos, esta salsa, al día siguiente mejora muchísimo).

Saltear los anillos del bogavante y las patas con un poco de mantequilla.

Pelar las patas y dejar la cáscara de los anillos.

Verter la salsa, o parte de ella, sobre las patas y dejar hervir 2 min.

Servir 3 anillos y una pata por persona, acompañados de esta gloriosa y clásica salsa. ¡Y a disfrutar!

BOGAVANTE TEMPLADO

Ingredientes
1 bogavante (de 1 kg)
2 yemas
125 g de mantequilla
Estragón picado
Perejil picado
30 g de vinagre
20 g de vino blanco
Sal
Pimienta
1 lechuga

Cocer el bogavante (ver pág. 271). Pelarlo y cortarlo en rodajas. Reservar.
Hervir el vinagre y el vino blanco junto con el estragón y el perejil durante un par de minutos.
Dejar que se enfríe la mezcla y añadirle las yemas, mezclándolo todo bien. Disponer la mezcla en un baño maría suave.
Aparte, se habrá fundido la mantequilla sin removerla, para que quede el suero abajo y la grasa en la superficie.
Ir removiendo las yemas y la reducción y añadiendo la mantequilla en forma de hilo a la mezcla de las yemas de forma constante, hasta que se forme una especie de salsa espesa parecida a la mayonesa, pero en caliente. Por último, salpimentar.
Servir el bogavante con esta salsa y algo de lechuga cortada en juliana, en caso de que los comensales estén muy hambrientos o sean muy glotones.

CENTOLLO COCIDO

Ingredientes

2 centollos (de 1 kg cada uno)
50 g mayonesa casera
80 g de sal
3 l de agua

Cocer los centollos durante, por lo menos, 10-15 min en el agua salada. Sacarlos del agua boca abajo para que no pierdan los jugos.
Distinguiremos las siguientes partes:

- 8 patas
- 2 tenazas
- Cuerpo central
- Cáscara con los jugos

Pasados 5 min, quitarles las patas y las tenazas. Golpear suavemente con el martillo las patas y las tenazas, para que los invitados puedan pelarlas mejor. Debemos darles golpes secos para no destrozar del todo la cáscara y que nos quede salga arenilla. Reservar en una bandeja.
Sacar el cuerpo central. Retirar las branquias y desecharlas. El cuerpo lo partiremos en trozos con ayuda de un cuchillo grande. Primero por la mitad y, luego, cada uno a su vez en 4 o 5 trozos. Añadir a la bandeja.
Para completarla, nos quedará la concha medio vacía. Pero, ojo, lo que queda dentro es lo mejor. Remover todos los jugos con ayuda de un tenedor. Nos quedará una pasta levemente espesa (dependiendo del tipo de centollo), entre anaranjada y grisácea. Añadir la mayonesa y remover hasta formar una mezcla más o menos homogénea. Completar la bandeja desde la que se servirá a los comensales.
Para las patas, tenazas y cuerpo central se necesitan unas pinzas tipo cascanueces, por si los martillazos no han sido del todo eficaces, y una pinza larga para meter por los recovecos del interior del centollo. Para la cáscara con los jugos, únicamente una cucharilla de postre.

NOTA – *Las indicaciones dadas sirven también para el buey de mar o txangurro, que es su denominación en euskera. Las nécoras se cuecen de la misma manera, pero el tiempo de cocción es solo de 5 min y se necesitan 8 nécoras. El interior es casi igual, solo que más pequeño.*

TXANGURRO A LA DONOSTIARRA

Ingredientes

1 txangurro (de 1 kg)
2 cebollas pequeñas
40 g de aceite de oliva
1 puerro
1 tomate muy maduro
50 g de pimiento verde
30 g de coñac
3 chalotas
Pan rallado
1 nuez de mantequilla
Agua
Sal

Poner a cocer el txangurro siguiendo las explicaciones de la receta anterior.
Sacarlo y dejarlo reposar boca abajo (para retener bien sus jugos) hasta que se enfríe.
Cuando esté más o menos templado, pelarlo con todo el cariño del mundo (y toda la paciencia, también). Por un lado, extraer la carne de las patas y de las tenazas que se juntarán con la del caparazón (con mucho cuidado de que no se caigan dentro trocitos de cáscara, que son muy desagradables a la hora de comer).
Reservar.
Por otro lado, la parte de los jugos (los cocineros, familiarmente, les solemos llamar «las cacas») que, en realidad, son los que aportan ese sabor tan profundo a mar del txangurro. Reservar también.
En cuanto a las verduras, picarlas en pequeños cuadrados y pocharlas en una sartén con un poco de aceite. Una vez pochadas, añadir el tomate pelado y picado. Pasados un par de minutos, flambear con el coñac (si os resulta más fácil, esta operación se puede realizar en una pequeña cazuela y, cuando arda el coñac, lo añadís a la mezcla).
No queda más que agregar los jugos y, por último, la carne. Dejar cocer todo durante, por lo menos, 20 min a fuego suave.
En caso de que el caparazón o «carro» no tuviera mucho jugo, (nunca hay dos txangurros iguales), añadiremos unas cucharadas de agua.
Corregir de sal y pimienta. El conjunto será espeso pero muy jugoso.

Ahora hay dos opciones:
a) Disponerlo en un plato sopero o cuenco con una nuez de mantequilla y un poco de pan rallado, y gratinarlo en un horno a 200 °C durante 10 min.

b) Lo más tradicional: echar la mezcla sobre la cáscara vacía del txangurro, gratinándolo de igual manera que en el paso anterior.
No queda más que soplar (deberá estar muy caliente) y darle a la cucharilla.
Esta mezcla espesa nos servirá para varias recetas que se explican a continuación y para otras que aparecen en este libro.

NOTA – *El txangurro o buey de mar a la donostiarra se prepara también con el centollo (mejor si es centolla)*
Las nécoras se pueden preparar de la misma manera; la única diferencia es el tiempo de cocción, que es menor.

TXANGURRO CON COLIFLOR

Ingredientes
600 g de txangurro a la donostiarra
300 g de coliflor
½ l de leche
100 g de nata
Sal
Pimienta

Cocer la coliflor troceada en la leche y la nata durante ½ h a fuego suave.
Triturar el conjunto, hasta formar un puré espeso, y salpimentar.
Reservar en un bol.
Puré de coliflor, en el tercio superior del bol.
Txangurro a la donostiarra caliente, en los dos tercios inferiores del bol.
Todo muy caliente.
Gratinar levemente la superficie en un grill o en un horno muy caliente.

ENSALADA DE TXANGURRO

Ingredientes
2 txangurros (de 700 g cada uno)
150 g de mayonesa
20 g de kétchup
10 g de coñac
10 g de tabasco
Sal
Pimienta

Limpiar cuidadosamente el interior del txangurro, separando la carne de los jugos, como se ha hecho en la receta de «Centollo cocido» (ver pág. 274).
Mezclar en un bol la carne del caparazón y de las pinzas, así como sus jugos. Agregar el resto de los ingredientes. Nos quedará una masa levemente espesa para comer con cucharilla.
Presentar en boles pequeños individuales o en el propio interior del caparazón del txangurro.
La llamamos «ensalada», pero es más bien un preparado frío maravilloso, sin ningún tipo de lechugas.

TXANGURRO CON LECHUGAS

Ingredientes
500 g de txangurro a la donostiarra
250 g de lechugas variadas

Para la vinagreta:
100 g de AOVE
30 g de vinagre de Módena
25 g de piñones
Perejil picado

Tostar los piñones en una sartén sin aceite.
En cada plato, servir el txangurro, formando un aro o círculo, y alrededor, los piñones. Rodeándolos, también en círculos, ponemos las lechugas picadas en trozos medianos. De colofón y por encima de todo, la vinagreta.
Para degustar a temperatura ambiente, no frío.

CEVICHE (VERSIÓN LIBRE)

Ingredientes

400 g de pescado (lubina, dorada, chicharro, sargo, etc.)
2 tomates grandes (pelados)
5 limas (o 3 limones)
1 rama de cilantro (o perejil)
70 g de refresco de naranja con gas
2 aguacates (ni verdes ni muy maduros)
½ cc de azúcar
6 cs de AOVE
Sal
Tabasco (optativo)
Guindilla cayena (optativo)

Cortar el pescado en trozos medianos o pequeños. Ponerlos a macerar con el zumo de las limas durante, por lo menos, 1 h. Escurrir el zumo sin apretar, pues debe quedar algo de él impregnado en el pescado, y desechar lo demás.
Cortar el tomate pelado y el aguacate del mismo tamaño y reservar.
Picar el cilantro muy finamente.
En un bol grande, juntar todos los ingredientes y revolver con cuidado.
Nos quedará una especie de sopa muy espesa.
Servir muy frío, acompañado de pan tostado, o simplemente para tomarlo con cuchara.

CHIPIRONES A LA PLANCHA

Ingredientes

1 kg de chipirones (o, mejor, 1 chipirón de 1 kg)
2 dientes de ajo
Perejil picado

Limpiar un chipirón de la siguiente manera: aprovechar todo menos las aguas interiores (¡ojo!, no confundir con el hígado, ni con las huevas si las hubiera —solo en los grandes).
Cortar en cuadrados la parte del cuerpo y hacerle incisiones, solo por una parte, con un cuchillo muy afilado. Las demás partes del calamar, evidentemente, nos condicionarán por su forma, pero a la del cuerpo podemos darle la forma que queramos.
Dorar los ajos en una sartén y añadir después los trozos de chipirón por el lado cortado, hasta que estén dorados. Al darles la vuelta, ellos mismos se retorcerán y quedarán en forma de cilindro, muy bonitos.
Acompañar de perejil picado.

CHIPIRONES EN SU TINTA RELLENOS

Ingredientes

32 chipirones pequeños
3 pimientos verdes
2 cebollas
3 dientes de ajo
2 tomates
1 vaso de vino tinto
1 ½ de aceite de oliva
Sal

Separar la espadita y la tela que recubre los chipirones y retirar los ojos.
Separar las tintas y guardarlas en una taza.
Limpiarlas bien con agua.
En una sartén, poner ½ dl de aceite, ½ cebolla, 1 pimiento verde y 1 diente de ajo, todo muy picado. Poner a fuego suave, hasta que la cebolla esté dorada. Agregar las patas de los calamares picadas y rehogar el conjunto a fuego vivo. Cuando esté todo bien ligado y nos parezca que ya tiene buen sabor, retirar del fuego. Una vez estén limpios, rellenar los chipirones con esta farsa y cerrar con un palillo.
En una cazuela, poner el resto del aceite con la cebolla, los pimientos verdes y el ajo sobrantes, así como los tomates, todo muy picado. Rehogar levemente y añadir los chipirones ya rellenos. Dejar hacer lentamente, hasta que la cebolla blanda esté bien pochada. Añadir el vaso de vino tinto y dejar cocer suavemente durante unos 10 min. Sacar los chipirones a una cazuela, retirar los palillos y añadir las tintas desleídas en un poco de agua a la salsa. Si no llega con las tintas para poner el asunto negro, usar alguna más de sobre.
Pasar todo por un chino sobre la cazuela donde están los chipirones. Poner la cazuela a fuego y dejar hacer lentamente, hasta que la salsa adquiera un cierto espesor y untuosidad. Rectificar de sal.

CHIPIRONES EN SU TINTA (SEGUNDA VERSIÓN)

Ingredientes

1 kg de chipirones

Para el relleno:

1 cebolla
2 ajos
4 cs de aceite de oliva
2 lonchas de jamón
1 huevo cocido
Sal

Para la salsa:

1 cebolla
1 ajo
1 pimiento verde
3 tomates (o 1 lata de ½ kg)
4 cs de aceite de oliva
Sal
Azúcar

Limpiar bien los chipirones y guardar la tinta. Separar y picar los tentáculos y las aletas. Pochar el ajo y la cebolla finamente picada; cuando todo esté bien pochado, añadir el jamón picadito, las aletas y los tentáculos.

Cocer todo junto durante 15 min y añadir el huevo cocido, muy picado, y la sal.

Colocarlo todo en una fuente para, cuando esté frío, rellenar con ello los chipirones.

Por otro lado, preparar la salsa: disponer en una sartén el aceite, la cebolla, el pimiento y el ajo cortados (no importa cómo lo cortéis, ya que, después, se pasará todo por la batidora). Cuando esté todo bien pochado, añadir el tomate, fresco o de lata, la sal y el azúcar (para restarle acidez al tomate); incorporar también las tintas desleídas en agua y, si veis que no hay suficiente tinta, añadir una bolsita de las que venden en las pescaderías. Hervir durante 15 min.

Pasarlo todo por la batidora y, después, por un chino: ya tenéis la salsa preparada en la cazuela.

Coger los chipirones limpios y rellenarlos, con ayuda de una cucharilla, con el relleno que hemos enfriado antes. Cerrar los chipirones con un palillo, para que no se salga el contenido.

En una sartén con aceite, freír los chipirones y, después, colocarlos en la salsa que hemos preparado. Hervir todo junto unos 10 min y, por último, corregir de sal.

CHIPIRONES EN SU TINTA EN TROZO

Mezcla de las dos recetas anteriores. De muy parecido sabor, pero de elaboración mucho más sencilla, ya que, generalmente, se utiliza el chipirón grande para hacerla. Es decir, chipirón hecho a la plancha como en la receta de «Chipirón a la plancha» (ver pág. 279) y acompañado con la salsa de los chipirones rellenos.

CHIPIRONES ENCEBOLLADOS

Ingredientes

1 kg de chipirones
4 cebollas grandes
1 pimiento verde
2 dientes de ajo
80 g de AOVE

Limpiar y cortar el chipirón en trozos no muy grandes. Reservar.

Cortar la verdura en juliana y pocharla a fuego muy suave, hasta que esté bien cocida y levemente dorada. Reservar.

Saltear a fuego muy fuerte los chipirones con un poco de aceite y agregarlos a la cazuela con la verdura (incluidos los jugos resultantes de ese salteado) y dejar hervir durante 1 h para que se ablanden, agregando algo de caldo, en caso de que se sequen.

Mi versión es dejarlos más «duros»: 5 min en la cazuela sería suficiente. Quedan tersos. Personalmente, los prefiero así.

CHIPIRONES CON POCHAS

Ingredientes

400 g de pochas con su salsa
½ kg de chipirones cortados en trozos medianos
Aceite de oliva
Unas hebras de romero picado

Elaborar las pochas (ver pág. 69). Reservar.

Dorar en una sartén los trozos de chipirón.

En un plato llano disponer 4 cs de pochas y encima, 3 o 4 trozos de chipirones bien calientes. Como colofón, un poco de romero picado (muy poco, para que no nos mate el sabor) y unas gotas de aceite de oliva.

CHIPIRONES EN SOPA DE CEBOLLA

Ingredientes

500 g de chipirón pequeño y limpio
1 l de sopa de cebolla
1 sobre de tinta de calamar
100 g de caldo de carne
1 diente de ajo
2 cs de aceite de oliva
Perejil picado

Elaborar una sopa de cebolla (ver pág. 43). Reservar.

Limpiar y cortar los chipirones en tiras; saltearlos con un poco de ajo y aceite, hasta que estén dorados, y tratar de reservarlos calientes.

Hervir el caldo de carne con la tinta de chipirón y reservar.

En un plato sopero, disponer un fondo de sopa de cebolla muy caliente; encima, 7 u 8 trozos del chipirón a la plancha, y alrededor, 3 o 4 gotas del consomé en su tinta. Por último y rodeando todo lo anterior, 3 o 4 gotas de aceite de oliva virgen. Rematar con algo de perejil picado.

CHIPIRONES FRITOS

(La infancia hecha gastronomía)

Ingredientes

1 kg de chipirones
½ l de leche entera
100 g de harina
Sal
Aceite para freír

Cortar el chipirón en bastones alargados. Sumergirlos en leche durante ½ h. Escurrirlos bien, salarlos y enharinarlos.

Pasar por un cedazo o colador meneándolo con fuerza para desechar la harina sobrante.

Freír en abundante aceite a 180 °C, hasta que estén doraditos.

Acompañar con ½ limón, por si alguien quiere darle un toque ácido que a algunas frituras les va tan bien.

NOTA – *Cuando era niño, el aita, por razones de trabajo, viajaba con frecuencia a Düsseldorf. Los días que mi ama y yo pasábamos solos solía preguntarme qué quería para comer. Siempre contestaba lo mismo: «Chipirones fritos».*

CHIPIRONES EN CRUDO

Ingredientes
½ kg de chipirón grande
40 g de AOVE Dominus Cosecha Temprana
Rebanadas fritas de pan tostado
Sal gorda

Congelar el chipirón durante 72 h a –25 °C.
Descongelar muy lentamente en el frigorífico.
Picarlo con un cuchillo, como si fuera carne picada.
Depositarlo encima de una rebanada de pan tostado calentito. Dar un toque de aceite de oliva y de sal gorda.

CHIPIRONES EN CRUDO CON SOJA

Ingredientes
400 kg de chipirón grande
30 g de soja

Congelar el chipirón durante 72 h a –25 °C.
Descongelar muy lentamente en el frigorífico.
Cortar el chipirón en cuadrados de 2 cm.
Hacer incisiones con un cuchillo muy afilado por las dos partes, como en la receta de «Chipirón a la plancha» (ver pág. 279). Hay que tener cuidado para que los cortes no sean muy profundos; si no, se partirán los trozos.
Depositar en un plato acompañado de un bol pequeño con la salsa de soja. Untar en ella y a disfrutar de una textura muy especial.

CHIPIRONES CON VINAGRETA

Ingredientes
½ kg de chipirones
100 g de salsa de chipirones
100 g de aceite de oliva
2 cs de vinagre de Módena
Hojas de lechuga o rúcula

Descongelar la salsa de chipirones que sobró de la receta de chipirones o elaborar una nueva (ver pág. 280). Mezclar la salsa con la mitad del aceite y el vinagre y reservar.
Dorar en una sartén con el aceite restante los trozos de chipirón. Reservar.
En el fondo del plato, extender los chipirones; encima, los trozos de lechuga o rúcula. Bañar levemente el conjunto con la vinagreta.
Tomar templado.

CHIPIRONES COMO EN ASTURIAS O EN GIRONA

Ingredientes

12 chipirones enteros (de 50 g aprox.)
AOVE

Los chipirones deberán ser muy frescos y de anzuelo, no de arrastre: estos suelen tener arena. Deben ser recién pescados, haber pasado el menor tiempo posible fuera del agua, cuando la piel está todavía cambiando de color, parpadeando (es un espectáculo verlos así).

En una sartén caliente, dorar los chipirones tal y como han llegado, sin quitarles nada de nada.

Servirlos, cuando estén bien dorados por fuera y hechos por dentro.

Una experiencia fuera de lo común: el interior del chipirón es un mar de matices y este le transmite a la carne del chipirón sensaciones únicas.

Para gourmets muy avanzados.

CHIPIRONES EN TIRAS

Ingredientes

½ kg de chipirón grande o calamar
2 puerros grandes
AOVE
Perejil picado

Cortar los puerros en forma de cilindro y dorarlos en una sartén a fuego medio, para que se nos hagan por dentro. Reservar.

Aparte, cortar con un cuchillo muy afilado los trozos de chipirón en tiras muy finas; saltearlas con aceite a fuego muy fuerte y espolvorear por encima perejil picado.

En el fondo del plato, poner los puerros cortados, y encima, los fideos de calamar. Recuperar los jugos de la sartén y regarlo todo por encima.

Más sencillo y sabroso... ¡difícil!

CHIPIRÓN GRANDE CON CEBOLLETAS

Ingredientes
½ kg de chipirones
12 cebolletas
Sal
Aceite de oliva
Mayonesa (opcional)
Alioli (opcional)
Perejil (opcional)

Cortar la carne del chipirón en cuadrados.
Cortar las cebolletas de tamaño similar.
Pinchar en una brocheta chipirones y cebolletas intercalados.
Dorar en una sartén las brochetas enteras. Si no contáis con una sartén de este tamaño, podéis asarlas al grill en el horno. En cualquiera de los dos casos, dorar por ambos lados y acompañar con algo de perejil picado, una mayonesa o un alioli o también una tártara.

CIGALAS EN MAÍZ

Ingredientes
1 kg de cigalas (8 unidades)
1 bote de maíz dulce
AOVE
Sal

Abrir las cigalas grandes por la mitad longitudinalmente con ayuda de un cuchillo.
Dorarlas en el grill del horno (ya sabéis que la puerta del horno puede estar abierta, ya que el grill actúa como brasa, no como horno) en la parte superior por el lado de la carne abierta.
Dejar que se doren durante 7 min aprox., según el tamaño, y sin cambiarlas de posición.
Mientras, preparamos la salsa de maíz, que es así de simple: triturar el maíz con todo el jugo del bote; filtrarlo por un colador y añadirle sal.
Cuando las cigalas ya estén doradas, retirar la bandeja y echar por encima la salsa. Finalmente, volver a introducir todo 2 min más en el grill.
Sacar y servir con los jugos que quedan en la bandeja, mezcla del dorado de las cigalas más la salsa de maíz.

CIGALAS REBOZADAS, O CIGALAS LOLA

Ingredientes

1 kg de cigalas frescas (20 unidades)
10 g de harina
2 huevos
Sal
Aceite de oliva para freír
Vino blanco o jerez (para acompañar)

Pelar las colas y reservar las cabezas para una futura sopa.
Salar las colas, enharinarlas y pasarlas por el huevo. Escurrir bien y freír a fuego medio, hasta que estén levemente doradas. Sacarlas sobre un papel absorbente.
Se pueden servir acompañadas de un vino blanco seco y fresco o jerez seco.

NOTA – *Esta receta era el antojo de mi Lola, cuando estaba embarazada. ¡Una delicia!*

CIGALAS Y AGUACATE

Ingredientes

½ kg de cigalas
2 aguacates maduros
½ cebolla mediana
AOVE
Vinagre de jerez (muy poco)
Sal

Pelar el aguacate y cortarlo en láminas finas; ponerlas directamente sobre cada plato. Encima, un poco de cebolla picada en juliana y un poquito de sal.
Saltear levemente las colas de las cigalas en una sartén con un poco de aceite (las cabezas, como otras veces, las habremos congelado para otra ocasión o receta) y colocarlas sobre el conjunto del plato con un poco de aceite y vinagre.

CIGALAS A LA BRASA ELÉCTRICA

Ingredientes
8 cigalas
Sal
Aceite de oliva

Colocar las cigalas a 8 cm del grill superior del horno a la máxima potencia. Asar apenas 4 o 5 min por cada lado: se dorarán levemente, pero manteniendo todos sus jugos en el interior.
En el momento de presentar en la mesa, echarles un poco de sal y unas gotas de aceite.
Comerlas con los dedos. Disponer al lado un pequeño bol con una rodaja de limón flotando dentro para limpiarse las manos (no para bebérselo, como hacen algunos).

ERIZOS AL VAPOR

Ingredientes
1 kg de erizos

Poner en una vaporera el agua. Disponer en la parte superior los erizos y esperar 5 min. Retirar y servir.
También podría hacerse simplemente en agua hirviendo en apenas 2 min.
Abrir, golpeando con una cuchara, un agujero en la parte superior del erizo.
En su interior, retirando las aguas que queden, estarán pegadas a la parte interior de sus paredes una especie de gajos de color naranja-rojo-grisáceo, llamados también «yemas de erizo». Eso es lo que se come: sus huevas, su sistema reproductivo.
Auténtico sabor a mar, a yodo... ¡pura delicia!

ERIZOS CRUDOS

Ingredientes
1 kg de erizos

También existe la posibilidad de degustar los erizos crudos. Al no tener temperatura, el sabor es distinto. Más puro. Abrirlos y degustarlos. ¿Mejor que al vapor? Distintos...

ERIZOS EN CALDO COMO APERITIVO

Ingredientes

100 g de carne de erizo
400 g de consomé de verduras
4 huevos de codorniz cocidos
30 g de vino blanco o fino (jerez)

Preparar un consomé (ver pág. 43) y reservar.
Disponer en un cuenco la carne del erizo y los huevos de codorniz sin cáscara.
Hervir el consomé con el jerez y, cuando esté hirviendo, rellenar los cuencos de cada invitado.
Servir inmediatamente.

APERITIVO DE ERIZOS GRATINADOS

Ingredientes

4 erizos, su carne y su concha limpia
200 g de bechamel
20 g de mantequilla
Pan rallado

Elaborar una bechamel muy ligera (ver pág. 208).
Agregar la carne de los erizos picada y dejar hervir levemente.
Rellenar las conchas de los erizos hasta algo más de la mitad.
Espolvorear un poco de pan rallado y un poco de mantequilla.
Gratinar en horno fuerte (230 °C), hasta que se doren levemente y se calienten por dentro (en caso de que los tengamos hechos con mucha anticipación, porque si acabamos de hacer el preparado, necesitará menos tiempo).

ERIZOS Y CEBOLLETAS

Ingredientes

100 g de carne de erizos
4 cs de aceite de oliva
8 cebolletas
30 g de aceite de oliva
150 g de mayonesa

Elaborar una mayonesa (ver pág. 42).
Agregar la carne del erizo, que previamente se habrá salteado, y reservar.
Aparte, pelar las cebolletas y cortarlas por la mitad.
Dorar a fuego suave en una sartén con el aceite para que se hagan.
Disponer en un plato las cebolletas acompañadas con una mayonesa que nos habrá quedado con ese sabor tan marino de yodo.

GAMBAS A LA PLANCHA

Ingredientes

½ kg de gambas frescas
2 cs de aceite de oliva virgen
Sal

Extender sobre una sartén o plancha caliente las gambas bien ordenadas. Rociarlas con un poco de aceite, dejar que se hagan un par de minutos y darles la vuelta; 1 min más por el otro lado será suficiente.

Darles un toque de sal y servirlas con el juguillo que hayan soltado: el resultado de la mezcla de aceite, los jugos de las gambas y la costra que se forma en la sartén o en la plancha.

A la hora de comerlas si son pequeñas, no hace falta pelarlas; pero la piel tiene que estar bien crujiente y dorada (si no, habría que pelarlas).

NOTA – *Esta receta, como casi todas las demás de gambas, sirve también para langostinos, carabineros, cangrejos de río, quisquillones, etc.*

GAMBAS AL AJILLO

Ingredientes

700 g de gambas
2 dientes de ajo grandes
3 cs de aceite de oliva
Perejil picado

Pelar las gambas y guardar las cáscaras y las cabezas para una crema o sopa (si no tenéis tiempo para prepararla en ese momento, congelar las cabezas para hacerla otro día; pero no las tiréis: sería un despilfarro).

Picar el ajo finamente.

En una cazuela de barro, echar el aceite y el ajo; cuando se haya dorado, echar las gambas y dejar que se hagan levemente. Dar un toque de sal.

Espolvorear perejil picado por encima y sacar a la mesa enseguida.

GAMBAS EN SU JUGO

Ingredientes
700 g de gambas
2 dientes de ajo grandes
3 cs de aceite de oliva
Perejil picado

En una cazuela de barro, echar el aceite, el ajo y las cabezas; aplastarlas con un tenedor para que expulsen sus jugos. Después, sacarlas de la cazuela y pasarlas por un pasapurés, para extraerles todo su jugo y sabor. El aceite habrá cogido un color rojizo y un sabor a gambas exquisito. En ese momento, echar las gambas y dejar que se hagan levemente. Dar un toque de sal y perejil picado.

GAMBAS CON AJOS TIERNOS

Ingredientes
500 g de gambas peladas
200 g de ajos tiernos
Perejil picado
Sal
2 cs d aceite de oliva

Limpiar y cortar los ajos tiernos en pequeños bastones; saltearlos en una sartén apenas 3 min a fuego medio; después, añadir las gambas peladas y darles un toque de sal y de perejil picado.
Servir al momento.

GAMBAS COCIDAS

Ingredientes
600 g de gambas frescas
2 l de agua
60 g de sal
10 g de aceite de oliva

Poner el agua en ebullición con la sal. Cuando hierva, echar las gambas y dejar cocer 3 min, si son pequeñas. Es preferible comerlas calientes y, si se acompañan de una mayonesa casera, mucho mejor.

NOTA – *Esta receta sirve también para langostinos (5 min), carabineros grandes (7 min) y quisquilla pequeña (2 min).*

GAMBAS EN VINAGRETA, O SALPICÓN

Ingredientes

600 g de gambas frescas
50 g de pimiento verde
50 g de pimiento rojo
Perejil picado
1 cebolla pequeña
50 g de aceite de oliva virgen
20 g de vinagre de Módena o de jerez
Sal

Cocer las gambas como en la receta anterior.
Pelarlas y guardar las cabezas para hacer una sopa, cuando sea.
Cortar en dados el pimiento verde, el pimiento rojo y la cebolla.
En un bol, juntar todos los ingredientes, excepto las gambas, y revolver. Echar la mezcla sobre las gambas calientes o, al menos, templadas. Si no es para comer al momento, mejor frías.

GAMBAS FRITAS

Ingredientes

600 g de gambas
200 g de aceite de oliva para freír
3 huevos batidos
200 g de pan rallado
2 dientes de ajo picados muy fino

Pelar las gambas de la siguiente manera: untar el cuerpo de la gamba en el huevo batido sujetando la cola sin pelar. Después, rebozar en el pan rallado mezclado con el ajo.
Echar inmediatamente al aceite caliente y dejar que se dore. Servir enseguida.
Si queremos sentarnos tranquilos a la mesa con nuestros invitados, encender el horno a 60 °C y meter las gambas ya fritas. Ir sacándolas, a medida que se vayan necesitando, y servirlas todas en una fuente con papel absorbente debajo.
Con los langostinos funciona igual de bien, incluso mejor: al ser más grandes, no se hacen tanto por dentro.

GAMBAS AL HORNO

Ingredientes

600 g de gambas grandes
1 diente de ajo muy picado
20 g de aceite de oliva
El zumo de ½ limón grande
40 g de mantequilla
Sal

Abrir por la mitad y a lo largo las gambas con ayuda de un cuchillo.
Extender en una bandeja de horno todas las gambas abiertas (con la piel hacia abajo dejando la carne a la vista) y poner un trozo de mantequilla pequeño encima de cada una.
Dorar el ajo con el aceite y verterlo por encima de las gambas.
Introducir al horno a 200 °C (como siempre, precalentado) hacia la mitad del horno, hasta que se doren levemente.
Cuidado con no quemar el ajo, que ya hemos dorado antes. Con 7 o 9 min, dependiendo del tamaño, bastará.
En el momento de servir, añadir el zumo de limón y todos los jugos que hayan soltado al asarse.

NOTA – *Esta receta sirve también para langostinos, carabineros, etc.*

ESENCIA DE GAMBA

Ingredientes

500 g de gambas frescas
2 l de agua
60 g de sal
30 g de aceite de oliva

Cocer las gambas en agua salada, como en la receta de «Gambas cocidas» (ver pág. 291). Pelar las colas y reservarlas en un plato; encima, exprimir con la mano las cabezas para que suelten todos sus jugos.
Poner unas gotas de aceite de oliva por encima: ¡más sencillo y rico, imposible!

GAMBAS DOS TEXTURAS

Ingredientes

500 g de gambas
Aceite para freír
Agua

Separar las colas de las cabezas. Cocer las colas como en la receta de «Gambas cocidas» (ver pág. 291). Freír las cabezas en abundante aceite caliente, hasta que estén crujientes.
Presentar el plato en dos fuentes: una con las colas cocidas, y la otra, con las cabezas fritas y muy crujientes. ¡Tan sencillo que roza el cielo!

GAMBAS A LA GABARDINA

Ingredientes

700 g de gambas crudas peladas (las cabezas, para una sopa)
150 g de harina
100 g de cerveza
30 g de agua
Aceite de oliva para freír

Mezclar todos los ingredientes, menos las gambas y el aceite, hasta formar una masa espesa, y dejar reposar 1 h.

Pelar las gambas como en la receta de «Gambas fritas» (ver pág. 292), es decir, dejar lo último de la cola sin pelar. Agarrando las gambas por la cola, vamos untando el cuerpo en la masa espesa y las echamos directamente sobre el aceite caliente. Dejar que se doren 1 min, o algo más, según el tamaño, y servirlas inmediatamente.

GAMBAS CON SU PROPIO JUGO

Ingredientes

500 g de gambas
90 g de aceite de oliva
10 g de azúcar
1 diente de ajo picado
Sal
Pimienta
Pan tostado

Dorar el ajo con un poco de aceite en la sartén. Añadir las cabezas de las gambas y dorarlas levemente. Introducirlas en una trituradora con los 90 g de aceite de oliva y el azúcar, y triturarlas, hasta formar una pasta que pasaremos por un colador (este paso es muy importante). Corregir de sal y reservar.

Aparte, cocer las colas en agua con sal como en la receta de «Gambas cocidas» (ver pág. 291). Servir las colas peladas y, a su lado, el mojo de sus cabezas para untar.

Con un poco de pan tostado disfrutaréis del sabor placentero de este plato.

CÓCTEL DE GAMBAS

Ingredientes

500 g de gambas
200 g de mayonesa
40 g de kétchup
5 g de tabasco
30 g de coñac
150 de lechuga

Cocer las gambas como en la receta de «Gambas cocidas» (ver pág. 291) Pelar las colas y guardar las cabezas para una futura sopa (si podéis hacerla en el momento, bien; si no, congeladlas). Reservar.
Limpiar y picar la lechuga en juliana fina y meterla en una taza o bol pequeño. Añadir un poco de salsa rosa que habremos elaborado simplemente mezclando la mayonesa, el kétchup, el tabasco y el coñac en frío.
Encima, colocar las gambas en círculo; por último, en el medio, un poco más de salsa rosa. Servir frío, pero no demasiado.
Un clásico, pero no por eso menos rico.

BROCHETA DE GAMBAS

Ingredientes

500 g de colas de gambas
150 g de cebolla
50 g de puerro
30 g de pimiento verde
30 g de zanahoria
Perejil picado
100 g de aceite de oliva
35 g de vinagre de vino
Sal

Hacer brochetas con 8 colas de gamba (según tamaño) ensartándolas en fila, un poco apretadas y sazonadas.
Pasarlas por la plancha, hasta que estén doradas.
Aparte, triturar la verdura en crudo, hasta que esté muy picada; añadirle el aceite, el vinagre y la sal.
Sobre una rebanada de pan recién tostado, poner la brocheta de gambas recién hecha y, por encima, la vinagreta espesa de verduras.
¡A disfrutar!

GAMBAS AGRIDULCES

Ingredientes

500 g de gambas (solo las colas)
Sal
200 g de cebolla
100 g de zanahoria
100 g de pimiento verde
30 g de aceite de oliva
30 g de azúcar
25 g de vinagre de Módena

Limpiar y cortar la zanahoria y el pimiento verde en bastones; la cebolla, en trozos medianos, y saltear todas las verduras a fuego fuerte. Pasados un par de minutos, añadir las gambas; 2 min después, el azúcar y el vinagre; y 2 min más tarde el plato estará terminado.
El gusto del ácido y el dulce se mezclan en una sencilla receta que refuerza el sabor del marisco.

MEJILLONES AL VAPOR

Ingredientes

1 ½ kg de mejillones
½ l de agua
½ limón (opcional)
Mayonesa (opcional)

Poner en una vaporera el agua (si no tenéis vaporera, sirve una cazuela normal, con medio vaso de agua en el fondo; el resultado será parecido). Echar en la parte superior los mejillones hasta que se abran. Retirar y acompañar con un poco de limón recién exprimido o con una mayonesa.

NOTA – *Esta receta sirve también para almejas, berberechos, navajas, chirlas...*

MEJILLONES FRITOS

Ingredientes

1 ½ kg de mejillones
50 g de aceite de oliva virgen

Echar el aceite en una cazuela. Cuando esté muy caliente, verter los mejillones. En apenas 3-4 min se abrirán (remover de vez en cuando).
Servirlos con sus propios jugos. No es necesario echarles sal.

NOTA – *Esta receta sirve también para almejas, berberechos...*

MEJILLONES FRITOS CON CÁSCARA

Ingredientes

1 ½ kg de mejillones
50 g de aceite de oliva virgen
Aceite para freír
Pan rallado

Echar el aceite en una cazuela. Cuando esté muy caliente, verter los mejillones. En apenas 3-4 min se abrirán (remover de vez en cuando).
Retirar una de las valvas y embadurnar en pan rallado. Freír en aceite muy caliente. Algo muy distinto. Te gustará.

MEJILLONES CON TOMATE (EN MUCHOS SITIOS, «TIGRES»)

Ingredientes

1 ½ kg de mejillones
3 tomates muy maduros o una lata grande de tomate
1 cebolla grande
Sal
Pimienta
Azúcar
30 g de aceite de oliva virgen

Cocer los mejillones al vapor o freírlos como en la receta anterior.
Cuando se hayan enfriado un poco, quitarles la concha superior y reservar.
Pochar la cebolla picada, hasta que esté dorada; añadir el tomate y dejar que se poche también.
Añadir sal, pimienta y azúcar y triturarlo todo.
Servir los mejillones en una fuente acompañados por la salsa de tomate, todo caliente.

MEJILLONES (EN MUCHOS SITIOS, «TIGRES»)

Ingredientes

1 kg de mejillones
500 g de bechamel
2 cebollas grandes muy picadas
2 tomates grandes muy maduros, pelados y picados
Sal
Azúcar
40 g de aceite de oliva
Huevo
Pan rallado
Aceite para freír

Cocer los mejillones como en la receta de «Mejillones al vapor» (ver pág. 296). Extraerles la carne (no tirar las cáscaras: servirán para presentar el plato) y cortarla con un cuchillo en pedazos no demasiado pequeños (del tamaño de media alubia). Reservar.

Pochar la verdura con el aceite. Cuando esté dorada, añadir el tomate y dejar pochar; por último, rectificar de sal y azúcar. Añadir la carne del mejillón y cocerlo todo. Reservar.

Preparar la bechamel (ver pág. 208). Rellenar en frío las cáscaras de mejillones con la mezcla de verduras y mejillones hasta la mitad, más o menos. Verter la bechamel caliente hasta cubrir por completo la cáscara y dejar enfriar.

En el momento de freír, sumergirlos en huevo, después pasar por pan rallado y sumergirlos en aceite muy caliente hasta que queden dorados.

NOTA – *Dependiendo de zonas o regiones, la denominación «tigres» varía entre los hechos con tomate, como en la receta anterior, y estos últimos.*

MEJILLONES CON VERDURAS

Ingredientes

1 kg de mejillones
Pimentón dulce
Sal gorda
Vinagre de jerez
6 cebolletas frescas
2 puerros

Abrir los mejillones como en la receta de «Mejillones fritos» (ver pág. 296). Retirar la cáscara y reservar.

Dorar en una sartén la verdura troceada en un tamaño parecido al de los mejillones. Colocar en un plato los moluscos intercalados con la verdura. Espolvorear con un poco de pimentón dulce, un poco de aceite de oliva, algo de vinagre y sal gorda.

NAVAJAS AL LIMÓN

Ingredientes

1 kg de navajas
30 g de aceite de oliva para cocerlas
10 g de aceite de oliva para aliñarlas
1 limón verde o normal

Si las navajas no están totalmente limpias (esto es muy importante), hacerlo de la siguiente manera: sumergirlas en agua muy fría para que suelten bien la arenilla. Después, secarlas bien por fuera.
Abrir las navajas en una sartén con los 30 g de aceite.
Cuando se hayan abierto, depositarlas sobre un plato y verter encima unas gotas de aceite de oliva en crudo y la ralladura de un limón recién hecha.

NAVAJAS Y BEICON

Ingredientes

1 kg de navajas
20 g de aceite de oliva
150 g de beicon

Al comprar el beicon, pedir que lo corten en tiras muy finas.
Pasar las navajas por una sartén, hasta que se abran, y reservar.
En una sartén antiadherente sin aceite dorar los trozos de beicon.
Repartirlos por encima de las navajas y servir.

NAVAJAS CON GAZPACHO

Ingredientes

1 kg de navajas
20 g de aceite de oliva
600 g de gazpacho

Abrir las navajas con un poco de aceite y reservar.
Elaborar un gazpacho (ver pág. 51).
Extender en un plato las navajas templadas sacadas de su concha y partidas por la mitad. Verter un poco de gazpacho, no excesivamente frío, en el fondo del plato.
Rematar con unas gotas de aceite de oliva en crudo.

NÉCORAS A LA PLANCHA

Ingredientes

4 nécoras (de 150 g cada una)
Aceite de oliva

Cocer las nécoras, como en la receta de «Centollo cocido» (ver pág. 274), pero menos tiempo, 1 min, aprox.
Abrirlas por la mitad y pasarlas por la plancha.
Servir muy calientes.
Esta operación se puede hacer también con las nécoras frescas, sin necesidad de cocerlas ni siquiera 1 min.

OSTRAS

Ingredientes
24 ostras planas o alargadas
1 limón

Solo necesitamos buenas ostras. La dificultad radica en abrirlas. Para ello, contaremos con la ayuda de un abridor de ostras, una protección para la mano que sostiene la ostra, tiempo y mucha paciencia. En caso de que las ostras sean alargadas, deberéis ser más pacientes aún, pues son más difíciles de abrir que las planas. En cualquier caso, limpiar bien con un poco de agua salada todas las impurezas o trozos de cáscara que caigan en la ostra al intentar abrirlas.
Una vez abiertas, tenemos dos conchas: la plana y la cóncava, que es donde nos tendría que haber quedado la ostra.
Vemos tres partes, tanto en la alargada como en la plana.
a) El núcleo (de ambos tipos de ostra) es firme y muy sabroso. La parte alargada es más babosa y de mayor tamaño proporcional.
b) Las barbas, en ambos casos (la plana y la alargada), tienen texturas similares. Levemente más fibrosas y con sabores más acuosos.
c) El músculo es el encargado de cerrar las dos tapas y lo que hay que cortar para poder abrir las dos conchas. Tiene una textura más dura, pero nada despreciable, aunque haya gente que lo rechace. ¡Ni se os ocurra desecharlo!
Cortar el limón en 4 trozos. Servir las ostras acompañadas de ½ limón. Todo en frío.

NOTA – *Una vez abiertas las conchas, la ostra queda pegada a la concha cóncava. Pasar un cuchillo por debajo para soltarla por completo; de esta manera, nuestros invitados solo tendrán que exprimir unas gotas de limón y comérsela de un bocado. Las perlas no se comen. ¿Seguro?*

OSTRAS GRATINADAS

Ingredientes

16 ostras planas
1 puerro
30 g de mantequilla
50 g de nata líquida

Abrir las ostras, soltarlas de cada concha y, sin sacarlas de esta, espolvorear la parte blanca del puerro cortada en juliana muy fina. Añadir unos daditos de mantequilla y 1 cc de nata líquida. Meter en el grill del horno a 250 °C durante 2 min, hasta que se gratinen levemente, y servir calientes.

OSTRAS Y CALDO DE PATATA

Ingredientes

16 ostras
100 g de patata
700 cl de consomé
100 g de nata
15 g de mantequilla
Unas gotas de aceite de oliva
Sal

Poner a cocer la patata pelada y cascada, el consomé y la nata.
Cuando esté cocido, triturarlo todo añadiendo la mantequilla y la sal.
Calentar las ostras muy levemente (5-10 s) en el horno o en la sartén.
Servir en un plato sopero el caldo muy caliente y agregarle las ostras calientes.
Rematar con unas gotas de aceite de oliva por encima.

OSTRAS CON CREMA DE CHAMPÁN

Ingredientes

16 ostras planas o alargadas
30 g de mantequilla
10 g de harina
200 g de champán
1 chalota muy picada

Derretir la mantequilla con la chalota y la harina. Dejar hervir un instante y agregar 150 g de champán. Dejar hervir a fuego muy suave apenas 3 min.
Recoger el agua que tengan las ostras al abrirlas y al soltarlas de la concha y añadírsela a la preparación anterior. Dejar hervir, hasta que tenga una consistencia cremosa. Soltar las ostras de la concha cóncava y, sin sacarlas, cubrir con 2 cc de la crema de champán.
Dorar en una gratinadora u horno fuerte y, cuando estén listas y vayan a ser servidas, rociar con 1 cc de champán, que habremos reservado aparte.
Este toque cambiará mucho el sabor final.

OSTRAS FRITAS

Ingredientes

16 ostras
Harina de trigo
Aceite de oliva para freír.

Abrir las ostras y pasarlas levemente por un papel absorbente. A continuación, y todavía un poco húmedas, enharinarlas formando una costra.
Freír en abundante aceite caliente hasta que se doren y servir calientes.

OSTRAS AL CAVA

Ingredientes

4 ostras
150 g de cava muy frío
Perejil picado

En un vaso de chupito (muy pequeño) introducir una ostra limpia.
Rellenar el vaso con cava hasta tapar la ostra y, por encima, un poco de perejil picado.
Tomar todo mezclado de un movimiento.

OSTRAS CON ESPINACAS

Ingredientes

16 ostras
100 g de espinacas frescas
30 g de jamón en cuadraditos pequeños
1 diente de ajo
30 g de mantequilla
Sal

Abrir las ostras, soltarlas de la concha y mantenerlas en ella.
Aparte, cocer las espinacas durante 1 min en agua con sal.
Escurrir y ponerlas sobre una tela o paño.
Mientras, picar muy fino el ajo y dorarlo junto con los trozos de jamón.
Meter en medio de cada hoja de espinaca una ostra, el jamón y un poco (si se quiere) de ajo picado.
Cerrar envolviéndolo todo con la hoja de espinacas.
En caso de que el tamaño de la hoja no abarque el relleno, hacerlo con una segunda hoja.
Depositar en la concha y añadir algo de mantequilla. Calentar en horno fuerte durante 2 min y servir caliente.

OSTRAS CON TOCINO

Ingredientes

16 ostras
1 rodaja de tocino de 1 cm de grosor
2 rodajas de pan
30 g de mantequilla

Abrir las ostras y soltarlas de cada concha; sin sacarlas de esta.

Añadir la mantequilla y el tocino cortado en cuadraditos pequeños, que previamente habremos pasado por la sartén.

Meter en el horno a la máxima potencia durante 3 min.

Cortar y tostar en una sartén sin aceite el pan cortado en daditos y distribuirlos encima de las ostras, cuando las saquemos del horno.

OSTRAS Y HUMUS

Ingredientes

16 ostras
200 g de garbanzos cocidos (que nos sobraron de un cocido y tuvimos la genial idea de congelarlos)
Pan tostado en cuadraditos
AOVE Dominus Cosecha Temprana
Hojas de rúcula

Para la vinagreta:

100 g de aceite de oliva
40 g de vinagre de jerez
10 g de azúcar
Perejil picado

Hacer un puré espeso (añadiendo un poco de agua si fuese necesario) con los garbanzos. Quedará una especie de humus al que, si se quiere, se puede echar algo de comino.

Disponer este puré en cuatro pequeños montoncitos sobre cada plato y, encima, las ostras con unas gotas de aceite Dominus.

Adornar con unas hojas de rúcula y los panes tostados alrededor de todo lo anterior; como colofón, bañar el plato con la vinagreta.

Servir el conjunto (ostra y puré de garbanzos) a temperatura ambiente o caliente; nunca frío.

OSTRAS A LA PLANCHA

Ingredientes

16 ostras
30 g de aceite de oliva
Pan tostado
Alioli (opcional)
Mojo picón (opcional)
Puré de pimiento choricero (opcional)
Mayonesa casera (opcional)

Abrir las ostras y soltarlas. Después, pasarlas por una sartén entre ½ y 1 min con un poco de aceite de oliva.
Servir sobre pan recién tostado, al que habremos untado una fina capa de mayonesa, alioli, mojo, puré de pimiento choricero o la salsa que más guste.
Comer inmediatamente.

PERCEBES COCIDOS

Ingredientes

1 kg de percebes
2 l de agua
60 g de sal
1 hoja de laurel

Cocer los percebes en agua hirviendo durante 1 min. Sacarlos, escurrirlos, depositarlos en una bandeja y... ¡a comer! Pero ¿a comer qué?, os preguntaréis.
Veamos...
Sujetar la parte superior o «uña» del percebe, con la otra mano hacer una incisión y retorcerlo con los dedos justo en la base de esa «uña». Saldrá la carne del interior, que se queda unida a la «uña» del percebe.
Desechar la cáscara o «funda» y comer el interior, jugoso y calentito.
Cuidado en el momento de abrirlos, pues el jugo interior de los percebes suele salpicar mucho, generalmente al de al lado, o al de enfrente, pero también nos puede salpicar nosotros mismos.
El interior de la «uña» se desecha, aunque también hay quien se lo come... Tú decides.
Simplemente, se abre por la mitad y se accede a su interior.

PERCEBES FRITOS

Ingredientes

1 kg de percebes
70 g de aceite de oliva
Sal gorda

Verter los percebes en aceite muy caliente; tapar y remover durante 2 min.

Sacarlos de la cazuela con el jugo que hayan soltado y degustarlos como en la receta anterior.

PERCEBES CON TOCINO

Ingredientes

1 kg de percebes gordos
70 g de tocino con veta pequeña
40 g de aceite de oliva virgen, para freir
20 g de aceite de oliva virgen, para aliñar
20 g de vinagre de jerez

Freír los percebes como en la receta anterior.

Hacer láminas finas de tocino o, mejor, pedirle al carnicero que las corte con la máquina.

En un plato, poner los percebes pelados y taparlos con un par de láminas de tocino. Saborear con los jugos que hayan soltado y con un poco de aceite y vinagre en crudo.

Calentar en horno fuerte durante 30 s.

¡A disfrutar del gusto!

PULPO CON CACHELOS

Ingredientes

1 pulpo (más de un kg)
Pimentón dulce (o picante, a elegir) en polvo
AOVE
3 patatas medianas

Cocer el pulpo como en la receta siguiente; pero, en este caso, introducir también en el agua las patatas sin pelar. Más o menos tardan lo mismo en cocerse; aunque si viésemos que las patatas están hechas y el pulpo no, o al revés, sacar lo que ya esté cocido y problema solucionado.

Distribuir en el plato las patatas peladas y troceadas junto con el pulpo en trozos y espolvorear por encima pimentón, aceite de oliva y sal gorda.

PULPO A LA GALLEGA

Ingredientes

1 pulpo (más de 1 kg)
Pimentón en polvo dulce (o picante, si se prefiere)
AOVE Dominus Cosecha Temprana
Sal fina
Sal gorda

Si el pulpo es fresco, se puede ablandar de dos maneras diferentes:
a) Darle golpes sobre una roca, cogiéndolo de la parte posterior de la cabeza, o bien, con una pequeña maza sobre una tabla gruesa.
b) Congelarlo 2 días. Descongelarlo con paciencia en el interior del frigorífico.
Para ambos casos, la cocción es la misma:
Introducir el pulpo en agua hirviendo con sal fina. Dejarlo 2 s y sacarlo con ayuda de unas pinzas. Repetir la operación 2 veces más.
Finalmente, dejar cocer durante 30 min o un poco más a fuego medio (esto puede llegar a variar bastante; pero este tiempo es suficiente para pulpos de 1 kg, aprox.).
Transcurrido el tiempo de cocción, sacarlo y cortarlo con ayuda de unas tijeras en trozos de bocado (no conviene cortarlo con cuchillo: debido a la textura del pulpo, le arrancaríamos la parte oscura).
Disponer en un plato o tabla de madera, como marca la tradición, y echar por encima un poco de pimentón dulce o picante, sal gorda y aceite de oliva.
Degustar templado o caliente.

PULPO A LA BRASA

Ingredientes

1 pulpo (más de 1 kg)
Pimentón en polvo (dulce o picante, según se prefiera)
AOVE
3 patatas medianas

Cocer el pulpo como en la receta de «Pulpo a la gallega» (ver receta anterior); pero esta vez dejar las patas enteras. Pasarlas por el grill del horno o por una sartén muy caliente para que se doren un poco. Si se dispone de una barbacoa, aún mejor; pero cualquiera de las dos primeras opciones es válida.
Acompañar la pata del pulpo entera con las patatas, todo espolvoreado con pimentón en polvo, aceite de oliva y sal gorda.

PULPO CON VERDURITAS

Ingredientes

1 kg de pulpo
1 pimiento verde
1 pimiento rojo
2 cebollas
150 g de AOVE Dominus Cosecha Temprana.
45 g de vinagre de vino blanco
Perejil picado
Sal

Cocer el pulpo (ver pág. anterior).
Cortarlo en trozos y meterlo en un bol al que se agregará la verdura cruda en cuadraditos. Por último, hacer la vinagreta (aceite, vinagre, perejil y sal) y esparcirla sobre el conjunto.
Servir a temperatura ambiente.

PULPO A LA PLANCHA

Ingredientes

1 kg de pulpo
3 dientes de ajo
3 patatas medianas
Aceite de oliva
Pimentón (dulce o picante)
Sal gorda

Cocer el pulpo y las patatas (ver pág. 305).
Abrir cada pata a lo largo y dorarla a la plancha con un poco de aceite y los ajos muy picados.
Una vez doradas, presentar las patas por el lado blanquecino y plano que ha sido dorado, acompañadas por las patatas y la mezcla de aceite, pimienta, sal gorda y los jugos que hayan quedado en la sartén.

VIEIRAS A LA PLANCHA

Ingredientes
16 vieiras hermosas
Aceite de oliva virgen

Limpiar las conchas de las vieiras con agua fría.
Retirar la concha plana con ayuda de un cuchillo corto.
Retirar la «tela» que cubre el conjunto y las vísceras negras.
Quedará el músculo blanco cilíndrico y lo que llamamos el «coral rojo-anaranjado» (lo que se come).
Pasar bien por agua fría.
La tela que hemos retirado antes, bien limpia, se puede utilizar para dar sabor a sopas o incluso para comerla hecha a la plancha, como lo hacen en ciertas zonas de Sudamérica, más habitualmente con las zamburiñas que con las vieiras.
Dorar en una sartén las vieiras, acompañadas con su coral o no, dependiendo del gusto.
También se puede hacer a la plancha el coral para luego elaborar con él una vinagreta, una sopa, etc.
Disponer sobre el plato (o sobre la concha inferior: luce más) y degustar uno de los sabores marinos más sutiles y complejos que existen.

NOTA – *Esta receta sirve también para zamburiñas.*

VIEIRAS AL AJILLO

Ingredientes
1 kg de vieiras limpias
2 dientes de ajo
Perejil picado
40 g de aceite de oliva
Sal

Si las vieiras son frescas, mejor; pero algunas congeladas son verdaderamente más que aceptables.
Dorar los ajos picados en la sartén con aceite y agregar las vieiras, hasta que se doren por completo.
Rematar con un poco de perejil y sal. Servir muy caliente.

NOTA – *Esta receta sirve también para zamburiñas.*

VIEIRAS AL HORNO

Ingredientes

8 vieiras
60 g de mantequilla
1 cebolla
1 tomate muy maduro
Sal
Azúcar
60 g de vino blanco
Pan rallado

Quitar el coral a las vieiras y picarlo en trozos.
Pelar el tomate, trocearlo, de igual tamaño, y añadirle la sal y el azúcar.
Picar la cebolla y pocharla durante mucho tiempo.
Mezclar el tomate con el coral de las vieiras, la cebolla pochada y el vino blanco. Echarlo todo en una sartén y darle un par de hervores.
Depositar en el fondo de la concha, la vieira (el músculo) y, alrededor, la mezcla anterior.
Repartir la mantequilla en trozos y espolvorear con pan rallado.
Meter a horno fuerte (230 °C), hasta que estén doradas. Servir muy calientes.

NOTA – *Esta receta sirve también para zamburiñas.*

VIEIRAS CON VAINAS

Ingredientes

12 vieiras con su coral
6 vainas
Aceite de oliva
100 g de salsa holandesa (ver pág. 214)

Separar el músculo del coral de cada vieira y reservar.
Quitarles los hilos a las vainas y separarlas a lo largo. Rodear con ellas las vieiras, a las que habremos separado del coral. Dorar levemente en una sartén con algo de aceite de oliva. En la misma sartén, dorar también los corales durante unos segundos.
Disponer en el centro de un plato los corales de las vieiras. A su alrededor, el músculo rodeado de la tira de vaina.
Verter, sin tapar las vieiras ni el coral, 2 cs de salsa holandesa.
Gratinar hasta dorar en el horno muy caliente (240 °C) o en el grill.
A degustar muy muy caliente.

NOTA – *Esta receta sirve también para zamburiñas.*

VIEIRAS EN SOPA DE HILOS DE VAINAS

Ingredientes

12 vieiras con coral
Aceite de oliva
50 g de patatas
½ l de agua
400 g de vainas
40 g de mantequilla
Sal
Azúcar

Quitar los hilos de las vainas y reservar las vainas para otro plato.
¿Crees que se tiran los hilos de las vainas? ¡Craso error!, ¡aquí no se tira nada!, nada comestible, por supuesto.
Manos a la obra...
Dorar las vieiras con un poco de aceite y reservar.
Poner a cocer los hilos y la patata durante, por lo menos, 25 min a fuego suave.
Triturar el conjunto en caliente con la mantequilla; colar y rectificar de sal y azúcar. Extender 4 cs del caldo de vainas sobre el fondo de un plato sopero; encima, tres vieiras con su coral y, alrededor, unas gotas de aceite de oliva y algo de perejil picado.
¡Y tú que pensabas tirar los hilos de las vainas...!

NOTA – *Esta receta sirve también para zamburiñas.*

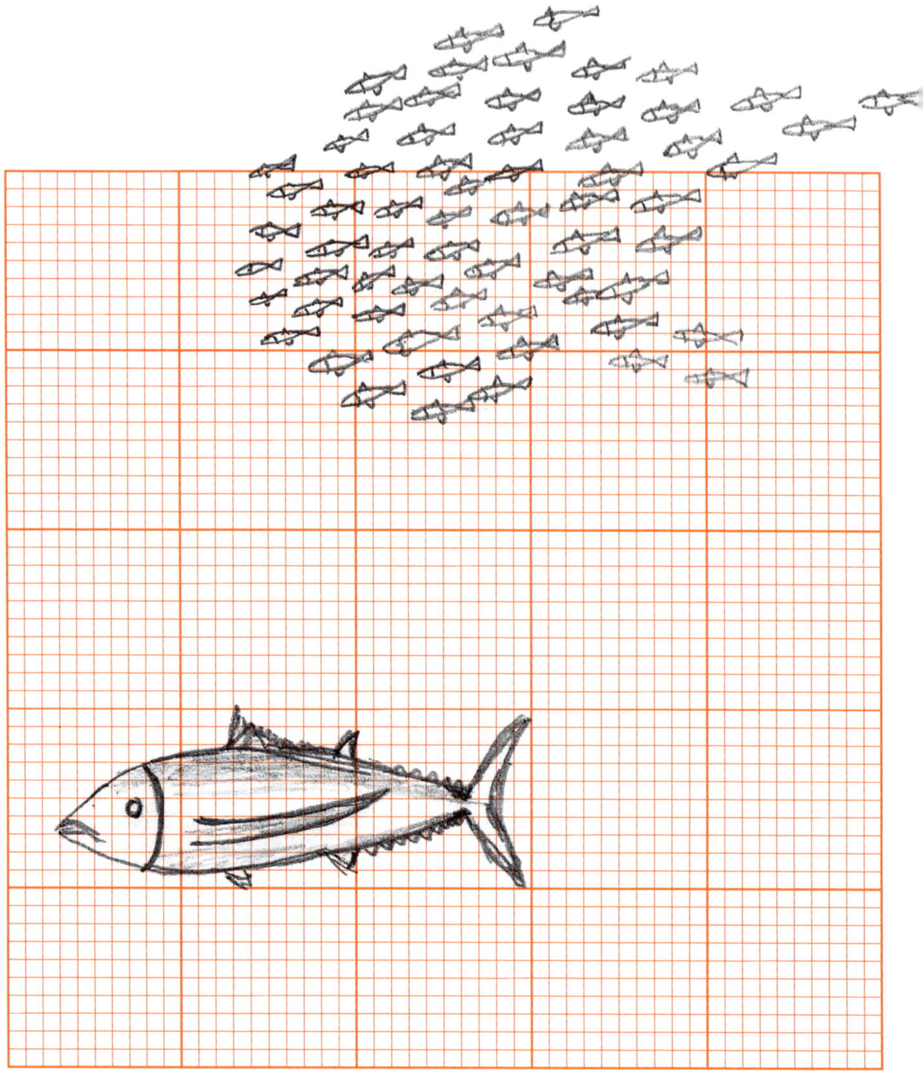

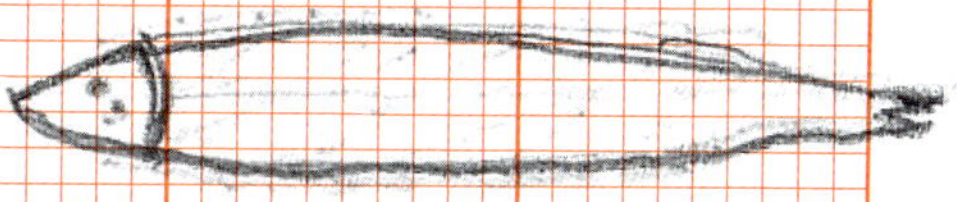

PESCADOS

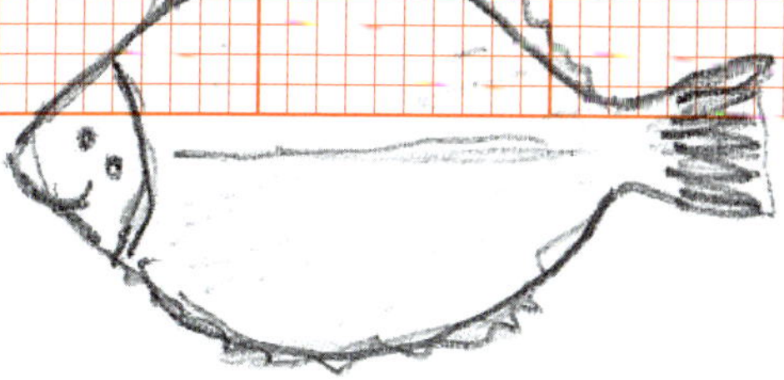

ANCHOAS FRITAS

Ingredientes

500 g de anchoas limpias y sin cabeza
150 g de harina
Aceite de oliva
Sal

Enharinar las anchoas limpias y pasarlas por un colador para retirar la harina sobrante (muy importante).

Freír en abundante aceite caliente una cuarta parte de las anchoas, ya que, si fuesen más, las coceríamos; repetir la operación hasta completar el medio kilo.

NOTA – *Cada vez que hagáis una tanda, servidlas en la mesa en un plato con un papel absorbente por debajo, para que los comensales se las coman con los dedos. Así hasta terminar con todas.*
Si nos gusta el sabor del ajo, podemos laminar un diente y freírlo junto con las anchoas.

ANCHOAS FRITAS REBOZADAS

Ingredientes

500 g de anchoas limpias, sin cabeza, sin raspa y abiertas en abanico (los dos lomos se sujetarán por la parte final de la cola, la cual mantendremos para poder freírlas más fácilmente)
100 g de harina
2 huevos
Sal
Aceite de oliva

Enharinar las anchoas con sal y pasarlas por un colador para eliminar la harina sobrante. Pasarlas por el huevo bien batido y echarlas al aceite no muy caliente. Al estar abiertas en abanico se harán muy rápido; lo mejor es ir haciéndolas en diferentes tandas, para que no se cuezan. Reservarlas en una fuente con papel absorbente; cambiarlas de plato y... ¡al centro de la mesa!
Deben quedar muy jugosas.

ANCHOAS FRITAS SALTEADAS

Ingredientes

500 g de anchoas limpias y sin cabeza (mejor pequeñas)
2 dientes de ajo
100 g de aceite de oliva
Perejil picado
Sal

Dorar los ajos picados en un cuarto del aceite disponible (25 g).
Agregar 100 g de anchoas previamente saladas y dorarlas por las dos partes a fuego vivo. No freír a la vez más de esta cantidad para una sartén de tamaño medio, porque si no se cocerían.
Repetir la operación hasta completar el ½ kilo de anchoas.
Si tenemos dos sartenes, mejor, acabaremos antes.
Espolvorear con perejil picado.

ANCHOAS SALTEADAS CON VINAGRETA

Ingredientes

500 g de anchoas limpias y sin cabeza (mejor las medianas)
2 dientes de ajo
100 g de aceite de oliva
50 g de vinagre de jerez
Sal
Perejil picado

Seguir los mismos pasos que en la receta anterior, con una pequeña diferencia: una vez fritas y fuera del fuego, verter una cucharada de vinagre de jerez, con cuidado de que no salte; para eso, será suficiente una tapa que cubra la sartén para evitar ese primer contacto del vinagre con el aceite caliente de la sartén. Se puede echar el vinagre cuando las anchoas están ya servidas en el plato: así, evitamos limpiar con papel absorbente la sartén para la próxima tanda, pero no es lo mismo. El vinagre en la sartén se evapora en parte y queda mucho mejor.

RASPAS DE ANCHOAS FRITAS

Ingredientes

300 g de anchoas
Aceite de oliva
Sal

Limpiar las anchoas, quitarles la cabeza (si no son muy grandes, se pueden dejar) y retirar los lomos (que se guardarán para otros menesteres).
Con las raspas haremos lo siguiente: las enharinamos y las freímos en aceite caliente, hasta que estén crujientes.
En un plato, colocamos una pequeña montaña de raspas muy crujientes y recién hechas.

ANCHOAS CON MAYONESA

Ingredientes

300 g de anchoas en lomos
Aceite de oliva

Para la mayonesa:

1 huevo
150 g de aceite de girasol
40 g de aceite de oliva
½ limón
1 cc de puré de aceituna negra
Sal

Freír levemente en una sartén los lomos de anchoa. Sacarlos y guardarlos en el frigorífico 24 h.
Hacer una mayonesa con 1 huevo, 150 g en aceite de girasol, 40 g de aceite de oliva, el zumo de ½ limón y un poco de sal. Se mete todo a temperatura ambiente en un vaso mezclado y se trabaja con una minipímer. Se hará a la máxima velocidad y apenas tardará 10 s en emulsionar. Para finalizar, agregar el puré de aceituna negra.
Degustar las anchoas fritas el día anterior con un poco de mayonesa recién hecha.

ANCHOAS CRUDAS

Ingredientes

200 g de anchoas muy frescas
40 g de aceite de oliva
Sal
Perejil picado
Tostadas de pan (opcional)

Abrir las anchoas en dos lomos retirando cabeza, las espinas y la raspa. Espolvorear con sal y sumergirlas en un poco de aceite durante 5 min. Un poco de perejil y ¡listas!
Para comer sin nada o sobre una tostada calentita recién hecha.

NOTA – *Las anchoas deben ser muy frescas. Para prevenir el problema del anisakis, congelarlas 72 h a –25 °C.*

ANCHOAS A LA SAL

Ingredientes

200 g de anchoas muy frescas
600 g de sal gorda
40 g de aceite de oliva
Pan tostado y fino (opcional)

Eliminar las espinas, la raspa y la cabeza de las anchoas. Enterrar los lomos en sal gorda durante 15 min. Transcurrido ese tiempo, aclararlos con agua muy fría unos segundos; secarlos con un papel absorbente y bañarlos en aceite un tiempo mínimo de 2 h.
Degustarlas acompañadas de pan recién tostado y una copita de fino.

NOTA – *Sumergidas en aceite, nos duran varios días en el frigorífico.*

ANCHOAS EN SAL CALIENTES

Ingredientes

200 g de anchoas muy frescas
600 g de sal gorda
40 g de aceite de oliva

Limpiar las anchoas de espinas, raspa y cabeza. Enterrar los lomos en sal gorda durante 5 min. Pasado este tiempo, pasarlas por agua fría, secarlas y mantenerlas en aceite de oliva. En el momento de servir, pasarlas por una sartén antiadherente solo por el lado de la piel, apenas 10 s.
Sacar a un plato y servirlas con tostadas recién hechas.

ANCHOAS EN VINAGRE DE JEREZ

Ingredientes

300 g de anchoas en lomos, sin espinas ni cabeza (mejor si son grandes)
300 g de vinagre de jerez
Sal
200 g de aceite de oliva
Rebanadas de pan caliente

Salar los lomos de anchoa y sumergirlos en el vinagre. Dejarlos así durante 3 h. Desechar el vinagre y sumergirlas en aceite de oliva.
Degustarlas sobre rebanadas de pan caliente.
La textura será agradable, y el color, levemente blanquecino.
Aguantan en el frigorífico un máximo de 72 h; pasado ese tiempo, hay que desecharlas.

ANCHOAS EN SALAZÓN

Ingredientes

1 kg de anchoas grandes, limpias y en lomos
2 kg de sal gorda
Aceite de oliva
Pan tostado

Limpiar bien un recipiente inalterable (de acero inoxidable, de cristal, etc.).
Ir combinando primero una capa de sal gorda y encima una de lomos de anchoa; así hasta el límite del recipiente; la última capa será de sal. Poner un peso encima y dejarlas en un sitio fresco.
Dejar reposar 7 días. Cada 3 o 4, drenar los jugos que vayan soltando, bien por agujeros hechos en el recipiente, bien, si este es pequeño, volcándolo levemente para que salgan.
Pasado ese tiempo, sacar las anchoas y lavarlas con agua fría, secarlas y sumergirlas en aceite.
Mantener siempre la conservación en frigorífico.
Servirlas acompañadas con un poco de aceite y pan tostado.

NOTA – *Otra variante es enterrar en sal las anchoas enteras, es decir, con tripas, cabeza, etc. En este caso, las dejaremos reposar durante 60 días (también con peso). La diferencia radica en que hay que limpiarlas de espinas, pieles, etc., una vez saladas: implica más trabajo, pero el resultado es mejor o, al menos, distinto.*

ANCHOAS EN VINAGRE DE MÓDENA

Ingredientes

300 g de anchoas en lomos, sin espinas ni cabeza (mejor siempre las grandes)
300 g de vinagre de Módena
Sal
200 g de aceite de oliva
Rebanadas de pan caliente

Salar los lomos de anchoa y sumergirlos en el vinagre. Dejarlas así durante unas 10 h. Desechar el vinagre y sumergirlas en aceite de oliva.
Degustarlas sobre rebanadas de pan caliente. La textura será más recia, y el color, muy blanquecino.
Aguantan en el frigorífico un máximo de 4 días; pasado ese tiempo, desecharlas.

ANCHOAS SALADAS EN LOMOS

Ingredientes

300 g de anchoas limpias, sin espinas, raspas, ni cabeza (para ello necesitaremos unos 500 g de anchoas frescas que, limpias, se reducen al peso que necesitamos)
½ l de agua fría
100 g de sal fina
50 g de aceite de oliva
Rebanadas de pan

Limpiar las anchoas quitándoles la cabeza, abriéndolas por la mitad y dejándolas sin espinas ni raspas. Reservar.
Diluir el agua con la sal; cuando esté bien diluida, introducir los lomos de anchoa durante 15 min. Transcurrido este tiempo, sacarlas, secarlas y sumergirlas en aceite de oliva.
Tenéis dos opciones: comerlas en frío sobre una rebanada de pan, o en pan caliente, previamente pasadas unos segundos por la sartén.
En ninguno de los dos casos se necesita más sal; aunque si queremos comerlas en caliente, es mejor que el tiempo transcurrido en la salmuera se limite a 3 o 4 min.

ANCHOAS EN VINAGRE DE SIDRA

Ingredientes

300 g de anchoas en lomos, sin espinas ni cabeza (ideal las grandes)
300 g, aprox., de vinagre de sidra (o de otro tipo)
Sal
150 g, aprox., de aceite de oliva
Rebanadas de pan caliente

Salar los lomos de anchoa y sumergirlos en el vinagre. Dejarlas así durante un ¼ de h. Desechar el vinagre y sumergirlas en aceite de oliva.
Degustarlas sobre rebanadas de pan caliente. La textura es muy melosa, y el color, casi crudo.
Aguantan en el frigorífico un máximo de 48 h; pasado ese tiempo, desecharlas.

ANCHOAS EN VINAGRE DILUIDO

Ingredientes

300 g de anchoas en lomos, sin espinas ni cabeza (ideal las grandes)
300 g de vinagre de sidra
¼ de l de agua
Sal
200 g de AOVE Dominus Cosecha Temprana
Rebanadas de pan caliente

Salar los lomos de anchoa y sumergirlos en la mezcla del agua con el vinagre. Dejarlos así durante 1 h. Desechar el vinagre y sumergirlos en aceite de oliva.

Degustarlos sobre rebanadas de pan caliente. La textura será muy jugosa y el vinagre les dará un toque aromático.

Aguantan en el frigorífico un máximo de 48 h; transcurrido ese tiempo, desecharlas.

ANCHOAS CON CÍTRICOS

Ingredientes

300 g de anchoas en lomos sin espinas ni cabeza
200 g de zumo de naranja
300 g de zumo de limón
Sal
200 g de aceite de oliva virgen
Rebanadas de pan tostado

Salar los lomos de anchoa y sumergirlos en la mezcla de zumo de naranja y limón durante 1 h. Pasado este tiempo, desechar el zumo y sumergir los lomos en aceite de oliva.

Degustarlos sobre pan tostado. Su textura será muy agradable, y el aroma, distinto.

Aguantarán en el frigorífico 48 h; pasado este tiempo, debemos desecharlas.

ANCHOAS JARDINERA

Ingredientes

300 g de anchoas en lomos, sin espinas ni cabeza
300 g de vinagre de sidra
Sal
200 g AOVE Dominus Cosecha Temprana
1 pimiento verde
½ pimiento rojo
1 cebolla
Perejil picado
Pan (opcional)

Preparar las anchoas como en la receta de anchoas en vinagre (ver pág. 317).
Picar los pimientos y la cebolla en cuadraditos pequeños.
Disponer en un plato las anchoas y, encima, el picado de verdura cruda. Espolvorear con perejil picado, o bien sobre una rebanada de pan.

ANCHOAS CON FRESAS

Ingredientes

300 g de anchoas en lomos, sin espinas ni cabeza
300 g de vinagre de frambuesas
Sal
200 g AOVE Dominus Cosecha Temprana
200 g de fresas

Elaborar las anchoas como en la receta de anchoas en vinagre (ver pág. 317), con la diferencia de que aquí se empleará vinagre de frambuesa en lugar del de sidra.
Aparte, picar en cuadraditos las fresas y reservarlas.
Disponer en un plato las anchoas con el picado de fresas encima.
Degustar a temperatura ambiente.

ANCHOAS CON CEBOLLETAS

Ingredientes
300 g de anchoas
200 g de cebolletas
Perejil picado
Aceite de oliva

Elaborar las anchoas como en la receta de anchoas a la sal (ver pág. 317).
Dorar en una sartén las cebolletas abiertas por la mitad, hasta que adquieran un color tostado.
Colocarlas en un plato, y sobre ellas, los lomos de anchoas. Espolvorear por encima un poco de perejil picado.

ANCHOAS CON TOMATE

Ingredientes
300 g de anchoas en lomos, sin espinas ni raspa
2 tomates grandes
Sal
Azúcar
Orégano
Perejil

Preparar las anchoas como en la receta de anchoas en sal (ver pág. 317).
Pelar el tomate y cortarlo en 2 círculos de 2 cm de grosor; pasarlo por la sartén, hasta que esté dorado, y añadir sal, azúcar, orégano y perejil picado.
Encima, las anchoas a temperatura ambiente.

ANCHOAS PAPILLOTE

Ingredientes
300 g de anchoas abiertas en lomos (ideal un tamaño medio)
4 dientes de ajo
150 de aceite de oliva
Perejil picado
Sal

En una cazuela de barro, poner a dorar los ajos picados. Cuando estén listos, añadir los lomos de anchoas y tapar el conjunto con papel de aluminio.
Retirar del fuego inmediatamente y dejar que confiten durante 5 min.
Destapar delante de los comensales.

ANCHOAS PAPILLOTE CON CEBOLLA

Ingredientes

300 g de anchoas (ideal las de tamaño medio)
1 cebolla
100 g de aceite de oliva
Perejil picado
Sal

Cortar la cebolla en juliana y saltearla en una sartén con un poco de aceite durante 1 min.
En una bandeja de horno, extender papel de aluminio o papel sulfurizado; encima, las tiras de cebolla salteada y después las anchoas enteras. Salarlas y espolvorear con perejil picado. Por último, el aceite.
Cerrar el conjunto formando un «paquete», sellando a conciencia los bordes con varias dobleces.
Meter en el horno a 200 °C durante 7 min.
Presentar en bandeja y abrir delante de los invitados.

ANCHOAS ASADAS

Ingredientes

300 g de anchoas enteras, sin cabezas y con raspa (ideal las más grandes)
40 g de aceite de oliva
1 diente de ajo
5 cs de aceite de oliva
¼ zumo de limón

Disponer en una bandeja de horno las anchoas con sal e introducirlas dentro a 230 °C durante 3 o 4 min. Una vez fuera, rociarlas con el aceite y el ajo que habremos dorado justo en el mismo momento de sacarlas del horno. Por último, dar el toque ácido con el zumo de ¼ de limón.

ANCHOAS GUISADAS

Ingredientes

300 g de anchoas limpias, en lomos (ideal las grandes)
60 g de mantequilla
1 g de romero picado
Sal

En una sartén grande, fundir la mantequilla y el romero sin que llegue a hervir.
Añadir los lomos de anchoas con la piel hacia abajo. Apenas 15 s después, darles la vuelta y freírlas con la piel hacia arriba.
Esta operación tardará poco y deberá hacerse a fuego lento, sin que apenas hierva.

ANCHOAS EN CAZUELA

Ingredientes

500 g de anchoas (de tamaño pequeño o mediano)
1 pimiento verde
½ cebolla
1 guindilla cayena (opcional)
Aceite de oliva
Sal

Cortar la cebolla y el pimiento en juliana; pochar en una cazuela de barro con un poco de aceite la verdura y, si os gustan los sabores picantes, añadirle la cayena. Mientras se pochan (unos 20-25 min), limpiar las anchoas quitándoles las cabezas y las tripas, pero sin abrirlas. Cuando esté hecha la verdura, añadirle las anchoas y dejar hacer entre 6 u 8 min, dependiendo de su tamaño.

SOLOMILLO DE ATÚN

Ingredientes

4 lomos de atún de 150 g, aprox., cada uno (bien limpio de pieles, espinas y zonas negras)
2 cebollas
1 pimiento verde
1 puerro pequeño
Aceite de oliva
Sal

Pochar a conciencia la verdura en trozos no muy pequeños, hasta que esté muy dorada, y reservar. Aparte, disponer en una sartén con algo de aceite los 4 lomos, hasta que queden dorados por fuera y rojos por dentro.
Colocar en el fondo del plato la verdura y, encima, el atún.

NOTA – *Si el pescado va a quedar casi crudo en su interior, se recomienda congelarlo 72 h a –25 °C.*

ATÚN CRUDO

Ingredientes

1 lomo de atún de 1 kg (limpio de espinas, de partes negras, pieles, etc.)
AOVE Dominus Cosecha Temprana
Salsa de soja

Secar bien el lomo con un trapo y congelarlo a −25 °C durante 72 h.
Descongelarlo lentamente en el frigorífico, durante el tiempo que sea necesario.
Secarlo bien y hacer tacos de 1 cm de grosor por 2 cm de ancho y 4 cm de largo.
Disponerlo sobre una bandeja y acompañar con un buen chorro de aceite de oliva y, al lado, un poco de salsa de soja para poder untar en ella.
¡Bocado sencillo y delicioso donde los haya!

VENTRESCA DE ATÚN AL HORNO CON VERDURAS

Ingredientes

1 ventresca
2 pimientos verdes
2 tomates maduros para guisar
1 cebolla
2 dientes de ajo
2 cs de vino blanco
1 cc de pan rallado
2 cc de perejil
Aceite
Sal

Pelar los dientes de ajo y picarlos en trozos pequeños. Poner una sartén con aceite a fuego mínimo e introducir los ajos. Mientras se doran, picar la cebolla en juliana, el tomate en láminas y el pimiento por la mitad longitudinalmente y luego en trozos.
Poner la verdura en una bandeja y, encima, echar un poco de sal y el aceite con los ajos, que estarán solo un poco dorados.
Meter la bandeja al horno caliente a 180 °C en el medio y dejar que la verdura se haga durante unos 15 min sin que esté del todo hecha. Sacar la fuente, poner la ventresca bien limpia, echar sal y aceite y volver a introducir en el horno en la parte superior con el grill encendido. Mantener 7 min, sacar, espolvorear con el pan rallado y el perejil y rociar con el vino blanco. Meter la bandeja 3 min más.

VENTRESCA O IJADA DE ATÚN

Ingredientes

Aceite de oliva
Sal
Cebolla o salsa de tomate (opcional como acompañamiento)
Ventresca

Pedirle al pescadero que corte la ventresca. Una vez cortada, distinguiremos varias zonas.

a) La parte central (cordón). Se puede retirar y servir aparte porque su consistencia es muy gelatinosa y muy especial. Se puede dorar a conciencia porque, dada su consistencia, no se pasará y, en este caso, es mejor que esté bien dorada en una sartén.

b) La parte superior que bordea la ijada es la que está unida a espinas gordas con carne escondida y un poco oscura. Se recorta y se fríe bien para que esté bien hecha. Hay que rebuscar la carne con ayuda de un tenedor para encontrarla, pero no está mal.

c) La parte central y más noble de la ventresca. Ideal para hacerla a la plancha, con o sin piel. Muy grasa, es de carne roja en el atún y blanca en el bonito, con sabor y sin espinas. Ideal para dorar en una sartén (al ser tan grasa, tenemos mucho margen para que no se pase).

d) La parte más baja de la ijada. Es casi igual de rica que la anterior, pero levemente más «cárnica» y no tan jugosa. Se cocina igual que la *c*, pero el margen es levemente menor, al ser más magra y tener un poco menos de grasa.

NOTA – *A veces en estas zonas pueden aparecer manchas verdes de hiel: son amargas y es mejor rasparlas o retirarlas con la punta de un cuchillo, aunque generalmente son superficiales y no molestan apenas (a mí por lo menos).*

Dorar la ventresca entera o cortada a lo largo, bien en una sartén sin aceite o en el grill superior de un horno puesto a tope de potencia, como si de una brasa se tratara. En ambos casos, primero por el

lado de la piel. Luego darle la vuelta y terminar de hacerla por el lado de la carne.
Retirar con ayuda de un cuchillo la piel, que saldrá con suma facilidad.
Un poco de sal y a disfrutar de uno de los bocados más alucinantes, jugosos y cargados de sabor que nos ofrece el mar (si no el mejor).
Acompañar, si se desea, con alguna salsa de tomate o cebolla pochada.

MARMITAKO DE BONITO

Ingredientes

300 g de bonito limpio en dados
2 patatas
1 cebolla
½ pimiento verde
1 ajo
½ pimiento choricero
1 l de agua

Dorar la verdura cortada muy fina con el aceite, hasta que esté totalmente pochada. Añadir las patatas cortadas en trozos medianos (cascadas).
Añadir el agua y dejar que hierva el conjunto a fuego suave por lo menos 20 min. Agregar el bonito y dejar que se haga durante unos pocos minutos, hasta que el conjunto esté un poco espeso.
Agregar un poco de perejil picado y servir muy caliente.

ATÚN CON TOMATE

Ingredientes

4 lomos de atún (de 120 g cada uno)
2 cebollas
3 tomates muy maduros (podría hacerse también con una lata de tomate entero en crudo)
½ pimiento verde
1 ajo
30 g de aceite de oliva
Sal
Azúcar

Pochar con un poco de aceite toda la verdura excepto el tomate.

Cuando esté dorada, añadir el tomate troceado y dejar hervir a fuego lento. Pasados 45 min, triturar el conjunto y rectificar de sal y de azúcar.

Aparte, dorar los lomos de atún por ambos lados y agregárselos a la preparación anterior.

Dejar que hierva el conjunto apenas 3 min.

CÓMO DESALAR EL BACALAO

Por cada kilo de bacalao en lomos, mínimo 6 litros de agua.

Introducir el bacalao en trozos en agua fría durante 48 h, en caso de que los lomos sean gruesos. Cada 12 h cambiar el agua, que se sustituirá por otra nueva.

Si los lomos son menos gruesos, de tamaño medio, el tiempo será menor: 32 h serán suficientes; no olvidar renovar el agua cada 12 h. En caso de tener mezclados trozos de distintos grosores, en un mismo recipiente habría que ir rescatando los más finos a partir de las 24 h, los medianos hacia las 36 h y los gruesos al cabo de dos días. Siempre en agua fría y cambiando el agua saturada de sal por agua nueva. Además, en las tiendas ya se comercializa un bacalao desalado de muy buena calidad.

BACALAO AL PILPIL

Ingredientes

8 lomos de bacalao desalado (de 80 g cada uno)
350 g de aceite de oliva
6 dientes de ajo
1 guindilla (opcional)

En una cazuela de barro, dorar los ajos cortados en láminas. Retirarlos de la cazuela y reservarlos en un plato.

En el caso de que optemos también por poner guindilla, freírla brevemente en el mismo aceite y reservarla con los ajos. Añadir los lomos de bacalao con la piel hacia arriba. Dejar que se hagan muy suavemente (prácticamente fuera del fuego).

Pasado ese tiempo, retirar casi todo el aceite de la cazuela, dejar templar 4 o 5 min y empezar a moverla en círculos; al mismo tiempo, ir añadiendo, muy poco a poco, el aceite, sin dejar de mover la cazuela. Todo esto, claro está, fuera del fuego.

Para ayudar a esta operación, añadir, de vez en cuando, unas gotas de agua fría, que contribuirán a que el conjunto ligue. Al terminar con el aceite y, si todo va bien, se obtendrá una salsa blanquecina ligada por la acción del aceite y la gelatina del pescado, un punto espesa, parecida a una mayonesa muy ligera (esto también dependerá del bacalao y de las partes que utilicemos de él).

Calentarlo con cuidado, ya que, en los puntos de hervor, la salsa empieza a cortarse. Cuando esto suceda, retirar del fuego la cazuela, moverla en círculo con cuidado, y volver a ponerla al fuego hasta que el conjunto esté caliente; repetir esta operación unas cuantas veces.

Servir en el plato y decorar con los ajos tostados (y la guindilla, si es que se ha utilizado al principio).

BACALAO CON PIMIENTOS VERDES

Ingredientes

8 lomos de bacalao desalado (de 60 g cada uno aprox.)
4 pimientos verdes
100 g de AOVE

Cortar los pimientos en trozos rectangulares y freírlos en aceite hasta que estén levemente dorados. Reservar. En este mismo aceite, freír los lomos de bacalao, a fuego medio, durante apenas unos minutos (dependiendo del tamaño), hasta que estén hechos.
Disponer en una bandeja los lomos de bacalao con la piel hacia arriba y, encima, los trozos de pimiento verde.

BACALAO CONFITADO

Ingredientes

4 lomos de bacalao desalado
300 g de aceite de oliva
16 dientes de ajo
½ l de leche

Disponer en una sartén el aceite sobre el bacalao sin que apenas supere los 60 °C.
Intentar que el aceite no suba de temperatura, apenas 70 °C como mucho (es cuestión de práctica; lo mejor es controlar la temperatura con un termómetro).
En apenas 15 min, el bacalao estará hecho, con una textura muy particular.
Aparte, se habrán cocido en leche los ajos pelados durante 20 min.
Colocar en un plato el bacalao confitado y, por encima, 4 ajos cocidos en leche.

BACALAO CON PIMIENTOS

Ingredientes

4 lomos de bacalao desalado (de 120 g cada uno)
2 pimientos verdes
1 pimiento rojo (morrón)
2 cebollas
2 tomates

Cortar las cebollas y los pimientos en trozos muy pequeños; pocharlo todo, hasta que esté muy dorado. Añadir los tomates troceados sin pelar y dejar que se poche todo bien. Pasarlo por un pasapurés y, después, por un colador. Poner a punto de sal y de azúcar.
Disponerlo en una cazuela y dejar que se hagan los lomos en la salsa a fuego muy suave, sin apenas hervir, durante apenas 10 min, dependiendo del grosor del bacalao.

BACALAO EN SALSA DE TOMATE

Ingredientes

8 lomos (de 100 g cada uno)
2 tomates grandes
2 cebollas
1 pimiento verde
1 ajo
Aceite de oliva
Sal
Azúcar
Caldo de verduras (opcional)

Pochar levemente en aceite las cebollas, el pimiento y el ajo a fuego muy suave, hasta que tenga un color marrón.
A continuación, echar el tomate troceado y pelado. Dejar que se poche bien hasta formar una salsa espesa.
Pasarlo todo por el pasapurés; en caso de que salga muy espesa, añadir un poco de agua o de caldo de verduras. Rectificar de sal y azúcar.
Disponer en una cazuela los lomos de bacalao y tapar por completo con la salsa anterior. Hervir a fuego muy lento apenas 8 min y servir.

BACALAO CON ACEITUNAS

Ingredientes

8 lomos de bacalao desalado (de 60 g cada uno)
1 lata de aceitunas negras
60 g de aceite de oliva
1 tomate pelado
Sal
Azúcar

Triturar las aceitunas con su propio caldo, hasta formar una pasta; añadir el aceite de oliva y volver a triturar. Disponerlo en una bandeja y sumergir los lomos de bacalao en esta mezcla durante 1 h.
Dorar los lomos (sin apenas quitarle la mezcla de las aceitunas) en una sartén.
Disponer en un plato el lomo de bacalao, que habrá quedado ligeramente oscuro debido a la aceituna, acompañado de trozos de tomate aderezado con sal y azúcar.

BACALAO CON CALDO DE GUISANTES

Ingredientes

4 lomos de bacalao (de 60 g cada uno)
2 dientes de ajo
30 g de aceite de oliva
200 g de guisantes congelados
1 l de caldo de verduras o de carne (casero o precocinado)
40 g de mantequilla
30 g de aceite de oliva
Sal
Azúcar

Freír los ajos cortados en láminas en el aceite y dorar los lomitos, hasta que estén bien hechos. Reservar.
Por otro lado, echar el caldo de verduras y, cuando empiece a hervir, agregar los guisantes sin descongelar. Dejar que vuelva a hervir; cuando rompa el hervor, dejarlo 2 min más. Triturar el conjunto en caliente, junto con la mantequilla y el aceite. Poner a punto de sal y azúcar y colar. Deberá quedar un caldo ligero, levemente espeso.
Disponer en un plato sopero el taco de bacalao y, alrededor, el caldo de guisantes que nos habrá quedado verde claro. Rematar la superficie con unas gotas de aceite de oliva.

BACALAO DESMIGADO CON VINAGRETA

Ingredientes

400 g de recortes de bacalao desalado
120 g de escarola
2 patatas medianas

Para la vinagreta:

100 g de AOVE
20 g de mostaza de Dijon
5 g de vinagre de jerez
2 g de sésamo blanco
1 g de perejil picado

Cocer las patatas en agua hirviendo y dejarlas enfriar después de haberlas pelado. Cortarlas en cuadrados medianos y reservarlas.
Limpiar la escarola y cortarla en pedazos medianos. Reservar.
Mezclar todos los ingredientes de la vinagreta en frío y reservar.
Montar sobre un plato sopero la base de la patata con algo de vinagreta. Encima, la escarola con algo de vinagreta también y, por último, el bacalao (que previamente habremos cocido en agua durante apenas 5 min, desespinado y pelado, hasta dejar los trozos limpios). Rociar todo levemente con la vinagreta.

BACALAO FRESCO

Ingredientes

4 lomos de bacalao fresco (de 120 g cada uno)
2 dientes de ajo
50 g de almendra molida
Perejil picado
Sal
Aceite de oliva
½ lechuga
Aceite de oliva
Vinagre de manzana

Picar los ajos y dorarlos en un poco de aceite. Añadir los lomos y dejar que se hagan a fuego suave. Sacarlos y escurrir el aceite. Espolvorear con la almendra en polvo, la sal y el perejil y acompañar con hojas de lechuga aderezadas con aceite y vinagre. El sabor del bacalao es muy distinto del salado; por eso se usa el fruto seco para reforzar su sabor.

BACALAO FRESCO Y SALADO

Ingredientes

4 lomos de bacalao fresco con piel
1 kg de sal gorda
4 cogollos de Tudela
200 g de AOVE Dominus Cosecha Temprana
30 g de vinagre de manzana o de sidra
100 g de AOVE para la vinagreta

Limpiar los lomos de espinas y enterrarlos en sal durante 2 h. Pasado ese tiempo, quitarles la sal con agua fría, secarlos y ponerlos en una cazuela con aceite.
Calentar levemente el conjunto, hasta que esté hecho. Rescatar los lomos del aceite y disponerlos en un plato acompañado por un cogollo abierto por la mitad aderezado con la vinagreta.
El bacalao fresco salado levemente por nosotros dará otra dimensión a la textura y al sabor de este pescado.

KOKOTXAS DE BACALAO AL PILPIL

Ingredientes

500 g de kokotxas de bacalao desaladas
300 g de aceite de oliva
Dientes de ajo
Cayena o guindilla (opcional)

En una cazuela de barro, dorar los ajos cortados en láminas. Retirarlos de la cazuela y reservarlos en un plato aparte. Añadir las kokotxas al mismo aceite y dejar que se hagan muy suavemente (prácticamente fuera del fuego). Luego retirar casi todo el aceite de la cazuela, dejar enfriar bastante y empezar a moverla en círculos, a la vez que vamos añadiendo muy poco a poco el aceite, sin dejar de mover. Todo esto, claro está, fuera del fuego.
Para ayudar a esta operación, añadir, de vez en cuando, unas gotas de agua fría, que contribuirán a que el conjunto ligue. Al terminar con el aceite y, si todo va bien, se obtendrá una salsa blanquecina ligada por la acción del aceite y la gelatina del pescado, un punto espesa y parecida a una mayonesa muy ligera. Esto también dependerá de las kokotxas.
Calentar con cuidado, ya que en los puntos de hervor la salsa empieza a cortarse. Cuando esto suceda, retirar del fuego la cazuela, moverla en círculo y con cuidado, y volver a poner al fuego hasta que el conjunto esté caliente; repetir esta operación unas cuantas veces.
Emplatar y decorar con los ajos tostados.

NOTA – *La misma receta se puede emplear para las kokotxas de merluza. Si nos gusta el picante, se puede añadir una cayena junto con los ajos.*

KOKOTXAS DE BACALAO EN SALSA VERDE

Ingredientes

500 g de kokotxas de bacalao desaladas
200 g de agua
20 g de harina
Perejil picado
1 diente de ajo
30 g de aceite de oliva
Sal

Dorar levemente el ajo sin que tome color. Añadir la harina y ligar bien; por último, el agua y el perejil. Dar un punto muy leve de sal (con mucho cuidado). Agregar las kokotxas y dejar que se hagan 4 min, dependiendo siempre de su tamaño. Retirar del fuego y espolvorear con la mitad del perejil restante. Las kokotxas de bacalao, al ser desaladas, apenas necesitan sal.
Un plato maravilloso de textura y de sabor.

NOTA – *La misma receta se puede emplear para las kokotxas de merluza. En este caso la cocción será más breve (2 min) y habrá que echar sal.*

KOKOTXAS DE BACALAO A LA PLANCHA

Ingredientes

600 g de kokotxas de bacalao
AOVE
Zumo de limón

En una sartén antiadherente nueva, calentar el aceite e ir dorando las kokotxas, hasta que estén hechas.
Presentarlas en un plato con unas gotas de zumo de limón.

NOTA – *La misma receta se puede emplear para las kokotxas de merluza. En este caso, habrá que echar sal.*

KOKOTXAS REBOZADAS

Ingredientes

400 g de kokotxas de bacalao desaladas (o de merluza fresca)
2 huevos batidos
Harina (para el rebozado)
Aceite de oliva

Pasar por harina las kokotxas y formar una capa fina. Pasarlas por huevo y freírlas en el aceite, hasta que estén doradas por ambos lados. Sacarlas sobre un papel absorbente y servirlas al momento.

Recordad que, si están bien desaladas, las de bacalao no necesitarán sal; sin embargo, las de merluza la necesitan siempre.

BACALAO AJOARRIERO

Ingredientes

400 g de bacalao desalado
2 pimientos choriceros
2 tomates medianos pelados y picados
4 dientes de ajo
1 cebolla
Aceite de oliva virgen
Guindilla
Agua o caldo de verduras
Perejil picado

En una cazuela con aceite poner a dorar los ajos machacados con la cebolla. Dejar que se haga. Agregar la guindilla y el tomate pelado y picado. Rectificar de azúcar. Añadir el bacalao troceado y los pimientos choriceros, que previamente hemos cocido, rescatando su interior. Agregar un poco de agua, poca, y dar un hervor.
Retirar del fuego y menear la cazuela hasta ligar el conjunto. Espolvorear con perejil picado.
Servir muy caliente.

NOTA – *Hay quien le echa patata, pero yo no. El mejor ajoarriero que conozco lo sirve Pilar Idoate en el restaurante Europa de Pamplona y no le echa patata. Por algo será.*

BESUGO AL GRILL

Ingredientes

1 besugo (de 1.300 g)
2 dientes de ajos en láminas
Perejil picado
2 guindillas cayena (opcional)

Poner la parte superior del horno, el grill, a tope, para que haga las veces de brasa (con la puerta abierta). Depositar el pescado a unos 4 cm de distancia sobre una rejilla. Hacerlo unos 15-20 min por cada lado (la piel nos quedará un poco quemada, como si de carbón se tratara).
Abrirlo por la mitad con la ayuda de un cuchillo. Quitarle la espina central, las laterales y todo tipo de espinas.
Hacer un sofrito con el ajo y las guindillas. Cuando el ajo esté dorado, verterlo sobre los lomos abiertos del besugo.
Espolvorear con perejil picado y... ¡a zampar!

NOTA – *Esta receta se puede emplear para diversos pescados, como el chicharro o jurel, el verdel o caballa, la lubina, el rodaballo... Solo varía la cantidad de pescado que se necesita para 4 personas.*

BESUGO AL HORNO

Ingredientes

1 besugo (de 1.100 g aprox.)
1 pimiento verde
1 cebolla
4 ajos pelados y machacados
Perejil picado
150 g de aceite de oliva
2 patatas medianas

Pelar las patatas y cortarlas en rodajas finas. Cortar en juliana el pimiento verde y la cebolla. Disponer, junto con los ajos, en una bandeja. Añadir el aceite y hornear a 180 °C durante 15 min.
Filetear los lomos de besugo y añadirlos. Hornear otros 15 min.
Espolvorear con perejil picado.

NOTA – *Esta receta se puede emplear para otros pescados que ya hemos mencionado en la receta anterior.*

BESUGO GUISADO

Ingredientes

1 besugo (de 800 g aprox.)
3 cebollas
50 g de aceite de oliva
2 tomates muy maduros
½ puerro
50 g de almendra en polvo

Cortar las cebollas y el puerro en juliana y pocharlo todo suavemente en una sartén. Añadir los tomates pelados y troceados y dejar pochar suavemente. Finalmente, agregar las almendras, y rectificar de sal y de azúcar.
Añadir el lomo de besugo cortado en dados, hasta que se haga: en 6-7 min estará listo. (No dejar cocer más tiempo, ya que el pescado se nos pasaría).
Servir muy caliente y en plato sopero.

BESUGO CON FRUTOS SECOS

Ingredientes

1 besugo (de 800 g aprox.)
100 g de almendras
50 g de nueces
20 g de anacardos
20 g de cebolletas en vinagre
30 g de aceite de oliva virgen

Hacer 4 lomos con el besugo e introducirlo en el aceite de oliva a una temperatura baja, de 60 °C. En una placa de vitrocerámica, poner el termostato al 1 y dejarlo ½ h. De esta forma, obtendremos la temperatura aproximada.
Una vez hecho esto, dejar los trozos de pescado unos 15 min más.
Aparte, saltear los frutos secos con algo de aceite y añadir sal, cuando estén dorados.
Disponer en el fondo del plato el lomo de besugo y, alrededor, los frutos secos. Por último, las cebolletas partidas por la mitad, que darán el toque ácido al conjunto.

DORADA A LA SAL

Ingredientes

1 dorada o un besugo (de 1.100 g)
2 kg de sal gorda
50 g de AOVE

Debemos contar con una bandeja grande con capacidad para el besugo y que podamos introducir en el horno.
Extender en la bandeja una cama gruesa de sal gorda; sobre ella, el besugo (entero y con piel); cubrirlo totalmente con más sal gorda. Añadir unas gotas de agua, para compactar bien la sal que envuelve al besugo.
Hornear a 200 °C durante 35-40 min.
Esto último es lo más complicado de esta receta; pero en un par de intentos, se pilla el truco. Sacar del horno y dar unos golpecitos a la sal, que se habrá secado y compactado. En caso de que se haya secado en exceso, habrá que dar golpes más violentos.
Retirar toda la sal y disponer los lomos encima del plato. Añadir un poco de aceite de oliva virgen extra o mayonesa; para apreciar de verdad las virtudes del pescado, sin duda alguna, la primera opción.
Esto sirve para casi todos los pescados.
Dependiendo del volumen, habrá que tenerlos más o menos tiempo en el horno.

DORADA FILETEADA A LA SAL

Ingredientes

1 dorada (de 1 kg y ½ aprox.)
2 kg de sal gorda
50 g de AOVE Dominus Cosecha Temprana

Extender en la bandeja una cama gruesa de sal gorda; sobre ella, la dorada por la parte fileteada, la que estaba tocando a la espina central, pero dejando la piel exterior.
Cubrirla de sal. Hornear a 250 °C durante 25 min.
Sacar del horno y dar unos golpecitos a la sal, que se habrá secado y compactado.
Retirar toda la sal y disponer los lomos encima del plato. Añadir un poco de aceite de oliva virgen extra o mayonesa; para apreciar de verdad las virtudes del pescado, sin duda alguna, la primera opción. Y más si es Dominus.

PASTEL DE CABRACHO (KABRARROKA)

Ingredientes

½ kg de cabracho
¼ de l de nata
¼ de l de salsa de tomate
8 huevos
Sal
Pimienta
Mantequilla
Pan rallado

Cocer el cabracho entero durante apenas 10 min en agua con sal a fuego suave.

Existe otra manera de hacerlo: en vez de cocer el pescado, partirlo en crudo y cortarlo en dados de tamaño medio o pequeño. Esta segunda forma puede que sea mejor, ya que, cuando se cuece, parte del sabor se queda en el agua. También se podría asar el pescado en el horno; incluso, quedaría mejor que la cocción.

Batir los huevos y mezclar la nata, el tomate y los huevos, hasta formar un líquido espeso. Añadir el pescado desmigado (cocido, asado o en crudo, como hayáis decidido). Corregir de sal y dar un toque de pimienta. Preparar un molde rectangular profundo (de los que se usan para hacer plum cake, aunque valdría cualquier otro) y untar con mantequilla todas sus paredes interiores. Espolvorear con pan rallado, hasta formar una fina capa que evitará que se pegue el pastel.

Cocer en horno precalentado 55 min a 180 °C al baño maría o directamente.

Dejar enfriar y sacar del molde.

Servir en frío o en caliente, acompañado de mayonesa o de salsa rosa.

Pleitesía a su autor, mi amigo y jefe Juan Mari Arzak Arratibel.

Posibilidad de hacerlo con cualquier otro pescado con mayúsculas.

CABRACHO AL HORNO

Ingredientes
1 cabracho grande (de 1 kg y ½ aprox.)
Sal gorda
AOVE

Quitarle bien las escamas y aletas al pescado; salarlo y hornear a una temperatura suave de 160 °C durante 20 min. Pasado este tiempo, subir el horno a 200 °C y dejarlo 15 min para que se dore levemente el exterior.
El cabracho es un pez de carne muy prieta y su cocción es lenta.
El calor tarda en llegar a la zona más central del pescado; por eso realizamos esta pequeña operación de horneado. Aun así, habrá que cerciorarse de que esté bien hecho por dentro, haciéndole una pequeña incisión en la zona central y aumentar el tiempo de cocción en el horno, si fuese necesario.
Una vez hecho, abrir en dos lomos y repartirlo entre los comensales.
Un chorrito de aceite de oliva y algo de sal gorda rematarán la operación.
A disfrutar de su textura, sabor y color, de personalidad inigualable.

CHICHARRO

Ingredientes
2 chicharros (de 600 g cada uno)
½ lechuga
Aceite
Vinagre de jerez
Sal
Pimienta

Convencer al pescadero para que nos haga dos hermosos lomos de cada pez. Una vez en casa y, con ayuda de unas pinzas de depilar, quitar las espinas. El verdel no tiene las exteriores, pero sí las interiores.
Una vez quitadas las espinas, dorar en una sartén por ambos lados.
Acompañar con unas hojas de lechuga y un aliño de aceite y de vinagre por encima.
La operación de retirar las espinas siempre la agradecen mucho los comensales. Mejora el plato y ¡hasta sabe mejor!

NOTA – *El chicharro también se conoce con el nombre de jurel. Esta receta sirve también para el verdel, o caballa.*

CHICHARRO EN ESCABECHE

Ingredientes
2 chicharros frescos
2 hojas de laurel
10 dientes de ajo enteros
20 g de pimienta negra
Pimentón dulce o picante
300 g de AOVE
150 g de vinagre normal de vino o de manzana (según nos guste más fuerte o más suave)
Sal

Dorar los ajos enteros en el aceite. Añadir la pimienta y el laurel y a continuación, los trozos de chicharro en rodajas y con espinas.
Dorar durante 5 min. Añadir, a fuego más suave, el pimentón y el vinagre. Dejar cocer o freír durante 10 min. Retirar y dejar enfriar todo junto.
Mejor si se come al día siguiente, bien frío, bien caliente.

NOTA – *El chicharro también se conoce con el nombre de jurel. Esta receta sirve también para el verdel, o caballa.*

VERDELBURGUESA

Ingredientes
1 kg de verdel limpio
1 cebolla pochada en aceite de oliva
40 g de pan rallado
2 huevos
Sal y pimienta
30 g de salsa de soja
Panes para hamburguesa
Tomate
Rúcula
Mayonesa

Limpiar bien de espinas el pescado (importante quitar la piel, aunque no fundamental) y triturarlo. Agregar el resto de los ingredientes.
Amasar bien y dar forma de hamburguesa. Pasar por la plancha hasta que esté hecha, con un poquito de aceite.
Servir calentita sobre el pan con el tomate, la lechuga y la mayonesa o lo que más guste.

CATA DE UN LENGUADO FILETEADO

Ingredientes

El lenguado tiene cuatro filetes: 2 de la parte de la piel negra (más gruesos y con más carne) y 2 de la parte de la piel blanca (más delgados y con menos carne), por la que se «arrastra» el animal en el fondo del mar.

Dorar en una sartén o chapa o grill del horno el lenguado, hasta que esté dorado.

Primera cata:
Filetear primero la mitad superior de la parte negra. Partirla en cuatro y ofrecerla a los invitados en un plato con un poco de aceite de oliva.
Segunda cata:
Partir en cuatro la parte inferior de la piel negra que rodea las tripas y ofrecérsela a los invitados en un plato con un poco de aceite de oliva.
Después, retirar la espina central.
Tercera cata:
Ofrecer la mitad superior de la parte de la piel blanca.
Cuarta y última cata:
Ofrecer la parte inferior de la mitad blanca, de la misma forma.
Veréis qué juego más divertido: va variando la proporción de carne con respecto a la piel, el gusto levemente amargo de los trozos inferiores en contacto con las tripas, el gusto de la piel blanca más delicado... Y más matices que seguro averiguaréis vosotros mismos.

LENGUADO CON SALSA DE GARBANZOS

Ingredientes

1 lenguado (de 700 g, fileteado con la piel)
50 g de aceite de oliva
130 g de cocido de garbanzos bien caldoso (deberemos tener congelado de algún día que sobró)
Perejil picado

Cortar por la mitad cada filete de lenguado, de manera que obtengamos 8 trozos para repartir equitativamente los trozos blancos y negros.
Freír en primer lugar los trozos negros (más gruesos) primero por el lado de la piel. Añadir después los blancos (más finos) y dejar que se hagan primero por el lado de la piel. Dar la vuelta y, cuando estén casi hechos, depositarlos en una cazuela, espolvorear con perejil y reservar.
Hervir el cocido de garbanzos, añadir agua, triturarlo y colarlo. En un plato depositar los filetes de lenguado y, a un lado, la salsa de garbanzos y un hilo de aceite de oliva.

LENGUADO CON BOLETUS

Ingredientes

1 lenguado (de 800 g, o 2 de 400 g)
200 g de boletus
1 diente de ajo

Para la vinagreta (opcional):

100 g de los tallos de los hongos
100 g de aceite de oliva
30 g de vinagre de Módena
Sal
Azúcar

Filetear el lenguado y pasarlo por la plancha, hasta que esté dorado. Reservar. Esta sería la opción más rápida y menos engorrosa.
Os ofrezco una segunda, que considero mejor: hacerlo entero y filetearlo después; así se conserva mejor la forma de los filetes y sus jugos. En este caso, se necesita una sartén alargada para que el lenguado entre bien.
Limpiar los boletus y partirlos en trozos grandes. Saltearlos con el ajo, hasta que estén hechos.
Disponer en el plato los filetes de lenguado acompañados por los hongos. No necesita salsa.
En caso de optar por una, lo más lógico sería una vinagreta, que obtendremos mezclando los ingredientes señalados: triturar los tallos de hongos pochados, añadir el aceite de oliva, el vinagre de Módena, la sal y el azúcar. No sería una mal opción.

APIO, LENGUADO Y NUECES

Ingredientes

1 lenguado (de 700 g)
60 g de AOVE
Un ramillete pequeño de brócoli
El zumo de ½ limón
1 penca de apio
Unas hojitas de apio
Sal y pimienta negra
4 nueces

Cortar el lenguado en 3 trozos con piel y manteniendo la espina. Dorar en una sartén para que la piel se haga bien. Reservar.
Aparte, mezclar el aceite con el limón, el brócoli (solo la parte de arriba, la más verde), las nueces en trocitos, el aceite, la sal y el apio.
En sartén aparte, dorar unos segundos las hojas del apio. Reservar.
Meter en el horno los trozos del lenguado 10 min a 180 °C.
Servir cada trozo de pescado con la vinagreta a un lado y por encima acompañado de las hojas de apio a la plancha.

LENGUADO CON ENSALADA DE RÚCULA

Ingredientes

2 lenguados (de 500 g aprox.)
30 g de mantequilla
300 g de rúcula fresca
30 g de nueces peladas

Para la vinagreta:

20 g de salsa de soja
30 g de aceite de oliva
10 g de vinagre de manzana

Poner a hacer los lenguados en una sartén (si tiene forma alargada, mejor) con un poco de mantequilla, hasta que estén dorados.
Filetearlos y disponer dos filetes en un plato.
Alrededor, la rúcula limpia con las nueces.
Aderezar el conjunto con la vinagreta.

LENGUADO AL HORNO

Ingredientes

2 lenguados (de 600 g cada uno, con piel)
Sal
Zumo de limón
30 g de aceite de oliva
5 g de mantequilla
20 g de caldo de carne

Salar los dos lenguados y meterlos al grill del horno, que habremos precalentado a 250 °C. Hornear durante 10 min, aprox., por cada lado.
Al sacarlo, y en la misma bandeja del horno, echar los demás ingredientes.
Servir en la mesa en bandeja y entero. Filetear y servir a cada comensal un filete de la parte blanca (más fina) y otro de la parte negra (más gruesa).
¡Más sencillo y más rico, imposible!

NOTA – *Esta receta sirve también para el gallo y la platija.*

LUBINA CON VAINAS

Ingredientes

4 lomos de lubina (de 125 g, aprox., sin espinas)
Los hilos de 1 kg de vainas
1 patata pequeña
30 g de mantequilla
1 l de agua
15 g de azúcar
2 cs de aceite de oliva

Retirar los hilos exteriores de las vainas y ponerlos en una cazuela con el agua y la patata. Hervir durante 20 min a fuego suave medio (ni que decir tiene que con el resto de las vainas prepararemos unas vainas con patatas; ver pág. 202).
Añadir la mantequilla, triturar el conjunto a fondo y colar. Dar, por último, un toque de sal y azúcar y reservar.
Por otro lado, freír muy levemente el lomo de la lubina con un poco de aceite, lo justo para dorar la superficie. Terminar de hacerlo en la propia sartén o en el horno 10 min más a 160 °C.
Colocar en el plato el trozo de lubina, acompañado de la salsa de hilos de vainas muy caliente.

LUBINA CON ESPÁRRAGOS DE LATA

Ingredientes

4 lomos de lubina (de 110 g, aprox.)
1 lata de espárragos (de 600 g, aprox.)
2 yemas
Sal
Pimienta

Abrir la lata y reservar los espárragos.
Verter en un cazo el agua de la lata de espárragos y añadirle 2 yemas; poner al fuego y calentar, hasta que esté muy caliente, pero sin hervir (esto es muy importante; si no, se nos corta por la acción de la yema). Reservar.
Pasar los espárragos cortados por la mitad por una sartén, hasta dorarlos levemente. Reservar.
Hacer en el horno los lomos de lubina con un poco de aceite unos 10 min, aprox., a 180 °C.
En un plato sopero, disponer el lomo de lubina en el centro, encima algún espárrago y alrededor la salsita muy caliente, pero sin hervir.
De remate, unas gotas de aceite crudo.

LUBINA FRÍA

Ingredientes

1 lomo de lubina (de 200 g)
El zumo de 3 naranjas y de 2 limones
Sal gorda
AOVE Dominus Cosecha Temprana
20 g de guindillas dulces en vinagre

Congelar la lubina 72 h a –25 °C (para evitar el anisakis).
Cortarla en láminas y sumergirlas en el zumo durante 10 min. Sacar, secar, filetear y disponerlas sobre un plato con una pincelada de aceite de oliva, un poquito de sal y las guindillas picadas.

LUBINA EN JUGO DE PUERROS

Ingredientes

4 lomos de lubina (de 100 g cada uno)
100 g de aceite de oliva
½ l de agua
100 g de patata
1 puerro (mejor la parte verde)
20 g de aceite de oliva
Pimiento verde
Pimiento del piquillo frito
Cebollino picado

Echar en una cazuela un poco de aceite, rehogar el puerro picado un poco y, luego, la patata. Añadir agua y poner a cocer durante 20 min a fuego suave. Triturar, colar y reservar.
Aparte, freír en una sartén, por el lado de la piel, los lomos de la lubina; darles la vuelta y dejarlos hacer a fuego más suave. Colocar sobre el centro de un plato sopero el lomo de la lubina; alrededor, la salsa de puerro, y espolvorear por todo el plato los pimientos verde y rojo (crudos), cortados previamente en brunoise, y algo de cebollino picado. Unos «ojos» (o gotas) de aceite de oliva virgen extra rematarán el plato.

LUBINA CON ALGAS

Ingredientes

4 lomos de lubina (de 120 g, aprox., cada uno)
300 g de salsa verde
10 g de alga nori (de venta en herboristerías)

Elaborar una salsa verde como en la receta de «Merluza en salsa verde» (ver pág. siguiente).
En el último hervor, añadir el alga nori picada muy fina: en contacto con la salsa muy caliente se deshidratará y soltará su aroma. Dejar que el pescado se haga durante 10 min, sin que apenas hierva.
Para las personas que no estén familiarizadas con el sabor de las algas es un comienzo suave.

MERLUZA EN SALSA VERDE

Ingredientes

4 lomos de merluza (de 120 g, aprox., cada uno)
150 g de agua
50 g de vino blanco (optativo)
Perejil picado
1 cc de harina
1 diente de ajo
15 g de aceite de oliva
Sal

Picar el ajo y dorarlo (sin que tome color) en una cazuela de barro con aceite. Añadir la harina y diluirla con ayuda del agua (y el vino, si se opta por él). Agregar el perejil picado. Dejar que hierva un instante y depositar dentro los lomos por el lado de la piel. Retirar la cazuela del fuego para reducir el hervor. Volver a incorporar, apenas unos instantes, con el fuego muy bajo. Dar la vuelta y mantener, sin que hierva, unos minutos, hasta que se haga el pescado. Volver a espolvorear con un poco de perejil y servir con la piel hacia arriba.

Es importante que el pescado no se pase de punto: la merluza no obtendría una textura perfecta.

MERLUZA EN SALSA VERDE CON ALMEJAS

Ingredientes

4 lomos de merluza de (120 g, aprox., cada uno)
250 g de almejas
150 g de agua
50 g de vino blanco (optativo)
Perejil picado
20 g de harina
1 diente de ajo
20 g de aceite de oliva
Sal

Dorar levemente el ajo en la sartén o en la cazuela. Añadir las almejas para que se abran. Retirarlas y reservarlas.

Añadir la harina, el agua y el perejil hasta ligar la salsa como en la anterior receta. Hacer en esa salsa los lomos de merluza, previamente salados. Repetir las mismas fases de hervor, exactamente igual que en la receta anterior, siempre evitando que se pase de punto y pierda su textura.

Cuando la merluza esté lista, servirla en el plato, acompañando cada trozo con unas cuantas almejas. ¿Por qué se hace esta operación? Muy sencillo: si la merluza espera a que se hagan las almejas, se pasaría y lo mismo ocurriría a la inversa.

MERLUZA CON VINAGRETA

Ingredientes

8 lomos de merluza (de 50 g cada uno)
1 tomate rojo pelado
Sal
100 g de aceite de oliva
20 g de vinagre de manzana
Perejil picado

Hacer una merluza en salsa verde (ver pág. 349). Reservar.

Por otro lado, picar en cuadrados el tomate y poner a punto de sal.

Añadir el aceite, el vinagre y el perejil y reservar también.

Calentar la merluza con la salsa verde. Cuando esté lista, servirla en el plato, pero no con la salsa verde (la podéis guardar en el congelador, para repetir este plato en otra ocasión), sino con la vinagreta de tomate que tenemos reservada por encima.

MERLUZA CON YEMA

Ingredientes

4 lomos de merluza con piel y sin espinas (de 100 g cada uno)
Salsa verde (ver pág. 349)
1 yema de huevo

Disponer los lomos sobre la salsa verde hasta que estén hechos (con la piel por debajo).

En el momento de servir, extender la yema de huevo por la superficie de los lomos dejando un color anaranjado que contrastará con el verde de la salsa y, sobre todo, reforzará, a través de la grasa, el sabor del pescado.

MERLUZA CEBOLLINO

Ingredientes

4 lomos de merluza (de 150 g, aprox., cada uno)
Salsa verde (ver pág. 349)
20 g de cebollino picado

Cocinar la merluza con una salsa verde normal, sin perejil. En el último momento, antes de servir, añadir el cebollino, que hará las veces de perejil en cuanto al color, pero aportará un ligero sabor de cebolla.

MERLUZA CON VERDURAS FRITAS

Ingredientes

4 lomos de merluza (de 120 g cada uno)
Sal
10 g de hojas de espinacas
25 g de patata cortada muy fina
10 g de hojas de perejil
20 g de remolacha cortada muy fina
½ l de aceite de oliva para freír (nos sobrará para reciclar)

Hacer una merluza en salsa verde (ver pág. 349). Reservar.

Por otro lado, freír en el aceite las verduras, hasta que estén crujientes y doradas; pero manteniendo su color original. En el caso de la espinaca, verde brillante y algo transparente.

Colocar en el plato de la siguiente manera: primero, la merluza con un poco de salsa verde, y encima, las verduras fritas.

Lo más importante es el punto jugoso de la merluza y, por otro lado, las verduras crujientes dando colorido.

MERLUZA CON REFRITO DE AJO

Ingredientes (para 4-6 personas, dependiendo del hambre)

1 merluza-mediana (de 1 ½ kg a 2 kg)
10 g de aceite de oliva
3 dientes de ajo
1 guindilla
Perejil picado
60 g de aceite de oliva
20 g de vinagre de jerez
Sal

Abrir a lo largo la merluza hasta dejarla en 2 lomos (puedes pedir en la pescadería que la preparen así).

Salarla y untarla levemente con un poco de aceite.

Disponerla en una bandeja de horno, previamente untada con mantequilla. Hornear a 180 °C durante 10 min, aprox., en horno caliente.

Tener preparado el vinagre y el aceite con el ajo bien dorado.

Primero, verter el vinagre templado y, después, el aceite muy caliente. Espolvorear con perejil picado. Racionar y servir.

MERLUZA CON KOKOTXAS

Ingredientes

200 g de kokotxas de merluza
4 lomos de merluza (de 100 g, aprox., cada uno)
Salsa verde (ver pág. 349)

En una cazuela, hacer la salsa verde y sumergir en ella los lomos de merluza con la piel hacia abajo (sin que apenas hierva). Al darle la vuelta, con la piel a la vista, añadir las kokotxas. En apenas unos minutos, y con el calor de la cazuela muy bajo, se terminará de hacer el conjunto.

MERLUZA CON GUISANTES

Ingredientes

4 lomos de merluza (de 125 g cada uno)
300 g de guisantes
1 cebolla
1 diente de ajo
½ l de caldo de pollo
10 g de harina
2 cs de aceite de oliva

Dorar la cebolla y el ajo con un poco de aceite, en una sartén o una cazuela de barro. Cuando esté dorada, añadir la harina y los guisantes. Mezclar bien y añadir el caldo. Dejar hervir 5 min a fuego suave. Cuando los guisantes estén levemente blandos, añadir los 4 lomos de merluza y dejar que se hagan a fuego muy suave, casi fuera del fuego. Disponer en un plato sopero la merluza en el centro y, alrededor, varias cucharadas de los guisantes con el caldo: ¡exquisito!

MERLUZA CON VERDURAS

Ingredientes

1 cola de merluza (de 1 kg aprox.)
60 g de hojas de espinacas
60 g de zanahorias en rodajas
80 g de puerro joven en rodajas
Sal

Cocer las espinacas en agua durante 1 min. Escurrir y picar. Reservar.
Aparte, saltear en un poco de aceite el puerro y la zanahoria durante 1 min a fuego fuerte. Añadir las espinacas, sazonar y mantener durante otro min. Reservar.
Introducir la cola de merluza hacia la mitad del horno a 180 °C durante 12 min. Quitarle las espinas a la cola y racionarla en los cuatro platos acompañada de las verduras.

MERLUZA CON PATATAS

Ingredientes

4 lomos de merluza (de 120 g cada uno)
4 patatas medianas
4 dientes de ajo (sin pelar y partidos por la mitad)
15 g de vinagre de jerez
Sal
400 g de aceite de oliva
Perejil picado

Pelamos y cortamos las patatas en rodajas de 1 cm de grosor.
Las disponemos en una sartén junto con los ajos picados y el aceite. Dejamos que hierva muy suave durante, por lo menos, 20 min. Escurrir el aceite (que aprovecharemos para otra ocasión) y ponerlas en una bandeja o tartera con un poco de sal y algo de perejil picado. Encima, colocar los lomos de merluza. Introducir todo en el horno a 170 °C, aprox., durante 8 min.
Sacarlo y echar un poco de vinagre por encima, que luego va a mezclarse con el fondo de patata y ajo (esta mezcla casi está más sabrosa que el propio pescado).

MERLUZA EN PAPILLOTE CON ESPÁRRAGOS

Ingredientes

4 lomos de merluza (de 100 g cada uno)
24 puntas de espárragos verdes
4 cs de aceite de oliva
Perejil picado
Sal

Saltear levemente (1 o 2 min) las puntas de espárrago verde y reservar.
Envolver en papel de aluminio un trozo de merluza, una cuarta parte de los espárragos salteados con el perejil y una cucharada de aceite. Cerrar bien hasta formar un paquete, dejando algo de aire para que se forme vapor en su interior. Hacer lo mismo con cada trozo de pescado. Introducir los cuatro paquetes en medio del horno a 200 °C durante 10 min, aprox. (se hincharán levemente).
Al servir, repartir los paquetes en los platos directamente. El comensal abrirá la bolsa, olerá el pescado con las puntas de espárrago y comerá directamente de ella.

MERLUZA CON FRUTOS SECOS

Ingredientes

1 merluza en rodajas con espina
30 g de pipas peladas
30 g de almendra marcona o largueta
30 g de pistacho
60 g de aceite de oliva
15 g de vinagre de Módena
Sal
Pimienta

Asar la merluza sobre una bandeja en un horno precalentado a 180 °C durante 10 min con sal, pimienta y un poco de aceite. Reservar.
Aparte, saltear con un poco de aceite los frutos secos, hasta que estén dorados. Agregar sal gorda y esparcirlo por la superficie del pescado.
Montar en los platos acompañado con la vinagreta, que se ha elaborado, simplemente, mezclando el aceite y el vinagre.

MERLUZA AL GRILL

Ingredientes

4 rodajas de merluza (de 4 cm de grosor con piel y espinas)
Sal
AOVE

Utilizar el grill del horno a la máxima potencia y con la puerta abierta.
Disponer las rodajas de merluza sobre una rejilla lo más cerca posible para que el grill actúe como brasa (¡vive Dios que lo hace!, sin necesidad de montar la brasa típica, con el engorro que conlleva, y si es que contamos con los medios para hacerlo).
Para rodajas de este grosor, con 7 min por cada lado será suficiente.
Servirla en un plato con sal y aceite y... ¡a disfrutar!

NOTA – *El efecto brasa de un grill de horno doméstico nos da infinidad de posibilidades y confiere a los alimentos el sabor típico de la brasa. Además, es rápido y bastante limpio.*
Otra ventaja es que, en la brasa tradicional, los jugos de carnes o pescados caen a la propia brasa provocando fuego, lo cual no es lo más adecuado para el producto. Sin embargo, en el caso del grill, los jugos caen en una bandeja sin provocar llama; los jugos se recogen en una bandeja y se salsean sobre el producto una vez servido en el plato.

MERLUZA FRITA

Ingredientes

1 merluza sin piel ni espinas (siempre es ideal que la preparen en la pescadería)
2 huevos
Harina de trigo
Aceite de oliva extra
Sal

Cortar el lomo de merluza en cuadrados de 2 cm de grosor tanto de la cola como del lomo. Este último aplanarlo con cuidado para que todo tenga un grosor parecido.
Enharinar con cuidado y golpear suavemente para que se caiga la harina sobrante.
A continuación, pasar por el huevo batido y freír en aceite no muy caliente, hasta que se doren los dos lados y el interior esté jugoso; retirar la sartén del fuego, para que se haga a fuego lento por dentro.
Apartar sobre un papel absorbente.
¡Ideal como plato y también en bocadillo!

MERLUZA ENCEBOLLADA

Ingredientes

1 merluza cortada en lomos
3 cebollas
1 pimiento verde
2 dientes de ajo
100 g de aceite
2 cc de vinagre
Sal

Cortar las verduras en juliana y pocharlas con el aceite suavemente durante, por lo menos, 45 min.
Cuando estén bien doradas, no negras, escurrirlas y reservarlas.
Freír los lomos de merluza con un poco de aceite en una sartén antiadherente. Darle la vuelta con ayuda de una espátula (según el grosor de la merluza, aprox. 2 min por cada lado). Cuando los lomos estén dorados y hechos por dentro, escurrir en un papel absorbente. Disponer en un plato la verdura pochada y, al lado, el lomo de merluza. Rematar con unas gotas de vinagre o de limón.
El éxito del plato depende del lomo de merluza, claro; pero, más aún, de una correcta cocción de la verdura: muy pochada y muy caramelizada.

MERLUZA CON CALABACÍN

Ingredientes

8 lomos de merluza (de 50 g)
50 g de aceite de oliva
2 calabacines
Perejil picado
Sal
Pimienta

Laminar muy fino los calabacines sin pelar. Pasarlos por la sartén hasta que estén dorados. Apenas ½ min. Reservar.

Dorar en una sartén los trozos de merluza, previamente salpimentados, y espolvorear con perejil picado. Reservar.

Disponer en un plato los 2 trozos de merluza con las láminas de calabacín alrededor.

¡Más sencillo y más rico, imposible!

MERLUZA CON PIMIENTOS

Ingredientes

4 lomos de merluza (de 100 g cada uno)
2 pimientos rojos morrones
Sal
Azúcar

Asar los pimientos enteros en una rabanera, o fuente pequeña y alargada, a 230 °C, hasta que la piel esté negra y se puedan pelar, dando la vuelta cada 10 min para que se asen por ambos lados.

En caliente (se hace mejor), se retira la piel y las pepitas. Reservar las tiras de pimiento.

Aparte, se recogen los jugos que hayan soltado los pimientos, transparentes y de densidad similar a la del aceite y con un increíble sabor. Reservar.

En el momento de servir, se pasan por la sartén con un poco de aceite las tiras de pimiento, que se dejan dorar levemente con un poco de sal y algo de azúcar, esto último muy importante.

Por otro lado, pasar por la plancha los lomos de merluza, hasta que estén hechos.

Solo nos queda presentarlos: en el fondo del plato, colocar un par de tiras de pimiento caliente; encima, el lomo de merluza, y, por último, un par de cucharadas del jugo que han soltado los pimientos al asarlos.

MERLUZA CON ENSALADA

Ingredientes

4 lomos (de 100 g cada uno)
1 lechuga
½ cebolla
75 g de aceite de oliva
20 g de vinagre de manzana
Perejil picado
Sal

Cocer los lomos de merluza en una sartén antiadherente con un poco de aceite. Reservar.
Aparte, limpiar la lechuga y cortarla en trozos medianos. Picar la cebolla en juliana y juntarla con la vinagreta (que se ha hecho, sencillamente, mezclando el aceite, el vinagre, el perejil y la sal).
En el plato, servir el lomo de merluza con la ensalada por encima.

MERLUZA CON TXANGURRO

Ingredientes

4 lomos de merluza (de 150 g cada uno)
1 txangurro de 700 g
100 g de aceite de oliva
20 g de vinagre de jerez
Perejil picado
2 yemas de huevo
Sal

Cocer en abundante agua salada el txangurro durante 10 min.
Sacarlo y limpiarlo, aprovechando todos sus jugos y, por supuesto, la carne interior del cuerpo y de las patas. (Si no queremos o no podemos realizar esta operación, se puede comprar la carne de txangurro limpia y cocida). Reservar.
Mezclar el aceite con el vinagre y el perejil y reservar también. Dorar la merluza en una sartén.
Al final, mezclar las yemas con la carne de txangurro: nos quedará ligada y cremosa.
En un plato hondo disponer 2 cs de esta carne, encima el lomo de merluza y, por último, la vinagreta.

NOTA – *El txangurro deberá ir templado para que no cuaje las yemas.*

MERLUZA CON GAMBAS

Ingredientes

4 lomos de merluza (de 120 g cada uno)
24 gambas pequeñas
3 dientes de ajo
3 cs de aceite de oliva
Sal
Perejil picado

Dorar los ajos pelados y picados con el aceite en una sartén antiadherente. Echar las gambas enteras y dorarlas levemente. Separar las cabezas de las colas, pelar las colas y reservarlas junto las cabezas.

En el aceite donde se han frito las gambas, dorar la merluza, hasta que esté hecha.

Disponer en cada plato un trozo de merluza con 6 colas de gamba por encima y, por último, exprimir con la mano 6 cabezas de gambas sobre el lomo del pescado (esto aportará una esencia de sabor considerable que, acompañado con las gambas, dejará el pescado muy sabroso).

Espolvorear con perejil picado.

MERLUZA CON BOLETUS

Ingredientes

4 lomos de merluza (de 100 g cada uno)
200 g de boletus
1 diente de ajo
5 cs de AOVE
Sal

Limpiar con suavidad los boletus y trocearlos, no muy pequeños.

Saltearlos con un poco de aceite y ajo, hasta que estén dorados. Reservar.

Dorar los lomos de merluza en la misma sartén donde hemos salteado los boletus, hasta que estén hechos.

Disponerlos en cada plato, donde, previamente, habremos puesto las setas, que hacen de cama al pescado.

Rociar con algo de aceite de oliva virgen.

MERLUZA CON CALDO DE PUERROS

Ingredientes

8 lomos de merluza (de 50 g cada uno)
2 puerros
1 patata
750 g de consomé
Sal gorda
Un poco de AOVE

Saltear los puerros, previamente limpios y troceados, con un poco de aceite. Añadir la patata pelada y troceada. Añadir el consomé y dejar hervir a fuego muy suave, hasta que la patata esté blanda. Triturar en caliente formando una salsa levemente espesa. Reservar.

Dorar los lomos de merluza en una sartén por ambos lados.

En un plato sopero, disponer tres cucharadas de esa salsa y, encima, el lomo de merluza. Unos granos de sal gorda y unas gotas de aceite de oliva rematarán el plato.

MERLUZA CON JUGO DE ACEITUNAS

Ingredientes

4 lomos de merluza
1 lata de aceitunas deshuesadas
100 g de aceite de oliva
15 g de azúcar
Perejil picado

Triturar el contenido de la lata de aceitunas con su propio caldo, el aceite y el perejil picado. Pasar por un colador y reservar; nos quedará una especie de salsa sin ligar.

Por otro lado, dorar en una sartén con un poco de aceite los lomos de merluza por ambos lados.

Disponer en el fondo del plato 2 cs del jugo de aceituna, encima, el lomo de merluza y, por último, ½ cs de la misma salsa.

NOTA – *La salsa está a temperatura ambiente; el pescado y el plato, en cambio, muy calientes.*

MERLUZA AL VAPOR

Ingredientes

4 lomos de merluza (de 150 g cada uno)
AOVE
Sal gorda

En una cacerola profunda con rejilla en medio, disponer los lomos de merluza. En el fondo habrá agua hirviendo y los lomos de pescado los pondremos en la rejilla. Cerrar la cazuela con la tapa y cocinarlo durante 7 min, más o menos.
El agua no debe tener contacto con el pescado, solo el vapor.
Disponer en un plato los lomos con aceite y sal gorda. ¡Más dietético, imposible!

PEZ SAN PEDRO (O MUXUMARTIN)

Pescado de mucha profundidad, estrecho, de carne prieta, cabeza voluminosa, espinas gruesas, carne recia, con sabor y una mancha lateral negra a cada lado.
Según cuenta la leyenda, san Pedro se dedicó a elegir un pescado con los dedos de la mano y el muxumartin fue el agraciado; de ahí su nombre. Lo que no sabemos muy bien es dónde había metido las manos san Pedro para hacerle semejante marca que, a pesar de los años, sigue manteniendo.
Distinguimos el lomo superior, voluminoso y lo mejor; el inferior, de menos grosor, y en parte en contacto con la ventresca, muy delgada y de aprovechamiento exclusivo cuando el pescado es muy fresco. La cabeza tiene recovecos para chupar con las manos, bien limpias, no vayamos a dejarle más marcas al pobre pez...
Este pescado bien frito, al horno o al grill (nuestra brasa doméstica) queda ideal. Es uno de los mejores, más raros y fantásticos pescados, y uno de los sabores y de las texturas más particulares que encontramos en nuestras costas.

PEZ SAN PEDRO (ENTERO)

Ingredientes

1 San Pedro (de 1800 g)
2 dientes de ajo
50 g de AOVE
30 g de vinagre de jerez
Sal
Pimienta

Asar el pescado entero y limpio de vísceras en el horno durante 35-40 min a 180 °C. Cerciorarse de su completa cocción. Con este tipo de pescados grandes debemos tener mucho cuidado a la hora de hacerlos, pues engañan: parece que estén hechos, cuando en realidad no lo están.

Servirlo en la mesa extendido en una hermosa fuente con un refrito de ajos bien dorados con el vinagre y el perejil por encima: ¡puro espectáculo!

RAPE AL HORNO

Ingredientes

2 rapes (de 1 ½ kg cada uno)
2 patatas grandes
1 cebolla
½ pimiento verde
1 ajo
Perejil picado
150 g de aceite de oliva

Pelar las patatas, lavarlas y cortarlas en rodajas finas; disponerlas en una rabanera o fuente para horno. Hacemos lo mismo con la cebolla y el ajo. Lo cubrimos todo con aceite y lo metemos al horno durante 18 min a 200 °C. Reservar.

Aparte, salamos el pescado entero y lo disponemos sobre una sartén caliente. Dejamos que se dore por los dos lados (apenas un par de min por cada lado). El último toque se lo damos en el horno durante 10-15 min a 200 °C. Si no hay más remedio, podéis optar por hacerlo directamente solo en el horno: es más fácil, pero no es lo mismo.

En una fuente, disponemos las patatas escurridas casi totalmente del aceite; encima, el pescado, y rematando el conjunto, un poco de perejil picado. No olvidar el jugo de la bandeja donde se ha asado el pescado; para rescatarlo con más facilidad (ya que estará pegado al recipiente), añadir un par de cucharadas de agua y rascar un poco: conseguiremos una salsa o jugo al momento y superconcentrada.

RAPE FRITO

Ingredientes

1 rape de 2 kg
100 g de harina
3 huevos
10 g de perejil picado
Sal
Pimienta
Aceite de oliva

Para la vinagreta (opcional):

100 g de aceite de oliva
10 g de zumo de limón
10 g de vinagre de manzana
Sal
Pimienta

Cortar en dos lomos el rape en láminas de 1 cm de grosor y pasarlas por un papel absorbente: el rape es un pescado con gran cantidad de jugos.
Enharinar los trozos. Pasarlos por el huevo batido y freír en abundante aceite muy caliente.
Cuando estén dorados, retirar y añadir un poco de perejil picado.
Servir sobre papel absorbente, acompañado, si se quiere, con la vinagreta que obtendremos mezclando todos sus ingredientes.

RAPE EN LOMOS CON ACEITUNAS

Ingredientes

2 rapes (de 1 kg cada uno)
1 lata de aceitunas negras deshuesadas
Sal
100 g de aceite de oliva
15 g de vinagre de jerez
4 hojas de lechuga

Limpiar los rapes y hacer cuatro lomos. Reservar.
Triturar las aceitunas con su caldo incluido, el aceite y el vinagre y reservar.
Cortar las hojas de lechuga en juliana fina y reservar también.
Embadurnar los lomos en la mezcla de las aceitunas y dorarlos levemente en una sartén a fuego no muy fuerte, hasta que estén hechos.
Disponerlos sobre un plato y, a un lado, la juliana de lechuga.
Mojar el conjunto con el líquido que nos ha quedado en la sartén al cocinar el pescado.

RAPE SALTEADO CON BRÉCOL

Ingredientes

1 rape de 2 kg
2 dientes de ajo
1 brécol
50 g de aceite de oliva
Perejil picado

Blanquear en agua hirviendo durante 3 min los tallos del brécol cortados en pequeños arbolitos. Sacar, escurrir bien y saltearlos con el aceite y el ajo picado. Dorarlos levemente y reservarlos.
Aparte, limpiar bien el pescado e introducir en el horno con un poco de aceite y sal durante 20 min a 200 °C.
Quitar la espina central y sacar dos lomos.
Disponerlos sobre un plato y acompañar con el brécol.
Consejo para el último toque de salsa: los jugos que se hayan producido en la bandeja del horno al cocer el pescado y que se han quedado pegados se soltarán con un par de cucharadas de agua y rascando un poco. Obtendremos así una especie de salsa para añadir al pescado.

LOMO DE RAPE

Ingredientes

1 rape de 2 kg
Pimentón dulce
16 cebolletas muy pequeñas
Aceite de oliva
Sal
Pimienta

Hacer dos lomos con el rape y dorarlos levemente en una sartén.
Terminar de hacer el pescado en el horno durante, por lo menos, 15 min a 200 °C (horno precalentado). Podría hacerse solo en el horno, pero no queda igual.
Sacarlo y espolvorearlo con pimienta abundante por toda la superficie. Dejar reposar 5 min. Recoger los jugos que suelte.
Aparte, asar las cebolletas envueltas en aluminio durante ½ h en horno precalentado a la misma temperatura. Reservar.
Volver a espolvorear el pescado con pimentón y cortar en lonchas.
Calentar levemente en el horno.
Disponer sobre los cuatro platos las láminas acompañadas por las cebolletas y el jugo que haya soltado el rape.

RAPE GUISADO

Ingredientes

1 rape (de algo menos de 2 kg)
3 patatas medianas
1 pimiento verde
1 ajo
40 g de aceite de oliva
¾ de l de agua
3 g de perejil picado

Dorar el ajo en una cazuela con un poco de aceite. Añadir las patatas peladas y «cascadas» en trozos y el pimiento en tiras. Rehogar el conjunto y añadir el agua. Dejar cocer a fuego suave destapado durante 20 min.
Cortar el rape en dados gruesos y dorarlos en una sartén durante unos segundos. Añadirlo a la cazuela de las patatas con un poco de aceite y dejar cocer durante 5 min a fuego muy fuerte. Rectificar de sal y dejar enfriar. Comerlo muy caliente.

CONSEJO – *Si se deja enfriar en el frigorífico hasta el día siguiente, estará mejor: ¡no lo dudes!*

LOMOS DE RODABALLO

Ingredientes

1 rodaballo (de 1.200 g aprox.)
2 naranjas

Asar el rodaballo en el grill como en la receta de «Besugo al grill» (ver pág. 337). Junto al rodaballo introducir en las esquinas del horno un par de naranjas. Cuando estén casi negras por fuera, retirarlas y partirlas por la mitad. Repartir el rodaballo y ½ naranja por cada comensal; la naranja, negra por fuera, para que se eche parte del zumo sobre la piel del rodaballo ya en el plato.
El sabor de ese zumo mezclado con la piel casi carbonizada del propio cítrico dará un contrapunto fantásticamente ácido a tanto sabor graso y gelatinoso.
El rodaballo tiene 4 partes parecidas a las del lenguado, otro pez plano.
Piel negra: gruesa y con pequeñas espinas en formas de puntos.
Piel blanca: más fina y menos gelatinosa, pero sin los puntitos a modo de espinitas.
La piel en el rodaballo es tan importante casi como la propia carne del animal. Su gelatinosidad y profundidad de sabor son extraordinarias.

VENTRESCA DE SALMÓN

Ingredientes
1 salmón entero
Sal
Zumo de limón

Si tenemos la suerte de disponer de un salmón entero, podemos pedir que lo despiecen en la pescadería:
1) Cogote de salmón. Cocinarlo igual que si fuese de merluza.
2) Ventresca de salmón. Cocinarla como si fuese de atún o de bonito.
3) Lomos de salmón:
a) El superior para hacerlo como en la receta de «Salmón en sal» (ver pág. 366).
b) El inferior para hacerlo como en la receta de «Salmón con espárragos verdes» (ver receta siguiente) o «Salmón en crudo» (ver pág. 366).

Meter la ventresca en el horno en función grill, para que nos haga las veces de brasa con la puerta abierta. Según el tamaño, la tendremos 8 o 10 min por cada lado. La piel, bien crujiente, tostada y medio quemadita. Acompañar con sal y zumo de limón.

SALMÓN CON ESPÁRRAGOS VERDES

Ingredientes
1 lomo de salmón (de 600 g, aprox.)
1 manojo de espárragos verdes
½ l de caldo de carne (o consomé)
30 g de mantequilla
Sal
Azúcar

Cortar por la mitad los espárragos y poner a cocer la parte inferior en el caldo de carne apenas 10 min. Triturar todo junto con la mantequilla. Dar un toque de sal y de azúcar. Reservar.
Cocer en agua la parte superior del espárrago, durante un par de minutos y reservar. Cortar el lomo del salmón en 4 trozos y dorarlo en la plancha, hasta que esté en su punto (no muy hecho, que si no se seca): en 2 min los tendremos listos.
Disponer en un plato sopero el caldo de espárragos. En medio, el lomo de salmón y, alrededor y encima, las puntas de espárrago.

SALMÓN CON CAVA APARTE

Ingredientes

1 lomo de salmón (de 500 g, aprox., sin piel ni espinas)
Sal
Pimienta
Orégano
Cilantro
Perejil
Romero
Salvia
20 g de vinagre de Módena
4 copas de cava Torelló Brut muy muy frío

Pasar por la plancha el lomo dividido en 8 trozos, hasta dorarlo por fuera dejándolo jugoso por dentro. Espolvorear por encima todas las hierbas frescas picadas finamente junto con el vinagre.
Acompañar con la copa de cava muy fría por cada comensal.
La combinación de frío-calor, acidez-grasa y los aromas de las especias es alucinante.
¡Una delicia!

SALMÓN EN CRUDO

Ingredientes

1 lomo de salmón (de 300 g, sin piel ni espinas)
20 g de salsa de soja
10 g de aceite de oliva
Pan tostado

Congelar el salmón durante 72 h a –25 °C.
Descongelarlo, cortarlo en finas láminas y colocarlas en un plato.
«Pintar» levemente con el aceite y, aparte, un poco de salsa de soja.
Un poco de pan tostado le irá de maravilla.

SALMÓN EN SAL

Ingredientes

1 lomo de salmón (de 300 g, sin piel ni espinas)
300 g de sal gorda
10 g de AOVE Dominus Cosecha Temprana
Pan tostado

Enterrar los lomos durante 1 h. Retirar la sal con agua muy fría.
Secar bien el lomo y hacer finas láminas y colocarlas sobre las rebanadas de pan tostado.
Unas gotas generosas de aceite y a zampar.

SALMÓN EN DADOS CON COGOLLOS DE TUDELA

Ingredientes

1 lomo de salmón (de 500 g, aprox.)
4 cogollos de Tudela
1 diente de ajo
Sal
Pimienta
Azúcar

Para la vinagreta:

50 g de AOVE Dominus Cosecha Temprana
20 g de vinagre de jerez
20 g de pasas

Cortar el salmón en cuadrados no muy grandes.
Saltear en un poco de aceite el ajo y, cuando comience a dorarse, echar el salmón y saltearlo un par de minutos más. Reservar.
Cortar los cogollos en 4, salarlos y darles un toque de azúcar.
Elaborar la vinagreta mezclando todos los ingredientes en frío.
Disponer en un plato los 4 trozos de cogollo; alrededor, los trozos de salmón y, por último, aderezar con la vinagreta.

SALMÓN FRESCO EN RODAJAS

Ingredientes

4 rodajas de salmón (de 130 g, aprox.)
70 g de aceite de oliva
El zumo de ½ limón
10 g de vinagre de manzana
15 g de azúcar
Perejil picado
4 patatas pequeñas

Cocer las patatas pequeñas sin pelar envueltas en papel film en el microondas durante 8 min, aprox., a la máxima potencia. Retirar el plástico, pelarlas y abrirlas por la mitad. Reservar.
Mezclar todos los ingredientes de la vinagreta en frío disolviendo bien el azúcar en los vinagres.
Embadurnar con la vinagreta las patatas. Reservar.
Pasar por la plancha las rodajas de salmón.
Servirlas acompañadas por las patatas y la vinagreta. El «hueso» o espina central nos ayudará a mantener jugoso el punto del salmón.

SALMÓN PARA UNTAR

Ingredientes

1 lomo de salmón (de 700 g, aprox., sin piel ni espinas)
100 g de nata líquida
100 g de queso tipo Philadelphia
50 g de salsa de tomate
Sal
Azúcar

Hacer 8 filetes con el lomo de salmón y pasarlos por la plancha, hasta que estén bien dorados y bien hechos (7 min, aprox.). Triturarlos a conciencia en un robot junto con la nata, el queso y el tomate. Rectificar de sal y echar un poco de azúcar. Disponerlo todo en un recipiente y dejarlo reposar 2 h en el frigorífico.
Solo falta algo de pan tostado, un cuchillo... y ¡a untar!

SALMÓN EN SAL Y AZÚCAR

Ingredientes

1 lomo de salmón con piel de 1 ½ kg, aprox.
2 kg de sal gorda
150 g de azúcar
Aceite de oliva
Hierbas aromáticas: eneldo, tomillo, romero, hinojo, pimienta
1 limón
Pan tostado

Congelar el lomo durante 72 h a –25 °C.
Descongelar y enterrarlo en la mezcla de sal, azúcar y hierbas.
Mantenerlo así durante 24 h.
Retirar la mezcla y pasarlo por agua fría justo para retirar la sal. Secarlo a conciencia con un paño.
Sumergirlo entero, o cortado en trozos, en aceite si queremos conservarlo de un día para otro, o incluso 2 días. Filetearlo para servirlo en un plato.
Acompañar con pan tostado caliente y algo de limón exprimido.

NOTA – *Esta receta se puede hacer también con trucha asalmonada.*

CÁÑAMO Y SALMÓN

Ingredientes
100 g de salmón ahumado.
1 cebolla
½ pimiento rojo
1 pimiento verde
½ calabacín
AOVE Sierra Mágina
200 g de cáñamo pelado
½ limón
Sal y pimienta

Tostar el cáñamo en una sartén sin aceite hasta que este levemente dorado. Reservar.
Cortar en juliana la verdura y saltear en el mismo recipiente hasta que esté un poco pochada. Mezclar con el cáñamo y disponer en un plato. Colocar encima las láminas de salmón. Muy importante: rociar con el aceite y el zumo de limón.

SALMONETES FRITOS

Ingredientes
600 g de salmonetes pequeños
AOVE
Harina
Sal

Limpiar y desescamar los salmonetes; salarlos y enharinarlos. Golpearlos levemente para que suelten la harina sobrante. Freírlos en una sartén con aceite caliente, hasta que estén dorados por ambos lados. Degustar inmediatamente.

SALMONETES FRITOS EN FILETES

Ingredientes
600 g de salmonetes pequeños muy frescos
AOVE

Limpiar los salmonetes dejándolos sin tripas, pero con las escamas (es muy importante que sean muy frescos).
Freírlos en aceite sobre una sartén antiadherente, hasta que estén dorados y crujientes.
La escama hará una costra crujiente muy agradable.

SALMONETES CON AJOS TIERNOS

Ingredientes

4 salmonetes (de 150 g, aprox., cada uno)
180 g de ajos tiernos
Perejil picado
Sal
Aceite de oliva

Hacer lomos con los salmonetes; salar y reservar. Limpiar los ajos tiernos y cortarlos en pedazos de 3 cm, aprox. Saltearlos con un poco de aceite de oliva en una sartén. Cuando se estén empezando a dorar, añadir los lomos de salmonete y dejar que se hagan a fuego suave.
Retirar del fuego y servirlos en un plato, uno encima de otro; en el de arriba, ponemos los trozos de ajo tierno.
Espolvorearlo todo con perejil picado.

SALMONETES CON BRÉCOL

Ingredientes

4 salmonetes (de 150 g cada uno, cortados en lomos)
1 centro de brécol
35 g de mantequilla
AOVE

Limpiar el brécol, cortarlo en pequeños arbolitos y cocerlo en agua durante 4 o 5 min. Escurrir bien.
Saltear con un poco de aceite de oliva la verdura; añadir después la mantequilla. Cuando esté levemente dorada, añadir los lomos de pescado y dejar que se haga por los dos lados a fuego suave (apenas 3 min).
Servir los salmonetes con el brécol a un lado y un poco de los jugos (aceite y mantequilla) de la cocción por encima.

SALMONETES CON ESPÁRRAGOS VERDES

Ingredientes

8 salmonetes (de 100 g cada uno)
180 g de espárragos verdes
Sal
Aceite de oliva

Hacer lomos con los salmonetes y dorarlos en una sartén antiadherente con unas gotas de aceite.
Aparte, cortar los espárragos en rodajas, como si fuesen un chorizo, de 1 cm de grosor y saltearlos en una sartén con una pizca de aceite, hasta que estén un poco blanditos (deben mantenerse levemente crujientes).
En un plato, disponer los salmonetes y, encima, los trozos de espárragos salteados.

SALMONETES CON ESPÁRRAGOS BLANCOS

Ingredientes

8 salmonetes (de 100 g cada uno)
180 g de espárragos blancos
Sal
Aceite de oliva
Perejil picado
Azúcar

Hacer lomos con los salmonetes. Salarlos y dorarlos en una sartén antiadherente, con un pelín de aceite. Cortar los espárragos en lonchas de ½ cm y, al saltearlas, añadir un poco de perejil picado y un pelín de azúcar. En un plato, disponer los salmonetes, y encima, los trozos de espárragos salteados.

SALMONETES AL HORNO

Ingredientes

4 salmonetes (de 200 g cada uno)
2 patatas medianas
½ cebolla
½ pimiento verde
Sal
Perejil picado
100 g de aceite de oliva

En una rabanera o fuente para horno, disponer los 100 g de aceite de oliva, las patatas peladas y cortadas en rodajas de ½ cm de grosor, la cebolla y el pimiento verde (ambos cortados a la juliana). Tapar el conjunto con papel de aluminio y hornear durante 20 min a 180 °C.

Pasado ese tiempo, retirar la rabanera del horno. Quitar momentáneamente el papel de aluminio que lo cubre e introducir los lomos de salmonete. Volver a cerrar con el aluminio e introducir en el horno 4 o 5 min más. Pasado ese tiempo, sacar la fuente y escurrir el aceite de las patatas.

Colocar las verduras en el fondo del plato y, encima, los lomos de salmonete. ¡Para chuparse los dedos!

SALMONETES A LA PARRILLA

Ingredientes

4 salmonetes (de 250 g cada uno)
Sal
4 cs de aceite de oliva

Utilizando el grill eléctrico del horno a su máxima potencia y con la puerta abierta, colocar en la rejilla los salmonetes, a 5 cm de distancia de las resistencias del grill. Mantenerlos 8 min por cada lado. La superficie tendrá leves toques de quemado que darán el característico sabor a barbacoa (pero sin necesidad de ir al campo).

Pasado ese tiempo, abrirlos por la mitad, retirar la espina (si están bien hechos, se quita con facilidad) y rociar con un poco de aceite de oliva virgen extra y sal.

¡El sabor del salmonete en su estado más puro!

CARNES

CÓMO PURGAR LOS CARACOLES

Tres opciones:

a) Colgarlos en una red durante 2 semanas; así soltarán todas las babas.

b) Lavarlos repetidamente en agua con sal.

c) Tenerlos enharinados en una cazuela durante 2 días.

Luego, retirar la harina, lavarlos y... ¡ya están listos!

Según la leyenda, hay que meterlos en una red y darles una paseada en bote de remo por la bahía de la Concha. ¿Será verdad? No seré yo el que lo niegue.

CÓMO COCER CARACOLES

Ingredientes

500 g de caracoles
1 hoja de menta
1 clavo
1 zanahoria
1 puerro

Cocer los caracoles en agua hirviendo durante 30 min con el resto de los ingredientes.

CARACOLES EN SU SALSA

Ingredientes

500 g de caracoles
2 cebollas
1 pimiento verde
2 tomates
50 g de jamón (cortado en dados)
20 g de chorizo (cortado en dados)
1 hoja de laurel
200 g del caldo de cocción de los caracoles
100 g de vino blanco
Aceite de oliva
Sal
Azúcar

Picar finamente las cebollas y el pimiento, y dorarlos en una cazuela con un poco de aceite. Cuando estén dorados, añadir el tomate y, por último, el laurel, el azafrán, el jamón y el chorizo. Mojar con el vino y dejar reducir 10 min.
Agregar los caracoles, cocidos o de bote, con su caldo y dejar cocer, por lo menos, 30 min a fuego suave (destapado).
Rectificar de sal y de azúcar.
Un día después estarán espectaculares.

COCHINILLO ASADO

Ingredientes

1 cochinillo de 2 kg o 2 ½ kg
2 dientes de ajo
1 hoja de laurel
50 g de manteca de cerdo
Sal
Agua

Colocar el cochinillo en una bandeja con la piel hacia arriba.
Mezcla en un mortero la manteca, el laurel y el ajo; untar con esa mezcla el cochinillo y sazonarlo.
Meterlo al horno a 180 °C durante 1 h. Pasado ese tiempo, echarle un poco de agua al fondo de la bandeja para que se vaya formando un poco de caldo y no se nos seque el cerdo.
Mantenerlo en el horno 45 min más, subiendo los últimos 15 min la temperatura para que se dore la piel y quede crujiente.
Servir muy caliente, acompañado de una ensalada de lechuga o de patatas panaderas (ver pág. 181).

NOTA – *Esta receta se puede hacer aún más sencilla: cochinillo, sal y agua. Hornear de igual manera.*

LOMO DE CERDO CON PIMIENTOS

Ingredientes

4 trozos de pan (1 barra partida en 4 trozos)
8 lonchas de lomo adobado
8 pimientos del piquillo
Aceite de oliva
Sal
Azúcar

En una sartén hacer las lonchas de lomo, justo para que se doren por ambos lados.
En ese mismo aceite, dorar los pimientos del piquillo, abiertos y sin pepitas, por ambos lados.
Darles un toque de sal y de azúcar (esto último, muy importante).
Montar los bocadillos sobre el pan intercalando las lonchas de lomo con el pimiento. Todo muy caliente. ¡A disfrutar se ha dicho!

LOMO DE CERDO CON QUESO

Ingredientes

4 trozos de pan (1 barra en 4 pedazos)
8 lonchas de lomo adobado
8 lonchas de queso emmental
Aceite de oliva

Dorar en una sartén con un poco de aceite las lonchas de lomo por un lado. Cuando les demos la vuelta, poner encima de la parte dorada una loncha de queso y dejar que se haga por el otro lado.
Con el calor de la sartén y el lado caliente del filete, el queso se fundirá enseguida.
Solo faltará meterlo entre pan y pan y... ¡a zampar! (todo muy caliente).

ADOBO PARA LOMO DE CERDO

Ingredientes

Para 500 g de lomo de cerdo cortado en trozos medianos (o pollo o conejo):
½ cc de pimentón picante
½ cc de pimentón dulce
70 g de salsa de soja
3 dientes de ajo machacados
½ cc de orégano en polvo
½ cc de sal
3 cs de vinagre de jerez
½ cc de perejil picado
½ cc de romero picado
7 cs de aceite de oliva

Mezclar todos los ingredientes bien con el lomo; dejar macerar durante, por lo menos, 2 h.
Freír los trozos de lomo a la plancha o a la brasa.
Veréis qué aroma y textura han absorbido.

FILETE DE LOMO CON PATATAS

Ingredientes
12 filetes de lomo adobado
500 g de patatas (cortadas en bastones)
Aceite de oliva

Dorar en una sartén los filetes de lomo adobado.
Freír las patatas, como se indica en la receta correspondiente (ver pág. 175).
Acompañar los filetes con las patatas.
¿Quién no ha cocinado esto alguna vez?

LOMO DE CERDO CON UVAS

Ingredientes
12 filetes de lomo
100 g de uvas (sin pepitas)
30 g de uvas pasas
50 g de coñac

Poner a macerar durante 1 h las uvas pasas con el coñac.
Pasado ese tiempo, escurrirlas y juntarlas con las uvas frescas. Reservar.
En una sartén con un poco de aceite, saltear el lomo cortado en cuadrados hasta que esté dorado y retirarlo. En esa misma sartén, agregar las uvas y saltearlas durante apenas 1 min.
Servir el lomo acompañado de las uvas.
Imposible que deje indiferente.

LOMO DE CERDO CON PURÉ DE MANZANA

Ingredientes
8 filetes de lomo adobado
200 g de puré de manzana
Aceite de oliva

Hacer en una sartén los filetes, hasta que estén dorados.
Servir en el plato acompañados por el puré de manzana bien calentito (ver pág. 233).

CHUTNEY Y CERDO

Ingredientes
1 solomillo de cerdo
Pimienta negra
1 cogollo de Tudela

Para el chutney:
2 cebollas
1 ajo
½ guindilla
1 pera
1 mango
Jengibre en polvo
Canela en polvo
1 tomate
1 vainilla
¼ de limón
1 cs de azúcar moreno
2 cs de AOVE

Pochar con un poquito de aceite la cebolla, el ajo y la guindilla. Cuando esté pochado, agregar el resto de los ingredientes y dejar pochar unos 20 min más, con la tapa puesta. Aplastar con un tenedor hasta obtener una salsa rústica.
Dorar el solomillo con la pimienta y cortar en lonchas gruesas. Servir acompañado por el chutney y tiras frescas de cogollo de Tudela.

CÓMO LIMPIAR LAS MANITAS DE CERDO

En agua fría y con vinagre durante 10 min.
Quitarles bien, con ayuda de una maquinilla de afeitar, todos los pelos que puedan quedarse entre las intersecciones de las pezuñas y otras partes difíciles.
Volver a lavar en agua fría con vinagre.
Poner agua a cocer y verter las manitas. Dejar que cuezan durante 5 min, retirarlas y desechar el agua.
Cocer en agua limpia con 1 cebolla, 1 clavo, 2 ajos y sal con las manitas durante 2 h, dependiendo del tamaño.

CÓMO DESHUESAR LAS MANITAS

Bien sean de cerdo, de cordero o de vaca, debe hacerse con cuidado y, sobre todo, en caliente-templado, para no quemarse.
Se suelen romper, porque la manita tiene mucho hueso, huesecillo y cartílago. Por esta razón, la operación es delicada. Una vez deshuesadas, ya las tendremos listas para, por ejemplo, rebozar.
Nos quedará una especie de piel abierta con muchos trozos gelatinosos. En caliente son difíciles de manipular; pero una vez deshuesadas, en frío, se quedan tiesas y será más fácil enharinarlas y freírlas, como explicaremos a continuación.

MANITAS DE CERDO EN SALSA

Ingredientes
8 manitas (cocidas y enteras)
2 cebollas
½ pimiento verde
2 ajos
1 pimiento choricero (o 1 cc de pulpa de pimiento choricero)
30 g de chorizo
30 g de beicon
20 g de pimienta picante
½ cayena
50 g de vino blanco
300 g de salsa de tomate
Aceite de oliva
100 g de agua de cocción de las manitas

En una cazuela con un poco de aceite, pochar la cebolla, el ajo, el pimiento verde, la cayena y la pulpa del choricero durante, por lo menos, ½ h a fuego suave.
Añadir el pimentón picante, el chorizo, el beicon y el vino blanco y dejar reducir 5 min; después, verter el tomate y, por último, las manitas. Dejar hervir a fuego suave durante ½ h y agregar un poco de caldo de cocción de las manitas. Mantenerlas a fuego suave durante 5 min más.
Servir todo muy caliente.
Se recomienda comérselas con las manos y disfrutar como «cochinos» de esta sensación tan gelatinosa y melosa de las manitas, chupando, sorbiendo...

MANITAS DE CERDO FRITAS

Ingredientes

8 manitas de cerdo (cocidas y deshuesadas)
50 g de harina
2 huevos batidos
Aceite de oliva (para freír)

Enharinar las manitas (como ya hemos dicho, es más sencillo manipularlas en frío, pues están rígidas, gracias a su propia gelatina) y pasarlas por huevo batido.
Freírlas en una sartén con abundante aceite, hasta que estén doradas por ambos lados.
Servir muy calientes, acompañadas de alguna fruta ácida (cortada en trocitos y en un plato aparte), por ejemplo, unas fresas o unas frambuesas.
La textura de la manita en caliente cambiará volviéndose melosa y agradable: ¡pura gelatina!

MANITAS DE CERDO CON PIMIENTOS DEL PIQUILLO

Ingredientes

8 manitas de cerdo (cocidas, deshuesadas y cortadas en daditos)
16 pimientos del piquillo
2 cebollas
½ pimiento verde
1 diente de ajo
200 g de salsa de tomate
40 g de aceite de oliva

Para la vinagreta:

30 g de piñones
100 g de AOVE
40 g de vinagre de Módena
40 g de manzana reineta (cortada en cuadrados)
Menta picada

Pochar en una cazuela la verdura muy picada (cebolla, ajo, pimiento). Cuando esté pochada (fuego medio 20 min, aprox.), agregar las manitas y el tomate, y dejar hervir durante, por lo menos, 20 min a fuego suave.
Nos quedará una masa levemente espesa.
Dorar levemente a fuego medio los pimientos en una sartén antiadherente con un poco de aceite durante 2 min por cada lado. Rellenarlos con la mezcla de las verduras y las manitas con la ayuda de una cucharilla o de una manga pastelera.
Disponer los pimientos en los platos, todo muy caliente (para recalentar es ideal el microondas, apenas ½ min a potencia media).
Acompañarlos con la vinagreta que se ha elaborado simplemente mezclando los distintos elementos en frío. Previamente, tostar los piñones en una sartén antiadherente sin nada de aceite, justo dar unas vueltas a fuego medio, hasta que se doren.
Retirar y añadir la vinagreta.

CODORNICES AL GRILL

Ingredientes

4 codornices
5 cs de AOVE
4 dientes de ajo muy picados
Orégano picado
Sal
Romero picado
Pimienta en polvo

Abrir por la mitad las codornices, como si fueran un libro.
Untarlas a conciencia con todos los demás ingredientes.
Extenderlas en una rejilla y acercarlas lo máximo posible al grill del horno (que estará a tope y con la puerta abierta, como si fuera una brasa).
Dorar las codornices 10-12 min por cada lado, hasta que adquieran un bonito color dorado.
Comer con los dedos, sin quemarse y para chupárselos sin miramientos.

NOTA – *Esta receta sirve también para perdices o pichones.*

CODORNICES EN SALSA

Ingredientes

4 codornices
2 cebollas
1 pimiento verde
1 ajo
1 tomate
50 g de vino tinto
Aceite de oliva
750 g de agua
Sal
Azúcar

Dorar en una cazuela las codornices. Retirarlas y añadirles la verdura, menos el tomate. Dejar pochar y añadir después el tomate pelado y cortado en trozos pequeños. Dejar hacer, por lo menos, durante 15 min. Agregar las codornices y el vino tinto. Dejar evaporar por lo menos 10 min y agregar el agua; mantener ½ h más al fuego destapado.
Retirar las codornices y pasar el caldo por una máquina trituradora. Rectificar de sal.
Poner a cocer la salsa resultante, con las codornices dentro, 5 min.
Servir acompañado, por ejemplo, de unas patatas panaderas (ver pág. 181).
Al día siguiente: ¡exquisitas!

CODORNICES CON ALUBIAS BLANCAS

Ingredientes

4 codornices en salsa
500 g de alubia blanca

Por un lado, tenemos las alubias ya hechas (ver pág. 69); por otro, las codornices preparadas, como en la receta anterior.
En un plato sopero, echar un cazo generoso del guiso de alubias; encima, una codorniz con un poco de salsa.
Todo muy caliente. ¡Para chuparse los dedos!

CODORNICES ESCABECHADAS

Ingredientes

4 codornices
150 g de aceite de oliva
4 dientes de ajo pelados
2 cebollas
1 hoja de laurel
20 g de pimienta
150 g de vinagre de vino
Sal

Freír los ajos en el aceite. Agregar las codornices sazonadas en cuartos. Dejar hacer 1 min y agregar la cebolla cortada en trozos medianos, el laurel y la pimienta. Dejar freír 10 min; agregar el vinagre y mantener al fuego 10 min más.
Al día siguiente estarán más sabrosas.
Se pueden comer tanto en frío como en caliente.
¡Para hacerle la ola al cocinero!

CODORNICES CON UVAS

Ingredientes

4 codornices en salsa
40 uvas (peladas o sin pelar)
Aceite de oliva

Saltear las uvas cortadas por la mitad (mejor sin pepitas) durante 1 min a fuego fuerte.
Extender en un plato las codornices guisadas (ver pág. 384); alrededor, las uvas salteadas.
¡Un plato inolvidable!

CODORNICES CON CEREZAS

Ingredientes

4 codornices asadas
200 g de cerezas
Aceite de oliva

Asar las codornices (ver pág. 384) y colocarlas en un plato. Alrededor, las cerezas, que habremos salteado durante 1 min a fuego fuerte.
Si las cerezas están deshuesadas... ¡miel sobre hojuelas!

ENTRÉCULA CON AJOS TIERNOS

Ingredientes

1 entrécula de ternera, o solomillo del carnicero
2 ajos tiernos
1 cs de aceite de oliva
Vinagre de Módena
Sal y pimienta

Limpiar los ajos y cortarlos en trozos de 5 cm. Freír en un poco de aceite hasta que estén dorados. Reservar. Limpiar la entrécula quitándole la piel que la rodea. Poner a punto de sal y de pimienta. Dorar a la plancha como si fuera un filete. Disponer como si fuera un trozo de solomillo con unas gotas de aceite de oliva, vinagre y pimienta negra recién molida.
Si optas por esta pieza tan especial, te sorprenderán su textura, su sabor y su precio.

CONEJO GUISADO

Ingredientes

1 conejo (de 1 kg)
2 cebollas
1 pimiento verde
1 zanahoria
2 tomates pequeños (pelados)
100 g de vino tinto
750 g de agua
Sal

Dorar en una cazuela el conejo troceado. Retirarlo y, en ese mismo aceite, agregar la verdura troceada, menos el tomate. Dejar dorar y, después, agregar el conejo y el tomate. Mantener a fuego suave 10 min, verter el vino tinto y dejar otros 10 min; por último, echar el agua y dejar cocer destapado durante 30 min a fuego suave.
Retirar el conejo, triturar la salsa y salar.
Hervir el conjunto durante, por lo menos, 5 min.

PATAS DELANTERAS DE CONEJO

Ingredientes

4 partes delanteras (de 2 conejos)
Aceite para freír
Mayonesa o alioli
Sal

Freír en un poco de aceite las patas delanteras del conejo sazonadas.
Servir calientes acompañadas de una mayonesa o alioli (ver págs. 210-211,214).

PATAS TRASERAS DE CONEJO

Ingredientes

4 patas traseras (de 2 conejos)

Guisar las patas traseras del conejo a la manera tradicional (ver pág. anterior). Acompañarlo con unas patatas panaderas (ver pág. 181).

COSTILLAS DE CONEJO

Ingredientes

2 partes delanteras con costillas
Aceite de oliva
3 dientes de ajo (muy picados)
Sal

Hacer pequeñas chuletillas de conejo con la ayuda de un cuchillo muy afilado (claro que si este trabajo lo hacen en la carnicería, mucho mejor, aunque no es fácil conseguir convencerles).
Dorar en una sartén el ajo picado y saltear las chuletillas, hasta que estén doradas.
¡Un aperitivo que no te dejará indiferente!

LOMITO DE CONEJO

Ingredientes

2 partes traseras del conejo sin costillas
300 g de salsa de soja
50 g de azúcar

Marinar durante 3 h el conejo en la mezcla de soja y azúcar.
Escurrir y dorar en una sartén durante 3-5 min.
Hornear a 180 °C durante 40 min.
Servir acompañado de una ensalada de lechuga, sal, aceite y vinagre.

NOTA – *Este plato no necesita sal; la que le aporta la salsa de soja es suficiente.*

HÍGADO DE CONEJO

Ingredientes

2 hígados de conejo
4 riñones
2 corazones
Aceite de oliva
Sal
El zumo de ¼ de limón

Cortar en trocitos el hígado, los riñones por la mitad y el corazón también por la mitad. Freír en aceite, hasta que esté todo doradito.
Un poco de zumo de limón y... ¡listo!
Muy aconsejable como aperitivo junto con un buen vermú...

CABEZA DE CONEJO ASADA

Ingredientes

2 cabezas de conejo
Sal
Pimienta negra
Aceite de oliva
Orégano

No se os ocurrirá tirar la cabeza del conejo, ¿verdad?
Abrir la cabeza por la mitad, echarle un poco de sal, aceite de oliva y orégano picado.
Dorarla en el grill del horno durante, por lo menos, 15 min.
De esa parte aprovechamos el seso, la lengua y las carrilleras, ¡que no es moco de pavo!
Disfrutad con algo que, en principio, ibais a tirar, ¡insensatos!

CONEJO CON CARACOLES

Ingredientes

1 conejo de 1 kg, aprox.
500 g de caracoles
1 cebolla
1 ajo
2 lonchas de beicon
100 g de vino blanco
½ l de jugo de carne o agua
2 hojas de menta
Sal
Azúcar
Pimienta
1 hoja de laurel
30 g de almendra picada
20 g de harina

Purgar los caracoles lavándolos a fondo con agua y sal (ver pág. 376).
Echarlos en agua fría y dejarlos cocer durante 20 min. Sacarlos y escurrirlos.
Dorar el conejo salpimentado y con un poco de azúcar en una cazuela con aceite.
A continuación, retirar el conejo y añadir la cebolla, el ajo y el beicon en trocitos; dejar pochar a fuego lento y añadir el conejo y la harina.
Flambear con el coñac. Añadir el vino blanco, la menta y el caldo; al final, la almendra. Dejar hervir 20 min y agregar los caracoles; cocerlos 15 min más.
Servir muy caliente y con palillos para poder extraer los caracoles.

CORDERO ASADO

Ingredientes

400 g de cordero por persona
Agua
Sal
Azúcar

Salar el cordero y meterlo en un horno a 180 °C durante 1 ½ h.
Unos 20 min antes de sacarlo del horno, verter un vaso de agua sobre la bandeja, por dos razones:
a) Para que el cordero se mantenga húmedo y no se reseque.
b) Para que el agua ayude a «soltar» los jugos tostados del fondo de la bandeja y se forme así una salsa-jugo deliciosa.
A continuación, rectificar de sal y añadir un pelín de azúcar.
Cuando la piel esté tostada y crujiente, servir inmediatamente (debe ser presentado muy caliente).
Acompañarlo con unas patatas panaderas (ver pág. 181) o, simplemente, con una ensalada de lechuga.

CORDERO CHILINDRÓN

Ingredientes

1 kg de carne de cordero (troceado)
2 cebollas
½ pimiento verde
2 pimientos del piquillo
1 pimiento choricero (o 1 cc de pulpa de choricero)
4 dientes de ajo
2 tomates maduros
75 g de vino blanco
1 l de agua
Aceite de oliva
30 g de vino blanco
Sal
Azúcar

Sofreír la cebolla muy picada con el pimiento verde y 2 ajos, también muy picados.
Cuando esto se haya pochado, agregar el tomate pelado y troceado, dejar que se haga y agregar el cordero; después, el vino blanco. Cocer 10 min a fuego suave.
Añadirle al guiso el pimiento del piquillo en trozos pequeños y la carne del pimiento choricero, que antes habremos preparado de la siguiente manera: primero, cocerla durante 10 min; después, quitarle la piel y las pepitas, y ya estará lista para agregarla a la preparación anterior. Recordad que si no contáis con pimiento choricero, podéis usar la pulpa del pimiento choricero de bote.
Añadir el agua y dejar a fuego lento destapado 1 h, aprox.
Agregar los 2 dientes de ajo que no hemos empleado aún, machacados en un mortero con un poco de vinagre y sal.
Mantener al fuego 20 min más y, luego, dejar reposar.
De un día para otro, muchísimo mejor.

CHULETILLAS DE CORDERO

Ingredientes

20 chuletillas de cordero (con hueso o sin él, de 1 cm de grosor)
Sal

En una sartén con poco aceite (o incluso sin nada), dorar las chuletillas por ambos lados dejando el interior jugoso, pero hecho.
Acompañar con unas patatas fritas (ver pág. 175).

CORDERO EN CUSCÚS

Ingredientes

300 g de cordero (cortado en trozos)
½ calabacín (cortado en trozos grandes)
1 cebolla
1 pimiento rojo
1 puerro
100 g de calabaza
1 zanahoria
1 pimiento verde
2 l de agua
40 g de garbanzos
300 g de sémola de cuscús
Aceite de oliva
Pimienta molida negra
Pimienta molida blanca
Comino (en cantidad abundante)
Canela (un poco)
Orégano picado
1 clavo de olor
Pizca de pimentón
2 hebras de azafrán
½ hoja de laurel
1 cayena
Granos de enebro

Cortar las verduras en trozos grandes. Poner en una cazuela todos los ingredientes, salvo la sémola de cuscús y dejar que hierva a fuego suave 1 h. Se hará un caldo sabroso.

Pasado este tiempo, dejar reposar y cocer la sémola. Para esta operación se necesita una «cuscusera», es decir, una cazuela agujereada que se colocará encima de la otra en la que se está cociendo el caldo. Deben encajar bien, pues la sémola se hará al vapor. Ahí dentro es donde se coloca la sémola que, previamente, se ha humedecido un poco para que sea más fácil de manipular.

Disponer encima de la cazuela con el caldo hirviendo durante, por lo menos, 15 min o más, en función del tipo de sémola que tengamos: las hay más gruesas (lo que implica más tiempo de cocción) que otras.

Sacar la sémola a un bol y rociarla con un chorro generoso de aceite de oliva.

Al servirlo, no hay más que colocar en el centro del plato la sémola con la carne y las verduras alrededor (sin olvidar el caldo).

Para acompañar este plato lo ideal es la salsa harissa (muy picante, aviso) (ver pág. 227).

NOTA – *Existen bolsas ya preparadas de sémola de cuscús muy prácticas que se echan directamente al caldo durante apenas 2 min. Se abre la bolsa, se vierte el contenido en un bol, se rocía con aceite de oliva y... ¡listo! Esto nos ahorra todo el lío de la cuscusera, que no es poco, y el resultado es casi idéntico.*
También existen hierbas preparadas para el cuscús que facilitan la operación, pues ya vienen mezcladas y nos evita usar una especia más que otra.

CORDERO CON DÁTILES

Ingredientes

1 kg de cordero (1 paletilla)
8 higos secos
8 dátiles
Orégano en polvo
Mejorana en polvo
Aceite de oliva
Ajo
100 g de vino blanco
100 g de agua
Sal

Mezclar todos los ingredientes en una cazuela; dar un hervor y meter en el horno durante 30 min a 170 °C. Sacar, dar la vuelta y dejar que se siga asando durante 45 min más.

Echarle por encima el caldo, bañando la superficie de la paletilla, que se convertirá en una salsa, dulce y aromática junto con el cordero dorado.

MENESTRA DE CORDERO

Ingredientes

1 kg de cordero (troceado)
1 cebolla
100 g de guisantes
100 g de zanahorias
4 alcachofas
8 cebolletas
100 g de vino blanco
200 g de patatas pequeñas
Aceite de oliva
100 g de vainas
1 l de agua
3 granos de matalahúga

Poner a pochar en un poco de aceite la cebolla cortada en trozos.

Añadirle el cordero y dejar sofreír el conjunto 10 min. Agregar todas las demás verduras, menos las alcachofas y el vino blanco.

Dejar hervir 5 min y añadir el agua y el vino.

Dejar cocer todo el conjunto a fuego medio destapado, por lo menos, 40 min.

Agregar por encima las alcachofas cortadas en cuartos y fritas aparte (ver pág. 136).

Dar un toque de sal y servir muy caliente.

PALETILLAS O PIERNA DE CORDERO

Ingredientes

4 paletillas de cordero lechal
1 hoja de laurel
4 dientes de ajo
100 g de aceite de oliva
Orégano picado
Tomillo picado
50 g de vino blanco
30 g de coñac
El zumo de ½ naranja

Triturar todos los ingredientes en un brazo triturador (menos las paletillas, ¡claro!).
Untar con la mezcla obtenida las paletillas y meterlas en el horno durante 30 min a 180 °C.
Sacarlas, darles la vuelta y untarlas generosamente de nuevo con la mezcla; volver a hornearlas otros 30 min.
Sacarlas, repetir la operación del untado e introducir nuevamente 20 min más. Dependiendo del tamaño de las paletillas, ya las tendremos doradas. Si no están listas, dejarlas un poco más de tiempo y asunto resuelto.
Acompañar con lechuga y cebolla dulce.

CABEZA DE CORDERO

Ingredientes

4 cabezas de cordero (abiertas por la mitad)
100 g de pan rallado
4 dientes de ajo
Perejil
Orégano
Aceite de oliva
Sal

Picar el ajo y las hierbas y mezclarlas con los demás ingredientes; espolvorear con esta mezcla las cabezas abiertas de cordero.
Hornear a 220 °C durante, por lo menos, 45 min, según el tamaño de las cabezas.
Sacarlas y saborearlas, sobre todo, los sesos, la lengua, los bordes más tostaditos, las carrilleras, los ojos...

CÓMO LIMPIAR LAS MANITAS DE CORDERO

Lavar bien las manitas con agua fría. Cocerlas en agua durante 5 min. Desechar el agua de la cocción. Cocerlas nuevamente en agua limpia otros 5 min y volver a desechar el agua.

Cocerlas en una olla a presión, simplemente, cubiertas de agua, con 2 clavos y 1 rama de laurel, alrededor de 45 min; si no se tiene olla, 2 h de cocción.

Luego hay 2 opciones:

a) Utilizarlas enteras con huesos.

b) Utilizarlas deshuesadas. En este caso, cuando apenas hayan terminado de cocerse (en caliente), quitarles todos los huesos y huesecillos que contienen las patas, con cuidado de no romperlas demasiado: quedará una especie de rectángulo de pura gelatina que se dejará enfriar para poder manipularlo mejor. Aunque también es verdad que es en caliente cuando se le puede dar forma.

MANITAS DE CORDERO EN SALSA

Ingredientes

8 manitas de cordero (enteras y cocidas)
3 tomates (pelados)
2 cebollas
1 puerro
2 dientes de ajos
½ pimiento verde
Sal
Azúcar
Perejil picado
1 clavo de olor
Aceite de oliva
100 g de vino blanco

En una cazuela, poner la verdura muy picada con un poco de aceite y sofreírla, hasta que esté dorada. Agregar el tomate muy picado y dejar hervir 20 min. Añadir, después, el clavo; rectificar de sal y de azúcar y añadirle el vino blanco. Dejar hacer 10 min a fuego suave. Por último, echar las manitas cocidas y un par de cazos del agua de su propia cocción. Dejar hacer 20 min a fuego suave y añadir el perejil. Preparadas de víspera, mejor.

MANITAS DE CORDERO FRITAS

Ingredientes

12 manitas de cordero (cocidas y deshuesadas)
Harina
2 huevos batidos
Aceite de oliva para freír

Rebozar esos «rectángulos» en los que se han convertido las manitas de cordero deshuesadas y cocidas (ver pág. anterior) con harina y, después, con huevo batido.
Freír, hasta que estén doradas por ambos lados.
Servir con ½ limón exprimido por encima.

CÓMO LIMPIAR LOS RIÑONES DE CORDERO

En agua fría con un poco de sal y vinagre durante, por lo menos, ½ h. Cambiar por agua nueva, también muy fría, y añadir algo de vinagre.
Cortarlos por la mitad y volver a lavarlos.
Previamente retirar con ayuda de un cuchillo toda la grasa de alrededor y los conductos que los hacían «funcionar».
Secar bien con un trapo y utilizarlos.

BROCHETA DE RIÑONES DE CORDERO

Ingredientes

12 riñones de cordero
12 láminas de beicon
Aceite de oliva

Trocear en láminas el riñón bien limpio de ½ cm cada una. Hacer cuadrados de 2 cm de lado de las láminas de beicon.
Intercalar en un palillo los trozos de riñón con trozos de beicon, hasta llenarlo por completo.
Freír en abundante aceite caliente, hasta que estén crujientes.
Servir al momento.

MOLLEJAS DE CORDERO

Ingredientes
100 g mollejas de cordero
1 diente de ajo
Sal
Perejil
Aceite de oliva

Son las glándula tiroidea del animal que rodea el cuello. En el caso del pollo, el pichón u otras aves, se denomina *molleja* a una parte del estómago, pero, en el caso del cordero, no. Aunque ambas lleven el mismo nombre, no hay que confundirlas.
Las mollejas de cordero se limpian como los riñones (ver pág. 395). Quitar la grasa y lavar con agua fría; después secarlas, cortarlas en trozos del tamaño de una aceituna (o menos) y freírlas en aceite con ajo y perejil picados.
Como aperitivo, ¡estupendas!

LOMO DE CORDERO

Ingredientes
1 lomo de cordero
300 g de puré de patatas
Salsa de cordero
Sal
½ cc de harina
6 cs de agua

Lomo o carré es el costillar del cordero. La parte delantera tiene las costillas; la parte trasera, no. Se puede hacer totalmente deshuesado o dejarlo con las costillas en la parte delantera.
Trocearlo en 4 porciones y dorarlo en la sartén con un poco de aceite (apenas 4 min por cada lado).
A continuación, meterlo en el horno tapado con un papel de aluminio durante 10 min a 200 °C, dependiendo del tamaño del costillar.
Sacarlo y dejarlo reposar 5 min fuera del horno.
Añadirle la harina. Agregar el agua a la sartén y ponerla al fuego durante 5 min a fuego medio, para que se suelten todos los jugos adheridos a la sartén que ha desprendido el cordero. Hervir un par de minutos más. Y darle punto de sal.
Servir en cada plato el trozo de carne entero o fileteado acompañado de la salsa o jugo y el puré de patatas (ver pág. 65).

NOTA – *Recordad que no todas las sartenes son aptas para el horno. Las de mango de metal sí, pero nunca las que tengan algo de plástico.*

BROCHETA DE CORDERO ESPECIADO

Ingredientes

1 kg de trozos de cordero de la pierna (en dados gruesos)
1 cc de tomillo fresco
½ cc de romero
½ cc de orégano
6 cs de aceite de oliva
½ cc de menta fresca
2 pimientos verdes
12 cebolletas
Aceite de oliva

Macerar el cordero en la mezcla de especias picadas y el aceite, durante 2 h.
Montar una brocheta de la siguiente manera: cebolleta-cordero-pimiento verde. Dorar en una sartén, hasta que esté hecho, aprox. 6 min por cada lado.
Servir muy caliente.

FOIE-GRAS A LA PLANCHA

Ingredientes

500 g de foie-gras fresco cortado en láminas de 2 cm de grosor
Sal
Pimienta
Jugo de carne
Puré de manzana
Fruta ácida (por ejemplo, frambuesa)

Dorar en una sartén caliente, sin gota de aceite ni grasa alguna, el foie. Dar la vuelta en cuanto tenga un bonito color dorado y dejar hacer por el otro lado. Sacar a un papel absorbente. La operación apenas tardará un par de minutos. Dar punto de sal y pimienta.
Servir muy caliente.
Acompañar con un jugo de carne aromatizado con especias o, simplemente, con un puré de manzana o con alguna fruta ácida.

NOTA – *El principal problema para hacer este plato radica en la calidad del foie, que debe soltar poca grasa. Si por el contrario inunda la sartén o la chapa de grasa, será síntoma de su mala calidad. Es muy difícil conocer la calidad del foie con antelación. A pesar del buen aspecto que tenga en crudo podemos llevarnos la sorpresa.*

POLLO ASADO

Ingredientes
1 pollo de 1 ½ kg
Sal

Limpiar el pollo y retirarle todas las partes internas (que, como siempre, reutilizaremos para otros platos, por ejemplo, el que se explica en la receta «Interiores de pollo frito», de la pág. 402).
Salarlo bien y meterlo al horno a 180 °C en una bandeja durante, por lo menos, 85 min.
Cuando esté bien dorado, trincharlo y repartirlo equitativamente con el propio jugo que el pollo habrá soltado y que, seguramente, será abundante.

POLLO ASADO CON CEBOLLAS

Ingredientes
1 pollo de 1 kg ½
2 cebollas
4 dientes de ajo
1 manzana reineta
Sal

Limpiar el pollo, salarlo y disponerlo en una bandeja, acompañado de los ajos y de la cebolla cortada en cuartos; la manzana, también cortada en cuartos, introducirla en el interior del pollo, en el lugar ocupado por los hígados y demás partes internas del animal, que habremos retirado.
Hornear a 180 °C durante 90 min.
Nos quedará dorado por fuera; los trozos de la fruta y la verdura le irán de perlas a la grasa del pollo.

POLLO A LOS 40 AJOS DEL AITA

Ingredientes
1 pollo de 1 kg ½
40 dientes de ajo (sin pelar)
1 rama de tomillo
Perejil picado
50 g de vino blanco
Pimienta en grano
1 hoja de laurel
Orégano en rama
Rodajas de pan tostado

Disponer en una cazuela el pollo con los demás ingredientes, excepto el pan.
Cerrar la cazuela con una tapa (que no tenga asas ni nada de plástico, puesto que debemos introducirla en el horno) y hornearla durante 90 min a 170 °C.
Pasado ese tiempo, repartir el pollo entre los comensales.
Los ajos sin pelar se habrán puesto blanditos: solo faltará pelarlos y sacarles la pulpa cremosa para extenderla sobre un pan tostado que acompañará al pollo. ¡Delicioso! Va por usted, padre y, sobre todo, amigo.

POLLO ASADO CON FRUTAS

Ingredientes

1 pollo de 1 kg ½
100 g de orejones de melocotón
50 g de ciruelas pasas
30 g de almendras fritas
30 g de pistachos pelados
½ rama de canela
1 pera fresca troceada
50 g de brandy
Sal

Disponer en una bandeja de horno el pollo salado y limpio con el resto de los ingredientes, que colocaremos en la base de la bandeja para que, cuando el pollo empiece a soltar sus jugos, tomen el sabor de este.
Asarlo durante 90 min a fuego medio (180 °C).
El dulzor de las frutas secas le va que ni pintado al pollo.

POLLO A LA CERVEZA

Ingredientes

1 pollo de 1 ½ kg (troceado en octavos)
350 g de cerveza (rubia o negra)
1 cebolla (cortada en trozos medios)
1 pimiento verde (cortado en trozos medios)
1 diente de ajo
4 cs de aceite de oliva
80 g de aceite (para freír)
Sal
30 g de harina

En una cazuela, colocar las verduras cortadas con el aceite y dejar que se pochen ligeramente.
Aparte, freír los trozos de pollo, levemente enharinados. Cuando estén dorados, añadírselos al refrito de la verdura. Mojar con la cerveza y dejar que se vaya haciendo a fuego suave durante 1 h.
Al día siguiente, este guiso habrá mejorado notablemente. ¡No lo dudes!

DESPIECE DEL POLLO

1. *Pechuga, para freír, guisar*
2. *Muslos, para asar-freír y guisar*
3. *Alas, para asar-freír*
4. *Hígados, para freír.*
5. *Corazón, para freír.*
6. *Molleja, para freír.*
7. *Carcasa, para caldos y sopas.*
8. *Entero, para caldos y sopas*

NOTA – *Casi todas las aves, en mayor o menor tamaño, llevan el mismo despiece: pollos, codornices, pulardas, pavos, patos, malvices, pichones, palomas, capones, becadas, faisanes, perdices...*

PECHUGAS FRITAS DE POLLO

Ingredientes
2 pechugas de pollo
1 diente de ajo
Sal
Aceite de oliva (para freír)

Cortar las pechugas en tiras gruesas y disponerlas sobre una sartén a fuego medio con un poco de aceite, donde, antes, habremos dorado el ajo. Dorarlas por ambos lados y servirlas solo con los trozos de ajo o con alguna salsa (como mayonesa o alioli; ver págs. 210-211, 214).

MUSLOS DE POLLO ASADOS CON PIÑA

Ingredientes
4 muslos de pollo
300 g de piña fresca
1 cebolla
Sal
50 g de vino blanco dulce

Dorar en una cazuela (¡cuidado con que no tenga mangos ni nada de plástico, porque luego irá al horno!) los muslos de pollo. Añadirles la cebolla troceada y dejar que se haga 5 min. Agregar la piña cortada en trozos grandes y el vino blanco. Hornear a 180 °C durante 80 min.
El toque ácido de la piña va estupendamente.

ALAS DE POLLO FRITAS

Ingredientes
8 alas de pollo
Aceite (para freír)
300 g de salsa de tomate (levemente picante)

Freír en abundante aceite las alas de pollo, hasta que estén doradas por ambos lados. Acompañar con la salsa de tomate. También le va fenomenal una salsa de mostaza.

ALAS DE POLLO MACERADAS

Ingredientes
8 alas de pollo
50 g de miel
50 g de vino blanco
1 cc de pimentón en polvo
3 cs de tomate kétchup
1 ajo muy picado
El zumo de ½ naranja

Poner en una cazuela la víspera todos los ingredientes juntos para que maceren.
Escurrir un poco las alas de la salsa de maceración y asarlas en una bandeja a 180 °C durante 40 min, hasta que estén doradas.
Servir muy caliente.
La bandeja debe ser grande para que los jugos se evaporen y obtengamos una salsa levemente espesa.

CALDO DE POLLO ASADO

Ingredientes
1 carcasa de pollo
1 puerro entero
1 zanahoria entera
1 diente de ajo entero
2 l de agua
Sal

Asar la carcasa del pollo en una bandeja, hasta que esté dorada (1 h a 180 °C). Escurrir la grasa e incorporarla al agua con el resto de los ingredientes.
Cocer ese caldo a fuego lento durante 70 min; colarlo y utilizarlo para salsas o como sopa (en este caso, se pueden añadir fideos y 1 huevo cocido).
Este caldo-asado tiene un sabor especial.
Se puede hacer con el pollo entero y aún nos saldrá mejor.

INTERIORES DE POLLO FRITO

Ingredientes

4 hígados de pollo
4 corazones
4 mollejas
1 diente de ajo en rodajas
50 g de aceite de oliva virgen

Cortar los higaditos en trozos medianos; los corazones, por la mitad, y las mollejas, en trozos pequeños, sin olvidar quitarles antes la piel grasa y dura que rodea por el interior la molleja.

Saltear primero el ajo y, después, todos los otros ingredientes.

Cuando estén crujientes, retirarlos.

Servir como aperitivo, frío o caliente.

NOTA – *Las mollejas se pueden freír cortadas en trocitos pequeños. No sería necesario hervirlas durante 1 h, como con el cocido (en este caso, cuando hablamos de mollejas, nos estamos refiriendo al estómago del pollo; no hay que confundir con la molleja del cordero o de la ternera, que es la glándula tiroidea del animal alojada a la altura del cuello. Aunque se denominan igual, son diferentes).*

POLLO EN PEPITORIA

Ingredientes

1 pollo de 1 kg ½
2 dientes de ajo
1 cebolla
½ manzana
80 g de vino blanco
¾ de l de agua
150 g de almendras
2 huevos cocidos
10 hebras de azafrán
Perejil picado
Pimienta
1 hoja de laurel
Aceite de oliva
Harina

Cortar el pollo en octavos y enharinarlos levemente.

En la misma cazuela donde vamos a cocinar, echar un poco de aceite y dorar levemente los trozos de pollo. Retirarlos a un plato y reservarlos.

En el mismo recipiente, dorar los ajos en láminas y la cebolla picada. Agregar la media manzana pelada y troceada; a continuación, el pollo y el vino blanco.

Dejar reducir y agregar el agua dejando que se haga a fuego suave 30 min.

En un mortero, majar las almendras tostadas, las yemas de huevo y el azafrán. Agregar un poco del caldo donde se está cociendo el pollo, para aprovechar bien todo lo del mortero y añadírselo al guiso.

Dejar hervir 20 min más.

Para finalizar, un toque de pimienta, perejil, clara de huevo cocida muy picada y laurel.

Al día siguiente, estará todavía más sabroso.

POLLO AL CURRY

Ingredientes

1 pollo de 1 ½ kg
2 cebollas
3 dientes de ajo
½ pimiento verde
1 clavo de olor
1 trozo de jengibre (si tenemos)
1 cayena
1 cc de curry
Aceite de oliva
Harina
Sal
½ l de agua
½ limón

En una cazuela con un poco de aceite, sofreír los trozos de pollo cortados en octavos, sazonados y enharinados. Retirarlos y reservarlos.
En la misma cazuela anterior, añadir la cebolla picada, el pimiento verde, el jengibre, los ajos, el clavo y la cayena; rehogar sin que tome excesivo color. Agregar el pollo y el curry. Remover el conjunto y agregar el agua. Dejar cocer, por lo menos, 45 min a fuego suave.
Agregar, por último, el zumo de ½ limón.

POLLO TANDOORI

Se elabora igual que la receta anterior; pero en este caso hay que sustituir el curry por el tandoori, un conjunto de especias parecidas al curry, que deben su nombre al horno donde originariamente se asaban los alimentos condimentados con esta mezcla.
El resultado es parecido, pero los matices de la mezcla de especies del curry son bastante diferentes de la del tandoori. El primero es más amarillento y más picante; el tandoori, levemente más suave, más rojizo y más aromático.
Todo esto depende de qué tipo de curry o tandoori hayamos elegido: existen muchas variedades distintas.
Si por casualidad lo hemos conseguido en su país de origen, la India, las diferencias con el que podemos encontrar por estos lares en pequeños botecitos son muy notables.

POLLO BORRACHO

Ingredientes

1 pollo de 1 ½ kg
1 cebolla
2 dientes de ajo
1 tomate pelado
1 cayena
5 cs de whisky
5 cs de ron
5 cs de vino blanco
Sal
Aceite de oliva
250 g de agua

Dorar en una cazuela con un poco de aceite de oliva el pollo en octavos. Retirarlos y agregar la cebolla y el ajo; dejar dorar y agregar el tomate. A continuación, el pollo y dejar 15 min a fuego lento. Agregar la cayena y los alcoholes. Dejar cocer destapado 10 min a fuego suave y, por último, añadir el agua. Continuar con fuego suave durante 40 min más.

Es un plato para todos los públicos: el alcohol se evapora en su totalidad y nos aporta su aroma.

POLLO CON CHAMPIÑONES

Ingredientes

1 pollo de 1 ½ kg (troceado)
25 g de mantequilla
1 cebolla
1 diente de ajo
300 g de champiñones (limpios)
100 g de nata líquida
100 g de caldo de pollo
Romero picado

En una cazuela, poner a dorar todos los trozos de pollo con la mantequilla. Agregar la cebolla picada y el ajo. Dejar hacer durante 15 min. Añadir los champiñones cortados en cuartos y dejar cocer 10 min; después, la nata y el caldo, y dejar hacer a fuego suave durante 25 min.

Espolvorear con romero picado.

POLLO A LA CERVEZA NEGRA

Ver «Pollo a la cerveza» (pág. 399)
½ l de cerveza negra

La elaboración es la misma que la de «Pollo a la cerveza» (ver pág. 399); pero ahora hay que sustituir los alcoholes por ½ l de cerveza negra. Podría ser rubia, pero el aroma de la negra es más intenso.

Un pequeño detalle: el amargor de la cerveza negra, como es más fuerte que el de la rubia, puede «amargarnos» el guiso. Con un poco de azúcar, solucionaremos el problema.

POLLO CON LANGOSTINOS

Ingredientes

1 pollo de 1200 g, aprox.
12 langostinos
50 g de almendra en polvo
5 cs de brandy
2 cebollas
1 puerro
2 tomates
Orégano picado
Sal
Azúcar
Perejil picado

Cortar el pollo en octavos y dorarlo en una cazuela. Cuando esté dorado, agregar la verdura cortada en juliana fina, excepto el tomate. Dejar hacer durante, por lo menos, 20 min. Añadir el tomate pelado y troceado y dejar hervir, como mínimo, 10 min más. Añadir la almendra y el brandy. Rectificar de sal y de azúcar.

Dejar hervir 15 min.

Agregar los langostinos enteros y el coñac flambeado, de la siguiente manera: calentar levemente en una cazuela pequeña el coñac; lejos de la fuente de calor, acercarle una cerilla (recomiendo tener a mano un trapo húmedo, por si el asunto se nos «desmadra»). Dejar que arda unos segundos y verterlo a la preparación. Dar unas vueltas y dejar que se vaya apagando por sí solo. Esta es la mejor manera de hacerlo, porque cuando se flambea directamente sobre la preparación, a veces, se mezcla con los demás ingredientes y no arde, con lo cual pierde gran parte del aroma.

Añadir el perejil y dejar hervir tapado 5 min, que será el tiempo suficiente para que el marisco se haga y quede en su punto.

Un plato ideal para comer con los dedos y chupárselos hasta hartarse.

POLLO FRÍO

Ingredientes
1 pollo de 1200 g
1 l de agua
500 g de vino blanco
Sal
Azúcar
Pimienta blanca molida
2 hojas de gelatina

En una cazuela poner a hervir a fuego suave el pollo troceado y el resto de los ingredientes, durante 1 h, destapado y con la gelatina previamente remojada.
Pasado ese tiempo, sacarlo de la cazuela, deshuesarlo y triturarlo en un robot de cocina con un poco del agua de la cocción, hasta que se forme una pasta espesa.
Todo esto se hará en caliente.
Meterlo en un molde rectangular bien apretado y dejar enfriar durante 24 h.
Después, desmoldarlo y cortarlo lo más finamente posible.
Servirlo frío, acompañado de pan tostado.

POLLO CON YOGUR

Ingredientes
1 pollo de 1200 g
300 g de champán
Sal
Azúcar
Pimienta blanca

Para la salsa:
2 yogures griegos
1 cs de mostaza
1 cs de almendra en polvo
1 cs de pipas de girasol peladas
Orégano en polvo
1 cs de azúcar
1 cs de aceite de oliva

Elaborar el pollo como en la receta anterior.
Servir frío, acompañado por la salsa de yogur, que se prepara mezclando los restantes ingredientes en frío.

POLLO FRÍO AL CAVA

Ingredientes

1 pollo de 1200 g (troceado)
300 g de cava
Sal
Azúcar
Pimienta blanca

Asar el pollo con la sal, la pimienta, un poco de azúcar y el cava en una fuente caliente en el horno precalentado a 180 °C durante 80 min. Ir rociando el pollo con el champán, al menos, tres veces durante la cocción.
Retirar, dejar enfriar y cortar en lonchas o en trozos de bocado.
Servir frío, acompañado de una copa de cava aún más fría.
¡Riquísimo!

ALBÓNDIGAS DE POLLO

Ingredientes

600 g de pechugas de pollo
30 g de pan
60 g de leche
Nuez moscada
1 diente de ajo (pelado y cocido en agua durante 15 min)
1 huevo

Para rebozar:

Harina
Huevo
Aceite oliva (para freír)

Remojar el pan en la leche durante 5 min.
Con ayuda de un robot, triturar todos los ingredientes, hasta formar una pasta espesa.
Formar bolas utilizando una cuchara.
Rebozarlas ligeramente en harina y, después, en huevo. Freírlas en aceite caliente, hasta que estén doradas.
Comer solas como aperitivo; también con salsa de tomate o de carne (ver pág. 216).
Si elegís la opción de acompañarlas con alguna de esas salsas, hervir las albóndigas en su interior durante, por lo menos, 10 min.

POLLO EN TERRINA

Ingredientes

750 g de pollo (pechuga o muslos deshuesados)
30 g de pan
60 g de leche
Nuez moscada
Orégano picado
1 diente de ajo (cocido en agua durante 15 min)
3 huevos
Sal
Azúcar
Pimienta blanca
Mantequilla
Pan rallado

Triturar todos los ingredientes formando una pasta.
Introducir esa pasta en un molde rectangular alto cuyas paredes habremos untado con mantequilla y un poco de pan rallado.
Hornear tapado con papel de aluminio durante 1 h a 180 °C.
Sacar, enfriar, desmoldar y servir acompañado de lechuga cortada en juliana y un pelín de mayonesa a la que podremos añadir los jugos que suelte la mezcla al asarse.
También puede degustarse en caliente de igual manera.

POLLO AGRIDULCE

Ingredientes

1 pollo de 1200 g
Aceite de oliva

Para la salsa agridulce:

2 cc de azúcar
1 cc de harina o maicena
200 g de caldo de pollo
3 cs de vinagre de Jerez
6 cs de zumo de naranja
1 cc de miel
El zumo de ½ limón
2 cs de tomate kétchup

Freír el pollo troceado en aceite de oliva, hasta que esté bien dorado.
En una cazuela aparte, diluir la harina con el caldo de pollo frío y añadir el resto de los ingredientes, incluido el pollo. Dejar hervir, por lo menos, 20 min a fuego suave y tapado.
Servir caliente o frío.

POLLO EN ESCABECHE

Ingredientes

1 pollo de 1200 g
6 dientes de ajo (pelados)
1 clavo de olor
1 hoja de laurel
30 g de pimienta blanca
Sal
200 g de aceite de oliva
100 g de vinagre de vino blanco

Cortar el pollo en trozos (con hueso o sin él, como queramos) y sazonarlos.
En una sartén calentar el aceite; dorar los ajos en él y cuando estén listos, agregarles el pollo, la hoja de laurel, el clavo y la pimienta blanca.
Dejar que se haga a fuego medio durante 10 min.
Verter el vinagre y dejar hacer durante 15 min más.
Es mucho mejor comerlo al día siguiente: se asienta, coge el gusto del vinagre y está... ¡para chuparse los dedos!
La temperatura ambiente es la más adecuada para su degustación.

POLLO CON PIMIENTOS

Ingredientes

1 pollo de 1200 g (troceado)
Aceite para freír
Harina
2 pimientos morrones (asados)
200 g de caldo de pollo
Sal

Cortar en trozos el pollo. Enharinarlo y freírlo con un poco de aceite en una cazuela. Agregar los ajos picados. Dejar que se doren levemente, agregar el caldo y dejar que hierva 20 min (por la acción del rebozado de la harina espesará un poco). Agregar los trozos de pimientos morrones ya asados (ver pág. 186) y dejar hervir destapado durante 10 min.

PECHUGAS DE POLLO REBOZADAS

Ingredientes

4 pechugas de pollo
2 huevos
Pan rallado
Aceite para freír

Cortar las pechugas en tiras o en filetes y sumergirlas en huevo batido.
Escurrirlas levemente y pasarlas por pan rallado.
Apretar bien para que se forme una costra y freírlas en aceite de oliva, hasta que se doren por ambos lados.
Sencillo y exquisito al mismo tiempo.

DADOS DE POLLO FRITO

Ingredientes

4 pechugas de pollo (cortadas en dados de bocado)
1 cs de pimentón picante
Pimienta blanca
150 g de mayonesa
50 de salsa picante

Rebozar a conciencia en pimentón el pollo y freírlo, hasta que esté dorado.
Espolvorearle por encima pimienta blanca.
Acompañar con la mayonesa mezclada con la salsa picante.

CHOP SUEY DE POLLO, O ALGO PARECIDO

Ingredientes

½ puerro
2 cebollas pequeñas
1 pimiento verde
2 zanahorias pequeñas
1 pechuga de pollo
50 g de salsa de soja
2 cs de aceite de oliva
100 g de pasta seca

Picar la verdura en trozos medianos y saltearlos con aceite de oliva hasta que estén un poco pochados. Reservar.
En la misma sartén saltear los trozos de pollo y agregar la salsa de soja. Juntar con la verdura y rehogar el conjunto. Reservar.
Cocer la pasta en agua hasta que esté cocida.
Escurrir y disponer el plato.
Añadir tres cucharadas soperas de la mezcla de las verduras y el pollo.
Todo muy calentito... Mmm...

PECHUGA DE POLLO (O RESTOS DE UN ASADO) CON SÉMOLA

Ingredientes

2 pechugas de pollo (o restos de un asado: cordero, pollo, pavo..., completamente limpios de huesos, pero aprovechando toda la salsa que quede en la bandeja del asado)
2 cebollas
1 pimiento verde
1 calabacín
2 cs de tomate frito
6 cs de aceite
1 ajo
Perejil
Sal
Hierbas aromáticas y especias (orégano, comino, pimienta...)
250 g de sémola grano medio

En una olla poner el aceite con la cebolla, el pimiento verde cortado en trozos no muy pequeños y el ajo picado; sofreír todo. A continuación, añadir el calabacín cortado en dados y sofreír todo junto un poco; agregar el tomate, las hierbas y especias y dejar que hierva unos 5 min. Echar el pollo, o los restos del asado con su jugo. Mantenerlo todo hirviendo unos 10 min y añadir un poco de agua o caldo para que no quede seco.

Después, preparar la sémola según las indicaciones del fabricante.

Para servir poner la sémola en el fondo del plato y, encima, colocar las verduras con la carne.

FILETES DE TERNERA A LA PLANCHA (O LOMO FRESCO O ADOBADO)

Ingredientes

4 filetes de ternera (babilla, contra, tapa)
1 diente de ajo (cortado en láminas)
2 cs de AOVE
Sal

En una sartén dorar los ajos con un poco de aceite.
Freír los filetes, vuelta y vuelta.
Servir acompañados por patatas fritas (ver pág. 175).

CHULETA DE VACA AL GRILL

Ingredientes

2 chuletas (de 1 kg cada una)
Sal

Comprar 2 buenas chuletas con hueso, de vaca o de buey, con grasa entreverada; carne que haya descansado desde su sacrificio, vamos, que haya pasado, por lo menos, 1 mes en frío. De lomo alto o bajo, es igual; el caso es que esté buena. De un grosor mínimo de 5 cm.
Ponerla a 2 cm del grill del horno a tope, sobre una rejilla y dorarla 10 min por cada lado.
Degustarla muy caliente partida en tacos, dorados por fuera y casi crudos, pero calientes, por dentro. ¡Un manjar digno de dioses!

SOLOMILLO DE TERNERA O VACA

Ingredientes

8 trozos de solomillo (de 80 g cada uno)
2 dientes de ajo
Aceite de oliva

La ración normal suele ser de 180 g de solomillo; pero yo pienso que queda demasiado grueso: es mejor 2 trozos, se consigue un grosor mejor.
Dorar los ajos en láminas en un poco de aceite, apenas 2 min por cada lado.
Freír los trozos de carne: dorados por fuera, medio crudos por dentro, pero calientes.

CONSEJO – *Acompañar de unos pimientos asados (ver pág. 186).*

SOLOMILLO ASADO

Ingredientes

1 trozo de solomillo (de 800 g)
Sal
Aceite de oliva
Patatas panaderas

En una sartén muy caliente dorar con un poco de aceite el trozo entero de solomillo apenas 5 min; pero que quede dorado por todas partes.
Meter esa misma sartén con el solomillo al horno durante 15-20 min a 200 °C. Dejar reposar 5 min tapado con papel de aluminio y cortarlo en filetes gruesos de 1,5-2 cm.
Servirlo muy caliente.

CONSEJO – *Lo mejor es presentarlo sobre una tabla de cortar limpia con un cuchillo limpio y bonito; así se corta y reparte delante de los invitados. Acompañar con unas patatas panaderas (ver pág. 181).*

SOLOMILLO ASADO Y FRÍO

Lleva la misma operación que la receta anterior, pero esta vez se sirve frío.
Se prepara de la misma manera; pero se corta en filetes más finos.
Se puede acompañar de una salsa tártara, una bearnesa o una mayonesa.

ENTRECOT (CHULETA DESHUESADA) A LA PLANCHA

Ingredientes

4 trozos de entrecot (de 2 cm de grosor cada uno)
Sal gorda

Dorar en una sartén los trozos durante apenas 2 min por cada lado.
Servirlo en la mesa sobre una tabla con sal gorda por encima.
Cortar en la mesa e ir ofreciéndoselo a los invitados, según se lo vayan comiendo.
Acompañar, por ejemplo, de unas cerezas salteadas (ver pág. 81).

ENTRECOT EN FRÍO

Repetir la misma operación que en la receta anterior.
Esta vez servir en frío y acompañado de salsas derivadas de la mayonesa, como la tártara o la de ajo.
Es increíble cuánto puede cambiar un plato solo por servirlo frío, en vez de caliente.
Pruébalo, no te cortes... ¿Cuál es mejor? No lo sé, ¡tú decides!

ENTRECOT AL ROQUEFORT

Ingredientes

4 trozos de entrecot (de 2 cm de grosor cada uno)
130 g de salsa roquefort

Dorar en la sartén los entrecots, hasta que estén calientes por dentro, pero jugosos.
Cortar en filetes y acompañar con una salsa de roquefort (ver pág. 219).
Es un plato muy habitual; pero, en mi opinión, no aporta nada: el sabor del queso se come al de la carne. En fin..., ahí lo tenéis.

ESCALOPINES DE TERNERA

Ingredientes

8 escalopines de ternera
40 g de mantequilla
40 g de cava
1 cc de harina
70 g de nata líquida
Sal
Pimienta
Perejil picado

Dorar en la mantequilla los escalopines, previamente salpimentados y enharinados. Agregar el cava y la nata. Hervir a fuego muy fuerte apenas 3 min y añadir el perejil picado.
Servir muy caliente.

HAMBURGUESAS DE TERNERA

Ingredientes

1 kg de carne picada
20 g de pan remojado en 100 g de leche
Sal
Pimienta
Orégano

Mezclar todos los ingredientes en crudo.
Hacer bolas de 150 g aproximadamente y aplanarlas.
Dorarlas en una plancha o en una sartén con un poco de aceite.
Servirlas en plato o entre dos panes. En ambos casos, acompañadas de unas hojas de lechuga, rodajas finas de tomate o salsa de tomate.

STEAK TARTARE

Ingredientes

800 g de carne (entrecot)
2 cebolletas muy picadas
Alcaparras
Pimienta molida
4 yemas de huevo
Sal

Picar la carne con ayuda de un robot o simplemente con un cuchillo.
Sazonarla con sal y pimienta, y servirla fría y cruda con una yema en medio de cada porción, así como espolvoreada por las cebolletas y las alcaparras.
La operación de picar la carne se debe hacer justo antes de ir a degustar el plato; esto evitará que se deteriore.

SOLOMILLOS AL VAPOR

Ingredientes

600 g de solomillo (cortado en 4 trozos)
8 cebolletas
Salsa tártara
AOVE
Sal

Dorar en una sartén, a fuego muy fuerte y con un poco de aceite, los trozos de solomillo, lo justo para que se doren por todos los lados. Reservarlos.
En esa misma sartén, freír las cebolletas, hasta que estén doradas (a fuego medio) y reservarlas.
Meter los trozos de solomillo en una vaporera y terminar de cocinarlos, durante 10 min, aprox.
Presentar en el plato con las cebolletas, un chorro de aceite de oliva, la salsa tártara y, claro, el trozo de solomillo hecho al vapor.
Algo no muy habitual, pero que le aporta una textura distinta.

ALBÓNDIGAS

Ingredientes

600 g de carne picada
60 g de pan duro rallado
2 huevos
1 diente de ajo
Perejil picado
Pimienta molida
Sal
Harina
Aceite para freír
Salsa de carne

En una fuente honda batir los huevos, incorporar el pan rallado, la carne picada, el ajo y el perejil muy picados, salpimentar y mezclar todo muy bien.
Poner harina en un plato. Con un tenedor, coger porciones de carne picada equivalente a una pelota de ping-pong e ir haciendo bolas sobre la harina, para que después no se peguen al freírlas.
Preparar una salsa de carne (ver pág. 223-225).
En una sartén, poner abundante aceite y, cuando esté caliente, freír las albóndigas. Cuando ya estén fritas, colocarlas en la cazuela junto con la salsa para que hierva todo junto durante 15 min.

CÓMO SE CUECE LA LENGUA DE TERNERA

Hay dos opciones:
a) Comprarla ya cocida. Esto sí que es fácil, ¿eh?
b) Comprarla cruda.
En este último caso, haremos lo siguiente: limpiarla en agua fría con un poco de vinagre. Retirar el exceso de grasa.
Cocerla en una cazuela cubierta de agua con 1 cebolla, 1 puerro, 1 clavo, 1 zanahoria, 1 pimiento verde y 4 dientes de ajo. Dejar cocer durante, por lo menos, 2 h o 2 h ½, dependiendo del tamaño. Si se cuece en una olla a presión, menos tiempo (en ½ h se habrá hecho).
Retirar la lengua. Dejar que se enfríe 10 min; con la punta de un cuchillo retirarle la piel que la rodea casi por completo (sobre todo en la punta de la lengua, que es muy gruesa) y desecharla.
Dejarla enfriar y cortarla en trozos de 1 cm de grosor.
Pasarla por harina y huevo batido, y freírla en un poco de aceite de oliva.
Triturar el caldo de cocción de la lengua a conciencia. Servirá, una vez rectificado de sal y azúcar, como salsa a la lengua recién frita.
Dejar hervir 5 min con la lengua y servir, acompañado de un puré de patatas o de unas patatas panaderas (ver pág. 181).

LENGUA CON GAMBAS

Ingredientes
4 lonchas de lengua (cocidas y fritas)
200 g de colas de gambas
Aceite de oliva
Vinagreta de sésamo

Dorar en una sartén las gambas y acompañarlas con la lengua ya frita y la vinagreta de comino (ver pág. 240).
Dos texturas y sabores que casan perfectamente.

LENGUA CON BOLETUS

Ingredientes

4 lonchas de lengua (cocidas y de 2 cm de grosor)
200 g de boletus
1 diente de ajo
Aceite de oliva
Perejil picado
Sal

En una sartén dorar el ajo y añadir los boletus limpios y troceados.
Dejar que se hagan durante 5 min a fuego medio.
Añadirles la lengua cortada en dados de parecido tamaño. Dejar otros 3 min más, como mínimo.
Espolvorear con perejil picado.
Servir muy caliente.

LENGUA DE TERNERA CON ALUBIAS BLANCAS

Ingredientes

400 g de lengua (cocida y cortada en dados)
1 kg de guiso de alubias blancas

Poner a cocer las alubias ya preparadas (ver pág. 69) junto con los trozos de lengua durante, por lo menos, 10 min.
Cuando la lengua se haya calentado y esté blandita, servirla acompañada de un chorro de aceite de oliva virgen extra.

CÓMO LIMPIAR Y COCER MORROS DE TERNERA

Limpiar bien los morros con abundante agua fría y un poco de vinagre.
Con un cuchillo, raspar las zonas donde se hayan acumulado más pelos.
Volver a meterlos en agua fría durante 5 min.
Para cocerlos, meter los morros cortados en 3 o 4 trozos en una cazuela; cubrirlos de agua y echar también ½ puerro, 2 ajos, 1 cebolla, 1 clavo, 1 zanahoria, 1 tomate, 2 pimientos verdes, 2 cebolletas, 1 rama de apio y sal.
Tenéis dos opciones:
a) Cocerlos durante 2 h y ½ a fuego medio y tapado.
b) Cocerlos durante 35 min en una olla a presión.
Secarlos, dejarlos enfriar y cortarlos al gusto.
Con el caldo de la cocción se puede hacer lo siguiente: triturarlo y pasarlo por un colador.
Dejarlo hervir y utilizarlo, en caso de que se quiera los morros en salsa; o bien congelarlo para otra ocasión en la que se necesite una salsa de carne potente.

MORROS FRITOS

Ingredientes
½ kg de morros (cocidos)
Harina
2 huevos batidos
Aceite para freír

Cortar los morros en láminas de ½ cm de grosor.
Pasarlos por harina y después por huevo.
Freírlos en una sartén a fuego medio, hasta dorarlos por ambos lados.
Servir como plato o como aperitivo, acompañados por la salsa que hemos elaborado en la receta anterior o simplemente solos sobre una rebanada de pan.
La melosidad de este manjar deja huella.

MORROS DE TERNERA GUISADOS

Ingredientes

500 g de morros (ya cocidos y en salsa)
350 g de patatas panaderas

En el fondo de cada plato, extender las patatas panaderas (ver pág. 181) bien escurridas del aceite; encima, los trozos de morro calientes con su salsa, también muy caliente.
¡Se me está haciendo la boca agua solo de imaginármelos!

MORROS DE TERNERA CON BACALAO

Ingredientes

600 g de bacalao (desalado)
350 g de morros de ternera
1 tomate grande (pelado)
1 cebolla
1 ajo
1 puerro
100 g de vino blanco
30 g de nueces fritas
Perejil picado
50 g de aceite de oliva
Sal
Azúcar

Primero, cocer los morros (ver pág. 419) y, una vez fríos, cortarlos en cuadrados muy pequeños.
Pochar con un poco de aceite la cebolla, el puerro y el ajo cortado muy fino.
Cuando esté todo pochado, añadir el tomate cortado también fino y dejar que se haga durante 5 min. Agregar después el vino blanco y los morros. Dejar cocer a fuego muy suave ½ h. Rectificar de sal y de azúcar. Reservar.
En una sartén antiadherente con un poco de aceite, dorar los lomos de bacalao, hasta que estén hechos; según su grosor, apenas 3 min por cada lado.
Depositar cada lomo en el centro del plato y napar con la mezcla de morros muy caliente.
Unas nueces en trocitos y un poco de perejil serán el colofón de un plato verdaderamente sabroso.

CÓMO LIMPIAR LOS CALLOS

Con la ayuda de 4 medios limones, sal gorda y pimentón dulce, limpiar los trozos de callos (antes de cortarlos), como si de ropa se tratara. Frotando con los medios limones, la sal gorda y el pimentón, aclarando y volviendo a frotar por ambas partes (mejor hacer esto en la fregadera). Así durante, por lo menos, 15 min. Aclarar con agua abundante y fría. Esto lo contaba José Castillo en sus libros de cocina y no he encontrado mejor manera de hacerlo.

CÓMO COCER CALLOS

Preparar una olla con agua hirviendo e introducir los callos limpios y cortados en trozos. Dejar que hiervan 2 min y retirarlos con ayuda de una espumadera.
Desechar esa agua y reemplazarla por otra limpia. Cuando hierva de nuevo, reintroducir los callos y dejarlos que hiervan otros 2 min. Volver a sacarlos nuevamente con la espumadera y desechar de nuevo el agua.
Volvemos a repetir la operación de limpieza una vez más; ya sabéis: agua limpia con los callos durante 2 min. Hirviendo, sacarlos y otra vez agua limpia, que será la definitiva.
En este agua, poner los callos con una cebolla, una rama de perejil y sal.
Cocer alrededor de 2-3 h, dependiendo del tipo de callos que sean (en la olla a presión, lógicamente, menos tiempo: entre 30 y 35 min, aprox.).
Hay que asegurarse de que queden blandos.

NOTA – *Toda esta historia de las aguas es simplemente para que no huelan demasiado.*

COCINAR CALLOS

Ingredientes
1 kg de callos cocidos
100 g de jamón
50 g de chorizo
1 hoja de laurel
1 clavo
1 cebolla
Pimentón picante o dulce
1 puerro
½ pimiento verde
300 g de salsa de tomate
100 g de vino blanco
1 cayena
1 ajo
Perejil picado
Aceite de oliva

En una cazuela meter la cebolla, el puerro, el pimiento verde y el ajo muy picado y sofreírlo con un poco de aceite. Cuando las verduras tomen color, echar el jamón y el chorizo en daditos. A continuación, el vino blanco. Dejar hervir 5 min a fuego suave. Agregar el clavo, la cayena y el laurel; por último, la salsa de tomate.
Dejar cocer el conjunto 10 min y añadir el pimentón y los callos.
Dejar hervir a fuego suave durante 30 min.
Si queda un poco espeso, añadir un poco de agua o de caldo de cocción de los callos (atención si se hace esto último: ese caldo es fuerte de sabor).

CALLOS Y MORROS

Ambas preparaciones se complementan en textura y es habitual sacarlas juntas en el mismo plato: la preparación es muy similar.
Aunque lo mejor es, simplemente, añadir unos cuantos morros ya cocidos a la preparación anterior de los callos.

CALLOS CON UVAS

Ingredientes
1 kg de callos
200 g de uvas
2 ramitas de menta

Juntos pero no revueltos: disponer en cuatro cazuelas de barro los callos ya preparados (ver arriba) y bien calientes; en el centro, una fuente de uvas partidas por la mitad y despepitadas, con alguna ramita de menta por encima.
La combinación es agradable y, sobre todo, lógica.

HÍGADO O CORAZÓN ENCEBOLLADO

Ingredientes
4 filetes de hígado de ternera
2 cebollas
1 pimiento verde
2 ajos
60 g de aceite de oliva
Sal

Poner a pochar la verdura cortada en juliana durante 20 min a fuego medio en una cazuela con un poco de aceite y reservar.
En una sartén antiadherente con un poco de aceite, dorar los filetes salados de hígado o de corazón. Servirlos acompañados de la verdura pochada.
Es preferible no freírlos mucho por dentro, aunque hay gente a quien la textura del hígado le repele. Conseguir ese punto de cocción, ni crudo por dentro ni tieso o pasado como una alpargata, será la mejor opción.

HÍGADO ENCEBOLLADO AL JEREZ

Ingredientes
2 cebollas
1 pimiento verde
2 ajos
40 g de aceite de oliva
4 filetes de hígado (cortado en dados)
Perejil picado
80 g de vino de Jerez

Saltear en una cazuela con el aceite los trozos de hígado durante 2 min a fuego muy fuerte. Retirar el hígado y, en ese mismo recipiente con los jugos que haya soltado el hígado, verter la cebolla, el pimiento verde y el ajo. Dejar dorar a fuego suave ½ h. Volver a echar el hígado junto con el jerez y dejar hervir a fuego lento 5 min (destapado). Espolvorear con perejil picado.

CARRILLERAS CON COGOLLOS

Ingredientes
1 kg de carrillera (ya preparada)
4 cogollos de Tudela

Calentar las carrilleras (ver pág. 424) añadiendo un poco de agua a la salsa, si se nos ha quedado espesa, y reservarlas.
Abrir los cogollos por la mitad y dorarlos en una sartén con un poco de aceite: apenas un par de minutos solo por el lado liso serán suficientes.
Servir al momento: 2 rodajas de carrilleras con su salsa muy caliente y, al lado, la mitad del cogollo.

CARRILLERAS EN SALSA

Ingredientes

2 carrilleras (de 1200 g entre las dos)
2 cebollas
1 zanahoria
1 pimiento verde
1 ajo
1 puerro
200 g de vino tinto
1 ½ l de agua
Pimienta negra en grano
1 clavo de olor
Sal

Limpiar bien las carrilleras de excesos de grasas (aunque, la verdad sea dicha, ahora se venden bastante limpias).

Ponerlas a dorar con sal en una cazuela con un poco de aceite a fuego fuerte. En apenas 5 min estarán listas.

Pasarlas de la cazuela a una bandeja y dorar la verdura cortada en trozos grandes en ese aceite a fuego a suave durante, por lo menos, ½ h. Añadir el vino y dejar reducir las verduras 20 min.

Añadir las carrilleras a la cazuela con los jugos que hayan soltado en su «estancia fuera de la cazuela». Dejar reducir a fuego medio durante 10 min, hasta que casi desaparezcan. Agregar el agua, la pimienta y el clavo.

Dejar cocer tapado a fuego suave durante 2 h (en una olla a presión 35 min serán suficientes).

Retirar las carrilleras. Triturar el conjunto de la salsa y pasar por un tamiz-colador.

Cortar las carrilleras en filetes de 1-2 cm de grosor (se cortan muchísimo mejor si se han enfriado por completo).

Dar un hervor al conjunto, filetes y salsa, durante 10 min.

Dejarlo reposar todo 24 h.

Se pueden comer nada más terminar de guisarlas; pero si las dejamos 1 día en el frigo, estarán mucho mejor.

Servir muy calientes, acompañadas de un puré de patatas. (ver pág. 65)

RABO DE BUEY EN SALSA

Ingredientes

1 rabo de buey (de 1 ½ kg aprox.)
Harina
Aceite
2 cebollas
1 zanahoria
1 pimiento verde
1 pimiento rojo
1 ajo
1 pimiento choricero (o 2 cc de pulpa de pimiento choricero)
400 g de vino tinto
Agua

Pasar los trozos de rabo por harina y ponerlos a dorar en una cazuela con un poco de aceite a fuego fuerte. En apenas 5 min estarán listos.
Rescatarlos de la cazuela a una bandeja y dorar la verdura cortada en trozos grandes en ese aceite a fuego suave durante 35-40 min. Agregar el vino tinto y dejar que se reduzca a fuego suave 20 min.
Añadir el rabo a la cazuela con los jugos que haya soltado en su «estancia fuera de la cazuela» e ir agregando algo de agua. Dejar cocer tapado a fuego suave 2 ½ h. En una olla a presión, con 35 min será suficiente.
Retirar el rabo. Triturar el conjunto de la salsa y pasar por un tamiz-colador.
Este guiso, como el de las carrilleras, ganará si la preparación se hace el día anterior.
Se puede servir con una chalota entera hecha en el microondas de la siguiente manera: cubrir la chalota con film y ponerla, dependiendo del tamaño, unos 5 min a la máxima potencia.

CURRY DE POLLO Y PIÑA

Ingredientes

½ piña
200 g de pollo
2 dientes de ajo
½ pimiento verde
½ cebolla
Curry en polvo
5 cs de aceite de oliva
10 g de harina
100 g de caldo de pollo

Saltear el ajo, la cebolla y el pimiento verde, todo bien picado, en una sartén.
Agregar el pollo cortado en dados y pasado por la harina; dejar que se haga y agregarle el interior de la piña. Por último, el caldo y el curry. Dejar hacer 5 min y rellenar las mitades de la piña.
Servir caliente.

PLATOS
ELEGANTES

OCASIONES ESPECIALES

ACEBUCHE PARA UNAS VERDURITAS

Ingredientes

4 espárragos
100 g de guisantes
2 fresas
½ aguacate
2 lonchas de jamón
3 cs de AAVE Dominus Acebuche (aceite de acebuche virgen extra)
Sal

Pelar los espárragos y cocerlos durante 10 min en agua con sal y un pelín de azúcar. Reservar.
Pelar los guisantes y cocerlos otros 3 min. Pasarlos por la sartén durante 1 min. Reservar.
Cortar las fresas en cuadrados del tamaño de medio garbanzo. Reservar.
Pelar el medio aguacate y cortarlo en gajos. Reservar.
Sobre un plato, disponer toda la verdura a temperatura ambiente. Adjuntar el jamón. Rociar generosamente con AAVE.

ALMEJAS CHAPAPOTE

Ingredientes

2 cebollas
2 dientes de ajo
100 g de almendra molida
20 g de pan
1 tinta de calamar
100 g de vino tinto
200 g de agua
Sal y pimienta
60 g de AOVE Dominus
Zumo de ½ limón
20 almejas

Picar la cebolla y el ajo. Pocharlo todo con algo de aceite a fuego suave hasta que se caramelice. Agregar el pan troceado y la almendra. Mojar con el vino. Cuando evapore, añadir el agua y la tinta. Dar el punto de sal y pimienta. Dejar hervir a fuego muy suave unos minutos.
Fuera del fuego triturar el conjunto añadiendo el aceite y el limón. Tiene que quedar muy espeso.
Para abrir las almejas las puedes hacer al vapor o a la plancha. Depositar una cucharadita muy pequeña de la pasta negra en una de las valvas de la almeja. Rasear.
Servir caliente. La pasta negra, si va a temperatura ambiente, mejor.

ANTIKUTXOS

Ingredientes

30 corazones de pollo
30 g de pulpa de pimiento choricero
3 ajos muy picados
50 g de salsa de tomate
Orégano picado
Comino molido
Ají rojo
60 g de vinagre
Sal y pimienta
Aceite de oliva para la plancha

Preparar el marinado juntando todos los ingredientes hasta formar una salsa espesa. Si no tenemos ají, guindilla. Ojo con la cantidad, que pica un rato largo. Reservar.
Ensartar en crudo 5 corazones por brocheta. Untarlos generosamente con la salsa durante por lo menos 2 h, aunque una buena opción es dejarlos de un día para otro —estarán más fuertes de sabor, pero no quedan nada mal—.
Hacerlos en una sartén hasta que estén dorados. Si tenemos la suerte de tener una brasa, mejor que mejor.
Acompañar de patatas asadas o bien patatas fritas. Ideal la textura y, por supuesto, el sabor.

ANCHOAS AL PATXARAN

Ingredientes

200 g de anchoas
200 g de vinagre
100 g de agua
100 g de patxaran
Sal gorda
Aceite de oliva virgen extra

Para la base:

Pimientos rojos asados
1 berenjena asada y picada con algo de comino
Pan de molde o del que te dé la gana

Limpiar las anchoas retirando la espina central, tripas y cabeza. Con ayuda de un cuchillo, cuadrarlas para dejarlas chulis. Sumergirlas en agua, vinagre y patxaran y dejar durante 45 min. Retirarlas y sumergirlas en aceite de oliva. Mantener por lo menos 6 h. Reservar.
Sobre una loncha de pan sin tostar disponer una capa fina de berenjena. Por encima, pimientos rojos asados y para rematar las anchoas bien ordenadas. Ahora o cuando lo necesitemos es cuando debemos tostar el pan solo por la base. Servir enseguida.
Una combinación que no olvidarás fácilmente.

ARROZ CON MANZANA Y LECHE

Ingredientes
2 l de leche
200 g de nata
250 g de azúcar
½ canela
Un toque de canela en polvo
160 g de arroz
Una pizca de sal
1 manzana
½ limón
1 cs de vinagre ligado

Poner a hervir a fuego medio removiendo de vez en cuando la leche, el arroz y la canela en rama durante 25 min. Agregar la nata y finalmente el azúcar, y dejar hervir 25 min más a fuego muy suave. Pescar la canela en rama de la olla. Disponerlo en tazas bonitas. Agregar la canela en polvo. Reservar.
Disponer en la superficie trocitos de manzana con un poquito de zumo de limón y unas gotas de vinagre.

BACALAO NARANJA

Ingredientes
200 g de bacalao
2 naranjas
1 cebolleta
AOVE Dominus
Perejil picado
2 ajos
Aceite para confitar

Poner a desalar el bacalao en un recipiente con abundante agua fría durante 48-72 h dependiendo del volumen del trozo de pescado. Habrá que cambiar el agua al menos cuatro veces en este proceso. Secar bien con un paño y reservar.
La opción de comprarlo ya desalado es muy acertada si se trata de un bacalao de buena calidad.
Cortar la naranja a sangre —es decir, sin nada de albedo—. Reservar.
Cortar la cebolleta muy fina. Reservar.
En una sartén dorar los ajos y cuando esté templado el aceite hacer el pescado a fuego muy lento, para que se confite. Sacar y deshojar.
En un plato disponer todos los elementos. Y regar con un buen chorro de AOVE. Servir templado.

BERENJENAS UMAMI

Ingredientes

1 berenjena
½ cebolla
½ tomate
½ lata de pimientos morrones
Cominos
Sal gorda
½ vasito de agua
Una lata de anchoas
AOVE Dominus

En una cazuela poner a pochar suavemente la cebolla picada en rústico con un poco de aceite. Agregar los pimientos y dejar hacer a fuego suave. A continuación, echar el tomate troceado y, por último, la berenjena pelada y también troceada (la mantenemos en agua para que no se ponga negra). Mientras se hace machacamos en un mortero los cominos con algo de sal gorda.
Lo agregamos al conjunto y dejamos cocer durante 20 min a fuego suave.
Presentamos a temperatura ambiente con buenos lomos de anchoas. De un día para otro este guiso mejora.

BIZCOCHO DE PUERROS PARA UNAS SARDINITAS

Ingredientes

5 huevos de 65 g cada uno
100 g de azúcar
140 g de harina floja
60 g de puerro muy muy picado
60 g de mantequilla
sal y pimienta
½ sobre de levadura Royal
Sardinas en aceite ahumadas y perejil en rama o cilantro

Pochar el puerro con la mantequilla durante 10 min. Poner al punto de sal y pimienta. Reservar templado.
Batir al calor huevos con azúcar. Agregar la harina con la levadura. Por último, añadir la mantequilla con los puerros. No revolver mucho para que no se baje.
Hornear a 175 °C durante 30 min.
Dejar enfriar y cortar lonchas gruesas. Pasarlas por la plancha hasta dorar. Disponer encima 2 sardinas en aceite y una ramita de perejil. Comer templado.

BUÑUELOS

Ingredientes

150 g de harina
100 g de mantequilla
250 g de agua
Una pizca de sal
2 pizcas de azúcar
4-5 huevos dependiendo del tamaño

Poner en un cazo el agua con la mantequilla y hervirla. Añadir el azúcar a la harina tamizada y verter el conjunto en el agua hirviendo. Nada más echarlo, apagar el fuego y remover con una espátula de madera. Enseguida se formará una bola que seguiremos trabajando para amalgamarla bien.

De vez en cuando acercar un poco el cazo al calor del fuego, para que la pasta se vaya secando.

Después, dejar descansar la masa unos 15 min.

A continuación, añadir los huevos uno a uno hasta conseguir la mezcla deseada. Este paso hay que hacerlo con cuidado: hasta que no se haya juntado bien un huevo a la masa no echar el siguiente.

Es posible que no se necesiten tantos huevos como indicábamos en la lista de ingredientes o que, por el contrario, hagan falta más.

El punto exacto lo sabremos cuando la masa se desprenda con cierta dificultad. Incluso se puede batir el último huevo y agregar solo la mitad o una cuarta parte, para no pasarnos y, tal vez, dejar la masa muy blanda.

Coger pequeñas porciones de pasta choux con la punta de una cuchara y, con el dedo, ir depositándolas en el aceite, que ha de estar muy caliente.

Una vez dorada una parte ella misma se dará la vuelta y se terminará de freír. Rellenar con crema pastelera.

POLO AGRIDULCE DE MANGO

Ingredientes

400 g de mango fresco y maduro
25 g de vinagre
35 g de miel
1 clavo de olor

Pela el mango y trocéalo intentando dejar el hueso lo más limpio posible (ardua tarea, dado que la fruta en cuestión tiene un hueso con esa particularidad y la carne se queda muy pegada). Tritura a fondo hasta obtener una masa muy espesa. Añade el resto de los ingredientes y vuelve a triturar durante 3 min por lo menos a toda potencia de la máquina.
Con un artilugio preparado para hacer polos (típico con su palo en medio), rellena y congela durante 24 horas.
Tras el paso por el congelador solo nos queda desmoldar con un hilo de agua caliente, para que el polo se despegue de las paredes, y a partir de aquí, chupar y chupar.

CALÇOTS RAPEADOS

Ingredientes

12 calçots
1 rape de 1.400 g
Sal y pimenta blanca
Perejil picado
40 g de AOVE Dominus

Limpiar los calçots y cortarles la base con las raicillas. Depositar en un horno con grill durante 5 min por cada lado. Cuando estén dorados disponer encima el rape salpimentado. Hornear a 200 °C por lo menos durante 20 min. Por encima desglasar con el AOVE toda la superficie.
Por último, echar perejil picado.
Servir todo muy caliente. El jugo dulce que resulta es genialmente dulce y contrasta con el pez.

BLINIS CON CAVIAR (SI SE PUEDE)

Ingredientes

para los blinis:
1 huevo
100 g de queso crema
70 g de leche
80 g de harina
8 g de levadura
10 g de azúcar
Pimienta blanca
Sal
AOVE Dominus

Para los rellenos:
Opción A: con caviar
Opción B: rellenos de queso con tomate seco por encima

Mezclar todos los ingredientes, menos la mantequilla, hasta formar una masa homogénea. Dejar reposar 30 min.
Sobre una sartén untada con un poco de AOVE hacer pequeños montoncitos de 5 cm de diámetro. Dar la vuelta en cuanto esté dorado.
Para la opción A, servir con media cucharada de caviar —si la cartera lo permite, una entera—.
En la versión más económica, la opción B, podríamos hacer lo siguiente: cuando doramos la primera parte, le añadimos a la superficie sin hacer un disco fino de queso, tipo Roncal, que cubrimos con un poco de la misma masa. Dejamos hacer por los dos lados y nada más salir depositamos un poco de tomate seco en cuadraditos. Queda distinto pero ideal también.

CORZO CON UVAS

Ingredientes

1 paletilla de corzo de 1.500 g aprox.
2 cebollas
2 zanahorias
2 pimientos verdes
2 ajos
70 g de aceite de oliva
200 g de vino tinto
2 l de agua
100 g de tomate frito
Orégano
Tomillo
Romero
Sal y pimienta
Uvas limpias sin pelar
Aceite de oliva para freír

En una bandeja de horno poner la verdura picada con el aceite y la paletilla de corzo y dejar tostar con el horno fuerte (220 °C) durante 30 min. Depositar todo en una cazuela y dejar que se termine de dorar. Agregar el vino tinto y dejar reducir hasta que casi desaparezca. Añadir el tomate y las especias. Dejar hacer 5 min a fuego medio y tapar con agua. Dejar hervir hasta que el corzo esté blandito. Esto último te llevará por lo menos 2 h —hacerlo mejor en una olla a presión, tal y como está la electricidad—. Retirar la carne de corzo en tacos grandes y triturar la salsa. En este caso es fundamental filtrar por un colador. Introducir la carne en la salsa y dar un hervor para que la salsa recupere color.
En una sartén freír las uvas en abundante aceite muy caliente. Servirlas como acompañamiento de la carne.

CURRY DE LANGOSTINOS

Ingredientes

1 cebolla grande
1 pimiento verde
1 ajo
3 cs de aceite de oliva
2 cs de curry
200 g de leche de coco
Jengibre en polvo
300 g de langostinos (pelar solo la cola)
Sal y pimienta
Guindilla picada

Picar la cebolla, el pimiento y el ajo. Dorar con el aceite. Añadir el curry y rehogar un par de minutos. Agregar la leche de coco y el jengibre. Dar dos hervores y, por último, los langostinos sazonados. Dejar cocer a fuego lento. Servir bien caliente y con un poco de yogur entero líquido y frío, por si el picante no da tregua.

EL BESO DE MARTINTXO

Ingredientes

1 pez de San Pedro de 600 g aprox. (pez de San Pedro o Mushu Martin)
½ puerro
1 pimiento verde
50 g de espinacas
Aceite de oliva virgen extra
Sal y pimienta

Coger el pescado y separar la cabeza del cuerpo. Filetear y reservar. Si se lo decimos al pescadero, mejor, así más fácil.
En una sartén con aceite dorar la cabeza y la parte delantera de la ventresca hasta que esté bien crujiente. Cocinar a fuego medio por lo menos 15 min. Reservar.
En otra sartén saltear el pimiento con el puerro picados, apenas un par de minutos. Reservar.
Freír las hojas de espinacas hasta que estén transparentes. Reservar.
En la sartén donde hemos hecho el puerro y el pimiento dorar por ambas caras los filetes del pescado.
No nos queda más que depositar la verdura en un plato, poner encima los filetes de San Pedro, alrededor las hojas de espinacas y aparte la cabeza crujiente con la parte delantera de la ventresca del pez.

ENSALADA DE HÍGADO DE RAPE

Ingredientes

2 hígados de rape
Hojas de lechuga
Zumo de medio limón
Sal y pimienta
2 cs de AOVE Sierra Mágina
Vinagre reducido

Limpiar con agua fría el hígado. Desvenarlo en caso de que sea muy grande —en los pequeños no es necesario—. Pasarlo por la plancha con un poco de aceite hasta que esté dorado. Si no es muy grande, con un 1 min y medio por cada lado será suficiente. Dejar sobre un plato y rociar con limón.
Sobre un plato disponer la lechuga. Poner por encima las láminas de hígado y un poco de vinagre. Sencillo, barato y, sobre todo, rico.

ENSALADA DE CHORIZO

Ingredientes

4 obleas de arroz
30 g de rúcula
30 g de escarola
30 g de lechuga
20 g de achicoria roja
70 g de chorizo cortado en daditos

Para la vinagreta:

30 g de chorizo cortado en daditos
60 g de aceite de oliva
20 g de vinagre de sidra
Perejil picado
Sal gorda

Humedecer con agua las obleas durante apenas 1 min y depositarlas sobre una tela. Rellenar el interior con las lechugas troceadas y los trozos de chorizo que anteriormente hemos dorado en una sartén antiadherente sin nada de aceite. Envolver en forma de cilindro grueso. Reservar.
Mezclar en un vaso todos los ingredientes de la vinagreta.
Cortar transversalmente los rollos y presentarlos en un plato acompañado de la vinagreta.

SOY UN CARDO

Ingredientes

1 penca de cardo
200 g de gambas
40 g de mayonesa
Zumo de ¼ de limón
Sal y pimienta
1 ajo pequeño fileteado
20 g de AOVE Dominus
Trocitos de perejil

Limpiar a conciencia el cardo retirando los hilos de la superficie y dejándolos en cuadrados de 3 cm. Ayudarse con algo de limón si queremos que queden un poco más blancos. Totalmente opcional. Cocer en abundante agua con sal durante 1 h por lo menos —en olla a presión salen bien y tardan la mitad—. Reservar.
Dorar un ajo en la sartén con el aceite y agregar las gambas enteras. Esto tardará como mucho 1 min y medio —si fueran langostinos, tardan más—. Separar la cabeza de la cola. Reservar como está la primera y pelar las colas. Picarlas sin pasarse y mezclarlas con la mayonesa. Dar un punto de sal y pimienta. Opcional, poner mostaza en grano.
Disponer sobre los cuadrados de cardo bien secos unos montoncitos de la mezcla de la gamba. Poner encima una cabeza de gamba y un trocito de perejil. Primero te comes lo de abajo y después chupas la cabeza como si no hubiera un mañana. Hummm.

FIDEUÁ DE HONGOS

Ingredientes

1 cebolla
1 ajo
300 g de hongos
150 g de fideos de calibre 2
Caldo de verduras
AOVE Sierra Mágina
Sal

Dorar la cebolla y el ajo muy picados en una paellera con algo de aceite de oliva virgen extra. Agregar los tallos de los hongos cortados en daditos hasta que estén un poco blandos. Añadir el fideo. Dorar los fideos y añadir el caldo de verduras. 1,5 l por cada medida de pasta dependiendo del recipiente y la evaporación.
Dejar hacer a fuego fuerte 2 min y a fuego suave 5 min más. Dejar reposar 1 min más fuera del fuego. Ojo con el grosor de los fideos, porque igual necesita más o menos cocción.
Cuando las puntas de los fideos se levanten estará listo. No es matemático, pero sí aproximado.

MENDRESKA CEREZAS

Ingredientes

1 mendreska
1 cebolla
200 g de cerezas
Aceite de oliva virgen extra
¼ de limón exprimido
Sal y pimienta

Cortar la mendreska en cuadrados y cocinarla en una sartén, por el lado de la piel primero. Dar la vuelta y después retirar la piel, fuera del fuego, con ayuda de un cuchillo (así es más fácil). Ese lado de la piel necesitará el último golpe de sartén cuando vayamos a servirlo. Acompañar con cebolla pasada por la sartén unos 2 min y, fuera del fuego, agregar las cerezas deshuesadas. Un poquito de zumo de limón le irá de maravilla.

SOLOMILLO CURADO

Ingredientes

1 solomillo de cerdo (peso aprox. de 300 g)
Tomillo
Orégano
Pimienta de Jamaica
Pimienta negra
Pimentón de la Vera dulce
Pimentón de la Vera picante
700 g de sal gorda

Además:

Hogaza de pan
Aceite de oliva virgen extra Dominus

Frota bien el solomillo con las especias y déjalo así por lo menos durante 1 hora. Tras este paso entiérralo en sal durante 8 horas. Trascurrido este tiempo retira la sal con agua muy fría y sécalo bien. Esta acción debe ser rápida. Después, déjalo orear en el frigorífico durante al menos 7 días. Si puedes dejarlo colgado de una cuerdecita, mejor; de lo contrario, dale la vuelta cada 8 horas. Por último, corta rodajas finitas y preséntalo sobre un buen pan y un poco de aceite de oliva virgen extra.

ES PRIMAVERA

Ingredientes

6 espárragos blancos y frescos
100 g de vainas
6 fresas
100 g de agua
30 g de nata líquida
Zumo de ¼ de limón
30 g de AOVE Dominus
1 diente de ajo
1 l de agua
Sal y azúcar

Pelar a conciencia, aunque cuidado, no se trata de quedarse sin espárrago. Una vez pelado, cortar por la mitad dejando por un lado las puntas y, por el otro, los tallos.
Poner a cocer las puntas en agua con sal y un pelín de azúcar. Apenas 10 min. Reservar.
En una sartén con algo de aceite dorar el ajo y saltear los tallos cortados en tiras finas a lo largo Esto tardará otros 8 min. Justo que tenga una textura blanda. Reservar.
Triturar las vainas bien limpias con los 100 g de agua. Añadir la nata líquida y filtrar. Dar el toque alimonado. Reservar.
Disponer en un plato unas puntas cocidas junto con los tallos salteados. Alrededor, el jugo de las vainas y las fresas en trozos. Alucina con el contraste entre todos.
Acompañamiento musical, *La Primavera* de Vivaldi.

ACELGAS, QUESO Y MEMORIA

Ingredientes

2 pencas de acelgas
2 láminas de queso
2 láminas de jamón de york
Aceite de oliva para freír
Harina
Huevo batido
Sal y pimienta

Limpiar con agua fría las pencas y hacer pequeños rectángulos. Con ayuda de un cuchillo y un poco de paciencia retirar los hilos de la superficie. Reservar.
Cortar el queso y el jamón en rectángulos un poco más pequeños que los de la verdura. Reservar.
Colocar entre 2 pencas de acelga una lámina de queso y otra de jamón. Cerrar con cuidado y pasar por harina y huevo batido.
Con cuidado para que no se abran, freír en abundante aceite de oliva caliente (160 °C). Cortar por la mitad y ofrecerlo como entrante o aperitivo. Todo bien caliente.
Hummm. Sensaciones y recuerdos de mi ama preparándolas.

LAS BOLAS DE PORTOBELLO

Ingredientes

300 g de champiñón Portobello
150 g de queso fresco
1 cebolla
150 g de sémola de trigo
AOVE Dominus
Sal y pimienta
Azafrán
500 ml de caldo de carne o de verduras
Perejil en rama

Picar finamente la cebolla y dejarla pochar en una sartén. Agregar el champiñón muy picado y dejar hacer. Enfriar por lo menos 3 h. Agregar el queso y dar el punto de sal y pimienta. Formar bolas con ayuda de una cucharilla. Rebozar en sémola y dejar secar envuelta en la propia sémola durante 24 h. Así serán más fáciles de manejar.
Hervir durante 3 min a fuego suave en el caldo de verduras. Acompañar en un sopero con parte del caldo, como si fuese una sopa, con unas hojas de perejil, azafrán o cártamo y unas gotas de AOVE Dominus, esto último es fundamental.
Nota: La opción de freír en aceite en vez de cocer también es factible. Distinto, no tan delicado al cambiar por completo las texturas.

AGUA DE TURRÓN

Ingredientes

100 g de turrón blando
500 g de agua
Zumo de ½ limón
Toque de canela

Triturar todos los ingredientes en frío durante por lo menos 1 min. No filtrar. Guardar en nevera por lo menos 6 h. Agitar antes de usar. Un refresco inolvidable. Y cuidado que es fácil de hacer.

CAFÉ, KAKI Y ARÁNDANOS

Ingredientes

170 g de agua
15 g de café soluble
120 g de azúcar
1 kaki
Arándanos
Nata montada con algo de azúcar

La mousse más fácil e increíble que he visto en mi vida. Buscad en internet la palabra «dalgona» y os aclarará este café, curioso donde los haya. Pero no desconfiéis, contiene lo que dice: café. Sé que somos desconfiados, y si no nos lo dice alguien con autoridad, en principio lo reservamos en el cajón de lo demostrable. La estructura del café liofilizado hace el milagro. Os dejo la referencia del artículo donde mi amigo Yanko Iruin, químico de pro desde su blog «El blog del búho gris», lo explica con detalle diáfano para que aprendas de química como yo.

Mezclar los tres ingredientes de la mousse: agua, café y azúcar. Batirlos hasta que adquiera la consistencia de una mousse etérea. Mejor con máquina, ya que para que esté bien espesa se necesita darle con cierta fuerza. Con la máquina no necesitas ni 2 min.

http://elblogdebuhogris.blogspot.com/2020/08/viejas-y-nuevas-espumas-de-cafe.html

El resto es puritito acompañamiento. En un vaso chulo poner una base de kaki y algún que otro arándano, un poco de nata montada y para rematar la mousse en cuestión. Fácil, ¿verdad?

PAPADA AL SECADOR DE PELO

Ingredientes

100 g de papada de cerdo
8 rebanadas gruesas de pan
1 tomate
1 pimiento rojo asado
Aceite de oliva
Sal y azúcar

Tostar el pan en una sartén con algo de aceite y frotar el ajo crudo. Reservar.

Disponer sobre cada tostada un trozo de pimiento asado en el lado derecho de la misma. En el otro extremo, un trozo de interior de tomate (la parte gelatinosa que rodea las semillas). Por encima, una lámina de papada cortada muy fina.

Pasar el secador de pelo por encima de los pinchos hasta que la papada se vuelva transparente. ¿A qué estás esperando para comerlo?

ALCACHOFAS EN EL RONCAL

Ingredientes

3 alcachofas por barba (¿son pocas?, no seas glotón, no lo son)
60 g de queso Roncal curado
AOVE Dominus
Sal y pimienta
Maíces fritos

Fácil de narices. No vamos a cocer la verdura. Vamos por partes.
Limpiar bien las alcachofas. Ve quitando hojas exteriores hasta quedarte solo con el cogollo, el corazón; que no te dé miedo quitar, aunque tampoco te pases y te quedes sin alcachofa. Digamos que hay que dejarla desprovista de todas las hojas exteriores que son fibrosas. Un bocado del que no te tengas que sacar una hoja fibrosa de la boca, medio mordisqueada, es una alcachofa bien preparada.
Después, pégale un corte en la parte superior (la parte superior de la hoja de la alcachofa es la más fibrosa) y redondea la parte de la base. Ya la tenemos lista. Ahora a la sartén con algo de aceite y sobre la parte superior, para después darle la vuelta, y a fuego suave para que dé tiempo a que se haga la verdura. Unas gotas de agua sobre ellas y una tapa generarán algo de vapor para que se terminen de hacer por fuera. Cuando estén doradas, sacar.
¿Acompañamientos? AOVE Dominus, fantástico. Maíces fritos, ideal, toque crujiente donde los haya. Nube de queso del Roncal (hecho con Microplane), este complemento terminará de rematar texturas y sabores a un plato sencillo y al mismo tiempo complejo.

RECUERDA A UN CEVICHE

Ingredientes

1 pimiento jalapeño
500 g de langostinos
500 ml de agua
2 tomates
1 cs de salsa de soja
2 limas
Ralladura de 2 limas
100 g de Fanta de naranja
Dos aguacates maduros
Sal y pimienta
Cilantro picado
Gotas de Tabasco
1 cs de kétchup

Cocer los langostinos en el agua. Retirar las cabezas y aplastarlas un poquito con el agua. Volver a hervir y colar. Reservar junto a las colas peladas. Triturar un tomate y cortar en cuadraditos el otro tomate. Añadir el zumo de las limas y la ralladura de estas. Después, agregar el kétchup, la soja, el jalapeño troceado, el Tabasco y el cilantro. Reservar.

Juntar ambas preparaciones y agregarles el aguacate cortado en dados grandes. Disponer sobre tazones muy fríos. Trocear por encima los langostinos, dejando alguno entero.

Darle a la cuchara en frío.

TOCINO AFRUTADO

Ingredientes

para la cocción del tocino:
400 g de tocino en trozo
1,5 l de agua
30 g de arroz
Orégano
50 g de melaza

Para la preparación del plato:

1 naranja
1 limón, zumo y ralladura
1 cebolleta
40 g de salsa de soja
40 g de melaza
Aceite de oliva para freír

Mezclar todos los ingredientes para preparar la cocción del tocino. Necesitará una buena cocción —o bien de olla a presión o cazuela normal tapada—. Yo lo hice con la primera opción y necesité 40 min de olla a presión. Esto también dependerá del volumen del trozo de tocino.
En caso de que esté muy salado necesitará 12 h de remojo en agua fría —este no lo estaba y con unas 2 h fue suficiente—. El arroz de la cocción ayudará a hacerlo. Reservar en frío 6 h mínimo.
Cortarlo en trozos rectangulares de bocado y freírlos en abundante aceite de oliva. Ojo con las salpicaduras.
Sacar los trozos a un papel absorbente y a continuación añadirlos a una sartén donde le agregaremos la salsa de soja, la melaza, y el zumo de limón. Hervir el conjunto durante unos 2 min.
Disponer sobre un plato, una rodaja, o triángulo, de 1 cm de grosor, de naranja pelada y pasada por la plancha hasta dorar. Sobre la misma, los trozos de tocino con algo de salsita. Alrededor, cebolleta cruda y hebras de cáscara de limón.
Todo muy caliente, y a disfrutar.

POSTRES

CÓMO DESHUESAR LAS CEREZAS

Es muy fácil.
Utilizamos el deshuesador de aceitunas y, con mucho cuidado, en vez de una aceituna, metemos una cereza, apretamos y ¡zas!, ¡cereza deshuesada!
Ideal para niños y para gente a la que le guste comer la fruta con cuchillo y tenedor (que, por cierto, no son pocos, yo conozco a unos cuantos).
Aconsejable también deshuesarlas de esta manera para la siguiente receta.

CEREZAS CON «HUESO COMESTIBLE»

Ingredientes

300 g de cerezas picotas (deshuesadas)
50 g de almendra marcona
20 g de aceite de oliva
Sal

Dorar en una sartén a fuego suave y con un poco de aceite las almendras enteras. Cuando estén doradas, echarles un poco de sal; dejarlas enfriar e ir introduciendo una almendra en cada cereza deshuesada.
Servir en un plato, advirtiendo a los invitados de que no se preocupen por el hueso, de que pueden morder sin miedo.

CEREZAS EN ALMÍBAR

Ingredientes

1 kg de cerezas (no demasiado maduras)
300 g de azúcar
800 g de agua
50 g de Kirsch (licor de cereza)

Poner en un cazo el agua con el azúcar, dejar que hierva e introducir las cerezas.
Dejar cocer 4 o 5 min.
Rescatar del almíbar las cerezas y reservarlas.
Añadir el licor al almíbar y dejar reducir.
Cuando tenga un ligero espesor, volver a echar las cerezas, dar un hervor (1 min) y retirar el conjunto del fuego.
Utilizar para tartas o, simplemente, para bizcochos, ordenadas o acompañadas de un poco de nata montada.

CEREZAS CON CACAO

Ingredientes

300 g de picotas
½ rama de canela
30 g de cacao en polvo
150 g de azúcar
300 g de agua

Hervir el cacao con el agua, el azúcar y la canela durante un par de minutos. Agregarle las cerezas enteras o deshuesadas; dar otro hervor de 2 min y dejar que se enfríe.
Servir muy frío.
Una combinación muy resultona.

CEREZAS CON PLÁTANO

Ingredientes

300 g de picotas
2 plátanos
El zumo de 2 naranjas
El zumo de 1 limón
1 cs de azúcar
100 g de vino dulce (Pedro Ximénez)

Deshuesar las cerezas (ver pág. anterior).
Pelar los plátanos y trocearlos.
Introducir las dos frutas en un bol con los demás ingredientes; revolver y comer muy frío.

CASTAÑAS ASADAS

Ingredientes

½ kg de castañas

En casa lo más práctico es «asarlas» sobre una sartén, haciéndoles una incisión del tamaño de ½ garbanzo en un costado, porque tienen un problema, si no se hace esto, explotan; sí, explotan.
Así que no olvidéis lo de la incisión.
Ir removiendo a fuego medio durante 20-25 min.
Pelarlas y comerlas en caliente.
Sencillo y divertido.
Por precaución y seguridad, yo les haría dos incisiones para no tener problemas.

CASTAÑAS, NARANJA Y CUAJADA

Ingredientes
200 g de puré de castañas
2 naranjas (peladas y cortadas en trozos medianos)
2 cuajadas
20 g de miel
Hojas de albahaca

En el fondo del plato repartir equitativamente el puré de castañas (ver pág. 234).
Alrededor, los trozos de naranja y, en medio, la mitad de cada cuajada.
Por último, las hojitas de albahaca y unos hilos de miel.
Fácil y resultón, ¡os lo digo de buena tinta!

CASTAÑAS CON COCA-COLA

Ingredientes
200 g de puré de castañas (ver pág. 234)
100 g de Coca-Cola
1 naranja (pelada y cortada en trozos medianos)
1 kiwi (cortado en trozos medianos)
100 g de piña en trozos medianos

Mezclar el puré de castaña con la Coca-Cola en frío.
Disponer en el fondo de un plato sopero, este puré o salsa ligera.
Encima, colocar todas las frutas crudas.
El contraste dulce de la castaña y la Coca-Cola con las frutas ácidas... ¡es una gloria!

NOTA – *En caso de no disponer de tiempo para hacer el puré de castañas, comprarlo en bote, que lo venden ya hecho, y bien bueno, por cierto.*

CIRUELAS CON CIRUELAS

Ingredientes
12 ciruelas pasas
4 ciruelas frescas
150 g de nata líquida
1 naranja

Poner en un bol las ciruelas pasas deshuesadas y cortadas en cuartos, las ciruelas frescas cortadas en trozos y la naranja pelada y cortada asimismo en trozos.
Disponer el conjunto en boles pequeños y rociar con la nata líquida.
Un postre ideal.

CIRUELAS RELLENAS

Ingredientes

12 ciruelas secas deshuesadas
100 g de almendras (muy molidas)
50 g de azúcar
1 yema de huevo
Comino en polvo
Anís en polvo

Escaldar las ciruelas en agua durante 3 min. Secar y reservar.
Abrirlas después a lo largo, de manera que puedan rellenarse.
Mezclar las almendras con la yema, el azúcar y los aromas.
Nos debe quedar una pasta espesa a la que daremos forma alargada con la mano y pondremos en el interior de la ciruela.
Dar un toque de calor en el horno a 180 °C durante 3 min.
Comer en caliente-templado.
Una bomba energética sabrosa como pocas.

CIRUELAS ASADAS

Ingredientes

20 ciruelas frescas (deshuesadas)
50 g de azúcar
Orégano picado
El zumo de una naranja
50 g de vino blanco
Nata montada

Disponer las ciruelas en una bandeja de hierro pequeña donde puedan entrar todas, aunque apretadas. Espolvorear con el azúcar, el orégano, el zumo de naranja y el vino blanco. Hornear durante ½ h a 170 °C.
Sacar, dejar enfriar y servir con nata montada azucarada.

CIRUELAS AL ARMAÑAC

Ingredientes

20 ciruelas frescas
100 g de queso roquefort
100 g de armañac
50 g de azúcar

Abrir por la mitad las ciruelas y quitarles el hueso.
Dorar en una sartén ambas mitades durante 2 min a fuego medio y añadirles el azúcar y el armañac.
Dejar cocer tapado durante 10 min a fuego suave.
Dejar enfriar por completo.
Servir acompañado de los trozos de queso roquefort y el jugo que haya soltado la mezcla, ¡por supuesto!

MERMELADA DE CIRUELAS

Ingredientes

1 kg de ciruelas frescas y deshuesadas
600 g de azúcar

Juntar en una cazuela los dos ingredientes durante, por lo menos, 12 h en frío.
Hervirlo todo después a fuego suave e ir removiendo hasta que se vaya formando una pasta levemente espesa, pero con tropiezos.
Dejar enfriar y consumir con pan tostado calentito. ¡Estupenda para desayunar!

COCO RALLADO PARA REBOZAR TRUFAS

Ingredientes

1 coco fresco

Rallar la pulpa de un coco fresco con ayuda de un rallador.
Dejar secar durante 48 h.
Ideal para rebozar una trufa de chocolate blanco o negro o espolvorear la parte superior de una mousse de chocolate.
Ver la receta de trufas (pág. 517) o la de mousse (pág. 513).
Lo venden hecho, por si no tienes tiempo.

DÁTILES RELLENOS

Ingredientes

12 dátiles
100 g de almendras
50 g de azúcar
Canela en polvo
Comino en polvo
1 yema de huevo

Deshuesar los dátiles y rellenarlos con la mezcla, como en la receta de las ciruelas (ver pág. 451).
El resultado es distinto en cuanto a sabores, pero igualmente resultón, sobre todo, si conseguimos esos maravillosos dátiles grandes, jugosos (que en temporada de invierno son una verdadera joya gastronómica).

ZUMO DE FRAMBUESAS CON NARANJAS

Ingredientes

½ l de zumo de naranja
300 g de frambuesas
Pimienta negra

Triturar todos los ingredientes y colarlos (muy importante).
Servir en copas con pajita y un toque de pimienta negra recién molida por encima.

MERMELADA RÁPIDA DE FRAMBUESAS

Ingredientes

300 g de frambuesas
100 g de azúcar

Disponer en un bol de cristal ambos ingredientes. Taparlos con film y meterlos en el microondas a máxima potencia 3 min.
Al sacarlo, aplastar el conjunto con un tenedor. Nos quedará una especie de «mermelada».
Una mezcla sabrosa para acompañar carnes y postres.

FRAMBUESAS CONGELADAS PARA UN BATIDO

Ingredientes

300 g de frambuesas congeladas
1 l de leche
100 g de azúcar

Triturar todos los ingredientes y filtrar (optativo). Ideal para merendar.

FRAMBUESAS CON MIEL

Ingredientes

300 g de frambuesas
½ l de nata
50 g de azúcar
50 g de miel

Mezclar la nata con el azúcar y la miel. Dejar por lo menos 1 h removiendo muy despacio, de vez en cuando, hasta que se disuelva todo. Sin montar la nata, ¡ojo!
Disponer las frambuesas en boles individuales y verter sobre cada uno 3 o 4 cs de la mezcla anterior. Comer muy frío.

FRAMBUESAS CONGELADAS PARA GRANIZADO

Ingredientes

300 g de frambuesas congeladas
½ l de leche
100 g de azúcar
4 hielos

Triturar el conjunto y servir en copas con pajita. Una merienda estupenda.

FRESAS CON NATA

Ingredientes

½ kg de fresas
250 g de nata montada y azucarada
Menta picada

Limpiar las fresas en agua muy fría. Quitarles el rabito superior y acompañarlas de nata (ver pág. 486) no demasiado azucarada.
Espolvorear con menta picada.

FRESAS CON CHOCOLATE

Ingredientes

½ kg de fresas
150 g de chocolate
50 g de leche

Cortar en trozos muy pequeños el chocolate y ponerlo a fundir con la leche caliente en un microondas a potencia media, haciendo la siguiente operación: introducir en el interior el bol con el chocolate muy picado y la leche 15 s.
Sacarlo y revolverlo con una espátula. Repetir esta operación las veces que sea necesario, hasta que el conjunto esté fluido.
Si lo ponemos a otra potencia y sin revolver, la posibilidad de que el chocolate se queme es bastante alta. La temperatura del chocolate debe ser un poco menor a la nuestra (32-33 °C).
Ponerlo en un bol acompañado de otro con las fresas cortadas por la mitad y clavadas con un palillo.
Untar las fresas en el chocolate fundido y... ¡a disfrutar!

FRESAS EN VINAGRE

Ingredientes
½ kg de fresas
100 g de azúcar
70 g de vinagre de jerez

Dejar reposar toda la noche las fresas limpias y cortadas por la mitad junto con el vinagre y el azúcar.
Una vez que han soltado todo su jugo, al día siguiente, escurrirlas.
Degustar muy frías.
¡Un verdadero agridulce que te embelesará!

ZUMO DE NARANJA CON FRESAS

Ingredientes
1 l de zumo de naranja
1 kg de fresas
100 g de azúcar

Limpiar y cortar por la mitad las fresas.
Mezclar todos los ingredientes y dejarlos reposar en un bol durante una noche.
A la mañana siguiente, estará riquísimo, no lo dudes.

ZUMO DE FRESAS

Ingredientes
1 kg de fresas
130 g de azúcar

Licuar las fresas, añadirles el azúcar y servir muy frío en un vaso.
Muy interesante como salsa para carnes a la plancha; también como jugo para acompañar un yogur o un muesli.

«MERMELADA» DE FRESAS

Ingredientes
1 kg de fresas
5 cs de aceite de oliva
1 cs de azúcar

En una sartén antiadherente, saltear las fresas (limpias y cortadas en cuatro) a fuego medio con un poco de aceite. Seguir removiendo durante 10 min.
Agregarles el azúcar y dejar a fuego bajo otros 10 min, removiendo con cierta frecuencia.
Ideal para un puré que acompañe un postre o una carne.

FRESAS, CEREZAS Y ALMENDRAS

Ingredientes

½ kg de fresas
100 g de zumo de naranja
¼ de kg de cerezas
100 g de naranja
80 g de almendras en polvo

Cortar las fresas en cuartos y deshuesar las cerezas. Como las fresas y las cerezas son de la misma temporada, algunos días se pueden disponer ambas por separado con zumo de naranja y echar por encima la mitad de la almendra en polvo a cada fruta.
Servir a cada comensal dos tazas pequeñas: una con las fresas y, la otra, con las cerezas.
Un juego sencillo para comparar matices de sabor.

FRESAS CONGELADAS

Ingredientes

½ kg de fresas
½ l de leche
150 g de nata
100 g de azúcar

Limpiar, partir por la mitad y congelar las fresas durante, por lo menos, 24 h.
Pasado este tiempo, meterlas en un vaso triturador con los demás ingredientes y triturarlo todo bien.
Nos saldrá una especie de batido espeso, ideal para muchas cosas: para acompañar manzanas asadas, cerezas crudas, etc.

HIGOS A LA PLANCHA

Ingredientes

12 higos (sin pelar)
30 g de frambuesas
Hojas de menta
4 cs de aceite de oliva

Abrir por la mitad los higos y dorarlos levemente con un poco de aceite en una sartén antiadherente apenas 1 min.
Colocarlos en un plato junto con las frambuesas y algunas hojas de menta.
Un postre frío-caliente delicioso.

HIGOS O BREVAS

Ingredientes

8 brevas
100 g de nata líquida
100 g de almendras tostadas

Abrir por la mitad las brevas y disponerlas en una bandeja pequeña de horno, de manera que estén un poco apretadas (solo un poco, ¿eh?).
Agregarles la nata líquida y hornear 15 min a 180 °C.
Sacarlas del horno y echarles por encima las almendras tostadas.
Servir muy caliente.

NOTA – *Tanto los higos como las brevas son frutos de la higuera. Junio suele ser el mes de las brevas, y septiembre, el de los higos. Las brevas son el primer fruto de la higuera, con un color de piel más morado y la piel más delgada. El higo es la segunda fruta (en realidad sería la primera, pues el esqueje de la breva hiberna durante el invierno y cuando llega el verano es cuando crece). Se recoge 2 meses más tarde; tiene un color más verdoso, la piel más gruesa y el interior varía del gris al rojizo. Ambas frutas poseen un dulzor parecido y una textura blanda.*

HIGOS CON CHAMPÁN

Ingredientes

12 higos maduros
500 g de champán
50 g de azúcar
Orégano en trocitos

Pelar los higos, cortarlos en cuartos y disponerlos en boles individuales.
Rellenar esos boles con la mezcla muy fría de champán y azúcar.
Servir muy frío, acompañado del orégano en trozos.
La simplicidad es la clave de muchos platos y, como muestra, este botón.

A LA RICA BREVA

Ingredientes

4 brevas
1 lima
50 g de tocino con veta
50 g de azúcar moreno
1 naranja
1 limón
Menta picada
Helado de ruibarbo

Cortar por la mitad las brevas y disponerlas en una bandeja de horno. Agregar azúcar y rociar generosamente con el zumo de la lima. Asar durante 20 min a 200 °C. Dejar enfriar.
Cortar a sangre la naranja y el limón. Reservar.
Disponer en el plato 2 trozos de breva y, sobre esta, trozos de tocino. Agregar gajos de naranja y limón y helado de ruibarbo. Espolvorear con menta picada.

SOPA DE COCO

Ingredientes

1 l de agua
200 g de coco seco rallado
125 g de azúcar
4 kiwis (pelados)
Menta en hojas

Poner en agua el coco y el azúcar juntos durante 1 h para que se disuelva bien el azúcar.
Colar bien el coco y disponerlo en boles pequeños junto con los trozos de kiwi.
Decorar con hojas de menta.
Servir muy frío.

KIWI CON COCO

Ingredientes

4 kiwis (pelados)
50 g de coco rallado
Una pizca de sal

Triturar el coco rallado, hasta convertirlo en polvo. Pasarlo por un colador para conseguir un polvo más fino y agregarle la sal.
Introducirlo en dos boles: en uno, el coco en polvo, y en el otro, el kiwi en rodajas.
Con un palillo «untar» los trozos de kiwi y... ¡a zampar!

KIWI A LA PLANCHA

Ingredientes
4 kiwis
50 g de azúcar

Cortar los kiwis en rodajas de 1 cm de grosor y pasarlos por una sartén antiadherente, hasta que estén dorados.
Agregarle azúcar por encima.
Ideal para acompañar carnes; también recomendable para decorar una tarta o como ingrediente de un postre.

MANGO A LA PLANCHA

Ingredientes
2 mangos maduros
Sal

Pelar los mangos y abrirlos con cuidado en dos mitades. Recuerda que la carne se queda muy pegada al hueso y es prácticamente imposible sacarlo sin algo de pulpa.
Dorar en una sartén las dos mitades. Cuando tengan un bonito color, retirarlas del fuego y servirlas caliente.
Un sabor que no se olvida fácilmente.
Para acompañar, por ejemplo, a un helado, a un trozo de atún a la plancha...
También, para empezar una comida con unas anchoas de lata encima.

MANGO LICUADO

Ingredientes
2 mangos maduros y pelados
50 g de azúcar
550 g de nata líquida

Licuar los mangos.
Agregarles el azúcar en frío y revolver, hasta que se disuelva por completo. Agregar la nata líquida muy fría.
Una salsa de postre deliciosa, servida en un vaso alto con canela en polvo espolvoreada por encima.

MANGO Y ARROZ CON LECHE

Ingredientes

½ kg de arroz con leche
1 mango (pelado y cortado en trozos medianos)

Dorar en una sartén el mango, hasta que esté bonito.
Disponerlo en un plato acompañado de varias cucharadas de arroz con leche (ver pág. 475).
Si el arroz con leche está un poco «quemado» o gratinado (como lo hacen los asturianos), mejor que mejor.

MANZANAS ASADAS

Ingredientes

4 manzanas reineta
100 g de azúcar
150 g de sidra

Descorazonar las manzanas y depositarlas en una bandeja.
Rellenar el hueco de azúcar. Mojar el azúcar con la sidra y hornear a 180 °C durante 30-40 min, en función del tamaño de la fruta.
Dejar que se enfríen.
Degustarlas acompañando a alguna carne o..., por supuesto, solas como postre.

MANZANAS A LA PLANCHA

Ingredientes

4 manzanas
150 g de mousse de foie
20 g de azúcar
20 g de aceite de oliva
Perejil picado
20 g de vinagre de sidra

Pelar las manzanas, descorazonarlas y cortarlas en círculos de 1 cm de grosor.
Dorarlas en una plancha o en una sartén con un poco de sal y azúcar.
Colocarlas sobre un plato y, encima de cada círculo, colocar un trozo de mousse de foie.
Por encima, verter un poco de vinagreta, que se elabora de la siguiente manera: picar los recortes (piel incluida) que han sobrado al cortar las manzanas y añadirles un poco de perejil, vinagre y aceite.
Servir tibias.

MANZANAS AL MICROONDAS

Ingredientes

4 manzanas reineta
100 g de azúcar
150 g de sidra

Vaciar la manzana sin pelar con un descorazonador. Rellenar el agujero con azúcar. Mojar con 3 cucharadas de sidra cada manzana.
Envolverlas en plástico film. Meter al microondas 3 min a máxima potencia.
Esta receta lleva los mismos ingredientes que los de la manzana asada al horno, pero con resultados distintos: ¿mejores o peores? Eso ya lo comprobaréis vosotros mismos.

MANZANAS CRUJIENTES

Ingredientes

2 manzanas
100 g de azúcar

Existen varias maneras de hacer láminas crujientes de manzana; esta no es la mejor, pero sí la más simple.
Cortar las manzanas en láminas finas con ayuda de una mandolina.
Depositarlas en una bandeja de horno con un papel sulfurizado debajo. Embadurnarlas por los dos lados de azúcar y hornear a 180 °C, hasta que estén doradas.
Comerlas, nada más sacarlas del horno.
Ideal para acompañar a postres o a carnes.

COMPOTA DE MANZANA

Ingredientes

4 manzanas reineta
12 orejones de melocotón
10 orejones de albaricoque
10 ciruelas pasas
1 vainilla
1 canela
300 g de azúcar
2 l de agua

Poner a cocer todo junto a fuego muy suave durante, por lo menos, 45 min o 1 h sin tapar.
Dejar enfriar bastante tiempo.
En caso de que el caldo nos quede un poco ligero, escurrirlo de la fruta y ponerlo al fuego destapado, hasta que se espese. Luego, volverlo a juntar todo y dejar que se enfríe por completo.
La cocción de la manzana difiere de la de la fruta seca; pero si se cocina despacio, el resultado es muy bueno. Si no, habría que cocer cada cosa por separado.
Postre ideal donde los haya.

BANDA DE HOJALDRE DE MANZANAS

Ingredientes

4 manzanas Granny Smith
350 g de hojaldre
1 huevo
Azúcar glas

Estirar el hojaldre con ayuda de un rodillo y un poco de harina en forma de rectángulo alargado. Espesor aproximado, ½ cm. Reservar.
Pelar y cortar la manzana en gajos. Depositarlos en orden a lo largo del hojaldre. Pintar el conjunto con huevo batido.
Hornear a 190 °C durante 30 min.
Espolvorear con azúcar glas. Si se quiere más dulce, embadurnar la manzana en azúcar normal.
Comerlo recién salido del horno.

MANZANAS A LA PLANCHA CON HELADO

Ingredientes

4 manzanas
300 g de helado de vainilla
50 g de azúcar
30 g de aceite de oliva

Pelar las manzanas y cortarlas en octavos.
En una sartén con un poco de aceite, dorar las manzanas embadurnadas de azúcar. Cuando tengan un bonito color dorado (tardarán un par de minutos por cada lado), disponerlas sobre el plato acompañadas de una bola de helado de vainilla.
¡Mucho placer para tan poco trabajo!

MANZANAS CON PEPSI

Ingredientes

4 manzanas reinetas
50 g de azúcar
1 l de Pepsi
200 g de nata montada

Pelar y cortar las manzanas en cuatro partes.
Cocerlas en un recipiente destapado con la Pepsi y el azúcar durante ½ h a fuego suave.
Dejar enfriar en su propio caldo.
Servir muy frío y acompañar de cucharadas de nata montada con azúcar (ver pág. 486) o comprarla ya hecha en spray.

CÓMO ABRIR UN MELOCOTÓN

Hacer un único corte (que dé la vuelta a todo el melocotón), hasta llegar al hueso. Lo habremos partido en dos, pero nos lo sujeta el hueso. No tenemos más que girar con las dos manos (cada mano en sentido contrario), y se nos separarán las dos mitades de la fruta: en una quedará el hueso y en la otra, el agujero del hueso.

Retirar el hueso de la mitad donde estaba y ya tenemos las dos mitades. Nos quedará pelarlo, claro está. Eso, con ayuda de una puntilla.

MELOCOTONES ASADOS

Ingredientes

4 melocotones
100 g de azúcar
50 g de licor de melocotón
Nata montada (opcional)

Pelar los melocotones y ponerlos enteros en una bandeja de horno un poco apretados. Rociar con el azúcar y el licor. Tapar con papel de aluminio y hornear 40 min a 180 °C.

Servir en frío acompañados de nata montada o simplemente solos: su propio jugo es... ¡fantástico!

MELOCOTONES AL VINO

Ingredientes

4 melocotones
1 l de vino tinto
180 g de azúcar
1 palo de canela

Pelar los melocotones y ponerlos a cocer (enteros o partidos por la mitad) con el vino, el azúcar y la canela durante 1 h a fuego suave. Dejar enfriar a conciencia.

Servir muy fríos, acompañados de un buen vino blanco seco.

¡Ya tenemos bastante dulzor con los melocotones!

MELOCOTONES AL CAVA

Ingredientes

3 melocotones
1 l de cava
100 g de azúcar
200 g de nata montada azucarada

Pelar los melocotones y triturarlos con el azúcar y el champán.
Filtrarlos y depositarlos en copas altas. Encima, 2 cs de nata montada.
Servir muy frío.

MELOCOTONES RELLENOS

Ingredientes

4 melocotones
30 g de azúcar
50 g de agua
3 orejones de melocotón
½ l de agua
50 g de azúcar
100 g de queso tipo Philadelphia
30 g de azúcar

Pelar y abrir por la mitad los melocotones.
Asarlos en el horno con un poco de azúcar durante, por lo menos, 30 min a 180 °C en una tartera con el agua (50 g). Reservar en frío.
Cocer los orejones durante ½ h en agua con azúcar. Dejar que se enfríen y picarlos en cuadrados pequeños. En frío, mezclarlos con el queso y el azúcar.
Rellenar el hueco central del melocotón con esta mezcla y servirlo acompañado de los jugos de cocción que haya soltado el melocotón al asarse, más 2 cs del caldo donde se han cocido los orejones.

MELOCOTONES CON ARROZ CON LECHE

Ingredientes

2 melocotones grandes
30 g de azúcar
20 g de aceite
500 g de arroz con leche

Pelar y cortar los melocotones en trozos irregulares grandes; embadurnarlos con azúcar y dorarlos en una sartén el tiempo justo para que se dore la superficie y para que el interior quede terso (si los dejáis demasiado tiempo, quedarán «babosos»).
En un plato sopero, depositar el arroz con leche frío (ver pág. 475) y, encima, los trozos de melocotón, dorados y calentitos.

MELOCOTONES EN SANGRÍA

Ingredientes

1 l de vino tinto
100 g de azúcar
10 cubitos de hielo
30 g de coñac
3 melocotones
700 g de zumo de naranja
20 g de miel
1 limón (cáscara y zumo)
200 g de gaseosa
Canela en polvo

Pelar y cortar los melocotones en trozos pequeños. Mezclar todos los ingredientes y servir muy fríos en una copa con cuchara. Con ella se «pescarán» los trozos de fruta y, después, se beberá el caldo directamente.
¡Fantástico brebaje! Tan curioso como bueno, y muy refrescante.

BATIDO DE MELOCOTONES

Ingredientes

1 lata de melocotones en almíbar
300 g de helado de vainilla
10 cubitos de hielo
100 g de leche condensada
½ l de leche
100 g de almendras fritas y saladas

Triturar todos los ingredientes, salvo las almendras. Servir muy frío en un plato sopero y, por encima, los trozos de almendra frita.
¡Un postre maravilloso!

MELÓN INTEGRAL

Ingredientes

1 kg de melón
100 g de azúcar

Lavar bien la piel del melón con agua fría.
Abrirlo, quitarle las pipas y partirlo en trozos.
Licuarlo CON piel.
Agregarle el azúcar y removerlo, hasta su completa disolución: nos quedará un zumo verde espectacular.
Ideal para beber recién licuado o como salsa para acompañar un flan, como integrante de una vinagreta para una carne a la plancha...
¡Importante!: esto último es un invento.

MELÓN CON MELÓN

Ingredientes

1 melón
150 g de cava
50 g de azúcar

Abrir el melón por la mitad. Darle un corte a cada base para que no se nos mueva. Con ayuda de una cucharilla, sacarle las pipas.
Con ayuda de un «sacabolas», hacer todas las bolas posibles de cada mitad. Reservar fuera del melón.
La carne del melón que nos quede, tras haber hecho las bolas, triturarla con el azúcar y el cava.
Rellenar las dos mitades del melón con las bolas y el caldo resultante del triturado, que tendrá una textura espesa.
Presentarlo todo muy frío en dos medios melones.
Llegó el momento de darle a la cuchara y ponernos morados.

MELÓN CON HELADO DE LIMÓN

Ingredientes

1 melón
150 g de cava
50 g de azúcar
300 g de helado de limón
150 g de nata montada

Hacer las bolas y el caldo como en la receta anterior; pero en este caso, en vez de presentarlo en dos mitades, hacerlo en un plato sopero; encima, ponerle una bola de helado de limón, y alrededor, pequeñas bolitas de nata montada.
Me veo de nuevo con la cuchara en la mano y...
¡a comer se ha dicho!

LA SEGUNDA PIEL DEL MELÓN (O DE LA SANDÍA)

Ingredientes

1 melón
1 ½ l de agua
200 g de azúcar

Pelar la piel verde del melón con un pelador de patatas (únicamente la capa verde externa).
Abrirlo en ocho partes y quitarle la piel dura.
Lo que se come habitualmente aprovecharlo para comer.
La parte dura, sin la piel verde, es con la que vamos a actuar: cocer, troceada, en agua con azúcar durante 1 ½ h a fuego suave. Escurrir y servir muy frío, acompañado de natillas. Mmm..., ¡qué delicia!

NOTA – *Como bien decimos en el título, la receta se puede hacer también con sandía.*

MEMBRILLO CON QUESO

Ingredientes

300 g de dulce de membrillo
300 g de queso de Burgos
50 g de nueces peladas
Aceite de oliva virgen

Cortar el membrillo y el queso en rectángulos de igual tamaño.
Pincharlos con un palillo y... ¡a zampar! Encima, unas nueces y, ¡se me olvidaba!, unas gotas de aceite de oliva virgen.

MEMBRILLO CON HELADO DE QUESO

Ingredientes

150 g de dulce de membrillo (cortado en dados pequeños)
500 g de helado de queso
30 g de almendras fritas

Disponer en un bol una bola de helado de queso.
Por encima, simplemente, el membrillo y las almendras.

NARANJAS CON CHOCOLATE

Ingredientes

4 naranjas grandes y dulces
100 g de chocolate
10 g de aceite de oliva

Pelar las naranjas y cortarlas en rodajas de 1 cm de grosor.
Pasar por una sartén antiadherente apenas unos segundos.
Derretir el chocolate en el microondas.
Colocar las rodajas de naranja sobre un plato y verter un hilo de chocolate derretido por encima.
Unas pocas gotas de aceite de oliva será lo único que se necesitará para el toque final.

NARANJAS CON CHAMPÁN

Ingredientes

4 naranjas
½ l de champán
Hojas de menta

Exprimir las naranjas y mezclarlas con el champán.
Servir muy frío y acompañado de hojas de menta.
¡Un postre estupendo!

NARANJAS CON MANDARINAS

Ingredientes

2 naranjas grandes y dulces
2 mandarinas grandes y dulces
20 g de aceite de oliva
Sal gorda

Cortar las naranjas y las mandarinas en gajos.
Extenderlas en un plato con un hilillo de aceite de oliva y un poco de sal gorda.
Degustar a temperatura ambiente.
Veréis qué curiosas similitudes y diferencias existen entre la naranja y la mandarina combinadas.
¡Un juego para el paladar!

ZUMO DE PERAS

Ingredientes

6 peras maduras
El zumo de ½ limón
50 g de chocolate rallado

Licuar las peras ya peladas. Añadirles el zumo de limón e introducirlo en copas altas. Espolvorear la superficie con chocolate rallado.
Os lo aconsejo para empezar una comida o como postre.

NOTA – *Como aperitivo hace las veces de cóctel.*

PERAS COCIDAS EN CACAO

Ingredientes

1 l de agua
4 peras peladas
300 g de azúcar
20 g de cacao en polvo
1 rama de canela

Poner a cocer el agua con el azúcar, el cacao y la canela.
Cuando hierva, agregar las peras enteras y peladas. Bajar el fuego y dejar hervir destapado durante 45 min.
Dejar enfriar y servir con el caldo muy frío y unas gotas de aceite de oliva virgen extra.

PEPINO CON CUAJADA

Ingredientes

1 pepino
40 g de azúcar
4 cuajadas
16 nueces fritas
4 hojas de menta
Gotas de miel

Licuar el pepino con su piel.
Al zumo resultante se le añade el azúcar y se remueve, hasta que se disuelva. Disponer en cada plato la cuajada medio rota y, por encima, la menta, las nueces y 2 cs del caldo verde del pepino.
Se puede probar como postre con la miel o como entrante.

CÓMO PELAR PIÑA FRESCA

Muy fácil. Primero, pelarla sin meterse mucho en la carne de la fruta: nos quedará la piña pelada, amarilla, pero con multitud de «ojos» (restos de la piel) que siguen una línea en sentido circular ascendente. No tenemos más que tallar la piña con ayuda de un cuchillo para quitarle las tiras con los molestos «ojos» y estará lista para comer. Se suele hacer de manera transversal, ya que los molestos restos de la piel en forma de puntos están situados a lo largo de la piña de esa manera.
Con un poco de práctica dejaréis la piña libre de «ojos» y, sobre todo, preciosa.
La piña fresca tiene dos partes: la mitad ácida y la mitad dulce. La parte inferior es mucho más dulce que la superior.
Tenerlo en cuenta al cortar la piña.

PIÑA AL HORNO

Ingredientes

1 piña
100 g de azúcar
Tomillo en polvo
Pimienta en polvo
Orégano en polvo
Pimienta blanca molida

Pelar la piña y cortarla en cuatro partes longitudinales.
Mezclar el azúcar con las especias y embadurnar a conciencia cada trozo de piña.
Asar en una bandeja a 180 °C durante 1 h.
Servir en frío o en caliente, acompañado por unas natillas (ver pág. 477).

SOPA DE PIÑA

Ingredientes

1 piña
100 g de azúcar
Menta picada
300 g de helado de chocolate

Licuar la piña bien pelada. Mezclarla con el azúcar y colocarla en un plato sopero. Encima, un par de bolas de helado de chocolate y, alrededor, unas gotas de aceite de oliva y un poco de menta picada.

PLÁTANO FLAMBEADO

Ingredientes

2 plátanos
50 g de coñac
30 g de mantequilla
1 cs de azúcar
Menta picada

Cortar los plátanos pelados a lo largo en dos mitades. Dorarlos en la sartén con un poco de mantequilla.
En un bol aparte calentar el coñac y prenderle fuego con cuidado: al estar caliente, prenderá con más facilidad. Echárselo al plátano y, de nuevo con cuidado, dejar que se apague. Añadir el azúcar y servir caliente, acompañado de helado o de yogur.

BATIDO DE PLÁTANO

Ingredientes

2 plátanos (pelados al momento)
1 l de leche
50 g de azúcar
El zumo de ½ naranja

Triturar el conjunto, hasta formar un batido espeso.

Ideal como merienda, para terminar una comida, para untar con galletas o como fondo de un plato sopero y acompañado de una bola de algún helado ácido, como, por ejemplo, de limón, de frutas del bosque, de mango, de naranja...

PLÁTANO CON CHOCOLATE

Ingredientes

2 plátanos
200 g de chocolate
200 g de cereales crujientes (tipo Kelloggs)

Cortar el plátano en rodajas de 2 cm de grosor y, a su vez, cortar estas por la mitad. Pincharlas con un palillo y reservarlas.

Fundir en el microondas el chocolate picado, con cuidado de no quemarlo: cada 15 s parar, sacarlo, removerlo y volver a meterlo para que se vaya fundiendo ligeramente (a máxima potencia, 800 W).

A veces es mejor bajar la potencia del microondas y hacerlo con más suavidad, aunque se tarde más tiempo.

A continuación, hacer lo siguiente: disponer tres boles. En el primero, el plátano troceado. En el segundo, el chocolate fundido. En el tercero, los cereales.

Disponer palillos y pinchar trozos de plátano. Untar en chocolate y, después, en cereales crujientes.

SANDÍA AL CHAMPÁN

Ingredientes

1 kg de sandía (pelada y sin semillas)
½ l de champán
10 cubitos de hielo
2 cs de coñac
Hojas de menta

Triturar todos los ingredientes (excepto la menta). Verter la mezcla en copas alargadas. En la superficie, un par de hojas de menta rotas para que suelten el aroma.

¡Peligroso en verano!: puedes empezar a beber y no saber cómo ni cuándo vas a acabar.

SANDÍA LEVEMENTE AMARGA

Ingredientes

1 kg de sandía (pelada y sin semillas)
1 cs de azúcar
200 g de bíter Cinzano
1 cs de licor de cacao
5 cubitos de hielo
Hebras de romero picadas

Triturar muy bien los ingredientes indicados y repartirlos en copas altas (salvo el romero).

Por encima, unas hebras picadas de romero.

¡A disfrutar!

SANDÍA CON HELADO

Ingredientes

1 kg de sandía
500 g de zumo de naranja
300 g de helado de yogur

Dorar en una sartén antiadherente la sandía cortada en dados.

Dejar enfriar y cubrirla con el zumo de naranja.

Depositar en cada plato sopero 4 o 5 cs de esta mezcla; en medio, una bola de helado de yogur.

Ideal para tomar en las noches veraniegas, en la terraza de algún lugar romántico, con cierto bochorno y poca ropa...

UVAS CON QUESO (Y CON CARIÑO)

Ingredientes

300 g de uvas
150 g de queso manchego curado (en dados)
5 cs de aceite de oliva suave
2 cs de vinagre de jerez
Menta picada

Con paciencia, cariño y un poco de habilidad, además de un cuchillo afilado, pelar las uvas y despepitarlas. Mezclarlas con los demás ingredientes y servirlas en los platos a temperatura ambiente.
Esto podría ser tanto un entrante como un postre. La combinación ya sabe a...

UVAS CON QUESO (Y CON PRISA)

Ingredientes

300 g de uvas
150 g de queso manchego curado (en dados)
4 cs de aceite de oliva
2 cs de vinagre de jerez
Menta picada

Mezclar los ingredientes en frío.
Una combinación resultona, pero sin llegar a la calidad de la receta anterior.

UVAS MACERADAS

Ingredientes

750 g de vino tinto
150 g de azúcar
400 g de uvas
300 g de yogur griego
1 cs de miel

Mezclar bien en un bol y, en frío, el azúcar con el vino. Verter las uvas (peladas o sin pelar, pero abiertas por la mitad) y dejar que se maceren en la mezcla durante 24 h. Pasado este tiempo, sacarlas, escurrirlas un poco y depositarlas en un plato sopero; en medio, 1 cs de yogur y un pequeño hilo de miel.

UVAS CON HELADO

Ingredientes

½ l de zumo de naranja
100 g de brandy
50 g de azúcar
400 g de uvas (peladas o sin pelar)
500 g de helado de vainilla

Partir por la mitad las uvas y sumergirlas en el zumo de naranja durante 12 h junto con el brandy y el azúcar.

Pasado este tiempo, depositar la mezcla en platos soperos y rematar la operación con una bola de helado en medio.

LECHE DE COCO

Ingredientes

1 l de agua
200 g de azúcar
150 g de coco rallado seco

Dejar infusionar 6 h el conjunto y filtrarlo por un colador (o por una tela).

En vez del agua, se puede hacer con 1 de leche: la leche de coco tiene un sabor más profundo y para algunas cosas nos puede venir mejor.

Ideal para beber muy fría o como jugo para acompañar a frutas crudas ácidas.

ARROZ CON LECHE

Ingredientes

2 l de leche
160 g de arroz
230 g de azúcar
200 cl de nata líquida
1 rama de canela
Sal

Poner a remojo el arroz con 1 l de leche y el palo de canela. Pasadas 4 h, acercarlo al fuego y hervirlo durante ¼ de h.

Agregar después el segundo litro de leche muy caliente (para que no se interrumpa la cocción).

Dejar que el conjunto siga cociendo durante ½ h y, seguidamente, agregar la nata, el azúcar y un poco de sal. Mantenerlo en el fuego 15 min más.

El tiempo total de cocción será de 1 h.

DONUT

Ingredientes

500 g de harina
90 g de azúcar
5 g de sal
230 g de leche entera
40 g de levadura prensada
20 g de agua de azahar (optativo)
1 huevo batido
50 g de mantequilla en pomada

Aparte:

Nata montada para rellenar
Aceite de oliva para freír
Azúcar diluido con una clara para montar la glasa exterior (½ clara con 100 g de azúcar. Si ves que está líquida, más azúcar; si ves que está espesa, unas gotas de agua fría)

Mezclar la harina, el azúcar y la sal. Agregar la leche, la levadura diluida en esta y el agua de azahar. Amasar bien durante 5 min. Añadir el huevo y la mantequilla. Amasar y dejar reposar durante 3 h en un lugar calentito tapado con un paño húmedo.
Con un poquito de harina estirar sin amasar grosores de 2 cm escasos. Cortar en forma de cuadrado o de círculo. No olvidarse del agujero central. Dejar fermentar 1 h al calorcito sobre papel sulfurizado.
Freír con cuidado a temperatura no muy alta. Dejar enfriar. Abrir por la mitad y rellenar con la nata. Después dar la glasa por encima y dejar reposar en frío ½ h.
¡A zampar!

NATILLAS

Ingredientes

250 g de azúcar
10 yemas de huevo
1 l de leche
1 corteza de limón
1 vainilla

Cocer la leche con la mitad de azúcar, la corteza de limón y la vainilla.

Por otro lado, mezclar el azúcar restante con las yemas y batir el conjunto para amalgamarlo.

Colocar este preparado al baño maría y mezclarlo con la leche, que debe estar muy caliente, pero no hirviendo, tras haber retirado el limón y la vainilla.

Remover el conjunto hasta que espese un poquito, pero teniendo mucho cuidado de que no llegue a hervir: esto estropearía por completo el postre.

En cuanto se haya obtenido el punto exacto de espesor que se le quiere dar a las natillas, colarlas por un chino y disponerlas en un recipiente frío. De esta manera se evita que sigan engordando.

CREMA CATALANA

Ingredientes

1 l de leche
100 g de nata
4 yemas de huevo
30 g de maicena
200 g de azúcar
½ rama de canela
½ corteza de limón
Azúcar (para espolvorear)

Hervir la leche con la nata, la canela y el limón.

Retirar la corteza de limón y la canela de la leche (no la tiréis; si la dejáis secar, os servirá para otra ocasión, habrá perdido algo de intensidad, pero valdrá... ¡No debiste tirar la última!, ¡maldición!).

Mezclar a fondo en una cazuela las yemas con la maicena y el azúcar. Verter sobre esta mezcla la leche y la nata recién hervida.

Poner al fuego esta segunda cazuela, hasta que espese, removiendo constantemente.

Verter la mezcla en terrinas o tazas pequeñas y dejar enfriar.

En el momento de servirla, espolvorear con azúcar la superficie y quemar con ayuda de una pala de quemar o un soplete pequeño. Lo mejor es una pala de hierro muy caliente para fundir el azúcar de la superficie, que nos quedará crujiente.

FLAN DE HUEVO

Ingredientes
½ l de leche
125 g de azúcar
2 huevos enteros
3 yemas
1 cc de sal
1 palo de canela

El flan se puede hacer en un molde grande o en varios pequeños; en ambos casos, se actuará de igual manera, con la salvedad de que, si elegimos la segunda opción, necesitaremos menos tiempo para la cocción.
Si se usa un molde grande tendrá que ser circular de 26 cm de diámetro.
Preparar un poco de azúcar quemado: poner azúcar en un cazo con una cucharada de agua y dejarlo en el fuego hasta que tome un bonito color dorado oscuro. (¡ojo!, que quemará mucho). Verterlo, después, sobre el molde. Dejar que se solidifique y reservarlo.
Por otro lado, mezclar en un bol los huevos y las tres yemas con el azúcar y la sal.
Para entonces, habremos puesto a hervir la leche con la canela.
Una vez templada, añadírsela a los huevos y remover para que se mezcle bien, pero sin batir.
Llenar el molde con la mezcla e introducirlo en una cazuela que contenga agua hirviendo (o sea, al baño maría). Meterlo todo en el horno y dejar que se haga alrededor de 20 min, a una temperatura de unos 160 °C. En caso de que la parte superior se dore demasiado, protegerla con un trozo de papel de aluminio.
Esta cocción también se puede hacer al fuego, pero es mejor al horno.
Sabremos su punto exacto cuando ofrezca cierta resistencia al tacto, o cuando, al introducir una aguja en su interior, esta salga seca.
Es mejor sacarlo del molde en frío (pasadas 2 o 3 h), ya que habrá adquirido mayor consistencia.
Se puede adornar con nata montada o líquida.

FLAN DE NARANJA

Ingredientes

4 naranjas
Un chorrito de licor de naranja
6 huevos
100 g de azúcar
Una pizca de sal
Azúcar (para caramelizar el fondo)

Por un lado, exprimir el zumo de las naranjas y añadirle un chorrito generoso de licor de naranja.
Por otro lado, cascar los huevos y juntarlos con el azúcar y la sal.
A continuación, verter todo el conjunto en el bol del zumo, repitiendo esta operación 100 veces: así se logra que todo se junte perfectamente, sin necesidad de batirlo.
Aparte, caramelizar el azúcar: ponerlo en un cazo con una cucharada de agua y dejarlo al fuego hasta que adquiera un bonito color dorado oscuro.
Echar este azúcar caramelizado en el fondo de un molde y verter la mezcla anterior de los huevos con el zumo dentro; introducirlo en el horno al baño maría durante, por lo menos, 25 min a 160 °C, con cuidado de que no se tueste demasiado la superficie.
Se sabrá su punto exacto cuando ofrezca cierta resistencia al tacto, o cuando, introduciendo una aguja en su interior, esta salga seca.
Dejarlo enfriar 2 o 3 h y retirarlo del molde: en frío habrá adquirido mayor consistencia y será mucho más fácil sacarlo.

TULIPAS

Ingredientes

100 g de azúcar glas
100 g de mantequilla
100 g de harina
100 g de claras de huevo

Mezclar la mantequilla y el azúcar glas en un recipiente. Mezclar con la mano, hasta que los dos componentes estén bien ligados.

Verter las claras de huevos y juntarlo todo bien.

Por último, añadir la harina y revolver todos los ingredientes, hasta obtener una pasta ligada y pringosa.

Encender el horno a 225 °C y esperar a que coja temperatura.

En una bandeja, previamente untada de mantequilla, colocar pequeñas porciones de masa, que se extenderán con la ayuda de una espátula. Se les puede dar la forma y el tamaño que queramos.

Introducir la pasta en el horno durante muy poco tiempo: al ser delgada, se cuece muy rápidamente.

Sacar del horno la bandeja y separar las «galletas», con la ayuda de una espátula. En este momento, como todavía son flexibles, podemos ponerlas encima de un vaso colocado boca abajo, para que adopten la forma del recipiente. En 30 s se habrán enfriado y estarán rígidas y crujientes. Darles la vuelta y las tulipas estarán terminadas.

En su interior poner unas bolas de helado y... ¡a la mesa!

YOGUR

Ingredientes

1 l de leche de vaca
1 yogur natural
70 g de azúcar (opcional)

Mezclar el yogur con la leche, hasta su completa disolución (incluido el azúcar en caso de que lo queramos más dulce).

Rellenar pequeños vasitos individuales y meterlos en una yogurtera durante 6 h.

Sacar y enfriar.

Servirlo acompañado por... un sinfín de cosas: frutas en trozos confitadas con miel (levemente calentadas en una sartén con la miel), frutas crudas rebozadas con azúcar, frutas con verduras azucaradas, bolas de helado de cualquier sabor, mezclas de frutos secos (almendras, pipas peladas, anacardos, etc.), mezclas de frutas secas (orejones, ciruelas, pasas, etc.), trozos de chocolate negro, blanco o con leche, mermeladas de todos los sabores, bizcochos secos en trozos, chocolate fundido en forma de hilos, bizcochos emborrachados, miel en forma de hilos, trozos de hojaldre recién horneados... y más y más... una lista interminable.

CUAJADA

Ingredientes
1 l de leche de oveja
Cuajo natural

Hervir la leche de oveja durante 1 min. Dejarla enfriar, hasta que llegue a la temperatura corporal (37 °C). Agregar el cuajo y revolver durante un instante. Dejar cuajar en un bol grande o en pequeños individuales sin mover y en frío: en apenas 1 h, tendremos ya lista la cuajada. Si hace mucho frío, antes.

El cuajo lo podemos comprar en farmacias en forma líquida. En el mismo frasco vendrá indicada la proporción de gotas que hay que echar para cuajar la leche.

Antiguamente (y todavía ahora) se cuajaba la leche con un trozo del estómago de la oveja o del cordero. En vez de echar las gotas de cuajo, se introducía un trozo de ese estómago y se revolvía durante unos instantes. Se sacaba y se dejaba cuajar.

Servirla fría acompañada de azúcar, de miel, de una mermelada interesante, de fruta confitada o de natillas muy dulces.

TARTA DE MANZANA

Ingredientes

5 manzanas
5 bollos suizos
1 l de leche
150 g de nata líquida
200 g de azúcar
1 rama de canela
Azúcar (para forrar el molde)

Para empezar, enfundar un molde de 2 cm de diámetro y de paredes altas, con caramelo; es decir, con azúcar que hemos fundido en un cazo aparte, hasta conseguir un tono dorado. Dejar que se enfríe por completo.

Mientras se enfría, pelar las manzanas y retirarles los centros, con la ayuda de un descorazonador; a continuación, filetearlas muy finamente y reservarlas.

Con los bollos suizos, haremos exactamente lo mismo: los fileteamos en finísimas láminas. Si son bollos de hace 3 o 4 días, no solamente no importará, sino que se pueden hacer los cortes con mayor precisión.

Disponer en el fondo del molde una capa de bollo suizo y encima una de manzana e ir intercalando ambas capas hasta terminar el molde. Prensar todo el conjunto, con ayuda de las manos, para que quede bien compacto.

Rellenar el molde con la leche que, previamente, habremos hervido con el azúcar, la nata y la canela; apretar bien para que entre todo el líquido y empape el contenido de bollos y manzanas.

Hornear a 180 °C durante 1 h, protegiendo con papel de aluminio la superficie durante los últimos 40 min.

Es muy importante que el desmoldado se haga en frío, pues es una tarta que se pega con relativa facilidad; por esa razón, os aconsejo moldes de fondo antiadherente.

PUDÍN DE MANZANA

Ingredientes

6 manzanas
4 huevos
250 g de azúcar
Azúcar dorado (para el molde)
1 copa de licor de manzana
¼ l de leche
¼ l de nata
1 rama de canela

Pelar las manzanas y quitarles el corazón. Cortar en 4 trozos y de cada uno hacer pequeños cuadrados del tamaño de una avellana.

En un cazo, echar la manzana cortada y el azúcar; ponerlo al fuego, dándole vueltas para que no se pegue. Mantenerlo cerca de ¼ h, hasta que la manzana esté blanda. Retirar y dejar templar.

Por otro lado, hervir la leche con la canela y, una vez cocida, agregarle la nata; dejar reposar y añadir los huevos; luego, el licor de manzana.

Juntar la mezcla con las manzanas y depositarlo todo en el molde que, previamente, habremos enfundado con el caramelo (ya sabéis, como en las recetas anteriores: derretir el azúcar en un cazo con una cucharada de agua, hasta que adopte un bonito color dorado, y verterlo sobre el molde; dejarlo enfriar hasta que se solidifique y verter la mezcla).

Poner el molde en una cazuela al baño maría e introducirlo en el horno precalentado a 180 °C durante 40 min, aprox.

En caso de que se dorara la superficie, protegerla con papel de aluminio.

Conviene recordar que el desmoldado final tendrá menor dificultad en frío.

MERMELADA DE ALBARICOQUE

Ingredientes

1 kg de albaricoques limpios
800 g de azúcar
½ limón
¼ cc de sal

Existen varias maneras de preparar esta mermelada. Por un lado, dejar el azúcar y la fruta en maceración, por lo menos, 6 h.
Hay quien se salta este paso agregando un poco de agua al conjunto; pero yo, personalmente, prefiero la primera forma.
Pasado ese tiempo, agregar al conjunto la sal y el zumo de limón.
Mezclar bien y arrimar al fuego, removiendo constantemente, hasta que la fruta se vaya rompiendo y se forme una pasta espesa que podrá esparcirse. Retirar del fuego.
Dejar enfriar, rellenar los botes y tapar rápidamente.
A continuación, esterilizar los botes, sumergiéndolos en agua tibia y llevando esta a la temperatura de ebullición durante, por lo menos, 20 min.
Dejar enfriar en el mismo líquido y, pasadas 3 h, sacarlos.

MERMELADA DE FRESAS

Ingredientes

1 kg de fresas maduras
700 g de azúcar
½ limón

Limpiar las fresas. Si no están demasiado maduras, deberemos aumentar la proporción de azúcar: unos 100 g, por lo menos.
Cortar cada una por la mitad y dejarla en maceración con el azúcar alrededor de 3 h.
Transcurrido ese tiempo, acercar el conjunto al fuego y dejar cocer, removiéndolo constantemente, con ayuda de una espátula.
Sabremos que están en su punto cuando esté espeso, cuando la fruta se haya amalgamado. Dejar enfriar y rellenar los tarros que tendremos ya preparados, tras haberlos esterilizado, como en el caso anterior.

MERMELADA DE RUIBARBO

Ingredientes

1 kg de tallos de ruibarbo
700 g de azúcar
10 cl de coñac
1 cc de sal
½ limón

Trocear los tallos del ruibarbo en pequeñas porciones y ponerlos a macerar con el azúcar y el coñac durante, por lo menos, 6 h.

A continuación, colocar el conjunto al fuego, e ir removiendo constantemente con una cuchara de madera, para evitar que se pegue al fondo.

Cuando se haya formado una pasta, añadirle el zumo del limón y la sal.

La mermelada estará en su punto cuando se haya formado una pasta homogénea y espesa.

A continuación, introducir el conjunto en sus correspondientes frascos, cerrar herméticamente y esterilizar en agua hirviendo durante 20 min, aprox.

NATA MONTADA

Ingredientes

250 g de nata líquida
100 g de azúcar

Para montar la nata se necesita un cuenco de cristal o de acero inoxidable y una varilla. Es conveniente que ambas cosas estén frías.

La temperatura de la nata ha de ser también muy fría, pues el calor impedirá que se monte adecuadamente.

Batir el conjunto a una velocidad de entre 100 y 200 revoluciones por min y, con la ayuda de la otra mano, ir echando poco a poco el azúcar. Esta operación también se puede hacer con una batidora, siempre que la velocidad de marcha de las varillas sea más bien baja. A una velocidad rápida no montaría.

La nata montada debe tener un punto muy concreto: cremosa y suave al tacto; consistente, pero, a la vez, suave.

(Si batierais demasiado la nata, se cortaría y nos saldría la grasa, es decir, la mantequilla, por un lado, y el suero, por otro. Dejar escurrir la mantequilla del suero con ayuda de un trapo y... ¡ya tenemos mantequilla! Os digo esto por sacar provecho de la situación, en el caso de que se os haya cortado).

CREMA PASTELERA

Ingredientes
150 g de azúcar
60 g de harina (o maicena)
2 huevos enteros
1 yema
½ l de leche
1 rama de canela

Por un lado, hervir la leche con la canela; por otro, disponer en una cazuela los huevos, la yema y el azúcar. Ir removiendo, hasta que se haya mezclado todo bien y, a continuación, verter la harina, que previamente ha sido tamizada. Mezclarla bien y añadir la leche hirviendo.
Sin dejar de remover, acercar al fuego y, batiendo con fuerza, esperar a que dé unos hervores, no muchos: si no, el huevo se cuaja y el conjunto se corta.

CREMA PASTELERA A LA PIÑA

Ingredientes
150 g de azúcar
75 g de harina (o maicena)
2 huevos enteros
1 yema
½ l de leche
1 rama de canela
1 piña de lata o natural

Se prepara de igual manera que la anterior y se puede hacer de dos formas:
a) Aprovechando el almíbar de la lata de piña, que sustituiría a la cantidad de leche; pero como el almíbar es muy dulce, rebajamos de 150 a 50 g la cantidad de azúcar de la anterior receta.
b) Con piña natural. Con la ayuda de una licuadora, obtenemos el zumo de la fruta, que sustituirá a la cantidad de leche de la receta original. En este caso el zumo es más ácido y convendría que la cantidad de azúcar fuera de 175 g.

CREMA FRITA

Ingredientes

1 l de leche
200 g de azúcar
150 g de harina (o maicena)
2 huevos
2 yemas
1 rama de canela
Azúcar glas
Canela en polvo

Cocer la leche con la canela.

Por otra parte, mezclar en un bol los huevos con el azúcar y, después, agregar la harina. Cuando esté bien batido, añadir la leche hirviendo. Dejar que hierva un momento sin dejar de remover y verter la mezcla sobre una placa grande y ancha que, previamente, se habrá humedecido con agua para evitar que se pegue.

Dejar enfriar por completo. Quedará una placa de crema de unos 2 cm de espesor.

Con la ayuda de un cuchillo, cortarla en cuadrados del tamaño que más nos guste. Pasar cada uno por harina y, después, por huevo batido.

Freír con abundante aceite caliente y, nada más sacarlos, rebozar en azúcar glas; si se quiere, también en canela en polvo.

Servir muy calientes.

CREMA FRITA CON SALSA DE CHOCOLATE

Ingredientes
Para la crema frita:
2 l de leche
190 g de maicena
400 g de azúcar
12 yemas
1 rama de canela

Para la salsa de chocolate:
250 g de nata líquida
100 g de leche
10 g de menta picada
180 g de chocolate de cobertura negra
30 g de licor de menta

Primero se prepara la crema frita.
Para ello, llevar a ebullición la leche con la canela y, cuando hierva, verterla sobre una mezcla hecha con el azúcar, las yemas y la fécula (mezcladas por este orden).
Remover bien y acercar el conjunto al fuego para que dé unos hervores. Retirar y extender sobre una placa. Dejar enfriar y cortar en porciones; pasarlas por harina y, después, por huevo, y freírlas en aceite hirviendo.
Servirla caliente con la salsa de chocolate, cuya preparación se detalla a continuación:
Hervir la nata con la leche; cuando haya hervido, añadirle la menta picada y retirarla del fuego.
Esperar 1 min y agregar la mezcla muy suavemente al chocolate muy picado para que se funda. Una vez fundido, sumar el último ingrediente: el licor de menta.
Acompañar a la crema recién frita.
Tanto la crema como la salsa deben estar calientes.
Un toque aromático (chocolate y menta) para un clásico.

NOTA – *Cuanta menos fécula utilicemos para hacer la crema, más rica estará de sabor y de textura, pero más difícil será manipularla.*

TORRIJAS

Ingredientes

750 g de leche
150 g de nata líquida
110 g de azúcar
6 rebanadas de pan
1 rama de canela
Azúcar glas
Canela en polvo

Hervir la leche, la nata, el azúcar y la canela en un cazo.
Por otro lado, cortar seis rebanadas de pan de 3 cm de anchura y depositarlas en un bol donde quepan justas.
Verter la leche cocida sobre las rebanadas y dejar que reposen 8 h, dándoles la vuelta cada 2 h.
Una vez frías, escurrirlas un poco y pasarlas por harina, primero, y por huevo batido, después.
A continuación (y con mucho cuidado, ya que las porciones son muy frágiles), freírlas en abundante aceite caliente.
Una vez retiradas del aceite, espolvorear con azúcar glas y canela.
Servir muy calientes.
Otra versión diferente es prepararlas sin freír. Es decir, en vez de freírlas, embadurnarlas de azúcar y pasarlas por una sartén antiadherente sin aceite, hasta dorar los lados de forma que os queden crujientes.

TORRIJAS DE CHOCOLATE

Ingredientes

1 l de leche
200 g de azúcar
1 rama de vainilla
50 g de chocolate cobertura
100 g de nata líquida
6 rebanadas de brioche (de hace 4 días)

Para este postre se reutiliza pan que se haya quedado viejo.
Hervir la leche, el azúcar, la vainilla y la nata líquida. Retirar del fuego y añadir al chocolate en forma de hilo. Remover y dejar que se funda. Verter el preparado sobre una bandeja en la cual estarán extendidas las seis rebanadas de brioche, muy justas, para que el líquido las cubra en su totalidad. Esperar a que se hayan enfriado completamente (12 h mínimo).
Con muchísimo cuidado y con ayuda de una espátula, enharinarlas y pasarlas por el huevo. Freír en abundante aceite.
Y si no se quiere freír, hacer lo siguiente: espolvorear con azúcar y pasarlas por la plancha hasta dorar con un poco de mantequilla fundida.

ROSQUILLAS

Ingredientes

1 huevo
75 cl de aceite
75 cl de leche
100 g azúcar
20 cl de anís
1 limón
10 g de canela
5 g de bicarbonato
10 g de anises machacados
Harina (la que admita)
Aceite (para freír)
Azúcar glas
Canela en polvo

Freír el aceite con la cáscara del limón. Dejar enfriar y mezclar con la leche, el azúcar, el anís, la canela, el huevo, el zumo de ½ limón y los anises machacados.
A continuación, añadir la harina, hasta formar una masa que pueda moldearse con las manos.
Las rosquillas se moldean con la mano y se fríen en abundante aceite no muy caliente.
Al sacarlas de la sartén, embadurnarlas con una mezcla de azúcar y canela y, después, dejarlas enfriar.

CANUTILLOS

Ingredientes

200 cc de aceite
200 cc de leche
300 g de harina (aprox.)
20 g de azúcar
1 corteza de naranja
300 g de crema pastelera

Freír en una sartén con el aceite la corteza de naranja, hasta que se dore.
Desechar la corteza y el aceite, una vez templado, mezclarlo con la leche y el azúcar. Remover el conjunto e ir añadiendo harina, hasta formar una bola de pasta más bien blanda y un poco aceitosa.
Dejar reposar la masa y, con la ayuda de un cuchillo, estirar pequeñas porciones de masa, hasta conseguir que el espesor sea finísimo. Esta pasta se puede estirar tan finamente como si se tratara de papel de fumar.
Habrá que disponer de unos cilindros de 12 cm de largo por 3 cm de diámetro, que servirán para enrollar la masa. Cubrir por completo los moldes y recortar con la mano lo que sobre.
En abundante aceite muy caliente, ir friendo los moldes evitando que se peguen entre sí.
Según se vayan enfriando, quitar con cuidado el cilindro del interior del canutillo y aprovecharlo para freír el resto.
El número de canutillos que podemos obtener con estas cantidades será de alrededor de 80.
Por último, rellenar con ayuda de una manga pastelera y embadurnar por fuera con una mezcla de azúcar y canela.
Preferentemente, servir calientes.

NOTA – *Sin rellenar y guardados en una caja hermética, pueden aguantar mucho.*

PLUM CAKE

Ingredientes

300 g de harina
300 g de mantequilla
250 g de azúcar glas
5 huevos
100 g de pasas de Corinto (bañadas en coñac)
150 g de fruta confitada y guindas
10 g de levadura en polvo

Primero, preparar el molde. Para ello, embadurnar sus paredes interiores con mantequilla y depositar en los cuatro lados sendos recortes de papel blanco sulfurizado, que se habrá trazado a medida. El suelo del molde quedará también cubierto con los trozos de papel.

No es necesario que se cubra herméticamente, ya que será normal que las esquinas queden al descubierto.

Aparte, tener listas las pasas (bien escurridas del coñac) y las frutas confitadas, que se habrán embadurnado de harina y pasado por un cedazo. La razón de pasarlas por harina es que, si no se hiciera, estarían todas en el fondo del pastel; mientras que, de esta forma, se mantendrán uniformemente por todo el interior.

Por otro lado, en un recipiente, preparar la mantequilla, que debe estar muy blanda, y juntarla con el azúcar glas. Trabajar a fondo la mezcla e ir añadiendo las yemas una a una (las claras se habrán reservado).

Terminada esta operación, batir las claras a punto de nieve y mezclar la mitad de estas con el preparado de yemas.

Añadir la mitad de la harina mezclada con la levadura a esta mezcla y, finalmente, verter las claras restantes del conjunto, así como la harina que quede. La mezcla de todos los ingredientes debe hacerse con sumo cuidado para no bajar el punto de nieve de las claras.

Para terminar, añadir a la mezcla las frutas enharinadas previamente.

Verter la pasta en los moldes; llenarlos solo hasta la mitad. La pasta habrá quedado bastante consistente y los moldes se podrán rellenar con la mano. *(Continúa)*

(Continuación)

Cocer en horno precalentado a 220 °C durante los primeros 10 min. Pasado ese tiempo, se habrá formado en la parte superior una costra, que se romperá haciendo un corte longitudinal con un cuchillo.

Transcurridos 10 min, bajar el horno a 175 °C y seguir cociendo, por lo menos, durante 40 min más. Después, sacar y dejar enfriar en una rejilla.

Para degustarlo es necesario que haya reposado un mínimo de 6 h. Es un pastel que aguanta el paso del tiempo sin resecarse ni estropearse.

PASTA QUEBRADA

Ingredientes

300 g de harina
150 g de mantequilla
1 huevo
15 g de azúcar
Sal

El método de elaboración es muy sencillo. Formar un volcán con la harina e introducir la mantequilla cortada en dados pequeños, el huevo y el azúcar. Trabajar el conjunto, hasta que nos quede una pasta arenosa (como si fuera pan rallado), totalmente suelta.

Una vez conseguido esto, añadir un poco de agua al conjunto para que tome cuerpo. Con un poco más de agua se logra hacer una bola, que se amasará durante un corto espacio de tiempo.

La textura de la masa será más bien blanda, y la dejaremos reposar durante 1 h, tapada con un trapo y en un lugar fresco.

NOTA – *Esta pasta también llamada «flora» o «brise» es de tipo arenoso por su consistencia. Es un tipo de masa que sirve de base a infinidad de tartaletas, tartas y pasteles.*

Su consistencia final es más bien tirando a dura, y su confección, de lo más sencilla.

No es una pasta que suba: su misión es hacer de base o de sustento a rellenos.

Nos saldrá aproximadamente para una tarta de tamaño medio-grande.

PASTA QUEBRADA PARA ZÓCALOS

Ingredientes

350 g de harina
200 g de mantequilla
2 huevos
10 cl de agua
10 g de azúcar

Depositar en medio de la harina todos los ingredientes menos el agua. Mezclar la mantequilla con los huevos y, posteriormente, ir añadiendo la harina: quedará una consistencia granulosa, que se irá transformando poco a poco en arenosa, es decir, más fina.

Después, agregar un poco de agua al conjunto para que esta «arena» obtenga una cohesión formando poco a poco una bola.

Su consistencia será más bien blanda. No todas las harinas necesitan la misma cantidad de agua; por ello debemos tener cuidado a la hora de añadírsela, dado que puede sobrarnos o faltarnos líquido.

A continuación, amasar la bola, como si se tratara de la masa del pan. Este amasado debe ser rápido y nunca superior a 3 min.

Terminado esto, cubrir la masa con un paño húmedo y dejarla reposar durante 1 h.

Nos saldrá masa para un par de tartas medianas.

TARTA DE LIMÓN

Ingredientes

250 g de pasta quebrada
2 huevos
4 yemas
4 claras
50 g de azúcar
300 g de azúcar
7 limones

Con la ayuda de un cuchillo, extender la pasta quebrada (ver pág. 494 o comprarla hecha), hasta lograr un espesor fino. Enfundar con ella un molde de suelo desmontable, previamente engrasado con mantequilla. Con la punta de un cuchillo, cortar toda la masa que sobre. En el fondo poner un trozo de papel de aluminio que cubra toda la superficie menos los bordes. Llenar con alubias o garbanzos y hornear unos 15 min a 180 °C.

Sacar y dejar enfriar; retirar las alubias, que se guardarán para posteriores tartas.

Las claras se reservarán en el frigorífico.

Aparte, mezclar los huevos con las yemas, el zumo de los limones y el azúcar. Batir bien y depositar la mezcla sobre el molde que acabamos de hornear. Volver a meter al horno a 180 °C durante, por lo menos, 15 min, hasta que la superficie se cuaje. Sacar y enfriar.

Durante este tiempo, batir las claras con el azúcar a punto de nieve muy consistente y, a continuación, introducirlas en una manga pastelera para decorar artísticamente la superficie del pastel.

Por último, y con ayuda de un gratinador, dorar la superficie de la tarta, es decir, el merengue. Nos quedará un bonito contraste entre el blanco y el ligero tostado.

Se puede asar en el horno en la función de gratinar.

TARTA DE MANZANA CLÁSICA

Ingredientes

200 g de pasta quebrada
200 g de crema pastelera
5 manzanas
20 g de azúcar
Mermelada de albaricoque
50 g de coco rallado

Disponer de un molde de fondo desmontable de baja altura (alrededor de 3 o 4 cm) y de unos 30 cm de diámetro.

Con ayuda de un rodillo de amasar, extender la pasta (ver pág. 495 o comprarla hecha) sobre la mesa de trabajo, que habrá sido previamente enharinada. Esta masa es fácil de extender y tiene la peculiaridad de que, si se nos rompe, podemos parchearla sin mucha dificultad.

Le daremos un espesor lo más fino posible, sin que llegue a romperse y, para ello, debemos enharinar el rodillo y la mesa tantas veces como sea necesario.

Una vez extendida, depositarla sobre el molde y adecuarla a él, recortando todo lo que sobre con un cuchillo.

Rellenar su interior de crema pastelera, bien extendida; encima, depositar gajos de manzana perfectamente pelados, que se irán montando entre sí, de manera que formen círculos concéntricos hasta tapar la tarta en su totalidad.

Espolvorear la tarta con azúcar normal y hornear a 150 °C en horno precalentado, durante 30-40 min. Sacarla del horno cuando la superficie de la manzana esté dorada.

Dejarla enfriar únicamente sobre la base del molde. A continuación, pintar toda la superficie y los bordes exteriores laterales con mermelada caliente; estos últimos rematarlos con el coco rallado.

TARTA TATIN

Ingredientes

200 g de pasta quebrada
6 manzanas
80 g de azúcar
80 g de mantequilla

Pelar las manzanas y retirarles el corazón. Dividir cada una en 6 partes y depositarlas en la sartén, en la que previamente habremos echado el azúcar.
Poner la sartén a fuego suave y añadir la mantequilla. Una vez derretida, retirar la sartén del fuego y cubrir las manzanas con la pasta quebrada (ver pág. 495 o comprarla hecha), que se habrá extendido al diámetro exacto de la sartén.
Hornear a 210 °C durante, al menos, 30 min.
Sacar la sartén del horno y darle vuelta a la tarta con mucho cuidado, de forma que las manzanas queden en la parte superior.
Podríamos hacerla con una base de hojaldre en vez de pasta quebrada.
Más delicada en el primer caso, pero mejor.

PASTEL VASCO

Ingredientes

400 g de pasta quebrada
200 g de crema pastelera aromatizada al Pernod
100 g de mermelada de fresas
1 huevo batido

Una vez trabajada la pasta quebrada (ver pág. 495 o comprarla hecha), dividirla en dos partes iguales.
Extender una de las partes, que nos va a servir de base, y colocarla sobre un molde de borde liso, no muy alto y de fondo desmontable que, previamente, habremos untado con mantequilla.
La pasta debe tener un espesor medio.
A continuación, rellenar la pasta con la crema pastelera (ver pág. 487), esparciéndola uniformemente por la superficie. Encima, extender de forma homogénea la mermelada de fresas.
Estirar la segunda parte de la pasta quebrada, que nos servirá de tapa.
Colocarla sobre el pastel; con la ayuda de un tenedor, aplastar bien su borde para que se pegue con la que le sirve de base; así quedarán selladas las dos partes.
Para terminar, pintar la superficie con huevo batido y hornear a 180 °C durante 45 min. En caso de que la superficie se dore demasiado, protegerla con papel de aluminio.
Transcurrido este tiempo, desmoldar y dejar enfriar.

TARTA DE QUESO

Ingredientes

250 g de pasta quebrada
200 g de queso tipo Philadelphia
100 g de nata
1 huevo
2 yemas
120 g de azúcar
120 g de mermelada de frambuesas

Extender la pasta quebrada, comprada o elaborada por nosotros (ver pág. 495), con ayuda de un poco de harina, para que no se pegue a la mesa, y un rodillo de amasar. Cuando se haya conseguido un espesor de ½ cm, recubrir a conciencia un molde con fondo desmontable (para este tipo de postres son los mejores, aunque también se puede cocinar en uno normal) que, previamente, se habrá untado con mantequilla. Pinchar con un tenedor y cubrirla con papel de aluminio. Echar en su interior tres buenos puñados de garbanzos: evitarán que la masa se hinche.

Meterlo en el horno a 180 °C durante, apenas, 10 min, (ya que, después, volveremos a introducirlo al horno). Pasado este tiempo, retirar los garbanzos (y guardarlos para otra ocasión) y el papel de aluminio.

Se habrá obtenido un fondo medio hecho de pasta quebrada. A continuación, rellenar el interior con la mezcla del queso, la nata, el azúcar, el huevo y las yemas, todo bien amalgamado.

Con cuidado, volver a introducirlo en el horno a 160 °C durante, por lo menos, 20 min. Se dorará ligeramente la superficie, y se cuajará el interior, de manera muy cremosa.

Sacar, dejar enfriar a fondo y desmoldar.

Esparcir la mermelada con cuidado (pues la superficie, a pesar de estar fría, es muy delicada). En este caso es de frambuesa, pero bien podría ser de higos, de albaricoque, de moras...

PASTA CHOUX (CONOCIDO POPULARMENTE COMO «PROFITEROLES»)

Ingredientes

150 g de harina
100 g de mantequilla
15 de azúcar
¼ l de agua
4 huevos (aprox.)

Poner en un cazo el agua con la mantequilla y hervirla. Añadir el azúcar a la harina tamizada y verter el conjunto en el agua hirviendo.
Nada más echarlo, apagar el fuego y remover con una espátula de madera. Enseguida se formará una bola que seguiremos trabajando para amalgamarla bien. De vez en cuando, acercar un poco el cazo al calor del fuego, para que la pasta se vaya secando.
Después, dejar descansar la masa unos 15 min.
A continuación, añadir los huevos, uno a uno, hasta conseguir la mezcla deseada. Este paso hay que hacerlo con cuidado: hasta que no se haya juntado bien un huevo a la masa, no echar el siguiente.
Es posible que no se necesiten tantos huevos como indicábamos en la lista de ingredientes o que, por el contrario, hagan falta más.
El punto exacto lo sabremos cuando la masa se desprenda con cierta dificultad; incluso, se puede batir el último huevo y agregar solo la mitad o una cuarta parte, para no pasarnos y, tal vez, dejar la masa muy blanda.
Cuando ya la tengamos lista, hornearla, ayudándonos de una manga pastelera, de boca ancha, lisa o rizada, para darle forma.
Utilizar como se detalla a continuación.

PETIT-CHOUX

Ingredientes

¼ l de masa de choux
Granillo de almendra crudo
250 g de crema pastelera
Azúcar normal (para espolvorear)
2 huevos batidos

Una vez elaborada la pasta choux (ver pág. 501), meterla en el horno precalentado a 180 °C. Para ello son necesario unas placas de horno, que se pintan con mantequilla para que no se pegue la masa.
Por otro lado, tener la pasta en su punto e introducirla, con ayuda de una cuchara, en el interior de la manga pastelera. La boquilla, en este caso, debe ser ancha y rizada o lisa.
Sobre la placa pequeña ir depositando montoncitos de masa, separándolos entre sí, ya que en el horno duplicarán su volumen.
Una vez completada la placa (saldrán entre 40 y 50 pastelitos), rematar la punta de los petit-choux con un poquito de almendra picada.
Introducirlos en el horno. No hay un tiempo exacto de cocción; no abrir el horno durante los primeros 15 min, para que no se bajen los pasteles y, a partir de ese momento, habrá que vigilarlos con frecuencia.
Deben tener un aspecto brillante, de color tostado y se notará un claro aumento del volumen. La pasta será seca, pero blanda a la vez.
Una vez sacados del horno, dejarlos enfriar y, con una manga pastelera de boca fina, ir rellenándolos, sin que se note por dónde se han rellenado. Parecerá que están vacíos; pero, en realidad, están repletos de exquisita crema.

TARTA SAINT-HONORÉ

Ingredientes

¼ l de pasta choux
300 g de pasta de hojaldre
300 g de nata montada
250 g de crema pastelera
Almíbar a punto de caramelo

Hornear, por un lado, toda la pasta choux, convertida en petit-choux; rellenarlos de crema pastelera.
Por otro lado, estirar una placa de hojaldre redonda de 30 cm de diámetro. De la misma manera, cortar una tira de 3 cm de anchura, en forma de arco, que hará de asa de la cesta.
Preparar un azúcar fundido (azúcar en un cazo hasta que se obtenga un color dorado) y reservarlo para el montaje de la tarta. Se tiene que elaborar en el momento justo de su utilización; de lo contrario, se pierde.
El montaje debe hacerse con cierta rapidez, ya que el caramelo puede endurecerse.
Disponer de base el círculo de hojaldre e ir situando en los bordes una fila de petit-choux que, previamente, se habrán untado, solo en su base, en el caramelo.
Dejar un sitio para colocar el asa de la cesta y proceder a montar el segundo piso, justamente encima de la fila de petit-choux que se acaba de poner.
Terminados los dos pisos, bañar un poco más el conjunto con el caramelo e ir haciendo hilos con ayuda de un tenedor entre los petit-choux y el asa, tejiendo una especie de tela de araña. Es decir, cuando el caramelo esté empezando a enfriarse, sumergir la punta del tenedor y, al sacarlo, hará una especie de hilo con el que se podrá «tejer» la tarta.
Rellenar el centro del pastel con nata montada. Los hilos de caramelo se harán minutos antes de servir en la mesa, ya que no duran mucho y al cabo de ½ h se juntan unos con otros y desaparecen.

BUÑUELOS DE VIENTO

Ingredientes

Los mismos que lleva la «Pasta choux» (ver pág. 501).

Coger pequeñas porciones de pasta choux con la punta de una cuchara y, con el dedo, ir depositándolas en el aceite, que ha de estar muy caliente.
Una vez dorada una parte, ella misma se dará la vuelta y se terminará de freír.
Escurrir estas porciones del aceite y, una vez enfriadas, rellenarlas de nata montada, de crema pastelera o de lo que se quiera.

LECHE A LA PLANCHA

Ingredientes

200 g de leche entera
2 naranjas
2 bolas de helado de vainilla
Azúcar glas

Verter en una sartén antiadherente cuatro cucharadas soperas de leche. Esperar a que se evapore y se tueste levemente y, con ayuda de una espátula de madera, retirar la película que se ha quedado adherida. Una gozada, fina y etérea. Espolvorear con azúcar glas y reservar.
En un plato sopero, disponer gajos de naranja con algo de su jugo y, en medio, 1 bola de helado. Por encima, 4 láminas de leche, que harán que el postre coja un volumen grande, aunque en realidad es ligero, muy ligero.
Poner una encima de otra y montar un hojaldre flipante.

BIZCOCHO BASE

Ingredientes

6 huevos
130 g de azúcar
120 g de harina
50 g de mantequilla (opcional)

Mezclar en un bol los huevos y el azúcar, e ir batiendo con energía y sin miedo a cansarnos durante, como mínimo, 20 min. Si batimos con una batidora eléctrica, muy aconsejable, por cierto, el batido no será superior a 15 min, dependiendo de la fuerza de la máquina.

Al batir, se intenta que se introduzca la mayor cantidad posible de aire, condición indispensable para este tipo de bizcochos.

Para realizar mejor el batido (tanto a máquina como a mano), sumergirlo en un cazo con agua caliente durante unos instantes, para que proporcione calor y puedan montarse mejor los huevos con el azúcar. Repetir esta operación unas cuantas veces, hasta conseguir una buena temperatura, aunque nunca superior a los 45 °C.

Una vez bien batido, añadir la harina, previamente tamizada. El añadido de la harina a los huevos debe realizarse con mucho cuidado; es conveniente hacerlo a mano, moviendo la mezcla suavemente para no deshinchar el batido.

Terminado este paso, verter la mezcla sobre el molde, previamente embadurnado de mantequilla, en primer lugar y, después, con abundante harina. Una vez adherida la harina a la grasa, desechar toda la que sobre y así habremos conseguido una fina capa de harina pegada al molde.

Verter la mezcla en el molde y hornear a 180 °C durante 20 min.

En caso de dorarse demasiado la superficie del bizcocho, protegerla con papel de aluminio y dejar que siga cociendo.

Una vez horneado, sacar el bizcocho y desmoldar rápidamente sobre una rejilla; dejarlo enfriar para que no se reblandezca.

Habrá que recordar que la operación de batido y

mezcla deberá realizarse con cierta rapidez, porque una vez batidos los huevos con el azúcar estos se irán deshinchando lentamente y perdiendo esponjosidad. Es muy importante no abrir la puerta del horno durante los primeros 15 min, ya que una bajada de temperatura en ese momento haría que el bizcocho se desinflara.

BIZCOCHOS CON YEMAS POR SEPARADO

Ingredientes

6 claras de huevo
6 yemas de huevo
150 g de azúcar
140 g de harina
50 g de mantequilla (opcional)

Depositar las 6 yemas de huevo en un bol y agregar 100 g de azúcar. Batir esta mezcla, con batidora o a mano, durante, por lo menos, 20 min. Como indicábamos en la receta anterior, para que el batido se realice mejor, sumergirlo en un cazo con agua caliente durante unos instantes, para que nos proporcione calor y puedan montarse mejor las yemas con el azúcar.
Por otro lado, batir las claras a punto de nieve con el resto del azúcar; para que se monten bien, deberán estar completamente frías. Agregar la mitad de la harina tamizada al batido de las yemas y mezclar con las manos. Añadir la mantequilla y el resto de la harina, también la mitad de las claras a punto de nieve, bien amalgamada, y las claras restantes. Esta operación se debe realizar con cierta rapidez, pero con suavidad.
Una vez terminada la mezcla, introducirla en una manga pastelera de boca lisa y ancha y esparcirla uniformemente, formando rayas paralelas sobre un rectángulo de papel sulfurizado que se habrá depositado encima de una bandeja de horno. Cocer en el horno precalentado a 200 °C, durante 10 min, más o menos.

NOTA – *Esta clase de bizcocho es adecuado para la confección de brazo de gitano en todas sus variantes.*

BIZCOCHO DE MANZANA

Ingredientes

3 manzanas en octavos y sin piel
50 g de azúcar con 30 g de mantequilla
180 g de harina
90 g de aceite de oliva suave
125 g de yogur
180 g de azúcar
1 sobre de levadura Royal
3 huevos
Ralladura de limón

Batir los huevos con el azúcar al calorcillo. Agregar el yogur, la harina con la levadura y el aceite.
Dorar el azúcar con la mantequilla y pochar suavemente las manzanas. Disponer en el molde ordenadamente. Verter encima la anterior mezcla.
Hornear a 180 °C durante 35 min.
¡Feliz merienda!

BIZCOCHO DE YOGUR

Ingredientes

1 yogur (utilizar el envase como referencia para medir la harina, el azúcar y el aceite)
3 huevos
1 vaso de yogur de aceite
2 vasos de yogur de azúcar
3 vasos de yogur de harina
1 sobre de levadura en polvo

Batir bien los huevos. Agregarles el azúcar, el yogur, el aceite y, por último, la harina bien mezclada con el sobre de levadura.
Echar esta mezcla sobre un molde, previamente untado con un poco de aceite y después algo de harina.
Hornear a 180 °C durante 35 min, más o menos.
Desmoldar y dejar enfriar.

TARTA SELVA NEGRA

Ingredientes

Bizcocho
200 g de mermelada de fresa
250 g de chocolate
200 g de nata montada
1 copa de kirsch
Almíbar (para untar el bizcocho)

Preparar un bizcocho (ver pág. 505). Una vez frío, con un cuchillo de sierra, cortarlo longitudinalmente, abriéndolo por la mitad. De esta manera, nos quedarán dos capas, que se rellenarán de la siguiente manera: en primer lugar, elaborar un almíbar; a continuación, bañar los dos discos de bizcocho con un poco de ese almíbar y proceder de igual manera con el kirsch.

Una vez realizada esa operación, disponer un disco como base y depositar encima la mermelada de fresa, que se extenderá uniformemente por toda la superficie; luego, extender la nata montada sobre la mermelada. Guardar un poco de nata para la decoración final.

Posteriormente, colocar el segundo disco de bizcocho como tapa.

Dejar el conjunto sobre una rejilla y bañarlo con el chocolate (derretido al baño maría con un chorrito de leche). La rejilla tiene como objeto poder recoger todo el chocolate que se caiga al embadurnar el bizcocho: el chocolate debe cubrir toda la superficie superior y los bordes.

Dejar enfriar en un sitio fresco y, cuando esté duro, decorar la tarta con la nata sobrante y la ayuda de una manga pastelera.

BRAZO DE GITANO DE NATA

Ingredientes

Bizcocho
500 g de nata montada
10 cl de almíbar
Azúcar glas (para espolvorear)

Una vez horneado el bizcocho con yemas por separado (ver pág. 506), dejar que se enfríe un poco y proceder a su elaboración.

Mojar ligeramente la superficie del bizcocho con el almíbar y depositarlo sobre la mesa de trabajo con el papel hacia arriba. Con mucho cuidado para que no se rompa, estirar de una punta del papel y despegarlo.

Dar a continuación la vuelta al bizcocho, con objeto de que la parte que estaba pegada al papel sea la que se apoye sobre la mesa.

Os explico por qué: al enrollarlo, la cara que se va a ver es la que ha estado en contacto con el papel.

Rellenar el bizcocho con toda la nata esparciéndola uniformemente con una espátula.

A continuación, comenzar a enrollarlo, sin apretarlo demasiado; para esto nos ayudaremos del papel que está debajo. Con las dos manos y tirando del papel hacia nosotros lograremos un enrollado perfecto.

Espolvorear el conjunto con azúcar glas.

NOTA – *Un almíbar sencillo se elabora hirviendo 200 g de agua con 200 g de azúcar y ½ cáscara de limón, durante 5 min.*
Una vez frío, ya podremos usarlo. Nos debe quedar levemente espeso.

MILHOJAS

Ingredientes (para 6 personas)

500 g de hojaldre
300 g de crema pastelera
300 g de nata montada
Azúcar glas
Guindas

Dividir la masa en tres partes y estirar cada parte del tamaño exacto de las bandejas donde se horneará la masa en espesor delgado.
Si os sobra algo, recortar con la punta de un cuchillo.
A continuación, pinchar con un tenedor todas las masas puestas sobre las bandejas, para evitar que suban demasiado. Introducirlas en el interior del horno precalentado a 200 °C y un tiempo aprox. de cocción de 20 a 25 min.
Una vez horneadas, dejarlas enfriar y proceder al montaje del pastel.
Poner como base una capa de hojaldre; encima, una de crema pastelera (que se esparcirá uniformemente por toda la superficie); luego, la segunda capa de hojaldre, apretando suavemente sobre la anterior, y encima de esta, colocar la nata montada (que se repartirá de igual manera que la crema); la tercera capa se dispondrá sobre la nata y se volverá a apretar con suavidad.
Recortar con un cuchillo de sierra todos los bordes del pastel, para dejar todos los lados iguales y uniformes, y así poder apreciar el corte en sección de todas las capas de hojaldre y cremas.
Ahora bien, como no vamos a desaprovechar todo lo que sobra de estos recortes, con un cuchillo triturar groseramente los trozos, depositarlos sobre la última capa, que ha sido previamente untada con una fina capa de nata para que los recortes se peguen a ella.
Finalmente, espolvorear el conjunto con azúcar glas, decorar las esquinas con unos floretes de nata, hechos con manga pastelera, y rematar con guindas de diversos colores.

PANCHINETA

Ingredientes

300 g de hojaldre
200 g de crema pastelera
Almendras tostadas en granillo
Almendras crudas en granillo y fileteadas
Canela
1 huevo batido

Dividir el hojaldre en dos partes iguales. En la mesa de trabajo disponer una de las partes, estirarla con el rodillo con un tamaño de 28 cm de diámetro y cortarla con la punta de un cuchillo.
Depositar sobre una placa de horno el círculo de hojaldre y llenarlo con la crema pastelera, dejando un margen de 3 cm por cada lado.
Espolvorear la crema con almendra tostada y canela.
Actuar de igual manera con la otra porción de hojaldre, solo que esta porción debe tener 30 cm de diámetro. Una vez estirada, dejarla reposar 10 min y colocarla sobre el otro círculo que lleva en medio la crema pastelera. Los 3 cm de margen se habrán pintado con huevo batido, para que se peguen las dos capas de hojaldre.
Una vez apretados los bordes, proceder a pintar la parte superior con huevo batido y, a continuación, echar encima la almendra cruda.
Hornear alrededor de ½ h, en horno precalentado a 200 °C.
Este postre se podrá tomar frío o caliente, pero mejor caliente.

MOUSSE DE CHOCOLATE BÁSICA

Ingredientes

200 g de chocolate de 52% de cacao
300 g de nata líquida para montar, de 30% de m. g., mínimo
1 vainilla
½ rama de canela

Hervir la vainilla abierta, junto con la canela y la nata. Raspar la vainilla después de hervirla, nunca antes.
Sin dejar que pierda temperatura, verter sobre el chocolate troceado poco a poco, hasta fundir el conjunto. Dejar enfriar en el frigorífico durante dos o tres horas.
Montar con una varilla hasta que esté esponjosa. Con las varillas mecánicas será más rápido. Si no las tienes, dale al brazo. Será un buen ejercicio.
Acompaña con fruta cruda (un mango jugoso, fresas, manzana, etc.). Irá bien con todo. Un postre muy fácil y resultón. Equilibrado a tope.

CÓMO FUNDIR CHOCOLATE

Al baño maría:
Poner un cazo con agua caliente (no hirviendo) y, dentro, otro más pequeño con el chocolate troceado en su interior.
Dejar que funda lentamente removiendo con suavidad.

En el microondas:
Poner el chocolate en un bol de cristal o de plástico e introducirlo dentro a potencia media.
Dar pequeños toques de apenas 20 s de duración, sacarlo y volver a remover con suavidad. Repetir la operación, hasta que esté fundido.
En realidad, cualquier fuente de calor suave nos sirve para fundir chocolate. Eso sí, controlando que esa fuente no sea agresiva.

La fluidez del chocolate nos la da la manteca de cacao, que es cara.

Consecuencia: el porcentaje de manteca de cacao de la mayoría de los chocolates que encontramos en las tiendas no especializadas es escaso y eso hace que la textura al fundir sea casi una pasta, difícil de manejar y de extender.
Solución: buscar en las tiendas especializadas manteca de cacao y fundirla en un recipiente aparte (igual que el chocolate, incluso un poco más de temperatura) y agregársela al chocolate.
Para ½ kilo de chocolate 50 g de manteca serán suficientes; pero según la calidad del chocolate, tal vez necesitemos más.

MOUSSE DE CHOCOLATE

Ingredientes

300 g de chocolate
6 claras
4 yemas
90 g de nata montada
50 g de mantequilla
50 g de zumo de naranja

Derretir al baño maría el chocolate con la mantequilla. Fuera del baño maría añadir las yemas y el zumo de naranja.
A continuación, la nata, que se habrá montado (no demasiado) al momento.
Por último, agregar las claras a punto de nieve fuerte. Este paso se debe dar con suavidad para no bajar demasiado las claras.
Dejar reposar en copas individuales, por lo menos, 2 h.
Servir frío adornado con nata montada, azúcar glas o como más guste.
Su sabor es delicadamente fuerte, con un color claro y una consistencia bastante espesa.

MOUSSE DE CHOCOLATE CON LECHE

Ingredientes

300 g de chocolate de cobertura con leche
4 claras
40 g de azúcar
4 yemas
50 g de mantequilla
100 g de zumo de naranja templado
30 g de coñac
2 claras templadas

Derretir el chocolate junto con la mantequilla al baño maría. Fuera del fuego, agregar las dos claras templadas con las yemas, el zumo de naranja (también templado) y, por último, el coñac.
Poner a punto de nieve las claras con el azúcar.
Mezclar con el preparado anterior y dejar reposar.
Su sabor es ligero y muy fino, de color claro, textura uniforme y muy cremosa.
Aguanta varios días.

MOUSSE DE CHOCOLATE AL CAVA

Ingredientes

6 yemas
40 g de coñac
200 g de chocolate cobertura negra
50 g de cava
6 claras
600 g de nata
250 g de jarabe a 121 °C (200 g de azúcar + 100 de agua)

(Receta fuera de concurso, por si te atreves).

Esta mousse es un poco más compleja que las dos anteriores.

Derretir el chocolate al baño maría y añadir, fuera del fuego, las yemas; después, el cava. Reservar el conjunto en un lugar más bien caliente.

Aparte, batir las claras en una batidora. En un cazo al fuego, poner al azúcar con el agua. Esperar a que alcance 121 °C (esto se puede comprobar con un termómetro de azúcar). Cuando esté preparado y todavía hirviendo, verter en forma de hilo este jarabe sobre las claras que estarán montadas y, sin dejar de batir, dejar que se enfríe, por lo menos 15 min.

Montar la nata no muy fuerte.

Llegado a este punto, mezclar de la siguiente manera: la nata con el chocolate, batiendo con moderada energía. Esta mezcla juntarla suavemente con el preparado de las claras con el jarabe.

Dejar reposar 3 h y la mousse estará preparada.

El resultado es una mousse muy esponjosa, muy clara de color, bastante dulce y con un acentuado sabor a coñac. Mantiene el sabor y la textura durante 24 h. El color va oscureciendo con el tiempo.

MOUSSE DE CHOCOLATE PARA HORNEAR

Ingredientes

8 claras
8 yemas
300 g de chocolate
80 de mantequilla

Derretir el chocolate con la mantequilla, bien al baño maría, bien en un microondas. Este último sistema va muy bien, si se realiza con precaución: exige controlarlo constantemente, abriendo el horno y removiendo el preparado.

Un vez formada la masa, y fuera de cualquier fuente de calor, agregar las yemas y reservar en un lugar templado.

Aparte, batir a punto de nieve las claras y, cuando estén listas, añadir nuevamente al preparado anterior.

Dejar reposar y servir.

Esta es una receta sencilla y su éxito está asegurado. Su sabor es pronunciado y su textura melosa. Es mejor consumirla en 12 h, para poder apreciar su textura.

Digo para hornear, pero también se puede tomar directamente.

MOUSSE DE CHOCOLATE CON UVAS

Ingredientes

5 claras
5 yemas
50 g de licor menta
50 g de uvas pasas (remojadas en licor de avellana durante 2 h)
250 g de chocolate cobertura negra
50 g de mantequilla

Derretir el chocolate con la mantequilla. Fuera del fuego, añadir las yemas, el licor y las pasas escurridas.

Montar las claras a punto de nieve.

Mezclar suavemente el conjunto, hasta que esté homogéneo.

Dejarlo reposar en moldes individuales durante, por lo menos, 2 h.

Es curioso el contraste de la menta con las pasas remojadas.

MOUSSE DE CHOCOLATE Y PEDRO XIMÉNEZ

Ingredientes

250 g de chocolate con leche
250 g de chocolate negro de cobertura
12 huevos
70 g de Pedro Ximénez de málaga virgen
150 g de azúcar

Primero, separar las claras de las yemas; añadirles el azúcar y batir durante 20 min al calor (no al fuego; en un baño maría muy suave bastará). Cortar el chocolate en trozos pequeños y fundirlo suavemente al baño maría con el cava. Montar las claras a punto de nieve y, luego, añadir el chocolate y las yemas; meter la mezcla en el frigorífico durante 3 h, antes de servir.

MOUSSE DE CHOCOLATE BLANCO

Ingredientes

500 g de nata espumosa
215 g de chocolate blanco
180 g de leche
1 vainilla
4 g de gelatina

Hervir la leche y la gelatina (previamente remojada en agua fría durante 20 min) con la vainilla abierta longitudinalmente. Raspar el interior de esta (en pequeñísimos puntitos) y echarlos al líquido. Verter el contenido en forma de hilo caliente en un bol con el chocolate troceado en su interior. Remover constantemente, para conseguir una masa homogénea.
En un bol aparte, montar a medias la nata, hasta que esté espumosa (el paso anterior a estar montada) y agregarla a la elaboración anterior, con mucha suavidad, hasta su total incorporación.
Dejar reposar en moldes individuales, por lo menos, 2 h en frío.

NOTA – *Se podría bajar la proporción de gelatina o, incluso, hacerla desaparecer por completo, dependiendo del uso que vayamos a darle. Si es para una capa de una tarta, mejor con gelatina, será más estable; pero si va a moldes individuales, no es necesario y, además, ganaremos en textura.*

TRIAVELLANAS

Ingredientes

1 kg de avellana cruda
400 g de chocolate cobertura negra
5 g de canela en polvo
100 g de chocolate blanco cobertura (opcional)

Esta receta es muy fácil y el resultado, fantástico. El truco se encuentra en el tostado de la avellana. Primero, tostar las avellanas en un horno a 170 °C durante 15 min aprox.; sacarlas y extenderlas, hasta que estén frías (20 min).
Mientras tanto, fundir el chocolate con la canela a 40 °C (no es necesario templarlo). Mezclar con las avellanas y, con la ayuda de un pequeño tenedor, ir depositando montoncitos de tres avellanas.
Dejar reposar al fresco 1 h.
Si se quiere, se puede decorar con un pequeño hilo de chocolate blanco derretido por encima. En ambos casos quedan riquísimas y muy sencillas. El aroma de la avellana recién tostada se mantiene encerrado en el chocolate.

TRUFAS DE CHOCOLATE

Ingredientes

50 g de coñac
1,4 kg de chocolate
40 g de nata líquida
250 g de leche condensada
½ kg de cacao en polvo

Derretir el conjunto, salvo el cacao en polvo. Cuando el baño maría tenga una temperatura de unos 50 °C, apagar el fuego y dejar que se forme una masa compacta. Una vez conseguido esto, sacarlo y dejarlo reposar en un sitio fresco durante, por lo menos, 6 h.
Pasado este tiempo, con la ayuda de una cucharilla y las dos manos, ir formando bolitas pequeñas (de 16 g aprox.) e ir depositándolas sobre el cacao en polvo. Sacarlas y guardarlas tapadas en la cámara frigorífica.
Sencillo y buenísimo.

TRUFAS DE CHOCOLATE AL BRANDY

Ingredientes

200 g de chocolate
100 g de mantequilla
3 yemas de huevo
10 cl de nata líquida
1 copita de coñac (o brandy)
50 g de azúcar glas
100 g de chocolate amargo en polvo

Derretir el chocolate al baño maría y, una vez fundido, agregar la mantequilla en pomada; es decir, que ceda a la presión, la nata líquida, el coñac y el azúcar.
Remover todo, hasta dejarlo fino. Apartar del fuego el conjunto y dejarlo reposar 10 min.
Transcurrido este tiempo, añadir las yemas de huevo y mezclar todo, hasta que quede una pasta uniforme. Dejar reposar alrededor de 1 h.
Al cabo de ese tiempo, la mezcla habrá adquirido una consistencia lo suficientemente espesa como para poder trabajarla.
Con la ayuda de una cuchara, ir cogiendo pequeñas porciones para moldearlas con las manos dándoles forma de bolita (un poco más pequeñas que el tamaño de una nuez).
Embadurnarlas con un poco de chocolate amargo.
Después, dejar reposar las trufas en un lugar fresco, durante 3 h, como mínimo.

FRUTAS EN CHOCOLATE AMARGO

Ingredientes

1 kg de cerezas con el rabo
1 kg de fresas pequeñas
1 ½ kg de chocolate de cobertura negro
1 kg de Physalis
1 kg de kumquat (o naranja enana de la China)

Derretir suavemente el chocolate sin que pase de 35 °C.
Secar con un trapo todas las frutas y bañarlas una por una; después, dejarlas secar sobre una bandeja durante 2 h. No sumergir del todo la fruta, que se vea el rojo de la fresa y de la cereza y el naranja del kumquat y del Physalys: el resultado será más llamativo. Si se quiere, se puede hacer con cobertura blanca (puede resultar más vistoso).
En mi opinión, estas cuatro frutas son las que mejor quedan. Si queréis hacerlo con otras diferentes, adelante.

NOTA – *Este bombón dura 1 día.*

TRUFA SENCILLA

Ingredientes

750 g de chocolate negro
100 g de leche
200 g de nata líquida
30 g de coñac
1 vainilla

Hervir la leche con la nata y la vaina de vainilla, abierta por la mitad longitudinalmente. Retirar del fuego y sacar la vainilla, que se dejará secar y podremos reutilizar en otra ocasión.

Verter el conjunto recién hervido muy lentamente sobre un bol, en el que se ha depositado el chocolate muy troceado, sin parar de remover; cuanto más troceado esté el chocolate, más fácilmente se derretirá. Una vez conseguida una masa homogénea, agregar el coñac a temperatura ambiente.

Remover y dejar cuajar en frío, por lo menos, 6 h. Hacer bolas y embadurnarlas en cacao en polvo, en galleta hecha polvo o en fideo de chocolate.

NOTA – *Puede que el chocolate no se derrita del todo, cuando le estemos echando la mezcla de la leche y la nata. Casi con toda seguridad, se debe a que no ha sido troceado correctamente. Esto tiene fácil solución: unos pocos segundos de microondas harán que el conjunto termine de fundirse.*

SOPA DE CHOCOLATE CON MELÓN

Ingredientes

100 g de azúcar
1 l de agua
10 g de cacao en polvo
1 rama de canela
200 g de chocolate
1 kg de pulpa de melón
200 g de bolitas de melón
50 g de licor de melón

Cocer el agua con el cacao, el azúcar, la canela y el chocolate.

Cuando haya dado un hervor, retirar del fuego y añadirle la pulpa de melón; dejar cocer 5 min. Triturar y colar, hasta que nos resulte una consistencia fluida y ligeramente espesa. Dejar enfriar 3 h en la nevera.

Durante este tiempo, y con ayuda de un sacabolas, hacer pequeñas bolas de melón, que se dejará en maceración con el licor de melón.

Presentar en un plato sopero, todo muy frío, y espolvorear con un poco de canela en polvo.

MERENGUE PARA RELLENAR

Ingredientes

4 claras frías
130 g de azúcar
½ cc de sal

En un bol, montar enérgicamente las claras con la sal, con ayuda de una batidora. Cuando estén casi montadas, ir agregando, poco a poco, el azúcar hasta su completa absorción. Evidentemente, en una máquina se hace más rápido: se pueden juntar todos los ingredientes a la vez y nos ahorraremos mucha energía.
Podéis hacer la prueba de darle la vuelta al bol, una vez bien montado todo, y las claras no se caerán; haz esta prueba con cuidado, porque, si no están bien montadas, entonces se pueden caer.
Ideal para acompañar unas natillas o rellenar canutillos.

LECHE MERENGADA

Ingredientes

600 g de leche
1 vainilla
4 claras
130 g de azúcar
Canela en polvo

Hervir la leche con la vainilla (para disolverla, se rompe el interior con un cuchillo) y dejarla enfriar por completo. Mezclarla con cuidado con las claras montadas a punto de nieve, y el azúcar, es decir, el merengue (ver receta anterior).
Distribuirla en vasos y espolvorear con canela.

CREPES DE FRESAS Y NARANJAS

Ingredientes

Para los crepes:

125 g de harina
2 huevos
200 g de leche
100 g de nata
30 g de mantequilla
40 g de Karpy (o coñac)

Para el relleno:

100 g de mermelada de fresas

Para la salsa:

200 g de zumo de naranja
100 g de azúcar
50 g de coñac

Para los crepes:
Mezclar todos los ingredientes con una varilla y pasarlos por un colador.
En una sartén antiadherente muy caliente y con un poco de mantequilla, ir depositando ½ cacillo de la mezcla y extenderla por toda la superficie de la sartén, devolviendo al bol lo que nos sobre.
Esta operación hay que realizarla rápidamente: con un poco de práctica, salen muy rápido.
Darles la vuelta, agarrándolos con las dos manos por un extremo y dejando que se hagan por el otro: más o menos, viene a ser 1 min por cada lado, según la destreza que tengáis.
Apilar las obleas una encima de otra y reservarlas.

Para el relleno:
En medio de cada oblea poner una cucharada de mermelada de fresas.

En el momento de servir a la mesa, poner el coñac en una sartén y darle fuego, flambear con mucho cuidado, pues si está caliente, os puede pegar un buen susto. No hacerlo nunca debajo de la campana extractora: podría coger fuego.
Agregar la naranja mezclada con el azúcar y dar un hervor. A continuación, ir agregando los crepes rellenos para que se empapen de esta salsa. Apenas 2 min y estarán listos.

CHURROS

Ingredientes

1 taza de harina
1 taza de agua
Sal
30 g de aceite de oliva
200 g de azúcar
Aceite de oliva virgen (para freír)

Calentar el agua con el aceite y la sal. Agregar la harina y remover con fuerza, hasta que quede espesa, la masa se desprenda de las paredes y se forme una bola espesa. Debe quedar dura, pero no demasiado; en este caso, se añadiría un pelín de agua.
Meterla en una churrera o, en su defecto, en una manga pastelera.
Hacer tiras sobre el aceite de oliva caliente.
Espolvorear, una vez dorado y fuera del fuego, con azúcar en grano.

ZUMO DE FRESAS CON TROPIEZOS

Ingredientes

100 g de queso manchego curado
100 g de nueces peladas
500 g de fresas
70 g de azúcar
Pimienta molida
50 g de Martini rosso
Aceite de oliva
Hojas de menta

Triturar a fondo las fresas bien lavadas con el azúcar y el Martini.
Pasar por un colador y reservar en frío.
Hacer trozos pequeños con el queso. Reservar.
Saltear con un poco de aceite las nueces hasta que estén levemente doradas
Disponer en un plato sopero el caldo de fresas y, encima, las nueces templadas con los trozos de queso y las hojas de menta. Unos «ojos» de aceite de oliva virgen extra rematarán el plato.

MÍTICA TARTA DE LIMÓN

Ingredientes

Uno

300 g de harina
150 g de mantequilla
25 g de azúcar
Una pizca de sal
1 huevo

Dos

2 huevos
2 yemas
El zumo y la ralladura de 2 limones
180 g de azúcar
50 g de mantequilla derretida

Tres

300 g de agua
400 g de azúcar
El zumo y la ralladura de 2 limones
30 g de harina

Uno

Mezclar todos los ingredientes hasta formar una pasta homogénea. Dejar reposar en frío 1 h. Estirar con ayuda de un rodillo y algo de harina. Enfondar un molde de fondo desmontable de 30 cm, aprox. de diámetro. Ajustar bien la pasta y hornear con peso durante 15 min a 180 °C. Retirar el peso (bien podría ser un molde más pequeño o alubias envueltas en papel aluminio). Reservar.

Dos

Mezclar todos los ingredientes y verter sobre el preparado anterior. Hornear durante 15 min más a la misma temperatura. Dejar enfriar por lo menos 1 h.

Tres

Mezclar todos los ingredientes y hervirlos durante 2 min. Con mucho cuidado verter sobre la preparación anterior. Dejar reposar 24 h en frío. No te arrepentirás de haberla preparado, te lo aseguro.

ÍNDICE ALFABÉTICO DE RECETAS

A

B

C

D

E

F

G

H

I

Q

R

S

T

U

V

Y

Z

ÍNDICE DE RECETAS POR DIFICULTAD

Ensaladas

Sopas, cremas, purés y legumbres

Entrantes

Arroz y pasta

Verduras

Salsas, acompañamientos, aceites y vinagretas

Huevos, pizzas y bocadillos

10 bocadillos para el avión

Mariscos

Pescados

Carnes

Ocasiones especiales

Postres

Diseño: Mot

Primera edición: enero de 2017
Primera edición de esta presentación: enero de 2024

Av. Diagonal, 662-664, 08034 Barcelona (España)
Planeta Gastro es marca registrada por Editorial Planeta, S. A.
www.planetadelibros.com

Fotocomposición: Víctor Igual, S. L.
ISBN: 978-84-08-28266-2
Depósito legal: B. 18.432-2023
Impresión: Unigraf
Impreso en España *Printed in Spain*

PEFC Certificado
Este libro procede de bosques gestionados de forma sostenible
PEFC/14-38-00305 www.pefc.es